D1674762

Mieterschutz beim Verkauf einer vermieteten Immobilie
in Deutschland, der Schweiz und Spanien

Studien zum vergleichenden und internationalen Recht - Comparative and International Law Studies

Herausgeber: Bernd von Hoffmann (†), Erik Jayme, Heinz-Peter Mansel, Christine Budzikiewicz, Michael Stürner, Karsten Thorn und Marc-Philippe Weller

Band 211

Laura Victoria Moser-Lange

# Mieterschutz beim Verkauf einer vermieteten Immobilie in Deutschland, der Schweiz und Spanien

Rechtsvergleichende Darstellung
und Analyse des § 566 BGB

PETER LANG

**Bibliografische Information der Deutschen Nationalbibliothek**
Die Deutsche Nationalbibliothek verzeichnet diese Publikation
in der Deutschen Nationalbibliografie; detaillierte bibliografische
Daten sind im Internet über http://dnb.d-nb.de abrufbar.

Zugl.: Konstanz, Univ., Diss., 2020

D 352
ISSN 0930-4746
ISBN 978-3-631-84484-7 (Print)
E-ISBN 978-3-631-85373-3 (E-PDF)
E-ISBN 978-3-631-85374-0 (EPUB)
E-ISBN 978-3-631-85375-7 (MOBI)
DOI 10.3726/b18358

© Peter Lang GmbH
Internationaler Verlag der Wissenschaften
Berlin 2021
Alle Rechte vorbehalten.

Peter Lang – Berlin · Bern · Bruxelles · New York ·
Oxford · Warszawa · Wien

Diese Publikation wurde begutachtet.

www.peterlang.com

*Für meine Familie*

# Vorwort

Die vorliegende Arbeit wurde im Wintersemester 2019/2020 vom Fachbereich Rechtswissenschaft der Universität Konstanz als Dissertation angenommen. Das Manuskript wurde im März 2019 beim Zentralen Prüfungsamt eingereicht. Über diesen Stand hinaus wurden Rechtsprechung und Literatur bis zum Zeitpunkt der Disputation (Mai 2020), soweit möglich und inhaltlich sinnvoll, berücksichtigt. Eine Änderung der spanischen Rechtslage, die zwischenzeitlich erfolgt ist, wird an geeigneter Stelle in einer Fußnote dargestellt.

Die Arbeit ist das Ergebnis einer bereichernden wissenschaftlichen Reise, auf der mich mein Doktorvater *Prof. Dr. Michael Stürner, M. Jur. (Oxford)* stets mit wertvollem Input, kritischen Fragen und organisatorischem Beistand begleitet hat. Hierfür, und für seine immer offene und freundliche Art, möchte ich mich herzlichst bedanken. Danken möchte ich ferner Herrn *Prof. Dr. Jochen Glöckner, LL.M. (USA)* für die Erstellung des Zweitgutachtens. Mein Dank gilt ferner der Stiftung der Deutschen Wirtschaft, die durch ein Promotionsstipendium die Verwirklichung meiner Dissertation unterstützt hat. Den Herausgebern der Schriftenreihe „Studien zum vergleichenden und internationalen Recht / Comparative and International Law Studies" danke ich für die Aufnahme der Arbeit.

Ein Dank gebührt sodann den zahlreichen Teilnehmern an den empirischen Untersuchungen zum schweizerischen und spanischen Recht. Ohne deren rege Teilnahme an den Umfragen und den daraus resultierenden Ergebnissen hätte es der Arbeit an einem wichtigen Element gefehlt.

Für den kontinuierlichen Gedankenaustausch, die Unterstützung bei der Recherche zum Schweizer Recht und die gemeinsame Zeit bin ich *Dr. Corina Bötschi* und *Félise Rouiller* sehr dankbar. Für aufmerksames Korrekturlesen, wertvolle Anregungen und kritisches Feedback möchte ich meinem Ehemann *Philip Lange*, meinem Vater *Gerhard Moser*, meiner Schwester *Dr. med. Ana Theresa Moser*, sowie meinen Freunden *Anna-Kristin Edler, Caroline Glasmacher, LL.M. (Melbourne), Dr. jur. Charlotte Harm, Corina Bötschi, Elisa Lehmann, Julia Tenspolde, Laura Burens-Stratigakis, LL.M. (Columbia/UvA), Miriam Bärenz* und *Sophie Gobrecht, M.A. (Europa-Universität Viadrina)* von Herzen danken.

Mein besonderer Dank gilt meinen wundervollen Eltern *Gerhard Moser* und *Cristina Fernández-Moser*, die mich während meines Lebensweges stets verständnisvoll und ermutigend begleitet haben.

Mein größter Dank gilt schließlich Dir, liebster *Philip*, für Deine stets rücksichtsvolle und liebevolle Unterstützung.

Zürich, im Dezember 2020                          *Laura Victoria Moser-Lange*

# Inhaltsübersicht

Dieses Werk enthält zusätzliche Informationen als Anhang. Sie können von unserer Website heruntergeladen werden. Die Zugangsdaten entnehmen Sie bitte der letzten Seite der Publikation.

# Inhaltsverzeichnis

Dieses Werk enthält zusätzliche Informationen als Anhang. Sie können von unserer Website heruntergeladen werden. Die Zugangsdaten entnehmen Sie bitte der letzten Seite der Publikation.

# Abkürzungsverzeichnis

| | |
|---|---|
| a.A. | *andere Ansicht* |
| a.E. | *am Ende* |
| a.F. | *alte Fassung* |
| ABGB | *Allgemeines Bürgerliches Gesetzbuch für die gesammten deutschen Erbländer der Oesterreichischen Monarchie* |
| Abs. | *Absatz* |
| ÄLAU 1964 | *Änderungsgesetz Ley 40/1964, de 11 de junio, de Reforma de la Ley de Arrendamientos Urbanos* |
| ALR | *Allgemeines Landrecht für die Preußischen Staaten* |
| Amtl. Bull. NR | *Amtliches Bulletin des Nationalrats* |
| Amtl. Bull. SR | *Amtliches Bulletin des Ständerats (Schweiz)* |
| Anm. | *Anmerkung* |
| Art., Artt. | *Artikel, Article(s), Artículo(s)* |
| BBl | *Bundesblatt (Schweiz)* |
| Bd. | *Band* |
| BeckOK | *Beck'scher Online Kommentar* |
| BGB | *Bürgerliches Gesetzbuch* |
| BGE | *Leitentscheid des Schweizerischen Bundesgerichts* |
| BGer | *Schweizerisches Bundesgericht* |
| BGH | *Bundesgerichtshof* |
| BGHZ | *Sammlung der Entscheidungen des Bundesgerichtshofs in Zivilsachen* |
| Bgr. | *Begründer* |
| BK | *Berner Kommentar – Kommentar zum schweizerischen Privatrecht* |
| BOE | *Boletín Oficial del Estado* |
| BSK OR | *Basler Kommentar, Obligationenrecht* |
| BT-Drucks | *Drucksachen des deutschen Bundestags* |
| BVerfG | *Bundesverfassungsgericht* |
| bzw. | *beziehungsweise* |
| ca. | *circa* |
| CC | *Código Civil* |
| CE | *Constitución Española* |
| CESCO | *Centro de Estudios de Consumo* |
| CHK | *Handkommentar zum Schweizer Privatrecht* |

| | |
|---|---|
| d.h. | *das heißt* |
| Dir. | *Direktor* |
| Diss. | *Dissertation* |
| DJT | *Deutscher Juristentag* |
| ErbbauRG | *Gesetz über das Erbbaurecht* |
| f., ff. | *folgende, fortfolgende* |
| FD-MietR | *Fachdienst Miet- und Wohnungseigentumsrecht* |
| FS | *Festschrift* |
| GG | *Grundgesetz* |
| GrünhutsZ | *Zeitschrift für das Privat- und öffentliche Recht der Gegenwart* |
| Hrsg. | *Herausgeber* |
| i.V.m. | *in Verbindung mit* |
| Jhd. n. Chr. | *Jahrhundert nach Christus* |
| Jhd. v. Chr | *Jahrhundert vor Christus* |
| JURA | *Juristische Ausbildung* |
| jurisPK | *juris PraxisKommentar* |
| jurisPR-BGHZivilR | *juris PraxisReport BGH Zivilrecht* |
| JuS | *Juristische Schulung* |
| JZ | *JuristenZeitung* |
| k.A. | *keine Antwort* |
| Koord. | *Koordinator* |
| LAU | *Ley de Arrendamientos Urbanos, Ley 29/1994, de 24 de noviembre, de Arrendamientos Urbanos (in der Fassung von 2013)* |
| LAU 1946 | *Ley de Arrendamientos Urbanos von 1946* |
| LAU 1964 | *Texto Refundido de la Ley de Arrendamientos Urbanos* |
| LH | *Ley Hipotecaria* |
| LMFFMAV 2013 | *Ley 4/2013, de 4 de junio, de medidas de flexibilización y fomento del mercado del alquiler de viviendas* |
| MietRB | *Der Miet-Rechtsberater* |
| mp | *Zeitschrift für schweizerisches Mietrecht* |
| MRA | *Zeitschrift MietRecht Aktuell* |
| MüKoBGB | *Kommentar zum Bürgerlichen Gesetzbuch* |
| n.F. | *neue Fassung* |
| NJW | *Neue Juristische Wochenschrift* |

| | |
|---|---|
| Nr. | *Nummer* |
| Núm. | *Número* |
| NZM | *Neue Zeitschrift für Miet- und Wohnungsrecht* |
| OR | *Obligationenrecht (Schweiz)* |
| RDGRN | *Resolución de 13 de junio de 2013, de la Dirección General de los Registros y del Notariado, en el recurso interpuesto contra la nota de calificación extendida por la registradora de la propiedad de Arona, por la que se suspende la inscripción/anotación de una sentencia recaída en juicio ordinario sobre acción de deslinde y amojonamiento y reivindicatoria* |
| RDLeg 1/1993 | *Real Decreto Legislativo 1/1993, de 24 de septiembre, por el que se aprueba el Texto refundido de la Ley del Impuesto sobre Transmisiones Patrimoniales y Actos Jurídicos Documentados* |
| *Real Decreto* 1996 | *Real Decreto 297/1996, de 23 de febrero, sobre inscripción en el Registro de la Propiedad de los Contratos de Arrendamientos Urbanos* |
| *Real Decreto-ley* 1985 | *Real Decreto-ley 2/1985, de 30 de abril, sobre Medidas de Política Económica* |
| RedVorl | *Redaktionsvorlage für den Redaktionsausschuss der ersten Kommission* |
| RH | *Reglamento Hipotecario* |
| Rn. | *Randnummer* |
| S. | *Seite* |
| SAP B | *Sentencia Audiencia Provincial Barcelona* |
| sog. | *sogenannt* |
| STS | *Sentencia del Tribunal Supremo* |
| SVIT | *Schweizerischer Verband der Immobilienwirtschaft* |
| u.a. | *unter anderem* |
| Univ. | *Universität* |
| vgl. | *vergleiche* |
| WEG | *Gesetz über das Wohnungseigentum und das Dauerwohnrecht* |
| wobl | *Wohnrechtliche Blätter* |
| ZfIR | *Zeitschrift für Immobilienrecht* |

| ZGB | *Zivilgesetzbuch (Schweiz)* |
|---|---|
| ZJS | *Zeitschrift für das Juristische Studium* |
| ZK | *Zürcher Kommentar zum schweizerischen Zivilgesetzbuch* |
| ZPO | *Zivilprozessordnung (Schweiz)* |
| zugl. | *zugleich* |
| ZustOR | *Zusammenstellung der sachlich beschlossenen Bestimmungen des Obligationenrechts nach den Beschlüssen des Redaktionsausschusses der 1. Kommission* |
| ZVG | Zwangsvollstreckungsgesetz |

# § 1 Einleitung

## I. Geschichte und Bedeutung des Mieterschutzes im Allgemeinen

In der Politik, der Gesellschaft und der Gesetzgebung spielt der Mieterschutz heutzutage, insbesondere bei der Wohnraummiete, eine besondere Rolle.[1] Dies war nicht immer so. Bei der Frage, wie viel Mieterschutz gewährt werden soll, standen sich seit jeher die Interessen des Eigentümers und die des Mieters gegenüber.[2] So ist es nicht verwunderlich, dass die Frage nach Quantität und Qualität des Mieterschutzes im Laufe der Jahrhunderte mal zugunsten des Eigentümers, mal zugunsten des Mieters entschieden wurde.[3] Erst die vorindustrielle Epoche läutete den Beginn des Umbruchs vom liberalen zum sozialstaatlich geprägten Recht ein, und hiermit einhergehend die fortwährende Stärkung der Mieterrechte.[4]

### 1. Entstehung des sozialen Mietrechts

Das Leitbild des Bürgerlichen Gesetzbuchs von 1900 war von einer freien, auf Privatautonomie, Eigentum und Wettbewerb beruhenden Zivilgesellschaft geprägt.[5] Die wenigen mieterschützenden Normen ließen den im 20. Jahrhundert einsetzenden sozialpolitischen Wandel lediglich erahnen.[6] Dies hing auch damit zusammen, dass sich der Gesetzgeber – vor allem die erste Gesetzgebungskommission – bewusst gegen die Berücksichtigung gesellschaftspolitischer Fragen entschieden hatte.[7]

Erst als aufgrund des Ersten Weltkriegs eine Verknappung des Wohnraums entstand, wurde der soziale Missstand deutlich: Die Störung des

---

1 Vgl. zuletzt die Diskussion und die Einführung der sog. Mietpreisbremse zum Schutz der Mieter.
2 Schmidt-Futterer/*Streyl*, Mietrecht, 13. Aufl., § 566 BGB, Rn. 6 ff.
3 Schmidt-Futterer/*Streyl*, Mietrecht, 13. Aufl., § 566 BGB, Rn. 6.
4 So *Wolter*, Mietrechtlicher Bestandsschutz, S. 15.
5 Vgl. *Emmerich*, NZM 2001, 777 (783); Staudinger/*Emmerich*, 2018, Vorbem § 535 BGB Rn. 12.
6 Staudinger/*Emmerich*, 2018, Vorbem § 535 BGB Rn. 2; Jakobs/Schubert-*Schubert*, Die Beratung des BGB: Materialien zur Entstehungsgeschichte, S. 39 f.
7 Vgl. Jakobs/Schubert-*Schubert*, Die Beratung des BGB: Materialien zur Entstehungsgeschichte, S. 38 ff.

Marktgleichgewichts führte dazu, dass der liberale Ansatz des Bürgerlichen Gesetzbuchs von 1900 mangels wirksamer Schutzmechanismen zu einem Ungleichgewicht zwischen den Vertragsparteien führte. Als Gegenmaßnahme erließ der Gesetzgeber 1917 erstmals allgemeingültige Mieterschutzmaßnahmen.[8] Der Erlass der 1. Mieterschutzverordnung vom 26.07.1917 war der Beginn einer mieterschutzrechtlichen Epoche, wobei sich die Regelungen fast immer ausschließlich auf die Wohnraummiete bezogen.[9] Ihren Höhepunkt erreichte die staatliche Lenkung des Wohnungsmarkts nach Ende des Zweiten Weltkriegs.[10] Die anhaltende Wohnungsnot in der Nachkriegszeit verhinderte eine Lockerung der Regulierung und führte zu einem umfassenden Mietnotrecht: Neben dem Preisstoppgesetz von 1936 und einem staatlich verordneten Kündigungsschutz durch das Mieterschutzgesetz von 1942 wurde durch das Wohnungsgesetz von 1946 die Erfassung und Zuweisung von Wohnräumen ermöglicht.[11] Erst 1960 wurde ein Plan zum schrittweisen Abbau der Wohnungszwangswirtschaft erlassen; gleichzeitig sollte ein soziales Mietrecht eingeführt werden.[12] Letzterem dienten die 1963 bis 1967 erlassenen Mietrechtsänderungsgesetze.[13] Das Mietrecht sollte aber auch hiernach nicht zur Ruhe kommen. Bereits 1971 wurden vielmehr erneut mieterschützende Gesetze erlassen, die den Mieter vor Kündigungen und Mieterhöhungen schützen sollten.[14]

Aufgrund der zahlreichen Eingriffe des Gesetzgebers seit dem Ende des Ersten Weltkrieges hatte sich das Mietrecht zu einer unübersichtlichen und zersplitterten Rechtsmaterie entwickelt.[15] Deshalb ersuchte der Bundestag die Bundesregierung bereits 1974, das Wohnraummietrecht in einem Gesetz zusammenzufassen.[16] 2001 trat schließlich das *Gesetz zur Neugliederung, Vereinfachung und Reform des Mietrechts* in Kraft. Durch das Mietrechtsreformgesetz wurde das gesamte Mietrecht – unter Einbeziehung der verschiedenen Nebengesetze – neu

---

8 Eine gute Übersicht über die Entwicklung des Mietrechts findet sich bei Staudinger/*Emmerich*, 2018, Vorbem § 535 BGB Rn. 1 ff., sowie bei *Herrlein*, NZM 2016, 1 ff.

9 *Herrlein*, NZM 2016, 1; Staudinger/*Emmerich*, 2018, Vorbem § 535 BGB Rn. 3; *Emmerich*, JuS 2000, 1051.

10 Staudinger/*Emmerich*, 2018, Vorbem § 535 BGB Rn. 6;

11 Vgl. Staudinger/*Emmerich*, 2018, Vorbem § 535 BGB Rn. 6.

12 Staudinger/*Emmerich*, 2018, Vorbem § 535 BGB Rn. 8.

13 Staudinger/*Emmerich*, 2018, Vorbem § 535 BGB Rn. 10.

14 Staudinger/*Emmerich*, 2018, Vorbem § 535 BGB Rn. 11.

15 *Emmerich*, NZM 2001, 777 (778); *Emmerich*, JuS 2000, 1051; *Göhring*, NZM 2001, 358 (358 f.).

16 Staudinger/*Emmerich*, 2018, Vorbem § 535 BGB Rn. 16.

geordnet und erstmals zwischen den verschiedenen Mietverhältnissen, abhängig vom jeweiligen Mietobjekt, unterschieden.[17] Ziel war es, das Mietrecht im Sinne von mehr Klarheit und Verständlichkeit zu vereinfachen und gleichzeitig inhaltlich zu modernisieren – wobei das „bewährte soziale Wohnraummietrecht" beibehalten werden sollte.[18] Das Wohnraummietrecht als gesellschaftlich bedeutsamstes Mietverhältnis bildet bis heute das Kernstück der mietrechtlichen Regelungen des Bürgerlichen Gesetzbuchs.[19]

## 2. Besondere Bedeutung des Mieterschutzes bei der Wohnraummiete

Der Überblick zur Geschichte und Entstehung des sozialen Mietrechts zeigt bereits, dass der Schwerpunkt hinsichtlich des Mieterschutzes seit jeher auf der Wohnraummiete lag und liegt.

Auch der Beschluss des Bundesverfassungsgerichts vom 26. Mai 1993 macht dies nochmals deutlich.[20] Hierin wurde dem Wohnraummieter eine unter Art. 14 GG fallende eigentumsähnliche Position eingeräumt, wodurch seine rechtliche Position in erheblichem Maße gestärkt wurde. Das Bundesverfassungsgericht begründete diese Entscheidung damit, dass die Wohnung den Mittelpunkt der privaten Existenz bilde, auf deren Gebrauch der Einzelne zur Befriedigung elementarer Lebensbedürfnisse sowie zur Freiheitssicherung und Entfaltung seiner Persönlichkeit angewiesen sei.[21] Das Besitzrecht des Mieters an der gemieteten Wohnung sei deshalb ein vermögenswertes Recht im Sinne von Art. 14 GG, das dem Mieter zur privaten Nutzung und zur eigenen Verfügung zuzuordnen sei.[22] Die beiden konkurrierenden Eigentumspositionen – das Eigentumsrecht des Vermieters und das Besitzrecht des Mieters – seien inhaltlich so auszugestalten, gegeneinander abzugrenzen und die jeweiligen Befugnisse so zu bestimmen, dass beide Eigentumspositionen angemessen gewahrt werden.[23] Für das Mietrecht bedeute dies konkret, dass der Gesetzgeber die schutzwürdigen Interessen beider Seiten zu berücksichtigen und in ein ausgewogenes Verhältnis zu bringen habe.[24]

---

17 *Emmerich*, JuS 2000, 1051; *Göhring*, NZM 2001, 358 (359).
18 *Emmerich*, NZM 2001, 777 (778); *Emmerich*, JuS 2000, 1051 (1052).
19 *Göhring*, NZM 2001, 358 (359); *Emmerich*, NZM 2001, 777 (778).
20 BVerfG, NJW 1993, 2035.
21 BVerfG, NJW 1993, 2035.
22 BVerfG, NJW 1993, 2035.
23 BVerfG, NJW 1993, 2035 (2036).
24 BVerfG, NJW 1993, 2035 (2036).

Darüber hinaus hat der Mieterschutz bei der Wohnraummiete auch eine enorme gesellschaftspolitische Relevanz, da in Deutschland ca. 51,4% (2018) der Bevölkerung zur Miete wohnen, und damit knapp 20% mehr als durchschnittlich in Europa.[25]

## 3. § 566 BGB: Mieterschutz durch Bestandsschutz

Ein wichtiger Aspekt des Mieterschutzes ist der Bestandsschutz des Mietvertrags beim Verkauf einer vermieteten Immobilie. Die Veränderungen in der rechtlichen Ausgestaltung dieses Bestandsschutzes im Laufe verschiedener Epochen – vom Grundsatz *Kauf bricht Miete* mit und ohne Kündigungsnotwendigkeit bis hin zur Kodifizierung des Grundsatzes *Kauf bricht nicht Miete* im Bürgerlichen Gesetzbuch von 1900 – stellen sowohl aus rechtssoziologischer und rechtsgeschichtlicher als auch aus rechtsdogmatischer und rechtsvergleichender Sicht eine interessante Entwicklung dar, die es näher darzustellen und zu analysieren gilt.

Der Grundsatz findet sich heute in § 566 Abs. 1 BGB:

> Wird der vermietete Wohnraum nach der Überlassung an den Mieter von dem Vermieter an einen Dritten veräußert, so tritt der Erwerber anstelle des Vermieters in die sich während der Dauer seines Eigentums aus dem Mietverhältnis ergebenden Rechte und Pflichten ein.

Die Bedeutung des § 566 Abs. 1 BGB für den Bestandsschutz des Mietvertrags wird deutlich, wenn man die Norm bei der Beurteilung der rechtlichen Auswirkungen des Verkaufs einer vermieteten Immobilie außer Betracht lässt:

Ohne § 566 Abs. 1 BGB würde der zwischen dem ursprünglichen Eigentümer und dem Mieter geschlossene Mietvertrag keinerlei Wirkung gegenüber dem Erwerber entfalten: Der Mietvertrag gibt dem Mieter ein Besitzrecht gegenüber dem Vermieter. Der Mietvertrag als schuldrechtlicher Vertrag wirkt allerdings grundsätzlich nur zwischen den Parteien (sog. Relativität der Schuldverhältnisse), sodass sich der Mieter dem Erwerber gegenüber nicht auf sein Besitzrecht berufen kann. Vielmehr kann der Erwerber den Mieter gemäß § 985 BGB zur Herausgabe auffordern.

Für Mobilien ist zum Schutz des Mieters im Falle der Veräußerung des Mietobjekts §§ 986 Abs. 2, 931, 936 Abs. 3 BGB anwendbar. Der besitzende Mieter einer Mobilie ist hiernach vor dem Entzug des Besitzes geschützt, wenn der

---

25 Wohnstatistiken eurostat, abrufbar unter: https://ec.europa.eu/eurostat/statistics-explained/index.php?title=Housing_statistics/de (Stand: 12.12.2020).

Mietgegenstand gemäß § 931 BGB durch Abtretung des Anspruchs auf Herausgabe veräußert wird. Dann nämlich kann er sich gemäß §§ 986 Abs. 2, 931, 936 Abs. 3 BGB auch gegenüber dem Erwerber auf sein Besitzrecht berufen. Der Besitzer einer Immobilie kann sich hingegen nicht auf § 986 Abs. 2 BGB stützen. Denn anders als bei Mobilien ist bei Immobilien nicht der Besitz, sondern das Grundbuch der Rechtsscheinträger. Deshalb darf der fehlende Besitz des Veräußerers die Rechte des Erwerbers nicht im Sinne des § 986 Abs. 2 BGB beschränken. Es war also eine spezielle Regelung erforderlich, nämlich § 566 Abs. 1 BGB, wonach kraft Gesetzes ein neuer, aber gleichlautender Mietvertrag mit dem Erwerber zustande kommt.[26] Sämtliche Rechte und Pflichten aus dem Mietvertrag bestehen mithin nach dem Verkauf auch zwischen dem Erwerber und dem Mieter.[27]

Die Zusammenfassung des Grundsatzes als *Kauf bricht nicht Miete* ist rechtlich unzutreffend, auch wenn er die rechtliche Wirkung griffig umschreibt.[28] Rechtlich ist er insbesondere deshalb unzutreffend, weil nicht der Abschluss des schuldrechtlichen Kaufvertrags Auswirkungen auf die Durchführung des Mietvertrags hat, sondern erst die dingliche Übertragung des Eigentums: Denn durch die Eigentumsübertragung verliert der Vermieter sein Eigentum, weshalb er den Mietvertrag – mangels Einräumungsbefugnis hinsichtlich des Besitzes – nicht mehr erfüllen kann.

## II. Ziel der Arbeit

Gegenstand der Arbeit ist die rechtssoziologische und rechtsgeschichtliche, sowie die rechtsdogmatische und rechtsvergleichende Untersuchung und Bewertung des bis heute kontrovers diskutierten § 566 BGB. Dabei bauen die einzelnen Untersuchungen aufeinander auf und ergänzen sich, um abschließend

---

26 So die herrschende Rechtsprechung. In der Literatur wird überwiegend ein gesetzlich angeordneter Übergang angenommen. Der Unterschied zwischen beiden Theorien besteht im Wesentlichen darin, dass bei einer Vertragsübernahme bestehende Einwendungen grundsätzlich erhalten bleiben, bei einer Novation hingegen nicht. Vgl. ausführlich hierzu: § 4 IV.1.

27 Gerade wegen des Grundsatzes der Relativität der Schuldverhältnisse ist § 566 BGB erforderlich, da der Mietvertrag andernfalls keine Wirkung für und gegen den Erwerber entfaltet. Der Grundsatz der Relativität der Schuldverhältnisse wird mithin durch die rechtliche Fiktion eines neuen Mietvertrags zwischen Erwerber und Mieter indirekt außer Kraft gesetzt.

28 So auch *Genius*, Der Bestandsschutz des Mietverhältnisses, S. 16.

eine quantitative und qualitative Bewertung des in Deutschland gewährleisteten Mieterschutzes beim Verkauf einer vermieteten Immobilie zu ermöglichen.

## 1. Ziel der rechtssoziologischen und rechtsgeschichtlichen Untersuchung

Ziel der rechtssoziologischen und rechtgeschichtlichen Untersuchung ist es, am Beispiel der Entwicklung des Mieterschutzes beim Verkauf einer vermieteten Immobilie einen möglichen Zusammenhang zwischen Gesellschaft und Recht aufzuzeigen. Dem liegen die Annahmen zugrunde, dass rechtliche Entwicklungen immer auf gesellschaftliche Prozesse zurückgeführt werden können[29] und dass dies in ganz besonderem Maße auf das Wohnraummietrecht zutrifft. Denn hier sind sozialpolitische Aspekte aufgrund der besonderen Rolle der Wohnung für den Einzelnen äußerst relevant. Die Untersuchung eines belegbaren Zusammenhangs beschränkt sich deshalb schwerpunktmäßig auf das Wohnraummietrecht.

Die zu untersuchenden Epochen sind das Römische Reich vom 2. Jhd. v. Chr. bis 6. Jhd. n. Chr. als Ursprung des Grundsatzes *Kauf bricht Miete*, und das 19. Jahrhundert in Deutschland, als der Grundsatz *Kauf bricht nicht Miete* im Bürgerlichen Gesetzbuch kodifiziert wurde.[30]

Die gesellschaftliche Analyse des 19. Jahrhunderts ist für die weitere Untersuchung besonders bedeutend, da sie Aufschluss darüber geben kann, ob gesellschaftliche Veränderungen im Laufe des Gesetzgebungsprozesses Einfluss auf die rechtliche Ausgestaltung des § 566 BGB hatten. Dies erscheint – wie bereits angedeutet – besonders im Hinblick auf die Ausgestaltung des Mieterschutzes beim Verkauf einer zu Wohnzwecken vermieteten Immobilie interessant. Im ersten Entwurf zum Bürgerlichen Gesetzbuch war noch der – durch die Notwendigkeit einer Kündigung abgeschwächte – Grundsatz *Kauf bricht Miete* vorgesehen. Dieser wurde dann aufgrund erheblicher Proteste im zweiten Entwurf zum Bürgerlichen Gesetzbuch in den Grundsatz *Kauf bricht nicht Miete* abgeändert.

Warum sah der erste Entwurf noch den Grundsatz *Kauf bricht Miete* vor? Gab es gesellschaftliche Parallelen zum Römischen Reich? Warum war der Protest gegen diesen Grundsatz so groß? Wieso entschied sich der Gesetzgeber schließlich doch für den Grundsatz *Kauf bricht nicht Miete*? Findet sich die Erklärung in gesellschaftlichen Entwicklungen? Welche sozialpolitischen,

---

29 So auch *Hornung*, Die öffentliche Durchdringung des Wohnraummietrechts, S. 1; *Wolter*, Mietrechtlicher Bestandsschutz, S. 14.

30 Ausführlich zu den Epochen: § 2 I., II.

sozialökonomischen und sozialkulturellen Veränderungen können eine Rolle gespielt haben? Diese Fragen sind zu untersuchen.

Gleichzeitig dient die rechtsgeschichtliche Untersuchung dem besseren Verständnis der Entstehung des § 566 Abs. 1 BGB insgesamt. Hierfür ist, neben einer genauen Analyse des Gesetzgebungsprozesses, erforderlich, dass die gesamte rechtliche Entwicklung des deutschen Rechts von der Rezeption bis hin zur Kodifizierung des Bürgerlichen Gesetzbuchs jedenfalls kursorisch dargestellt wird. Schließlich ist bei der Betrachtung des Gesetzgebungsprozesses kritisch zu hinterfragen, inwiefern sich die Entwürfe zum Bürgerlichen Gesetzbuchs in der Praxis unterscheiden.

## 2. Ziel der rechtsdogmatischen Untersuchung

Ziel der rechtsdogmatischen Untersuchung ist es, den Tatbestand und die Rechtsfolgen des § 566 BGB aufzuzeigen. Durch die systematische Darstellung und Analyse werden der Inhalt und die Bedeutung der Norm in der Zivilrechtsdogmatik herausgearbeitet, wobei die rechtssoziologischen und rechtsgeschichtlichen Erkenntnisse zu berücksichtigen und für mögliche Auslegungsfragen heranzuziehen sind.

Des Weiteren wird im Rahmen der Ausführungen zum Tatbestand und zu den Rechtsfolgen ein besonderes Augenmerk auf die tatsächlichen Auswirkungen auf den Mieterschutz und das Eigentumsrecht gelegt: Wie stark ist der Bestandsschutz in der Praxis? Inwiefern wirkt sich der Grundsatz *Kauf bricht nicht Miete* in der Praxis auf die Eigentumsfreiheit aus? Welche Rolle spielen die allgemeinen Kündigungsvorschriften bei der Bewertung der Auswirkungen?

Die rechtsdogmatische Untersuchung bildet zugleich das Fundament für den Rechtsvergleich.

## 3. Ziel der rechtsvergleichenden Untersuchung

Auf der Grundlage der rechtssoziologischen, rechtsgeschichtlichen und rechtsdogmatischen Untersuchungen soll § 566 BGB rechtsvergleichend analysiert werden. Ziel der rechtsvergleichenden Analyse ist es, für die deutsche Rechtsordnung Erkenntnisse zur Effektivität und Ausgeglichenheit des Mieterschutzes beim Verkauf einer vermieteten Immobilie zu gewinnen: Denn insbesondere das Wohnraummietrecht in Deutschland gilt als sehr mieterfreundlich, was angesichts der Bedeutung der Wohnung für die persönliche Entfaltung zu begrüßen ist.[31] Zugleich darf aber der Schutz der Eigentümer vor einer zu weit gehenden Beschränkung ihrer Eigentumsrechte nicht aus den Augen verloren werden.[32]

---

31 Vgl. Schmidt-Futterer/*Streyl*, § 566 BGB, Rn. 7, 8; BVerfG, NJW 1993, 2035.

32 Vgl. Schmidt-Futterer/*Streyl*, § 566 BGB, Rn. 7,8.

Für einen Rechtsvergleich sollen die Regelungen zum Mieterschutz beim Verkauf einer vermieteten Immobilie in der Schweiz und in Spanien herangezogen werden. Von besonderer Bedeutung ist hierbei die jeweilige Entstehungsgeschichte, da sie Einblicke in die gesellschaftlichen Hintergründe und die gesetzgeberischen Beweggründe gibt, und beides für die Analyse der Unterschiede große Relevanz haben kann. Denn die Gründe für die Unterschiede liegen nicht immer im rechtlichen Bereich, sondern finden ihren Ursprung oft in rechtsgeschichtlichen und rechtssoziologischen Faktoren.[33] Dies gilt besonders für das (Wohnraum-)Mietrecht, da es mit der von ihm geregelten Realität eng verbunden ist.[34] Unterschiede in der sozialen Wirklichkeit der verschiedenen Staaten können dementsprechend Einfluss auf die rechtlichen Mechanismen haben, die für gleiche Lebenssachverhalte eingesetzt werden.[35]

Die Schweizer Regelung geht vom Grundsatz *Kauf bricht nicht Miete* aus, räumt dem Erwerber aber ein außerordentliches Kündigungsrecht wegen dringenden Eigenbedarfs ein (Art. 261 OR). Um sich hiervor zu schützen, müsste der Mieter seinen Mietvertrag im Grundbuch vormerken lassen (Art. 261b OR). Die Normen gehen auf eine Reform von 1990 zurück, sind also in einer gesellschaftlich und wirtschaftlich anderen Zeit als § 566 BGB entstanden. Ausdrückliches Ziel der Reform war die Stärkung des Mieterschutzes.[36] Eine Rolle bei der Reform spielte zudem die liberalere Grundstimmung der Schweizer Gesellschaft, in der Eigenverantwortlichkeit und Freiheit des Einzelnen tief verwurzelt sind.[37] 2018 haben 57,5% der Schweizer Bevölkerung zur Miete gewohnt.[38]

Die spanische Regelung[39] ist sehr differenziert: Sie unterscheidet einerseits zwischen Wohnraum- und Geschäftsraummietverträgen (Art. 14, 29 LAU). Für Letztere gilt der Grundsatz *Kauf bricht nicht Miete*, außer wenn der Erwerber

---

33  Vgl. *Oberhammer/Kletecka/Wall,* Soziales Mietrecht in Europa, VI.

34  *Oberhammer/Kletecka/Wall,* Soziales Mietrecht in Europa, VI.

35  *Oberhammer/Kletecka/Wall,* Soziales Mietrecht in Europa, VI.

36  BBl 1985 I 1389 (1391, 1403); Lachat/*Töngi*, Mietrecht für die Praxis, S. 5 Rn. 1.4.1; vgl. auch Amtl. Bull. SR 7.06.1988, 137 (138, Votum *Piller*).

37  Vgl. die ausführlichen Ausführungen zur Ideologie in BK-*Giger*, Art. 253–255 OR, Grundsatzanalyse, S. 38 ff.

38  Wohnstatistiken eurostat, abrufbar unter: https://ec.europa.eu/eurostat/statistics-explained/index.php?title=Housing_statistics/de (Stand: 12.12.2020).

39  Die spanische Regelung ist durch das *Real Decreto-ley 7/2019, de 1 de marzo, de medidas urgentes en materia de vivienda y alquiler* (im Weiteren: *Real Decreto-ley 2019*) geändert worden. Die Änderungen der spanischen Rechtslage werden in verschiedenen Fußnoten unter § 6 I. 4.b), c), III. und VI. 6. in angemessenem Umfang dargestellt. Die Regelungen entsprechen größtenteils wieder der Gesetzeslage vor der Änderung

bezüglich des Mietvertrags gutgläubig war und deshalb grund- und fristlos außerordentlich kündigen darf. Bei der Wohnraummiete ist der Bestandsschutz im Ergebnis davon abhängig, ob der Mietvertrag im Grundbuch eingetragen ist oder nicht. Nur im Falle einer Eintragung gilt der Grundsatz *Kauf bricht nicht Miete*. Andernfalls gilt der Grundsatz *Kauf bricht Miete*, wobei das Mietverhältnis nicht automatisch endet, sondern vom Erwerber grund- und fristlos außerordentlich gekündigt werden kann. Die spanische Regelung geht auf eine Reform von 2013 zurück. Ratio war die Flexibilisierung des Mietrechts zur Steigerung der Attraktivität des Vermietungsmarktes in der anhaltenden wirtschaftlich angespannten Lage.[40] Der Mieterschutz spielte hingegen kaum eine Rolle. 2018 haben lediglich 23,7% der Bevölkerung zur Miete gewohnt.[41]

Auf den ersten Blick könnte ein Rechtsvergleich aufgrund der unterschiedlichen rechtlichen Ansätze in Deutschland, der Schweiz und in Spanien unmöglich scheinen. Allerdings suchen alle drei Rechtsordnungen eine rechtliche Lösung für das gleiche soziale Problem: Wie viel Mieterschutz darf und muss zu Lasten der Eigentumsfreiheit beim Verkauf einer vermieteten Immobilie gewährt werden? Der Interessenkonflikt kann durch unterschiedliche rechtliche Regelungssystematiken gelöst werden, wobei das Zusammenspiel der für den Verkauf von vermieteten Immobilien jeweils relevanten Normen für eine Bewertung entscheidend ist. § 566 BGB und die entsprechenden Normen im Schweizer und spanischen Recht dürfen hierbei nicht isoliert betrachtet werden. Der jeweils verankerte Grundsatz – *Kauf bricht nicht Miete* oder *Kauf bricht Miete* – lässt zwar Rückschlüsse auf die Grundrichtung zu. Allerdings spielen für die Bewertung des tatsächlichen Mieterschutzes vor allem die unterschiedlichen vermieterseitigen Kündigungsmöglichkeiten, sei es wegen Eigenbedarfs oder als Sonderkündigungsrecht, eine entscheidende Rolle. Ein Vergleich dieser verschiedenen Regelungssystematiken sowie der dahinterliegenden rechtlichen und gesellschaftlichen Beweggründe unter Berücksichtigung der jeweiligen Auswirkungen auf die Eigentumsfreiheit und den Bestandsschutz kann deshalb aus rechtsvergleichender Sicht – nicht zuletzt für die Bewertung der deutschen Regelung selbst – sehr interessant und aufschlussreich sein. Denn der Vergleich

---

durch die LMFFMAV 2013. Im Rahmen des Rechtsvergleichs unter § 7 wird auf die Änderungen nicht weiter eingegangen.

40 LMFFMAV 2013, BOE-A-2013-5941 = BOE Núm. 134, de 5 de junio de 2013, S. 42244 f. (Préambulo I, II), abrufbar unter: https://www.boe.es/eli/es/l/2013/06/04/4 (Stand: 12.12.2020).

41 Wohnstatistiken eurostat, abrufbar unter: https://ec.europa.eu/eurostat/statistics-explained/index.php?title=Housing_statistics/de (Stand: 12.12.2020).

ermöglicht eine Bewertung der deutschen Regelungssystematik dahingehend, ob die widerstreitenden Interessen einem gerechten Interessenausgleich zugeführt werden, oder ob die Besonderheiten der ausländischen Regelungen zu einem sozial- und volkswirtschaftlich verträglicheren System führen.

## III.  Gang der Untersuchung

Die Untersuchung gliedert sich in die folgenden Abschnitte.

### 1.  Die gesellschaftlichen Hintergründe in den verschiedenen Epochen

Der erste Abschnitt beschäftigt sich mit den gesellschaftlichen Hintergründen der verschiedenen Epochen, wobei der Schwerpunkt auf der Wohnraummiete liegen wird (§ 2). Zunächst wird die gesellschaftliche Situation im Römischen Reich vom 2. Jhd. v. Chr. bis 6. Jhd. n. Chr. untersucht (§ 2 I.). Im Anschluss wird die gesellschaftliche Situation im 19. Jahrhundert dargestellt (§ 2 II.).

### 2.  Die Entstehungsgeschichte und der Gesetzgebungsprozess des § 566 BGB

Im zweiten Abschnitt werden die Entstehungsgeschichte und der Gesetzgebungsprozess des § 566 BGB von der rechtlichen Situation im Römischen Reich (§ 3 I.) über die Situation in Deutschland vor der Kodifizierung des BGB (§ 3 II.) bis hin zum Gesetzgebungsprozess Ende des 19. Jahrhunderts (§ 3 III) dargestellt. Dabei wird darauf einzugehen sein, ob und inwieweit sich die gesellschaftlichen (§ 2) auf die rechtlichen Strukturen ausgewirkt haben (§ 3 I.5. und § 3 III.4.d) dd)).

### 3.  Der Mieterschutz beim Verkauf einer vermieteten Immobilie in Deutschland, der Schweiz und in Spanien

§ 4, § 5 und § 6 haben den Mieterschutz beim Verkauf einer vermieteten Immobilie in Deutschland, der Schweiz und in Spanien zum Gegenstand. Neben den jeweiligen Ausführungen zum Anwendungsbereich, den Tatbestandvoraussetzungen und den Rechtsfolgen, werden die Auswirkungen *in praxi* vertieft untersucht. Im deutschen Recht ist hierbei zu prüfen, wie stark die Folgen der Bindung des Erwerbers an den bestehenden Mietvertrag durch § 566 Abs. 1 BGB sind, und welche Rolle die allgemeinen Kündigungsvorschriften bei der Bewertung spielen (§ 4 IV.5.). Im Schweizer Recht liegt der Schwerpunkt auf den allgemeinen Kündigungsmöglichkeiten, der Nutzung der Vormerkungsmöglichkeit durch den Mieter und der Nutzung des außerordentlichen Kündigungsrechts durch den Erwerber (§ 5 III.6). Beim spanischen Recht sind folgende rechtlichen Besonderheiten *in praxi* relevant: die Eintragungsmöglichkeit durch den Mieter, die außerordentliche Kündigungsmöglichkeit durch den Erwerber und der Gutgläubigkeitsbegriff bei der Geschäftsraummiete (§ 6 VI.).

## 4. Die Darstellung und Bewertung der Unterschiede zwischen der deutschen, der Schweizer und der spanischen Regelungen

In § 7 werden die zuvor erarbeiteten Ergebnisse zusammengeführt und die festgestellten Unterschiede zwischen der deutschen, der Schweizer und der spanischen Regelungen bewertet (§ 7 I, II.). Der Schwerpunkt liegt auch beim Rechtsvergleich auf den praktischen Auswirkungen.

## 5. Abschließende Betrachtung in Thesen und Ausblick

Den Schluss der Arbeit bilden eine Zusammenfassung der zentralen Untersuchungsergebnisse sowie ein Ausblick zur Frage nach einem möglichen Vereinheitlichungsprozess auf europäischer Ebene (H.).

# § 2 Die gesellschaftlichen Hintergründe in den verschiedenen Epochen

Den Einstieg in die Untersuchung des Zusammenhangs zwischen Gesellschaft und Recht bildet die Darstellung der gesellschaftlichen Hintergründe. Diese ist für die spätere Analyse und Bewertung der rechtlichen Entwicklung unerlässlich, denn rechtlichen Strukturen liegen immer gesellschaftliche Prozesse zugrunde.[42] Für die rechtssoziologische Untersuchung des Mieterschutzes beim Verkauf einer (zu Wohnzwecken) vermieteten Immobilie ist zunächst die gesellschaftliche Situation, insbesondere die Gesellschaftsstruktur und die gesellschaftliche Stellung der Mietvertragsparteien, im Römischen Reich vom 2. Jhd. v. Chr. bis 6. Jhd. n. Chr. (im Weiteren: antikes Rom) relevant, weil der in Teilen Deutschlands lange Zeit geltende Grundsatz *Kauf bricht Miete* dort seinen Ursprung hat (I.). Sodann ist die gesellschaftliche Situation Ende des 19. Jahrhunderts in Deutschland zu untersuchen, als der Grundsatz *Kauf bricht nicht Miete* im Bürgerlichen Gesetzbuch (im Weiteren: BGB) kodifiziert wurde (II.).

## I. Die gesellschaftlichen Hintergründe im antiken Rom

Die Epoche der Antike, die für die Untersuchung des Mieterschutzes relevant ist, begann im 2. Jhd. v. Chr., am Ende der römischen Republik, als durch die Entwicklung Roms zur Metropole ein Massenbedürfnis nach Mietwohnungen entstand.[43] Sie dauerte an bis zur Kodifizierung des *Corpus Iuris Civilis* im 6. Jhd. n. Chr., am Ende des Dominats.[44] Denn erst mit der Verbreitung von

---

42 So auch *Hornung*, Die öffentliche Durchdringung des Wohnraummietrechts, S. 1; *Wolter*, Mietrechtlicher Bestandsschutz, S. 14.

43 *Genius*, Der Bestandsschutz des Mietverhältnisses, S. 40; *Kaufmann*, Die altrömische Miete, S. 50 ff., 322 ff.: Das Massenbedürfnis nach Wohnraummiete ab dem 2. Jhd. v. Chr. hat *Kaufmann* in seinem umfassenden Werk zur altrömischen Miete herausgearbeitet (S. 55). Zwar geht er davon aus, dass bereits vorher Mietsachverhalte aufgetreten sind (S. 322, 324). Allerdings wird die Miete vor dem 2. Jhd. v. Chr. schriftlich nicht erwähnt, sodass für eine frühere Epoche lediglich hypothetische Rückschlüsse möglich sind (S. 50, 54). Auch die Untersuchung städtebaulicher Gesichtspunkte – archäologische Zeugnisse gibt es nicht mehr – lässt nach *Kaufmann* darauf schließen, dass die Wohnraummiete in Rom jedenfalls ab der späten Republik zum Stadtbild dazugehörte (S. 54 f.).

44 Vgl. *Genius*, Der Bestandsschutz des Mietverhältnisses, S. 40; *Kaufmann*, Die altrömische Miete, S. 50 ff., 322 ff.

Mietsachverhalten wurden gesellschaftliche Hintergründe ersichtlich und rechtliche Regelungen erforderlich, die schließlich im *Corpus Iuris Civilis*[45] niedergelegt wurden.

Gerade diese gesellschaftlichen Hintergründe sollen nachfolgend auf unterschiedlichen Betrachtungsebenen näher untersucht werden.

## 1.  Stadtkultur und Mietsachverhalte

Durch den politischen und wirtschaftlichen Aufschwung im 2. Jhd. v. Chr. in Rom fand eine für das Verständnis der Gesellschaftsstruktur wichtige Entwicklung statt. Denn das ursprünglich landwirtschaftlich geprägte Leben wandelte sich zu einer städtisch geprägten Lebensform, was mit vielen gesellschaftlichen Änderungen einherging (a)). Eine besonders wichtige Änderung war das plötzliche Massenbedürfnis nach Mietwohnungen (b)).

*a)  Die Entwicklung einer Stadtkultur*

Bis zur Mitte des 3. Jhd. v. Chr. prägte die Landwirtschaft den Gesamtcharakter des römischen Sozialgefüges.[46] Das Leben fand im Innern des Hofbetriebs statt, es herrschte eine starke Familienbindung und der Rechtsverkehr über die Hausgrenzen hinaus stellte die Ausnahme dar.[47] Durch den politischen und wirtschaftlichen Aufschwung ab dem 2. Jhd. v. Chr. wandelte sich die bisherige bäuerliche Lebensform zu einer individuelleren, städtischen Lebensform.[48] Es fand eine Umwälzung statt, welche die gesamte Lebensgesinnung von Grund auf veränderte und eine typische Stadtkultur hervorbrachte – mit einer Auflockerung der altrömischen Familienbindung und einer fortschreitenden Individualisierung.[49] Lebensgrundlage war nicht mehr die Landwirtschaft, sondern der

---

45  Das *Corpus Iuris Civilis* ist das Ergebnis der Bemühungen von Kaiser Justinian, das römische Recht in einem Werk zu bündeln und zu bewahren (*Kaser*, Das römische Privatrecht II, S. 32, 34). Grundlage des *Corpus Iuris Civilis* sind ältere Rechtsquellen, die zum großen Teil aus der klassischen Zeit stammen (*Kaser*, Das römische Privatrecht II, S. 6, 32, 34). Es stellt die wichtigste Quelle des römischen Rechts dar (*Kaser*, Das römische Privatrecht II, S. 34). Die in Italien im 11. Jahrhundert einsetzende Rezeption des römischen Rechts in Europa gründet sich auf dem *Corpus Iuris Civilis*, das schließlich einen entscheidenden Einfluss auf die deutsche Gesetzgebung bis hin zum BGB hatte (*Kaser*, Das römische Privatrecht II, S. 34).
46  *Kaser*, Das römische Privatrecht I, S. 19, 22.
47  *Kaser*, Das römische Privatrecht I, S. 23.
48  *Kaser*, Das römische Privatrecht I, S. 22, 177, 178.
49  *Kaser*, Das römische Privatrecht I, S. 178.

Handel und der Geldverkehr.[50] Es fand ein Übergang von der Hauswirtschaft zur Verkehrswirtschaft statt.[51] Rom stieg in Folge des Wandels und der Machtentfaltung im 2. Jhd. v. Chr. zur Metropole auf und zog immer mehr Menschen an.[52]

## b) Das Massenbedürfnis nach Mietwohnungen und das städtische Wohnhaus als Ware

Der freie Baugrund wurde mit der steigenden Bevölkerung immer knapper.[53] Städtischer Baugrund war – ebenso wie ländlicher Grund und Boden – in der Hand einiger weniger, was insbesondere auf die hohen Grundstückspreise im Stadtbereich zurückzuführen war.[54] Zwar stand es jedem ohne Rücksicht auf die soziale Herkunft frei, die Landbeute des *populus Romanus* zu erwerben.[55] Jedoch hatte lediglich die wohlhabende Oberschicht das notwenige Kapital.[56] Die grundstückslose Bevölkerung war folglich darauf angewiesen, ihren Wohnraum von der besitzenden Oberklasse entgeltlich zu beziehen.[57] Mietsachverhalte waren nun unverzichtbar.[58]

Das städtische Wohnhaus stellte eine der ergiebigsten Einkommensquellen dar und wurde schnell zu einer Ware, mit der ein größtmöglicher Gewinn erzielt werden sollte.[59] Der in Rom herrschende Monopolbesitz einiger weniger begünstigte dieses Gewinnstreben zulasten der Mieter.[60] Die Konsequenz war eine deutliche Steigerung der Wohnungspreise und eine Verschärfung der Wohnungsnot, wie es auch heute in Großstädten der Fall ist.[61] Schließlich kam es zu

---

50  *Kaser*, Das römische Privatrecht I, S. 19, 177.

51  Vgl. *Kaser*, Das römische Privatrecht I, S. 20, 23, 177.

52  *Kaser*, Das römische Privatrecht I, S. 177; *Genius*, Der Bestandsschutz des Mietverhältnisses, S. 40; *Weiß*, Die Entwicklung des Mieterschutzes, S. 12.

53  *Kaufmann*, Die altrömische Miete, S. 55.

54  *Vogt*, Das Erbbaurecht, S. 48; *Brassloff*, Sozialpolitische Motive in der römischen Rechtsentwicklung, S. 46.

55  *Brassloff*, Sozialpolitische Motive in der römischen Rechtsentwicklung, S. 11.

56  *Brassloff*, Sozialpolitische Motive in der römischen Rechtsentwicklung, S. 11; *Wieacker*, Römische Rechtsgeschichte, S. 235.

57  *Kaufmann*, Die altrömische Miete, S. 130.

58  *Kaser*, Das römische Privatrecht I, S. 186; *Kaufmann*, Die altrömische Miete, S. 322, *Pöhlmann*, Die Übervölkerung der antiken Grossstädte, S. 76 f., 106.

59  *Pöhlmann*, Die Übervölkerung der antiken Grossstädte, S. 106, 108; *Hattenhauer*, NZM 2003, 666 (674).

60  *Pöhlmann*, Die Übervölkerung der antiken Grossstädte, S. 107; *Kaufmann*, Die altrömische Miete, S. 53; *Hattenhauer*, NZM 2003, 666 (666, 672).

61  *Pöhlmann*, Die Übervölkerung der antiken Grossstädte, S. 106.

Spekulationen und Baustellenwucher.[62] Die Spekulanten erwarben leerstehende Grundstücke, um sie später teurer zu verkaufen.[63] In der Zwischenzeit standen die Grundstücke oft brach, ohne dass neue Wohnungsflächen für die wachsende Bevölkerung gebaut wurden.[64] Wenn doch gebaut wurde, wurde aufgrund der steigenden Nachfrage in die Höhe gebaut.[65] Die Hochbauten – sog. *insulae* – waren bautechnisch allerdings unzureichend.[66] Der Bau diente nicht zuvorderst dem Wohl der zukünftigen Mieter, sondern der Erzielung möglichst hoher Mieteinnahmen durch die Erschaffung vieler Mietparzellen.[67] Es war die für die Eigentümer wirtschaftlichste Art den Grund und Boden auszunutzen.[68]

## 2. Die römische Gesellschaftsstruktur

Von diesen Entwicklungen im 2. Jhd. v. Chr. geprägt, ist bei der Darstellung der römischen Gesellschaftsstruktur zwischen der Landbevölkerung (a)) und der Stadtbevölkerung (b)) zu unterscheiden.

### a) Gesellschaftsstruktur auf dem Land

Ab der späten Republik war die ländliche römische Gesellschaft durch eine aristokratisch-feudale, auf Großgrundbesitz gestützte Oberschicht gekennzeichnet, die klientelschaftlich mit der bäuerlichen Mittelschicht verbunden war.[69] Die bäuerliche Mittelschicht stand aufgrund der klientelschaftlichen Verbindung in einem personellen, ungleichen Abhängigkeitsverhältnis zur Oberschicht.[70] Aufgrund dieser Verbindung erhielten die Bauern regelmäßig unentgeltlich Land zur Verfügung gestellt (sog. *Prekarie*), auf dem sie lebten und das sie für sich und ihre Familien bewirtschafteten.[71]

---

62 *Pöhlmann*, Die Übervölkerung der antiken Grossstädte, S. 88, *Matzerath*, Urbanisierung in Preußen 1815–1914, S. 145.

63 *Pöhlmann*, Die Übervölkerung der antiken Grossstädte, S. 88 f.

64 *Pöhlmann*, Die Übervölkerung der antiken Grossstädte, S. 88 f.

65 *Hattenhauer*, NZM 2003, 666; *Vogt*, Das Erbbaurecht, S. 48; *Genius*, Der Bestandsschutz des Mietverhältnisses, S. 41.

66 *Hattenhauer*, NZM 2003, 666 (667); *Kaufmann*, Die altrömische Miete, S. 54 f.

67 *Kaufmann*, Die altrömische Miete, S. 54 f.

68 *Kaufmann*, Die altrömische Miete, S. 54 f.; *Vogt*, Das Erbbaurecht, S. 48; *Genius*, Der Bestandsschutz des Mietverhältnisses, S. 41.

69 *Kaufmann*, Die altrömische Miete, S. 321.

70 *Kaufmann*, Die altrömische Miete, S. 122.

71 *Kaufmann*, Die altrömische Miete, S. 122, 127.

Anders erging es den proletarischen, vermögenslosen Bevölkerungskreisen. Sie pachteten von der aristokratischen Adelsgesellschaft Teile von deren Grundbesitz, um diese zu bewirtschaften.[72] Neben Landarbeitern und Handarbeitern gehörten zu dieser Schicht auch diejenigen Bauern, die in keinem klientelschaftlichen Verhältnis standen.[73] Da die Bodenrente auf dem Land sank,[74] erhöhten die Grundherren zur Abmilderung der hierdurch sinkenden Einkünfte die Mieten der Bauern in unverschämter Weise.[75] Aufgrund dieses rücksichtslosen Strebens fand im letzten Jahrhundert der Kaiserzeit ein großer Exodus der Bauern in die Städte statt, wo sie versuchten ihren Lebensunterhalt zu verdienen.[76]

## b) Gesellschaftsstruktur in der Stadt

Die städtische Bevölkerung war ähnlich strukturiert. Es lag eine unausgeglichene Verteilung des Volksvermögens und des Volkseinkommens vor.[77] Es gab einige wenige sehr wohlhabende Geldaristokraten auf der einen Seite und sehr viele arme Stadtbewohner auf der anderen Seite.[78] Erstere besaßen Grundstücke und Mietshäuser, letztere mieteten Wohnungen in diesen Häusern.[79] Bereits bei diesen frühen Mietverhältnissen wird das soziale Gefälle zwischen Eigentümern und Mietern sichtbar.

## 3. Die gesellschaftliche Stellung der Eigentümer

Die gesellschaftliche Stellung der Eigentümer ist vor dem Hintergrund der soeben beschriebenen Gesellschaftsstruktur nicht überraschend. Ab der späten Republik wurde erschwinglicher Grund und Boden aufgrund des Aufstiegs Roms zur Metropole und des damit einhergehenden Zuzugs in den römischen Stadtbereich immer knapper.[80] Eigentum konnten deshalb nur Personen mit finanziellem und politischem Einfluss erwerben, die eine gewisse gesellschaftliche

---

72 *Kaufmann*, Die altrömische Miete, S. 120 f.
73 *Kaufmann*, Die altrömische Miete, S. 128.
74 *Pöhlmann*, Die Übervölkerung der antiken Grossstädte, S. 60.
75 *Pöhlmann*, Die Übervölkerung der antiken Grossstädte, S. 60.
76 *Pöhlmann*, Die Übervölkerung der antiken Grossstädte, S. 60.
77 *Pöhlmann*, Die Übervölkerung der antiken Grossstädte, S. 36.
78 *Pöhlmann*, Die Übervölkerung der antiken Grossstädte, S. 36.
79 *Kaufmann*, Die altrömische Miete, S. 130.
80 *Kaufmann*, Die altrömische Miete, S. 55; *Weiß*, Die Entwicklung des Mieterschutzes, S. 12.

Stellung innehatten.[81] Nur sie verfügten über das Kapital, das für den Erwerb und die Bewirtschaftung der freistehenden Grundstücke erforderlich war.[82] Dies galt vor allem für diejenigen Eigentümer, die Eigentum nicht nur zum Eigengebrauch, sondern zur gewerblichen Vermietung besaßen.[83] Hierzu war nicht nur wegen der hohen Grundstückspreise viel Kapital erforderlich.[84] Auch aufgrund der hohen Brandgefahr und der hiermit einhergehenden Gefahr des Verlustes des Wohnungskomplexes – ohne dass es eine Art Versicherung gab, die das finanzielle Risiko abdeckte – konnte niemand in Wohnimmobilien investieren, der den möglichen Verlust des investierten Geldes wirtschaftlich nicht verkraften konnte.[85]

Zusätzlich gestalteten die Eigentümer im antiken Rom das politische und gesellschaftliche Leben, wodurch sie Einfluss auf die Gesetzgebung hatten.[86]

## 4. Die gesellschaftliche Stellung der Mieter

Mit dem Aufstieg Roms zur Metropole und der damit einhergehenden Verknappung an erschwinglichen Grund und Boden entstand ein massenhaftes Bedürfnis nach Mietwohnungen und die Gruppe der Mieter wurde zu einem gesellschaftlich wahrnehmbaren Phänomen.[87]

Die Mieter waren – im Gegensatz zu den Eigentümern – hauptsächlich eine gesellschaftlich einflusslose und zu vernachlässigende Personengruppe.[88]

---

81  *Kaser*, Das römische Privatrecht I, S. 186, 562 f.; *Genius*, Der Bestandsschutz des Mietverhältnisses, S. 39 f., wobei er die Bedeutung der sozialen Fakten anzweifelt; a.A. *Weiß*, Die Entwicklung des Mieterschutzes, S. 11 f.

82  *Brassloff*, Sozialpolitische Motive in der römischen Rechtsentwicklung, S. 11.

83  *Kaufmann*, Die altrömische Miete, S. 53 f.; *Pöhlmann*, Die Übervölkerung der antiken Grossstädte, S. 106 f.; *Hattenhauer*, NZM 2003, 666.

84  Vgl. *Kaufmann*, Die altrömische Miete, S. 54, Fn. 212.

85  *Pöhlmann*, Die Übervölkerung der antiken Grossstädte, S. 112 f.; a.A. *Weiß*, Die Entwicklung des Mieterschutzes, S. 13 die davon ausgeht, dass „[d]ie Tendenz und das Interesse in den aufstrebenden Städten Eigentum zu begründen, [...] wegen der damit verbundenen Feuergefahr noch nicht weit verbreitet [war]." Die Vermieter kamen ihrer Ansicht nach deshalb aus den unterschiedlichsten sozialen Schichten. Dem kann nicht gefolgt werden.

86  *Kaser*, Das römische Privatrecht I, S. 186, 562 f.

87  *Genius*, Der Bestandsschutz des Mietverhältnisses, S. 40; *Kaufmann*, Die altrömische Miete, S. 54.

88  *Genius*, Der Bestandsschutz des Mietverhältnisses, S. 39. 42; *Kaser/Knütel*, Römisches Privatrecht, S. 242; *Jüttner*, Zur Geschichte des Grundsatzes, S. 32; *Kaser*, Das römische Privatrecht I, S. 562.

Mietsachverhalte wurden vorwiegend von den wirtschaftlich schwächeren Teilen der römischen Gesellschaft geschlossen, die keine eigenen oder Familienhäuser in der Metropole Rom besaßen und sich solche auch nicht leisten konnten.[89] Auf der Suche nach Arbeit kamen viele vom Land in die Metropole.[90] Die, die bereits im Stadtbereich gewohnt hatten, wurden teilweise von Spekulanten aus ihren Wohnungen im Stadtbereich verdrängt, weil letztere dort weitere Hochbauten bauen und anschließend vermieten wollten.[91] Die gesellschaftlich untergeordnete Rolle der Mieter ergibt sich auch daraus, dass im Laufe der Epoche eine Art Wohnungsfeudalismus entstand.[92] D.h. der Hauseigentümer und der Mieter standen sich nicht mehr als gleichberechtigte Vertragspartner gegenüber, sondern vielmehr als Herr und Höriger.[93] Eine solche Unterordnung wäre unwahrscheinlich, wenn beide Parteien zur Oberschicht gehört hätten. Die Annahme der Herkunft aus verschiedenen gesellschaftlichen Schichten ist daher naheliegend.

## 5. Bedeutung der Wohnung

Schließlich ist für die spätere Analyse und Bewertung der rechtlichen Entwicklung relevant, welche Bedeutung die Wohnung für den einzelnen Mieter hatte. Wenn sie lediglich einen Schlafplatz darstellte, der keinerlei Bedeutung für die Persönlichkeitsentwicklung oder das Familienleben hatte, wäre zu erwarten, dass auch das Bedürfnis nach einem umfassenden Schutz dieses Vertragsverhältnisses geringer war als heute. Allerdings darf man die Situation nicht aus heutiger Sicht beurteilen, da man dadurch Gefahr läuft, falsche Schlüsse zu ziehen.[94] Vielmehr sind die Gegebenheiten der damaligen Zeit zu berücksichtigen.[95]

Das Leben spielte sich – wohl auch wegen des südlichen Klimas – vorwiegend draußen ab.[96] Die Wohnung stellte lediglich eine Übernachtungsmöglichkeit dar und war in der Regel weder auf individuelle Bedürfnisse zugeschnitten noch bautechnisch bedarfsgerecht.[97] Sie befriedigte, wenn überhaupt, das

---

89  *Pöhlmann*, Die Übervölkerung der antiken Grossstädte, S. 106.
90  *Pöhlmann*, Die Übervölkerung der antiken Grossstädte, S. 60.
91  *Pöhlmann*, Die Übervölkerung der antiken Grossstädte, S. 84.
92  *Pöhlmann*, Die Übervölkerung der antiken Grossstädte, S. 109.
93  *Pöhlmann*, Die Übervölkerung der antiken Grossstädte, S. 109.
94  *Fischer*, Gutachten 19. DJT, S. 2.
95  *Fischer*, Gutachten 19. DJT, S. 2.
96  *Pöhlmann*, Die Übervölkerung der antiken Grossstädte, S. 73.
97  *Genius*, Der Bestandsschutz des Mietverhältnisses, S. 41; *Weiß*, Die Entwicklung des Mieterschutzes, S. 14 f.; *Hattenhauer*, NZM 2003, 666 (667).

Mindestbedürfnis, also das Bedürfnis nach einem Schlaflager und dem Schutz vor der Witterung.[98] Viele Schlafstellen luden auch aufgrund ihrer Größe nicht zum Verweilen ein.[99]

Zudem erforderte der damalige Arbeitsmarkt eine große Flexibilität.[100] Die Arbeiter waren ständig auf der Suche nach einer besseren Arbeitsstelle, die Arbeitgeber waren auf der Suche nach geeigneten Arbeitern.[101] Die Mietverträge mussten deshalb ebenso flexibel sein wie die Arbeitsverträge.[102]

## 6. Zusammenfassung

Die Darstellung der gesellschaftlichen Hintergründe im antiken Rom hat gezeigt, dass der politische und wirtschaftliche Aufschwung im 2. Jhd. v. Chr. in Rom das soziale Gefüge veränderte und zu einer fortschreitenden Individualisierung führte. Hauptgrund war der Wegzug vom Land in die wirtschaftlich aufblühende Stadt. Die wachsende Bevölkerung führte gleichzeitig zu einem Massenbedürfnis nach Mietwohnungen, und der Spaltung der Gesellschaft in Eigentümer und Mieter. Während die Eigentümer hauptsächlich der Mittel- und Oberschicht entstammten, gehörten die Mieter in erster Linie dem wirtschaftlich schwächeren Teil der Gesellschaft an. Für die Eigentümer war das Wohnhaus eine ergiebige Einkommensquelle. Für die Mieter war die Wohnung ein Schlafplatz.

## II. Die gesellschaftlichen Hintergründe im Laufe des 19. Jahrhunderts

Das 19. Jahrhundert war ein Jahrhundert der sozialpolitischen, sozialökonomischen und sozialkulturellen Entwicklung.[103] Für die vorliegende Arbeit ist die Untersuchung der gesellschaftlichen Hintergründe zu dieser Zeit relevant, weil der bis heute geltende Grundsatz *Kauf bricht nicht Miete* 1900 im BGB festgesetzt worden ist.[104] Während des Gesetzgebungsprozesses in den vorangegangenen Jahrzehnten wurde nicht nur über die rechtliche Dimension, sondern auch über

---

98   *Pöhlmann*, Die Übervölkerung der antiken Grossstädte, S. 74.
99   *Pöhlmann*, Die Übervölkerung der antiken Grossstädte, S. 103.
100  *Weiß*, Die Entwicklung des Mieterschutzes, S. 14.
101  *Weiß*, Die Entwicklung des Mieterschutzes, S. 14.
102  *Weiß*, Die Entwicklung des Mieterschutzes, S. 14.
103  *Kocka*, 19. Jahrhundert, S. 33; so auch *Wehler*, Deutsche Gesellschaftsgeschichte Bd. 2, S. 4, 141; *Wehler*, Deutsche Gesellschaftsgeschichte Bd. 3, S. 106.
104  Vgl. *Mugdan*, Die gesammten Materialien zum BGB, Protokolle der 2. Kommission zum I. Entwurf, S. 815.

die gesellschaftlichen Implikationen dieses Grundsatzes diskutiert.[105] Für ein besseres Verständnis der Regelung soll deshalb zunächst ein kurzer Abriss des historischen Umbruchs im 19. Jahrhundert gegeben werden (1.). Hierauf aufbauend wird die gesellschaftliche Stellung der Vertragsparteien herausgearbeitet (2. und 3.). Schließlich ist die Bedeutung der Lebensweise und der Wohnung zu untersuchen, wobei die Lebensbedingungen und die Wohngewohnheiten in der Stadt im Vordergrund stehen (4.).

## 1. Historischer Umbruch

Das 19. Jahrhundert ist das Zeitalter gesellschaftlicher Umwälzungsprozesse (a)), der Industrialisierung (b)) und der Urbanisierung (c)).[106]

### a) Gesellschaftliche Umwälzungsprozesse

Das soziale Gefüge der Gesellschaft diversifizierte sich zunehmend.[107] Während der Adel in der ersten Hälfte des Jahrhunderts noch die politisch und sozial dominierende Kraft darstellte, gewann das Bürgertum in der zweiten Hälfte an Einfluss.[108] Diese bürgerliche Emanzipationsbewegung war Folge des vordringenden Agrar- und Industriekapitalismus und des durch die Industrialisierung bedingten bürgerlichen Aufstiegs.[109] Anstoß gab die gesellschaftliche Revolution von 1848/1849, auch wenn sie im Ergebnis scheiterte.[110] Denn sie führte

---

105  Vgl. *Gierke*, Entwurf eines bürgerlichen Gesetzbuches, S. 74 ff., 238 ff.; *Mugdan*, Die gesammten Materialien zum BGB, Motive der 1. Kommission zum I. Entwurf, S. 212 ff.; *Mugdan*, Die gesammten Materialien zum BGB, Protokolle der 2. Kommission zum I. Entwurf, S. 814 f.

106  *Kocka*, 19. Jahrhundert, S. 32, 33 f.; so auch *Wehler*, Deutsche Gesellschaftsgeschichte Bd. 2, S. 5, 141, 177; *Wehler*, Deutsche Gesellschaftsgeschichte Bd. 3, S. 503 f., 510 f.; *Osterhammel*, Das 19. Jahrhundert, S. 35 ff., 62.

107  *Kocka*, 19. Jahrhundert, S. 32; so auch *Wehler*, Deutsche Gesellschaftsgeschichte Bd. 2, S. 5, 141 f., 145.; *Osterhammel*, Das 19. Jahrhundert, S. 7, 12, 22, 39.

108  *Wehler*, Deutsche Gesellschaftsgeschichte Bd. 2, S. 5, 141 f., 145; *Osterhammel*, Das 19. Jahrhundert, S. 7, 12, 22, 39; vgl. auch *Kocka*, 19. Jahrhundert, S. 32.

109  *Wehler*, Deutsche Gesellschaftsgeschichte Bd. 2, S. 145; *Osterhammel*, Das 19. Jahrhundert, S. 39. Eine weitere Emanzipationsbewegung, die Einfluss auf die Gesellschaftsstruktur hatte, war die Arbeiterbewegung ab 1840 gegen sozioökonomische Benachteiligung und politische Diskriminierung (*Wehler*, Deutsche Gesellschaftsgeschichte Bd. 2, S. 5).

110  *Osterhammel*, Das 19. Jahrhundert, S. 13.

dazu, dass ständische Unterschiede, die Mitte des 19. Jahrhunderts formal noch bestanden, formalrechtlich aufgehoben wurden.[111]

Über die gesellschaftliche Stellung entschied nicht mehr die Herkunft.[112] Vielmehr beruhten die neuen sozialen Klassen auf dem Leistungsprinzip.[113] Die nichtadelige Mittelschicht wuchs an.[114] Viele Unternehmer aus dem Bürgertum erwirtschafteten so große Gewinne in ihren eigenen Unternehmen, dass auch nach einer Reinvestition ins Unternehmen noch ausreichend Finanzmittel für einen anspruchsvollen Lebensstil und ein großes Haus zur Verfügung standen.[115] Des Weiteren entwickelte sich eine fachlich qualifizierte, in relativ sicherer Beschäftigung stehende Facharbeiterschaft, die den Lebensstandard des Kleinbürgertums genoss.[116] Nicht alle profitierten allerdings von dem langsam steigenden Wohlstand – gerade angelernte und ungelernte Arbeiter lebten weiterhin an der Armutsgrenze.[117]

## b) Industrialisierung

Der ausschlaggebende Basisprozess für die Veränderung der Gesellschaft war der Durchbruch der Industrialisierung in Deutschland um 1850, der zu einer Ausdehnung der kapitalistischen Marktwirtschaft und zum Wachstum von materieller Sicherheit und Wohlstand geführt hatte.[118]

Erste Ansätze der Industrialisierung fanden bereits in der ersten Jahrhunderthälfte statt.[119] Die zukunftsweisende wirtschaftliche Dynamik rührte von der agrarkapitalistischen Landwirtschaft und einer zaghaften Industrialisierung ab Mitte der 1830er Jahre her.[120] Um 1850 waren die wesentlichen Antriebe der deutschen Industrialisierung dann der Steinkohlebergbau, die Eisen- und Stahlindustrie, der Maschinenbau und die Eisenbahn.[121]

---

111  *Wehler*, Deutsche Gesellschaftsgeschichte Bd. 2, S. 145.
112  *Wehler*, Deutsche Gesellschaftsgeschichte Bd. 2, S. 145 f.
113  *Wehler*, Deutsche Gesellschaftsgeschichte Bd. 2, S. 145 f.
114  *Osterhammel*, Das 19. Jahrhundert, S. 22.
115  *Osterhammel*, Das 19. Jahrhundert, S. 38.
116  *Osterhammel*, Das 19. Jahrhundert, S. 63.
117  *Osterhammel*, Das 19. Jahrhundert, S. 63.
118  *Wehler*, Deutsche Gesellschaftsgeschichte Bd. 2, S. 5, 141; *Osterhammel*, Das 19. Jahrhundert, S. 30, 35; *Weiß*, Die Entwicklung des Mieterschutzes, S. 30.
119  *Osterhammel*, Das 19. Jahrhundert, S. 11.
120  *Osterhammel*, Das 19. Jahrhundert, S. 11 f.
121  *Osterhammel*, Das 19. Jahrhundert, S. 35; *Wehler*, Deutsche Gesellschaftsgeschichte Bd. 3, S. 147.

**Abbildung 1**  nach Putzger – Historischer Weltatlas, S. 134

Im Steinkohlebergbau verdreifachte sich die Beschäftigtenzahl zwischen 1848 und 1864.[122] Bei der Firma Krupp in der Eisen- und Stahlindustrie wuchs die Beschäftigtenzahl von 1.800 im Jahr 1860 auf 16.000 im Jahr 1873 an.[123] Den Wachstumsmotor aber stellte die Eisenbahn dar.[124] Für den Bau von Eisenbahnen und Schienen wurden große Mengen an Eisen, Stahl und Steinkohle benötigt.[125] Auch schuf die Eisenbahn selbst viele Arbeitsplätze.[126] Gleichzeitig stellte sie als Verkehrsmittel eine Erleichterung des Personen- und Gütertransports dar.[127]

Die Landwirtschaft wandelte sich ebenfalls. Während sie ursprünglich der Deckung des persönlichen Bedarfs diente, entwickelte sie sich immer mehr zu einer agrarkapitalistischen, also mit Lohnarbeitern für den Markt produzierenden Landwirtschaft, die auf Gewinnerzielung ausgerichtet war.[128] Die ländliche Gesellschaft war daraufhin zweigeteilt: Auf der einen Seite stand eine Minderheit

122  *Osterhammel*, Das 19. Jahrhundert, S. 35.

123  *Osterhammel*, Das 19. Jahrhundert, S. 35.

124  *Osterhammel*, Das 19. Jahrhundert, S. 3, 12.

125  *Osterhammel*, Das 19. Jahrhundert, S. 11 f., 36.

126  *Osterhammel*, Das 19. Jahrhundert, S. 11 f., 36.

127  *Osterhammel*, Das 19. Jahrhundert, S. 3, 12.

128  *Osterhammel*, Das 19. Jahrhundert, S. 11 f., 35 f.; *Wehler*, Deutsche Gesellschaftsgeschichte Bd. 2, S. 4, 141, 145; *Wehler*, Deutsche Gesellschaftsgeschichte Bd. 3, S. 106.

von agrarischen Großunternehmern, auf der anderen Seite ein Millionenheer von abhängigen Lohnarbeitern.[129]

## c)  Urbanisierung

Die Industrialisierung stellte einen fundamentalen Wachstums- und Strukturwandlungsprozess von einer Agrar- zu einer Industriegesellschaft dar, der enorme Anpassungsleistungen erforderlich machte.[130] Die Arbeit in Fabriken bedeutete einerseits einen streng getakteten, schnelleren Alltag; andererseits machte sie regelmäßig Umzüge erforderlich, weshalb eine hohe Mobilitätsbereitschaft gefordert war.[131] Letzteres führte ab 1850 zu einer rapiden Urbanisierung der Industriestädte, wodurch neben einem quantitativen Wachstum der städtischen Bevölkerung auch ein qualitativer Wandel des Lebensstils stattfand.[132] Gerade dort, wo sich neue industrielle Regionen bildeten, fand ein rascher Zuzug statt.[133] So beispielsweise in der montanindustriellen Region des Ruhrgebiets.[134] Hinzu kam, dass die Eisenbahn, die Vorortbahnen und die Nahverkehrszüge die Mobilität der Arbeiter erhöhten.[135]

Die mit der Industrialisierung in engem Zusammenhang stehende Urbanisierung brachte gleichzeitig auch Entwurzelung und die Auflösung familiärer Beziehungen mit sich.[136] Während man vorher in seiner Dorfgemeinschaft gelebt und gearbeitet hatte, musste man sich nun oft zunächst ohne familiäre Unterstützung in einer neuen, großen Stadt zurechtfinden, in welcher der soziale Halt der Gemeinschaft fehlte.[137]

---

129  *Wehler*, Deutsche Gesellschaftsgeschichte Bd. 3, S. 106 f.

130  *Wehler*, Deutsche Gesellschaftsgeschichte Bd. 2, S. 4, 141; *Wehler*, Deutsche Gesellschaftsgeschichte Bd. 3, S. 106; *Osterhammel*, Das 19. Jahrhundert, S. 3.

131  *Teuteberg/Wischermann*, Wohnalltag in Deutschland 1850–1914, S. 48, 61, 92; *Osterhammel*, Das 19. Jahrhundert, S. 3; *Wehler*, Deutsche Gesellschaftsgeschichte Bd. 2, S. 141; *Wehler*, Deutsche Gesellschaftsgeschichte Bd. 3, S. 503.

132  *Wehler*, Deutsche Gesellschaftsgeschichte Bd. 2, S. 177; *Osterhammel*, Das 19. Jahrhundert, S. 36; *Wehler*, Deutsche Gesellschaftsgeschichte Bd. 3, S. 511.

133  *Osterhammel*, Das 19. Jahrhundert, S. 36.

134  *Osterhammel*, Das 19. Jahrhundert, S. 36.

135  *Osterhammel*, Das 19. Jahrhundert, S. 12, 36; *Teuteberg/Wischermann*, Wohnalltag in Deutschland 1850–1914, S. 48.

136  *Teuteberg/Wischermann*, Wohnalltag in Deutschland 1850–1914, S. 2, 48, 61, 92; *Zimmermann*, Von der Wohnungsfrage zur Wohnungspolitik, S. 31; *Wehler*, Deutsche Gesellschaftsgeschichte Bd. 3, S. 505.

137  *Wehler*, Deutsche Gesellschaftsgeschichte Bd. 3, S. 505; *Zimmermann*, Von der Wohnungsfrage zur Wohnungspolitik, S. 31; *Teuteberg/Wischermann*, Wohnalltag in Deutschland 1850–1914, S. 92.

## 2. Die gesellschaftliche Stellung der Eigentümer

Vor dem Hintergrund des historischen Umbruchs gilt es nachfolgend die gesellschaftliche Stellung der Eigentümer herauszuarbeiten.

### a) Zwei verschiedene Typen von Eigentümern

Die Frage nach der gesellschaftlichen Stellung der Eigentümer bedarf der Differenzierung nach den zwei existierenden Typen von Eigentümern am Ende des 19. Jahrhunderts. Einerseits gab es diejenigen, die ein Grundstück geerbt oder gekauft hatten, um selber darin zu wohnen oder es zum Erhalt eines gesicherten, langfristigen Einkommens zu vermieten.[138] Hierbei handelte es sich regelmäßig um kleine oder mittlere Vermögensbesitzer, die ein bebautes Grundstück als Anlageobjekt für ihre Ersparnisse sahen.[139] Andererseits gab es die Eigentümer, die gewerbsmäßig Wohnraum vermieteten, um ausschließlich davon zu leben.[140] Diese stellten die Mehrheit dar[141] und bilden den Fokus der vorliegenden Untersuchung.

### b) Der gesellschaftliche Status und der hierdurch bedingte politische Einfluss

Eigentümer gehörten am Ende des 19. Jahrhunderts der Ober- und Mittelschicht an.[142] Das gewerbsmäßige Hausbesitzer- und Wohnungsvermietertum stammte aus der besonders wohlsituierten Gesellschaftsschicht; die Mittelschicht besaß eher Häuser und Villen zum Eigengebrauch.[143]

Aufgrund ihrer Stellung in der Gesellschaft hatten die Eigentümer politischen Einfluss.[144] Dies galt insbesondere für den kommunalen Wohnungsbau, der das Hauptaktionsfeld der Wohnungspolitik darstellte.[145] Haus- und Grundbesitzer

---

138  *Teuteberg/Wischermann*, Wohnalltag in Deutschland 1850–1914, S. 50, 68.

139  *Teuteberg/Wischermann*, Wohnalltag in Deutschland 1850–1914, S. 50, 387.

140  *Teuteberg/Wischermann*, Wohnalltag in Deutschland 1850–1914, S. 68, 111.

141  *Teuteberg/Wischermann*, Wohnalltag in Deutschland 1850–1914, S. 68, 387.

142  *Teuteberg/Wischermann*, Wohnalltag in Deutschland 1850–1914, S. 251.

143  *Teuteberg/Wischermann*, Wohnalltag in Deutschland 1850–1914, S. 80, 121, 422.

144  Vgl. *Wehler*, Deutsche Gesellschaftsgeschichte Bd.3, S. 531; *Zimmermann*, Von der Wohnungsfrage zur Wohnungspolitik, S. 60; *Teuteberg/Wischermann*, Wohnalltag in Deutschland 1850–1914, S. 93, 416 ff.

145  *Wehler*, Deutsche Gesellschaftsgeschichte Bd. 3, S. 531; *Zimmermann*, Von der Wohnungsfrage zur Wohnungspolitik, S. 60; *Teuteberg/Wischermann*, Wohnalltag in Deutschland 1850–1914, S. 93, 416.

hatten auf kommunaler Ebene ein privilegierendes Wahlrecht, welches ihnen von vorneherein die Mehrheit in den Stadtverordnetenversammlungen sicherte.[146] Um 1900 waren sogar 79% der Stadtverordneten in preußischen Städten mit mehr als 25.000 Einwohnern Hausbesitzer.[147] Dieses politische Monopol barg die Gefahr eines einseitigen und eigennützigen Entscheidens zugunsten von Vermieterinteressen.[148]

Darüber hinaus schlossen sich die Eigentümer in sehr gut organisierten Haus- und Grundbesitzervereinen zusammen.[149] 1879 erfolgte die Gründung eines Zentralverbands.[150] Die Vereine entwarfen vermieterfreundliche Mietvertragsformulare, die regelmäßig von der gesetzlichen Regelung abwichen und setzten die Interessen ihrer Mitglieder gegenüber den Mietern durch.[151] Zu sozialpolitischer Rücksichtnahme bei der Wohnungsfrage waren sie nicht bereit.[152]

## 3. Die gesellschaftliche Stellung der Mieter

Im späten 19. Jahrhundert bestand eine zahlenmäßig eindeutige Überlegenheit der Mieter.[153] In Berlin wohnten im Jahr 1895 92,4% zur Miete, in Hamburg waren es im selben Jahr 89,9%.[154] Auch zeichnete sich der Mieterstand mittlerweile durch eine gewisse Heterogenität aus (a)). Dennoch waren die Mieter den Eigentümern politisch deutlich unterlegen (b)).[155] Dies änderte sich erst gegen Ende des 19. Jahrhunderts.

### a)  Heterogenität des Mieterstandes

Die Wohnungsfrage wurde hauptsächlich als Arbeiterwohnfrage diskutiert, da die Wohnungslage gerade für die Unterschicht prekär war und sie die größte

---

146  *Wehler*, Deutsche Gesellschaftsgeschichte Bd. 3, S. 521; *Teuteberg/Wischermann*, Wohnalltag in Deutschland 1850–1914, S. 93, 416; *Hattenhauer*, NZM 2003, 666 (674).

147  *Baron*, Haus- und Grundbesitzer, S. 28 ff.; so auch *Teuteberg/Wischermann*, Wohnalltag in Deutschland 1850–1914, S. 416.

148  *Baron*, Haus- und Grundbesitzer, S. 28 ff., 138; so auch *Teuteberg/Wischermann*, Wohnalltag in Deutschland 1850–1914, S. 416.

149  *Teuteberg/Wischermann*, Wohnalltag in Deutschland 1850–1914, S. 93, 412.

150  *Teuteberg/Wischermann*, Wohnalltag in Deutschland 1850–1914, S. 412.

151  *Teuteberg/Wischermann*, Wohnalltag in Deutschland 1850–1914, S. 93, 108.

152  *Teuteberg/Wischermann*, Wohnalltag in Deutschland 1850–1914, S. 418.

153  *Teuteberg/Wischermann*, Wohnalltag in Deutschland 1850–1914, S. 89, 92.

154  *Teuteberg/Wischermann*, Wohnalltag in Deutschland 1850–1914, S. 89.

155  *Teuteberg/Wischermann*, Wohnalltag in Deutschland 1850–1914, S. 93.

Mietergruppe darstellte.[156] Allerdings lebten im späten 19. Jahrhundert aufgrund der Urbanisierung und Industrialisierung Menschen aus allen Bevölkerungsschichten in Mietwohnungen.[157] So konnte man von Arbeiterfamilien,[158] vermögenslosen Arbeitern,[159] Fabrikarbeitern,[160] ungelernten Arbeitern[161] über Familien aus der bürgerlichen Mittelschicht,[162] Beamten,[163] Kaufleuten[164] bis hin zu wohlhabenden Familien[165] und Menschen höherer Klassen[166] das ganze Spektrum der Gesellschaft in Mietwohnungen finden. Mieter waren nicht mehr bloß eine gesellschaftlich einflusslose und zu vernachlässigende Personengruppe.[167] Der Stand des Mieters erfuhr dadurch eine Aufwertung.

## b) Dennoch kein politischer Einfluss der Mieter

Aufgrund der politischen Monopolstellung der Eigentümer[168] konnten sich Mieterinteressen, wenn sie denn überhaupt in der kommunalen Wohnungspolitik angesprochen wurden, politisch nicht durchsetzen.[169]

Auch die Bildung von Mietervereinen verbesserte die Position der Mieter nur sehr langsam.[170] Sie waren eine Gegenbewegung zur kartellartigen Macht der

---

156 *Zimmermann*, Von der Wohnungsfrage zur Wohnungspolitik, 30, 131; *Teuteberg/ Wischermann*, Wohnalltag in Deutschland 1850–1914, S. 420 f.

157 *Mugdan*, Die gesammten Materialien zum BGB, Motive der ersten Kommission zum I. Entwurf, S. 213; *Jüttner*, Zur Geschichte des Grundsatzes, S. 62; *Crome*, Die juristische Natur der Miethe, S. 10; *Wolter*, Mietrechtlicher Bestandsschutz, S. 96.

158 *Zimmermann*, Von der Wohnungsfrage zur Wohnungspolitik, S. 130.

159 *Teuteberg/Wischermann*, Wohnalltag in Deutschland 1850–1914, S. 121.

160 *Zimmermann*, Von der Wohnungsfrage zur Wohnungspolitik, S. 30.

161 *Zimmermann*, Von der Wohnungsfrage zur Wohnungspolitik, S. 27.

162 *Teuteberg/Wischermann*, Wohnalltag in Deutschland 1850–1914, S. 405, *Zimmermann*, Von der Wohnungsfrage zur Wohnungspolitik, S. 27, 35.

163 *Teuteberg/Wischermann*, Wohnalltag in Deutschland 1850–1914, S. 80.

164 *Teuteberg/Wischermann*, Wohnalltag in Deutschland 1850–1914, S. 80.

165 *Teuteberg/Wischermann*, Wohnalltag in Deutschland 1850–1914, S. 376.

166 *Teuteberg/Wischermann*, Wohnalltag in Deutschland 1850–1914, S. 376.

167 So noch im antiken Rom: *Genius*, Der Bestandsschutz des Mietverhältnisses, S. 39. 42; *Kaser/Knütel*, Römisches Privatrecht, S. 242; *Jüttner*, Zur Geschichte des Grundsatzes, S. 32; *Kaser*, Das römische Privatrecht I, S. 562.

168 Ausführlich zur gesellschaftlichen Stellung der Eigentümer: § 2 II. 2.

169 *Teuteberg/Wischermann*, Wohnalltag in Deutschland 1850–1914, S. 93.

170 Vgl. *Egner/Georgakis u.a.*, Wohnungspolitik in Deutschland. Positionen. Akteure. Instrumente, S. 157 ff.

Haus- und Grundbesitzervereine.[171] Bis 1890 hatten sich zehn solcher Vereine gebildet, bis 1901 waren es bereits 52.[172] Die höchsten Mitgliederzahlen erreichten viele Vereine Ende des 19. Jahrhunderts.[173] Sozial gesehen stammte die überwiegende Mehrheit der Mitglieder aus der Mittelschicht.[174] 44,2% der Mitglieder des Berliner Vereins im Jahr 1901 waren selbstständige Handwerksmeister und Inhaber von Geschäften, 19,2% waren nicht selbstständige Handwerker, 15,2% waren Kaufleute und Fabrikanten, 14,4% waren Beamte, Lehrer, Redakteure, Rechtsanwälte, Ärzte, Apotheker und ähnliches.[175] Die Arbeiterschaft stellte lediglich 3,5% der Mitglieder dar.[176] Angaben anderer Vereine bestätigen diese ungefähre Zusammensetzung.[177] Die Unterrepräsentation der Arbeiter könnte damit zusammenhängen, dass sie sich aufgrund ihres geringen Lohns die Mitgliedsbeiträge nicht leisten konnten.[178] Die fehlende Repräsentation der Oberschicht, durch die die Mieterbewegung an politischer und gesellschaftlicher Durchsetzungskraft gewonnen hätte, ist dadurch zu erklären, dass sie sich nicht für die Wohnungsfrage interessierten.[179] Sie hätten aufgrund ihrer finanziellen Mittel in ihrem eigenen Haus wohnen können und hatten gesellschaftlich vorwiegend mit Eigentümern zu tun.[180] Die Mietervereine entwarfen ebenfalls Mietvertragsformulare.[181] Aufgrund der Schwäche der frühen Mieterorganisationen konnten aber nur wohlhabende Mieter die Verwendung dieser Mietvertragsformulare durchsetzen.[182]

Insgesamt muss man wohl sagen, dass trotz der Heterogenität des Mieterstandes und der hierdurch erfolgten gesellschaftlichen Aufwertung kein deutlicher politischer Einfluss der Mieter zu erkennen war.

---

171   Vgl. *Egner/Georgakis u.a.*, Wohnungspolitik in Deutschland. Positionen. Akteure. Instrumente, S. 157 ff.
172   *Teuteberg/Wischermann*, Wohnalltag in Deutschland 1850–1914, S. 419.
173   *Teuteberg/Wischermann*, Wohnalltag in Deutschland 1850–1914, S. 420.
174   100 Jahre SMV, S. 6, abrufbar unter: https://www.mieterverband.ch/dam/jcr:3a793ee6-b669-4ea2-bae3-41eb661f2e8c/muw-2015-01.pdf (Stand: 12.12.2020); *Teuteberg/Wischermann*, Wohnalltag in Deutschland 1850–1914, S. 420.
175   *Teuteberg/Wischermann*, Wohnalltag in Deutschland 1850–1914, S. 420.
176   *Teuteberg/Wischermann*, Wohnalltag in Deutschland 1850–1914, S. 420.
177   *Teuteberg/Wischermann*, Wohnalltag in Deutschland 1850–1914, S. 420.
178   Vgl. 100 Jahre SMV, S. 6, abrufbar unter: https://www.mieterverband.ch/dam/jcr:3a793ee6-b669-4ea2-bae3-41eb661f2e8c/muw-2015-01.pdf (Stand: 12.12.2020).
179   *Teuteberg/Wischermann*, Wohnalltag in Deutschland 1850–1914, S. 421.
180   *Teuteberg/Wischermann*, Wohnalltag in Deutschland 1850–1914, S. 421.
181   *Teuteberg/Wischermann*, Wohnalltag in Deutschland 1850–1914, S. 93.
182   *Teuteberg/Wischermann*, Wohnalltag in Deutschland 1850–1914, S. 121.

## 4. Bedeutung der Lebensweise und der Wohnung

Trotz des fehlenden politischen Einflusses veränderte sich die gesellschaftliche Einstellung gegenüber dem Mieterstand im Zuge der Industrialisierung und Urbanisierung. Dies hatte vor allem auch mit der wachsenden Bedeutung der Wohnung für den Einzelnen und der sich verändernden Lebensweise zu tun.[183] Deshalb sollen nachfolgend die Lebensweisen vor (a)) und mit Beginn der Industrialisierung (b)) sowie die Veränderung der Lebensweise im Laufe der Industrialisierung (c)) untersucht werden.

### a) Lebensweise vor Beginn der Industrialisierung

Vor Beginn der Industrialisierung lebte die Mehrheit der Bevölkerung auf dem Land.[184] Die Menschen in den Dörfern kannten sich, sie bildeten eine Gemeinschaft.[185] Dies führte dazu, dass man sich gegenseitig half und einander unterstützte.[186] Eine noch engere Gemeinschaft bildete der Familienverbund, insbesondere dann, wenn man in einem Haushalt zusammenlebte.[187] Grund und Boden waren ausreichend vorhanden, man baute sich sein eigenes Haus oder lebte im Familienhaus zusammen.[188] Auch arbeitete man, wo man lebte – sei es landwirtschaftlich auf dem Hof und den umliegenden Feldern oder handwerklich zu Hause oder in der eigenen Werkstatt.[189] Andererseits gab es aber auch

---

183 Vgl. in diese Richtung auch *Wehler*, Deutsche Gesellschaftsgeschichte Bd. 3, S. 511; *Zimmermann*, Von der Wohnungsfrage zur Wohnungspolitik, S. 21 f., 36, 74; *Teuteberg/Wischermann*, Wohnalltag in Deutschland 1850–1914, S. 3, 48.

184 *Wehler*, Deutsche Gesellschaftsgeschichte Bd. 3, S. 510 f.

185 Vgl. *Henning*, Industrialisierung in Deutschland 1800–1914, S. 105; so auch *Quaisser*, Mietrecht im 19. Jahrhundert, S. 15; vgl. auch *Teuteberg/Wischermann*, Wohnalltag in Deutschland 1850–1914, S. 2, 59.

186 *Henning*, Industrialisierung in Deutschland 1800–1914, S. 105; so auch *Quaisser*, Mietrecht im 19. Jahrhundert, S. 15; vgl. auch *Teuteberg/Wischermann*, Wohnalltag in Deutschland 1850–1914, S. 2, 59.

187 *Quaisser*, Mietrecht im 19. Jahrhundert, S. 15; vgl. auch *Nipperdey*, Deutsche Geschichte 1800–1866, S. 114 ff.; *Teuteberg/Wischermann*, Wohnalltag in Deutschland 1850–1914, S. 2, 59.

188 Vgl. *Nipperdey*, Deutsche Geschichte 1800–1866, S. 131; so auch *Quaisser*, Mietrecht im 19. Jahrhundert, S. 21.

189 Vgl. *Nipperdey*, Deutsche Geschichte 1800–1866, S. 115 f., 117 f., 130 f.; so auch *Quaisser*, Mietrecht im 19. Jahrhundert, S. 21. Anders nach Beginn der Urbanisierung, wo ein grundlegendes Merkmal die Trennung von Wohnung und Arbeitsstätte war, *Teuteberg/Wischermann*, Wohnalltag in Deutschland 1850–1914, S. 48.

Menschen, die als Magd, Knecht oder in ähnlichen Anstellungsverhältnissen zu anderen standen.[190] Diese lebten oft mit auf dem Hof des Dienstherrn und teilten sich die Schlafstelle mit anderen Bediensteten.[191]

In vielen agrarromantischen Darstellungen wird das Leben entgegen des oft herrschenden Wohnelends – feuchte Wände, keine Privatsphäre, verschimmelte Heubetten – idealisiert.[192] Dennoch bleibt festzuhalten, dass, wenn auch die Bausubstanz und Ausstattung der ländlichen Wohnstätten keinen besonderen Standards entsprachen, jedenfalls ein Gemeinschafts- und Familienverbund bestand, der dem Einzelnen sozialen Halt gab.[193] Ein eigenes Heim gab den Menschen im Vergleich zum Leben in einer Mietwohnung Sicherheit und Stabilität.[194]

## b) Lebensweise mit Beginn der Industrialisierung

Anders war dies mit Beginn der Industrialisierung in den großen Städten, die durch die Bevölkerungswanderung und das Siedeln in neuen industriellen Regionen entstanden. Es gab eine unüberschaubare Zahl an neuen Einwohnern aus verschiedenen Schichten, die sich nicht kannten und mit Misstrauen begegneten.[195] Eine soziale Gemeinschaft gab es nicht.[196] Die Miete stellte die Hauptlebensform dar (aa)); gleichzeitig wurde der Wohnraum zur Ware, da das Angebot und die Nachfrage nach Mietwohnungen schnell aus dem Gleichgewicht geriet (bb)). Die hierdurch entstehende Wohnungsnot hatte auch Auswirkungen auf den Wohnungsstandard (cc)) und auf die Beziehung zwischen

---

190 *Teuteberg/Wischermann*, Wohnalltag in Deutschland 1850–1914, S. 15.

191 *Teuteberg/Wischermann*, Wohnalltag in Deutschland 1850–1914, S. 15; *Nipperdey*, Deutsche Geschichte 1800–1866, S. 115.

192 *Teuteberg/Wischermann*, Wohnalltag in Deutschland 1850–1914, 2, S. 15.

193 Vgl. *Henning*, Industrialisierung in Deutschland 1800–1914, S. 105; *Quaisser*, Mietrecht im 19. Jahrhundert, S. 15; vgl. auch *Teuteberg/Wischermann*, Wohnalltag in Deutschland 1850–1914, S. 2, 59.

194 *Teuteberg/Wischermann*, Wohnalltag in Deutschland 1850–1914, S. 38, 367, 387; vgl. auch *Teuteberg/Wischermann*, Wohnalltag in Deutschland 1850–1914, S. 11, der vom „unaufhörlich über [den Mietern] schwebenden Damoklesschwert" spricht.

195 Vgl. *Teuteberg/Wischermann*, Wohnalltag in Deutschland 1850–1914, S. 2 f., *Wehler*, Deutsche Gesellschaftsgeschichte Bd. 3, S. 148, 503 f., *Zimmermann*, Von der Wohnungsfrage zur Wohnungspolitik, S. 21 f.

196 Vgl. *Teuteberg/Wischermann*, Wohnalltag in Deutschland 1850–1914, S. 2 f., *Wehler*, Deutsche Gesellschaftsgeschichte Bd. 3, S. 503 f., *Zimmermann*, Von der Wohnungsfrage zur Wohnungspolitik, S. 21 f.

Eigentümern und Mietern (dd)). Die ungünstigen Rahmenbedingungen führten schließlich dazu, dass sich ein großstädtisches Nomadentum entwickelte (§ 2 ee)).

## aa) Die Miete als Hauptlebensform

Die Neuankömmlinge wohnten regelmäßig zur Miete, der Hauptlebensform in der Stadt des späten 19. Jahrhunderts.[197]

Mangels finanzieller Möglichkeiten lebte die Bevölkerung der Unterschicht, teilweise auch der Mittelschicht, in überfüllten, baulich mangelhaften Wohnungen.[198] Die Wohnung war lediglich Mittel zum Zweck, da man sie brauchte, um in der neu entstehenden Industrie arbeiten zu können.[199] Oft waren es ungebundene junge Männer oder bereits verheiratete Männer, die zunächst ohne ihre Familien in die Städte kamen, um Arbeit zu suchen.[200] Für diese Einzelpersonen war ein Schlafplatz für die Nacht ausreichend, weshalb sie sich als Schlafgänger bei anderen einmieteten.[201] Auch Familien lebten aus finanziellen Gründen mit anderen Personen zusammen.[202] Familiäre Bindungen wurden hierdurch weiter zerschlagen.[203]

---

197  *Teuteberg/Wischermann*, Wohnalltag in Deutschland 1850–1914, S. 90, wonach rund 90 % der Bevölkerung zur Miete wohnte.

198  *Zimmermann*, Von der Wohnungsfrage zur Wohnungspolitik, S. 21, 36; 132 f.; *Teuteberg/Wischermann*, Wohnalltag in Deutschland 1850–1914, S. 45, 63, 96, 376, 405; *Osterhammel*, Das 19. Jahrhundert, S. 66; *Wehler*, Deutsche Gesellschaftsgeschichte Bd. 3, S. 148.

199  *Teuteberg/Wischermann*, Wohnalltag in Deutschland 1850–1914, S. 121; *Zimmermann*, Von der Wohnungsfrage zur Wohnungspolitik, S. 22.

200  *Zimmermann*, Von der Wohnungsfrage zur Wohnungspolitik, S. 22; *Wehler*, Deutsche Gesellschaftsgeschichte Bd. 3, S. 505.

201  *Wehler*, Deutsche Gesellschaftsgeschichte Bd. 3, S. 517; *Teuteberg/Wischermann*, Wohnalltag in Deutschland 1850–1914, S. 45; *Nipperdey*, Deutsche Geschichte 1800–1866, S. 133.

202  *Wehler*, Deutsche Gesellschaftsgeschichte Bd. 3, S. 517; *Teuteberg/Wischermann*, Wohnalltag in Deutschland 1850–1914, S. 34, 63, 376; *Zimmermann*, Von der Wohnungsfrage zur Wohnungspolitik, S. 36.

203  *Teuteberg/Wischermann*, Wohnalltag in Deutschland 1850–1914, S. 45, 376.

### bb)  Wohnraum als Ware

Aufgrund der wachsenden Nachfrage entstanden im Laufe der Zeit immer mehr Mietshäuser.[204] Der Bodenmarkt war monopolartig von Einzelspekulanten und Terraingesellschaften dominiert, die den Handel mit Grund und Boden gewerbsmäßig betrieben.[205] Die Bauunternehmer erschlossen die von den Spekulanten erworbenen Grundstücke.[206] Während die Bauunternehmer vor Beginn der Urbanisierung lediglich auf Bestellung bauten, war der Hausbau nun eine industrielle Fremdbedarfsdeckungswirtschaft, d.h. die Mietshäuser wurden mit Gewinnerzielungsabsicht gebaut, ohne dass es einen konkreten Auftraggeber gab.[207] Wohnungen waren somit, wie bereits im antiken Rom, erneut zu einer Ware geworden, bei der es lediglich um ökonomische Gesichtspunkte ging.[208] Die periodisch auftretende Wohnungsnot und die damit zusammenhängende Spekulation mit Grund und Boden trieben die Preise für Grundstücke und Mieten in die Höhe.[209]

### cc)  Wohnungsnot und Auswirkungen auf den Wohnungsstandard

Die Wohnungsnot war gerade in der zweiten Hälfte des 19. Jahrhunderts teilweise so groß, dass noch nicht fertige Gebäude bezogen wurden, obwohl die Wände noch feucht waren oder das Dach oder die Treppen noch fehlten.[210] Auch wurden Wohnungen und Zimmer in allen irgendwie möglichen Räumlichkeiten vermietet – sei es im feuchten Keller, auf dem Dach oder in einer fensterlosen Kammer.[211] Für den Bau solcher Massenquartiere wurden auch kleinere

---

204  *Teuteberg/Wischermann*, Wohnalltag in Deutschland 1850–1914, S. 3, 34, 94 ff.; *Zimmermann*, Von der Wohnungsfrage zur Wohnungspolitik, S. 22; *Wehler*, Deutsche Gesellschaftsgeschichte Bd. 3, S. 148, 514 f.

205  *Teuteberg/Wischermann*, Wohnalltag in Deutschland 1850–1914, S. 50, 111; *Zimmermann*, Von der Wohnungsfrage zur Wohnungspolitik, S. 134 f.

206  *Teuteberg/Wischermann*, Wohnalltag in Deutschland 1850–1914, S. 50; *Zimmermann*, Von der Wohnungsfrage zur Wohnungspolitik, S. 135.

207  *Teuteberg/Wischermann*, Wohnalltag in Deutschland 1850–1914, S. 50.

208  *Teuteberg/Wischermann*, Wohnalltag in Deutschland 1850–1914, S. 49 f., 111, 115; *Wehler*, Deutsche Gesellschaftsgeschichte Bd. 3, S. 514; *Zimmermann*, Von der Wohnungsfrage zur Wohnungspolitik, S. 77; *Wietog,* in: Arbeiterexistenz im 19. Jahrhundert, S. 114 (116).

209  *Wehler*, Deutsche Gesellschaftsgeschichte Bd. 3, S. 148; *Zimmermann*, Von der Wohnungsfrage zur Wohnungspolitik, S. 77, 123, 133 f.; *Teuteberg/Wischermann*, Wohnalltag in Deutschland 1850–1914, S. 106, 368, 405.

210  *Teuteberg/Wischermann*, Wohnalltag in Deutschland 1850–1914, S. 34.

211  *Wehler*, Deutsche Gesellschaftsgeschichte Bd. 3, S. 515.

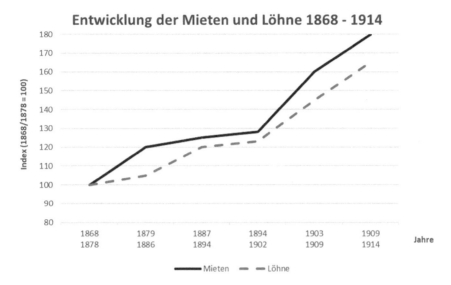

**Abbildung 2** nach Henning, Industrialisierung in Deutschland 1800 bis 1914, S. 222

Häuser aufgekauft und zerstört.[212] Außerhalb des Stadtkerns kauften Spekulanten Grundstücke von landwirtschaftlichen Besitzern auf.[213] Seit 1840 ging der Bestand an eigenen oder Familienhäusern stark zurück.[214]

Die errichteten Mietshäuser waren von geringer Qualität.[215] Den Bauherren ging es nicht um eine hochwertige und langlebige Bauweise, da die Häuser nur als Ware gehandelt wurden, die schnell und häufig den Eigentümer wechseln würde.[216] Die Mietshäuser und Mietskasernen wurden in geschlossener Bauweise

---

212 *Teuteberg/Wischermann*, Wohnalltag in Deutschland 1850–1914, S. 58, 115.

213 *Teuteberg/Wischermann*, Wohnalltag in Deutschland 1850–1914, S. 50.

214 *Teuteberg/Wischermann*, Wohnalltag in Deutschland 1850–1914, S. 38, 96, 115; *Zimmermann*, Von der Wohnungsfrage zur Wohnungspolitik, S. 22; *Matzerath*, Urbanisierung in Preußen 1815–1914, S. 146 f.

215 *Zimmermann*, Von der Wohnungsfrage zur Wohnungspolitik, S. 36; 132 f.; *Teuteberg/Wischermann*, Wohnalltag in Deutschland 1850–1914, S. 45, 50, 96; *Osterhammel*, Das 19. Jahrhundert, S. 66.

216 *Teuteberg/Wischermann*, Wohnalltag in Deutschland 1850–1914, S. 115; *Matzerath*, Urbanisierung in Preußen 1815–1914, S. 145.

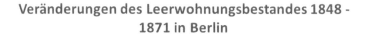

**Abbildung 3** nach Wietog, in: Arbeiterexistenz im 19. Jahrhundert, 114 (122)

gebaut, hatten Hinter- und Querflügel und einen verschachtelten Grundriss, wodurch die Versorgung mit Licht und Luft oft nicht mehr gewährleistet war.[217]

### dd) Entstehung eines Wohnungsfeudalismus

Die Vermieter wussten um die Wohnungsnot.[218] Es entstand, wie bereits im antiken Rom, eine Art Wohnungsfeudalismus, da sich die Vertragsparteien nicht mehr gleichberechtigt gegenüber standen.[219] Der Vermieter konnte seinen Willen vielmehr ohne Gegenwehr durchsetzen, da der Mieter auf die Wohnung angewiesen war.[220] Diese Abhängigkeit des Mieters vom Vermieter drückte sich auch in der vermieterfreundlichen Ausgestaltung der Mietverträge aus, die von

---

217  *Teuteberg/Wischermann*, Wohnalltag in Deutschland 1850–1914, S. 96.
218  *Wehler*, Deutsche Gesellschaftsgeschichte Bd. 3, S. 517; *Teuteberg/Wischermann*, Wohnalltag in Deutschland 1850–1914, S. 111.
219  *Wehler*, Deutsche Gesellschaftsgeschichte Bd. 3, S. 517; *Teuteberg/Wischermann*, Wohnalltag in Deutschland 1850–1914, S. 111; *Zimmermann*, Von der Wohnungsfrage zur Wohnungspolitik, S. 77.
220  *Wehler*, Deutsche Gesellschaftsgeschichte Bd. 3, S. 517; *Teuteberg/Wischermann*, Wohnalltag in Deutschland 1850–1914, S. 111; *Zimmermann*, Von der Wohnungsfrage zur Wohnungspolitik, S. 77.

den Haus- und Grundbesitzervereinen herausgegeben wurden.[221] Aufgrund ihrer untergeordneten Position waren die Mieter nicht in der Lage ihre eigenen Mietvertragsvorlagen gegenüber den Vermietern durchzusetzen.[222] Ein weiteres Indiz für die Überlegenheit der Vermieter waren die kurzen Kündigungsfristen beziehungsweise kurzen Vertragslaufzeiten.[223] Die Mietverträge waren, mit Ausnahme herrschaftlicher Wohnungen, regelmäßig zeitlich auf drei Monate befristet.[224] Auch Monatsmietverträge waren nicht unüblich.[225]

### ee) Großstädtisches Nomadentum und die Auswirkung auf die Bedeutung der Wohnung

Neben der Vermieterwillkür belastete die Mieter auch die erforderliche Flexibilität am Arbeitsmarkt.[226] Zu Beginn der Industrialisierung musste man geografisch flexibel sein, um die Chancen, die sich auf dem Arbeitsmarkt ergaben, ergreifen zu können.[227] Eine starke Fluktuation durch häufige Umzüge war in großen Städten nicht ungewöhnlich.[228] Die Miet- und Arbeitsunsicherheit wie auch die finanzielle Notwendigkeit in überfüllten Wohnungen zu leben, führten dazu, dass die Wohnung weiterhin lediglich als Schlafplatz genutzt wurde.[229] Die

---

221  *Teuteberg/Wischermann*, Wohnalltag in Deutschland 1850–1914, S. 93.

222  *Teuteberg/Wischermann*, Wohnalltag in Deutschland 1850–1914, S. 121, wonach laut der Geschäftsstelle des Berliner Mietervereins ihre Formulare wenn überhaupt nur bei Mieten von mindestens 1500 Mk. verwendet werden. Vgl. auch *Teuteberg/Wischermann*, Wohnalltag in Deutschland 1850–1914, S. 93, 108.

223  *Teuteberg/Wischermann*, Wohnalltag in Deutschland 1850–1914, S. 92 f., *Wehler*, Deutsche Gesellschaftsgeschichte Bd. 3, S. 517.

224  *Teuteberg/Wischermann*, Wohnalltag in Deutschland 1850–1914, S. 92 f.

225  *Teuteberg/Wischermann*, Wohnalltag in Deutschland 1850–1914, S. 92 f.

226  *Weiß*, Die Entwicklung des Mieterschutzes, S. 36; *Wolter*, Mietrechtlicher Bestandsschutz, S. 103; *Zimmermann*, Von der Wohnungsfrage zur Wohnungspolitik, S. 74; *Wehler*, Deutsche Gesellschaftsgeschichte Bd. 3, S. 505; *Teuteberg/Wischermann*, Wohnalltag in Deutschland 1850–1914, S. 48, 61, 92.

227  *Weiß*, Die Entwicklung des Mieterschutzes, S. 36; *Wolter*, Mietrechtlicher Bestandsschutz, S. 103; *Zimmermann*, Von der Wohnungsfrage zur Wohnungspolitik, S. 74; *Teuteberg/Wischermann*, Wohnalltag in Deutschland 1850–1914, S. 61, 92.

228  *Wehler*, Deutsche Gesellschaftsgeschichte Bd. 3, S. 149 f.; *Zimmermann*, Von der Wohnungsfrage zur Wohnungspolitik, S. 132; *Teuteberg/Wischermann*, Wohnalltag in Deutschland 1850–1914, S. 92, 105, 378.

229  *Weiß*, Die Entwicklung des Mieterschutzes, S. 36; *Wolter*, Mietrechtlicher Bestandsschutz, S. 103; *Teuteberg/Wischermann*, Wohnalltag in Deutschland 1850–1914, S. 111.

häufigen Umzüge beschädigten außerdem Erwerbs-, Wirtschafts- wie auch ver-
wandtschaftliche oder freundschaftliche Beziehungen.[230] Man sprach auch vom
großstädtischen Nomadentum.[231]

### c) Veränderung der Lebensweise im Laufe der Industrialisierung

Insgesamt kann man sagen, dass die Mobilität der städtisch-industriellen Gesellschaft den Lebensstil dieser Zeit prägte.[232] Allerdings wandelten sich gegen Ende
des 19. Jahrhunderts sowohl der Arbeitsmarkt[233] als auch – wenn auch langsam – die Wohnverhältnisse[234]. Ersteres könnte man als äußere (aa)), letzteres
als innere Ursache (bb)) für die hiermit einhergehende Veränderung der Bedeutung der Wohnung in der Gesellschaft sehen. Die Wohnung diente zu Beginn
der Industrialisierung lediglich als Schlafplatz.[235] Gegen Ende des 19. Jahrhunderts wurde die Wohnung langsam zum Lebensmittelpunkt,[236] was sich auch aus
nachfolgender Übersicht der sich verändernden Bezugsdauer der Wohnungen
schließen lässt:

### aa) Äußere Ursache: Stabilisierung des Arbeitsmarktes

Am Ende des 19. Jahrhunderts erfuhr der Arbeitsmarkt für Teile der Bevölkerung eine Stabilisierung.[237] Hiermit einhergehend stieg das Interesse an einer
qualitativ hochwertigeren Wohnung, deren Nutzung nun auf Dauer angelegt
sein sollte.[238]

---

230  *Teuteberg/Wischermann*, Wohnalltag in Deutschland 1850–1914, S. 376.
231  *Teuteberg/Wischermann*, Wohnalltag in Deutschland 1850–1914, S. 48, 111.
232  *Teuteberg/Wischermann*, Wohnalltag in Deutschland 1850–1914, S. 48; *Wehler*, Deut-
      sche Gesellschaftsgeschichte Bd. 3, S. 511.
233  *Weiß*, Die Entwicklung des Mieterschutzes, S. 36; *Wolter*, Mietrechtlicher Bestands-
      schutz, S. 103.
234  *Wehler*, Deutsche Gesellschaftsgeschichte Bd. 3, S. 531; *Teuteberg/Wischermann*,
      Wohnalltag in Deutschland 1850–1914, S. 370; *Zimmermann*, Von der Wohnungs-
      frage zur Wohnungspolitik, S. 121 f.
235  *Weiß*, Die Entwicklung des Mieterschutzes, S. 36; *Wolter*, Mietrechtlicher Bestands-
      schutz, S. 103.
236  *Weiß*, Die Entwicklung des Mieterschutzes, S. 36; *Zimmermann*, Von der Wohnungs-
      frage zur Wohnungspolitik, S. 130.
237  *Weiß*, Die Entwicklung des Mieterschutzes, S. 36; *Wolter*, Mietrechtlicher Bestands-
      schutz, S. 103.
238  *Weiß*, Die Entwicklung des Mieterschutzes, S. 36; *Wolter*, Mietrechtlicher Bestands-
      schutz, S. 103.

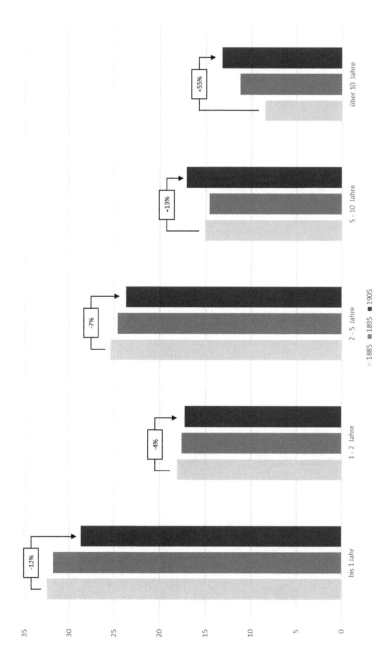

**Abbildung 4** basierend auf den Daten in Langewiesche, in: Vierteljahrschrift für Sozial- und Wirtschaftsgeschichte 64 (1977), 11: Wanderungsbewegungen in der Hochindustrialisierungsperiode.

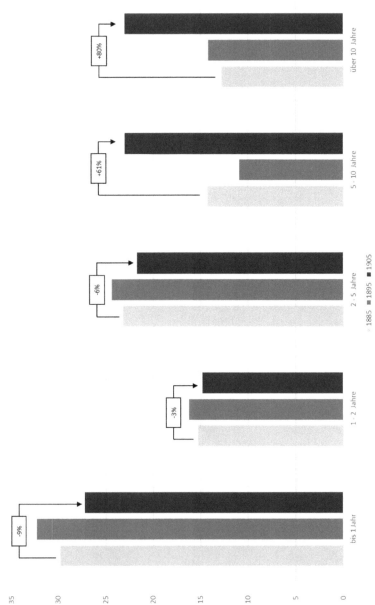

**Abbildung 5** basierend auf den Daten in Langewiesche, in: Vierteljahrschrift für Sozial- und Wirtschaftsgeschichte 64 (1977), 11: Wanderungsbewegungen in der Hochindustrialisierungsperiode.

In der Anfangsphase der Industrialisierung war die Fabrikarbeit sowohl für die Industriellen als auch für die Arbeiter neu.[239] Es konnte mangels Erfahrung noch keine Facharbeiter oder angelernten Arbeiter geben. Da die Arbeiter dementsprechend auswechselbar waren, hatten die Arbeitgeber noch kein besonderes Interesse daran, ihre Arbeiter an sich zu binden.[240] Die Arbeiter hatten ebenfalls noch kein Interesse an einer solchen Bindung, da sie auf der Suche nach immer besseren Arbeitsplätzen flexibel bleiben wollten.[241] Das galt insbesondere für die vielen jungen Männer, die familiär noch ungebunden waren.[242]

Mit der Zeit entwickelten viele Arbeiter aber eine Expertise in dem, was sie machten, und wurden zu Fachkräften oder angelernten Arbeitskräften.[243] Sie bildeten eine verlässliche Ebene zwischen den Fabrikanten und den ungelernten Arbeitern, die sie aufgrund ihres Wissens anleiten konnten.[244] Auch traten viele vorher ungebundene Arbeiter in eine neue Lebensphase ein.[245] Während sie zu Beginn der Industrialisierung noch keine 30 Jahre alt waren, waren sie mittlerweile zu erwachsenen Männern herangewachsen, die nun auch die finanziellen Mittel hatten, um zu heiraten und eine Familie zu gründen.[246] Es entstand bei beiden Arbeitsvertragsparteien ein Interesse an einer dauerhaften Beschäftigung: Die aufsteigende Schicht von Facharbeitern und angelernten

---

239  Vgl. *Osterhammel*, Das 19. Jahrhundert, S. 35; *Wehler*, Deutsche Gesellschaftsgeschichte Bd. 3, S. 147.

240  Vgl. *Wehler*, Deutsche Gesellschaftsgeschichte Bd. 3, S. 143; *Zimmermann*, Von der Wohnungsfrage zur Wohnungspolitik, S. 70; *Teuteberg/Wischermann*, Wohnalltag in Deutschland 1850–1914, S. 98.

241  *Weiß*, Die Entwicklung des Mieterschutzes, S. 36; *Wolter*, Mietrechtlicher Bestandsschutz, S. 103; *Zimmermann*, Von der Wohnungsfrage zur Wohnungspolitik, S. 74; *Teuteberg/Wischermann*, Wohnalltag in Deutschland 1850–1914, S. 61, 92.

242  *Zimmermann*, Von der Wohnungsfrage zur Wohnungspolitik, S. 22, 130; *Wehler*, Deutsche Gesellschaftsgeschichte Bd. 3, S. 505.

243  *Wehler*, Deutsche Gesellschaftsgeschichte Bd. 3, S. 143; *Zimmermann*, Von der Wohnungsfrage zur Wohnungspolitik, S. 70; *Teuteberg/Wischermann*, Wohnalltag in Deutschland 1850–1914, S. 98.

244  *Wehler*, Deutsche Gesellschaftsgeschichte Bd. 3, S. 143; *Zimmermann*, Von der Wohnungsfrage zur Wohnungspolitik, S. 70; *Teuteberg/Wischermann*, Wohnalltag in Deutschland 1850–1914, S. 98.

245  *Zimmermann*, Von der Wohnungsfrage zur Wohnungspolitik, S. 130.

246  *Zimmermann*, Von der Wohnungsfrage zur Wohnungspolitik, S. 22, 130.

Arbeitern hatte ein Interesse daran, das Beschäftigungsverhältnis beizubehalten und sich an einem Ort niederzulassen.[247] Die Arbeitgeber waren gleichzeitig bemüht, eine Stammarbeiterschaft zu gewinnen.[248]

Die Arbeitgeber versuchten die Bindung zusätzlich durch betriebliche Wohnungen zu forcieren.[249] Als Beispiel soll der Industrielle Alfried Krupp dienen. Dieser war in der Eisen- und Stahlindustrie tätig, einem der Hauptsektoren der Industrialisierung und einem wichtigen Lieferanten für den Wachstumsmotor Eisenbahn.[250] Er ließ für seine Arbeiter Einfamilienhäuser bauen.[251] Diese waren nicht nur billiger als Wohnraum auf dem privaten Markt, sondern auch qualitativ hochwertiger.[252] Alfried Krupp hatte ein Interesse daran, dass die Häuser aus beständigem Material und in haltbarer Bauweise erbaut wurden, da sie für ihn keine Ware, sondern eine Investition in seine Fabrik darstellten.[253]

In der zweiten Hälfte des 19. Jahrhunderts entstand zudem eine neue soziale Gruppe, die sich von den Arbeitern abgrenzte und ebenfalls stabile Arbeitsplätze hatte: die Angestellten.[254] Diese arbeiteten nicht in den Fabriken, sondern in dem neu entstehenden Dienstleistungssegment.[255] Sie bildeten eine neue Mittelschicht, waren teilweise als leitende Angestellte und Manager sogar Teil der Oberschicht.[256]

---

247  *Wolter*, Mietrechtlicher Bestandsschutz, S. 103; *Weiß*, Die Entwicklung des Mieterschutzes, S. 36; *Zimmermann*, Von der Wohnungsfrage zur Wohnungspolitik, S. 130; *Wehler*, Deutsche Gesellschaftsgeschichte Bd. 3, S. 145. Daneben gab es weiterhin eine große Anzahl an lediglich temporär beschäftigten und mit großer Fluktuation wechselnden ungelernten Arbeitern (*Wehler*, Deutsche Gesellschaftsgeschichte Bd. 3, S. 143, 505).

248  *Wolter*, Mietrechtlicher Bestandsschutz, S. 103; *Wehler*, Deutsche Gesellschaftsgeschichte Bd. 3, S. 143; *Zimmermann*, Von der Wohnungsfrage zur Wohnungspolitik, S. 70; *Teuteberg/Wischermann*, Wohnalltag in Deutschland 1850–1914, S. 98; *Stemmrich*, Die Siedlung, S. 7 f.; *Weiß*, Die Entwicklung des Mieterschutzes, S. 36.

249  *Zimmermann*, Von der Wohnungsfrage zur Wohnungspolitik, S. 69 f.; *Teuteberg/Wischermann*, Wohnalltag in Deutschland 1850–1914, S. 98; *Nipperdey*, Deutsche Geschichte 1800–1866, S. 133.

250  *Osterhammel*, Das 19. Jahrhundert, S. 11 f., 35 f.

251  *Stemmrich*, Die Siedlung, S. 43 ff.

252  *Zimmermann*, Von der Wohnungsfrage zur Wohnungspolitik, S. 71; vgl. *Stemmrich*, Die Siedlung, S. 47.

253  Vgl. *Zimmermann*, Von der Wohnungsfrage zur Wohnungspolitik, S. 70; *Teuteberg/Wischermann*, Wohnalltag in Deutschland 1850–1914, S. 98; *Stemmrich*, Die Siedlung, S. 47.

254  *Osterhammel*, Das 19. Jahrhundert, S. 64.

255  *Osterhammel*, Das 19. Jahrhundert, S. 64.

256  *Osterhammel*, Das 19. Jahrhundert, S. 64, 67.

Auch die Arbeitszeiten veränderten sich zugunsten der Arbeiter und Angestellten.[257] In den Jahren von 1860 bis 1910 verringerte sich die durchschnittliche Wochenarbeitsstundenzeit von 85 auf 55 Stunden.[258] Die Menschen verbrachten also mehr Zeit zu Hause, wodurch das Bedürfnis nach dauerhaften, qualitativ hochwertigeren Wohnungen möglicherweise ebenfalls gestiegen sein könnte.

### bb) Innere Ursache: Wohnverhältnisse

Am Ende des 19. Jahrhunderts verbesserten sich für Teile der Bevölkerung zudem die Wohnverhältnisse.[259] Während sich die Bautätigkeiten zu Beginn der Industrialisierung ohne staatliche Beschränkungen ausbreiten konnten,[260] wurden durch die einsetzende Wohnreformbewegung ab 1890 verschiedene staatliche Maßnahmen ergriffen, um die Wohnqualität in den Städten zu verbessern.[261] In vielen Teilen der Städte konnten nur noch Korrekturen vorgenommen werden, da sie bereits so dicht bebaut waren, dass umfassende Änderungen nicht mehr möglich waren.[262] In den neu entstehenden Stadtteilen hingegen konnten die Reformbemühungen besser greifen.[263] Ein Grund für die Reformen war gewiss die Gefahr von Krankheiten durch hygienisch unzureichende Sanitäranlagen.[264] Auch die Gesundheitsgefährdung der Bevölkerung durch mangelnde Licht- und Frischluftzufuhr war ein Aspekt, der zum Interesse der Politik an den Wohnverhältnissen führte.[265]

Darüber hinaus verbesserten sich die Wohnverhältnisse durch eine veränderte Aufteilung der Wohnung.[266] Die Trennung von verschiedenen Lebensbereichen,

---

257 *Osterhammel*, Das 19. Jahrhundert, S. 63 f.

258 *Osterhammel*, Das 19. Jahrhundert, S. 63 f.

259 *Wehler*, Deutsche Gesellschaftsgeschichte Bd. 3, S. 531; *Teuteberg/Wischermann*, Wohnalltag in Deutschland 1850–1914, S. 370; *Zimmermann*, Von der Wohnungsfrage zur Wohnungspolitik, S. 121 f.

260 *Wehler*, Deutsche Gesellschaftsgeschichte Bd. 3, S. 514; *Teuteberg/Wischermann*, Wohnalltag in Deutschland 1850–1914, S. 49.

261 *Wehler*, Deutsche Gesellschaftsgeschichte Bd. 3, S. 514; 531; *Teuteberg/Wischermann*, Wohnalltag in Deutschland 1850–1914, S. 370; *Zimmermann*, Von der Wohnungsfrage zur Wohnungspolitik, S. 121 f.

262 *Teuteberg/Wischermann*, Wohnalltag in Deutschland 1850–1914, S. 49.

263 *Teuteberg/Wischermann*, Wohnalltag in Deutschland 1850–1914, S. 49.

264 *Zimmermann*, Von der Wohnungsfrage zur Wohnungspolitik, S. 36.

265 *Zimmermann*, Von der Wohnungsfrage zur Wohnungspolitik, S. 36; *Teuteberg/Wischermann*, Wohnalltag in Deutschland 1850–1914, S. 49.

266 *Teuteberg/Wischermann*, Wohnalltag in Deutschland 1850–1914, S. 244.

wie zum Beispiel dem Kochen und dem Schlafen, führte zu mehr Wohnlichkeit und Privatsphäre.[267]

Auch wenn lediglich die Ober- und Mittelschicht, sowie die in relativ sicherer Beschäftigung stehende Facharbeiterschaft, die den Lebensstandard des Kleinbürgertums genoss, von den Anfängen der Wohnreformbewegung Ende des 19. Jahrhunderts profitierten.[268] So lässt sich doch sagen, dass die Wohnung für Teile der heterogenen Gruppe der Mieter im Laufe der Industrialisierung an Bedeutung gewann und nicht mehr nur einen Schlafplatz darstellte. Es entstand ein Bedürfnis nach Stabilität der Wohnverhältnisse.

## 5. Zusammenfassung

Die Darstellung der gesellschaftlichen Hintergründe im Laufe des 19. Jahrhunderts hat gezeigt, dass sich die gesellschaftlichen Strukturen in Folge des durch die Industrialisierung bedingten bürgerlichen Aufstiegs langsam verschoben. Dies war vor allem darauf zurückzuführen, dass nicht mehr die Herkunft darüber entschied, was man werden konnte, sondern die eigene Leistung. Die Industrialisierung war ein fundamentaler Wachstums- und Strukturwandlungsprozess.

In Kombination mit der gleichzeitig einsetzenden Urbanisierung veränderten sich auch die Lebensweise und die Bedeutung der Wohnung. Die Miete wurde zur Hauptlebensform in den Städten, was zu einer Diversifizierung des Mieterspektrums führte. Der dennoch fehlende politische Einfluss des Mieterstandes war auf die bestehende politische Monopolstellung der Eigentümer zurückzuführen. Denn die Eigentümer, die gewerbsmäßig vermieteten, kamen weiterhin aus der Oberschicht und die politische Durchmischung war nicht so schnell wie die wirtschaftliche Durchmischung.

Schließlich gewann die Wohnung auch an Bedeutung für den Einzelnen, da sie aufgrund der Verfestigung der Arbeitsverhältnisse und der Verbesserung der Wohnverhältnisse nicht mehr nur Schlafplatz war, sondern langsam zum Lebensmittelpunkt wurde. Im Weiteren wird deshalb ein besonderes Augenmerk darauf zu richten sein, ob einerseits ein größeres Verlangen nach rechtlichem Mieterschutz bestand, um das Bedürfnis nach Stabilität der Wohnverhältnisse rechtlich abzusichern. Andererseits ist zu untersuchen, ob die (Wohnraum-) Mieter tatsächlich Einfluss auf den Gesetzgebungsprozess des BGB nahmen, und welche Rolle die gesellschaftliche Stellung der Mietvertragsparteien dabei gespielt hat.

---

267  *Nipperdey*, Deutsche Geschichte 1800–1866, S. 131 f.; *Teuteberg/Wischermann*, Wohnalltag in Deutschland 1850–1914, S. 244.

268  *Zimmermann*, Von der Wohnungsfrage zur Wohnungspolitik, S. 35; *Teuteberg/ Wischermann*, Wohnalltag in Deutschland 1850–1914, S. 244, 414 f.; vgl. *Nipperdey*, Deutsche Geschichte 1800–1866, S. 133; *Osterhammel*, Das 19. Jahrhundert, S. 63.

# § 3  Die Entstehungsgeschichte und der Gesetzgebungsprozess des § 566 BGB

Im zweiten Teil sollen die Entstehungsgeschichte und der Gesetzgebungsprozess des § 566 BGB dargestellt werden. Die Entstehungsgeschichte beginnt im antiken Rom (I.), setzt sich in Deutschland mit der Rezeption des römischen Rechts (II.1) und der anschließenden Rechtszersplitterung in der Aufklärungszeit (II.2.) fort und mündet schließlich im Gesetzgebungsprozess Ende des 19. Jahrhunderts (III.).[269] Die Darstellung der rechtsgeschichtlichen Entwicklung des Mieterschutzes dient hierbei einem besseren Verständnis der verschiedenen Argumente, die im Rahmen des Gesetzgebungsprozesses vorgetragen wurden.

## I.  Die rechtliche Situation im antiken Rom

Die gesellschaftliche Situation spiegelte sich in der rechtlichen Ausgestaltung der Position der Eigentümer und der Mieter wider: Das Eigentum stellte im antiken Rom eine rechtlich und wirtschaftlich unantastbare Position dar, die Beschränkungen nicht zugänglich war.[270] Die Miete war ein sehr fragiles, nicht schützenswertes Rechtsverhältnis.[271] Der römische Grundsatz *Kauf bricht Miete* war deshalb im antiken Rom dogmatisch die zwingende Konsequenz.

Zur Belegung dieser These soll nachfolgend die rechtliche Ausgestaltung des Mietvertrags (*locatio conductio*) (1.), sowie der Vermieter- (2.) und der Mieterstellung (3.) dargestellt werden. Besonders eingegangen wird bei der Darstellung der rechtlichen Ausgestaltung zudem auf die Instabilität des Mietverhältnisses (4.). In einem zweiten Schritt soll untersucht werden, ob die Quellen den Zusammenhang zwischen gesellschaftlicher Situation und rechtlicher Struktur belegen können (5.).

---

269  Rechtlich wird nicht zwischen der Wohn- und Geschäftsraummiete unterschieden. Es ist aber zu erwarten, dass viele der im Rahmen des Gesetzgebungsprozesses vorgebrachten (rechtssoziologischen) Argumente ihren Ursprung in der besonderen Rolle der Wohnung haben. In den Abschnitten zum möglichen Zusammenhang zwischen gesellschaftlichen und rechtlichen Entwicklungen (§ 3 I.5. und § 3 III.4.d) dd)) beschränkt sich die Analyse deshalb schwerpunktmäßig auf die Wohnraummiete.

270  *Jüttner*, Zur Geschichte des Grundsatzes, S. 26; *Genius*, Der Bestandsschutz des Mietverhältnisses, S. 39.

271  *Jüttner*, Zur Geschichte des Grundsatzes, S. 21; *Genius*, Der Bestandsschutz des Mietverhältnisses, S. 39, 110.

## 1. Locatio conductio

Der Mietvertrag wurde im antiken Rom als *locatio conductio* bezeichnet (lat. *locare* = verdingen, hinstellen; *conducere* = mitnehmen).[272] Der Vermieter wurde *locator* genannt, da er diejenige Vertragspartei war, die die faktische Verfügungsgewalt am Mietobjekt einräumte.[273] Der Mieter war der *conductor*, also derjenige, der das Mietobjekt in die faktische Verfügungsgewalt nahm.[274]

Die *locatio conductio* war ein umfassendes Vertragsgebilde, das neben dem Mietvertrag auch den Pacht-, Dienst- und Werkvertrag beinhaltete.[275] Die uns bekannte Dreiteilung war damals schon angelegt: der Miet- und Pachtvertrag wurde auch *locatio conductio rei*, der Dienstvertrag *locatio conductio operarum* und der Werkvertrag *locatio conductio operis* genannt.[276] Wenn im Folgenden von *locatio conductio* die Rede ist, ist hiermit dennoch lediglich der hier relevante Mietvertrag gemeint. Die anderen Vertragsarten spielen im Weiteren keine Rolle.

Die *locatio conductio* war bereits damals ein rein obligatorisches Rechtsverhältnis.[277] Im Gegensatz zu heute war sie aber ein sehr zerbrechlicher Vertrag, da der Mieter nicht Besitzer, sondern nur sog. *detentor* war, was mit einem Besitzdiener gemäß § 855 BGB vergleichbar ist.[278] Er hatte deshalb keinerlei Besitzschutzansprüche und war – trotz seines obligatorischen Anspruchs gegenüber dem Vermieter auf Überlassung des Wohnraums für die Dauer des Mietvertrags – der ständigen Gefahr der Besitzentziehung ausgesetzt, sei es durch den Vermieter selbst oder durch Dritte.[279] Das einzige Klagerecht des Mieters bei Besitzstörung oder Besitzentziehung war die sog. *actio conducti*, die allerdings lediglich auf monetären Schadensersatz und nicht auf Wiedereinräumung des Sachgebrauchs gerichtet war.[280] Im Übrigen war er darauf angewiesen, dass der

---

272  *Kaser/Knütel*, Römisches Privatrecht, S. 239 f.

273  *Kaser/Knütel*, Römisches Privatrecht, S. 240; *Kaser*, Das römische Privatrecht I, S. 563.

274  *Kaser/Knütel*, Römisches Privatrecht, S. 240; *Kaser*, Das römische Privatrecht I, S. 563.

275  *Kaser/Knütel*, Römisches Privatrecht, S. 239; *Mugdan*, Die gesammten Materialien zum BGB, Motive der 1. Kommission zum I. Entwurf, S. 205.

276  *Kaser/Knütel*, Römisches Privatrecht, S. 240, *Kaser*, Das römische Privatrecht I, S. 562.

277  *Jüttner*, Zur Geschichte des Grundsatzes, S. 20; *Weiß*, Die Entwicklung des Mieterschutzes, S. 1.

278  *Jüttner*, Zur Geschichte des Grundsatzes, S. 21; *Genius*, Der Bestandsschutz des Mietverhältnisses, S. 39, 110; *Degenkolb*, Platzrecht und Miethe, S. 150.

279  *Kaser/Knütel*, Römisches Privatrecht, S. 242; *Jüttner*, Zur Geschichte des Grundsatzes, S. 26; *Fischer*, Gutachten 19. DJT, S. 5 f.

280  *Fischer*, Gutachten 19. DJT, S. 3; *Tugginer*, Kauf bricht Miete, S. 13; vgl. auch Inst. 3, 24 pr.

Vermieter seine Besitzrechte geltend machte und dem Mieter ein ungestörtes Wohnen ermöglichte.[281]

Um das Vertragsgebilde der *locatio conductio* besser zu verstehen, sollen die Rechtsstellungen der Vertragsparteien im Weiteren näher dargestellt werden.

## 2. Vermieter

Der Vermieter hatte eine Doppelstellung: Einerseits war er Eigentümer und Besitzer der Mietsache (a)), andererseits war er Vertragspartei des Mietvertrags (b)).[282] Die dingliche Position und die schuldrechtliche Stellung sind unabhängig voneinander zu betrachten, da die Vermietung die Verfügungsmacht des Vermieters als Eigentümer und Besitzer nicht tangierte.[283]

### a) Vermieter als Eigentümer und Besitzer

Der Vermieter war zunächst regelmäßig auch der Eigentümer und Besitzer des Mietobjekts. Gerade seine Stellung als Eigentümer ist bezüglich der rechtlichen Ausgestaltung des Mietverhältnisses besonders relevant, denn in der römischen Rechtsordnung gab es kein stärkeres Recht als das Eigentum.[284] Der Eigentümer hatte die rechtliche Vollherrschaft,[285] er war „Herr der Sache".[286] Der Wille des Eigentümers war maßgeblich für den Inhalt und den Umfang der Sachherrschaft.[287] Diese umfassende Rechtsposition des Eigentümers ist auf verschiedene römische Grundprinzipien zurückzuführen. Zunächst rührte das Gewicht des Eigentums im römischen Recht daher, dass das Privateigentum, neben dem Erbrecht und der Vertragsfreiheit, eine der rechtlichen Grundlagen der römischen Volkswirtschaft war.[288] Durch diese Qualifikation ist mithin bereits ersichtlich, dass das Privateigentum einen besonders hohen Stellenwert in der römischen Gesellschaft einnahm. Im Zusammenspiel mit der Vertragsfreiheit als weiterer rechtlicher Grundlage des römischen Rechts war vorgezeichnet, dass der Eigentümer aufgrund seiner starken Position die Vertragsgestaltung bei einem Mietvertrag in seinem Sinne gestalten konnte. Der Schutz sozialer Interessen war hingegen kein Baustein des römischen Rechts.[289]

---

281  *Kaser/Knütel*, Römisches Privatrecht, S. 111.
282  *Hintze*, Kauf bricht Miethe, S. 40.
283  *Hintze*, Kauf bricht Miethe, S. 41.
284  *Kaser/Knütel*, Römisches Privatrecht, S. 107.
285  *Kaser/Knütel*, Römisches Privatrecht, S. 107; *Hintze*, Kauf bricht Miethe, S. 1.
286  *Brassloff*, Sozialpolitische Motive in der römischen Rechtsentwicklung, S. 3.
287  *Hintze*, Kauf bricht Miethe, S. 1.
288  *Brassloff*, Sozialpolitische Motive in der römischen Rechtsentwicklung, S. 3.
289  *Kaser*, Das römische Privatrecht I, S. 375.

Hinzu kamen der stark ausgeprägte römische Individualismus und die dadurch betonte Freiheit des Eigentums.[290] Deshalb sollte das Eigentum von dinglichen Belastungen möglichst freigehalten werden; auch obligatorische Verpflichtungen von längerer Dauer sollten vermieden werden.[291]

Neben dem starken Eigentumsrecht stand dem Vermieter nach der Vermietung der Sache weiterhin das alleinige Besitzrecht zu.[292] Im römischen Recht gab es zwei Erscheinungsformen rechtserheblichen Besitzes.[293] Der Eigentümer hatte einerseits die *possessio civile*[294], der rechtserhebliche Besitz nach dem klassischen *ius civile*[295], und andererseits den Interdiktenbesitz (sog. *possessio ad interdicta*)[296] nach dem *ius honorarium*[297.298]

Beiden Erscheinungsformen war die Notwendigkeit des Eigenbesitzwillens gemein. Der Besitz als bloßes Faktum wurde im römischen Recht durch den abstrakten Besitzwillen mit rechtlicher Wirkung versehen.[299] Der sog. *animus* bildete deshalb den Schwerpunkt des rechtserheblichen Besitzes.[300] Dieser wurde nur dem Eigentümer, nicht aber dem Mieter zugesprochen.[301]

---

290  *Kaser*, Das römische Privatrecht I, S. 374; *Genius*, Der Bestandsschutz des Mietverhältnisses, S. 39.

291  *Vogt*, Erbbaurecht, S. 49; *Tugginer*, Kauf bricht Miete, S. 11 f.

292  *Hintze*, Kauf bricht Miethe, S. 3.

293  *Kaser/Knütel*, Römisches Privatrecht, S. 108.

294  Die *possesio civilis* erforderte außer der mit Eigenbesitzwillen ausgeübten tatsächlichen Gewalt über die Sache eine *iusta causa possessionis*, d.h. der Besitz musste aus einem Rechtsgrund erworben sein, der nach *ius civile* den Eigentumserwerb des Besitzers rechtfertigte (*Kaser/Knütel*, Römisches Privatrecht, S. 108 f.).

295  Das *ius civile* war der traditionelle Kern der römischen Rechtsordnung, die alte Bürgerordnung (*Kaser/Knütel*, Römisches Privatrecht, S. 22 f.).

296  Der Interdiktenbesitz war dadurch gekennzeichnet, dass er gegen eigenmächtige Entziehung oder Störung durch *interdicta* geschützt war; eine *iusta causa possessionis* war nicht erforderlich (*Kaser/Knütel*, Römisches Privatrecht, S. 109).

297  Das *ius honorarium* war das Amtsrecht, das dazu diente das ius civile auszulegen und durch Ergänzungen, gegebenenfalls Korrekturen, weiterzubilden (*Kaser/Knütel*, Römisches Privatrecht, S. 22 f.).

298  *Kaser/Knütel*, Römisches Privatrecht, S. 111; *Kaser*, Das römische Privatrecht I, S. 389.

299  *Hintze*, Kauf bricht Miethe, S. 2; *Kaser/Knütel*, Römisches Privatrecht, S. 107.

300  *Kaser/Knütel*, Römisches Privatrecht, S. 112 ff. Kaiser Justinian schränkt in nachklassischer Zeit die echte *possessio* ein auf den redlichen Besitz mit *animus domini*, also mit dem Willen, wie ihn der Eigentümer selbst hat (*Kaser/Knütel*, Römisches Privatrecht, S. 112). Diese Differenzierung geht in manchen Beiträgen zum römischen Recht und dem Grundsatz *Kauf bricht Miete* etwas verloren und kann deshalb zu Ungereimtheiten führen (vgl. z.B. *Hintze*, Kauf bricht Miethe, S. 2).

301  *Kaser/Knütel*, Römisches Privatrecht, S. 111 f.

## b) Vermieter als Vertragspartei

Der Vermieter hatte in seiner Eigenschaft als Vertragspartei des Mietvertrags die vertraglichen Pflichten zu erfüllen, zu denen grundsätzlich auch die Gewährung des Mietobjekts während des gesamten vertraglich vereinbarten Zeitraums gehörte.[302] Darüber hinaus hatte der Vermieter auch die Pflicht den Mieter vor Übergriffen oder Eingriffen Dritter zu schützen und gegebenenfalls seine Rechte zum Schutz des Mieters geltend zu machen.[303] Zur Sicherung des Besitzes gegen unbefugte Störungen oder Entziehungen dienten *interdicta*: Es gab solche, die der Erhaltung des Besitzes, also in erster Linie dem Schutz vor Störungen dienten und es gab solche, die auf Wiedererlangung gerichtet waren.[304] Das *interdictum uti possidetis* war das Rechtsmittel des Eigentümers bei bloßer Störung, das *interdictum unde vi* dasjenige bei Entziehung.[305]

## 3. Mieter

Der Mieter hatte zwar die tatsächliche Gewalt über die Sache, er war aber nicht Besitzer im technischen Sinn, da die Voraussetzungen der *possessio civilis* oder des Interdiktenbesitzes nicht vorlagen.[306] Im Gegenteil zur *possessio civilis* hatte der Mieter deshalb lediglich die *naturalis possessio*, im Gegenteil zum Interdiktenbesitz die *possessione esse*.[307] Erst im gemeinen Recht entwickelten sich die Begriffe *detentor/detentio* in Abgrenzung zum juristischen Besitz.[308]

---

302 C. 4, 65, 3: Wenn du für das Haus, welches du gemietet zu haben angibst, den ganzen Zins bezahlt hast, so darfst du nicht wieder deinen Willen herausgetrieben werden, außer wenn der Eigentümer beweist, dass dasselbe ihm zum eigenen Gebrauch nötig sei, oder wenn er sein Haus ausbessern will, oder du das Vermietete übel gehalten hast (Übersetzung nach *Otto/Schilling/Sintenis*, Corpus Juris Civilis V, S. 647).
C. 4, 65, 15: Wenn du von deinem Verpächter aus dem Grundstück vertrieben worden bist, so kannst du die Mietklage gegen ihn anstellen; auch die Strafe, die auf den Fall der Nichterfüllung verabredet ist, kannst du von dem Verpächter fordern und ihm inne behalten (Übersetzung nach *Otto/Schilling/Sintenis*, Corpus Juris Civilis V, S. 676). Vgl. auch D. 19, 2, 15, 1; *Fischer*, Gutachten 19. DJT, S. 3; *Honsell/ Mayer-Maly/ Selb*, Römisches Recht, S. 325.
303 *Kaser/Knütel*, Römisches Privatrecht, S. 111.
304 *Kaser/Knütel*, Römisches Privatrecht, S. 115.
305 *Kaser/Knütel*, Römisches Privatrecht, S. 115 ff.
306 *Kaser/Knütel*, Römisches Privatrecht, S. 111.
307 *Kaser/Knütel*, Römisches Privatrecht, S. 111; *Kaser*, Das römische Privatrecht I, S. 389, *Hintze*, Kauf bricht Miethe, S. 4.
308 *Kaser/Knütel*, Römisches Privatrecht, S. 111.

Entscheidend für die Annahme oder Verneinung des Besitzes war – wie soeben ausgeführt – der *animus*, also der Eigenbesitzwille. Der Mieterwille war nach römisch-rechtlichem Verständnis aber gerade nicht darauf gerichtet, die Sache als eigene zu wollen.[309] Vielmehr lag lediglich Fremdbesitzwille vor.[310] Es fehlte also der *animus*.[311] Gegenstand des Mietvertrags war dementsprechend auch nicht der Besitz an der Sache selbst, sondern nur der zeitweilige Gebrauch.[312]

Als *detentor* hatte man keinen Besitzschutz, man konnte sich somit nicht gegen Eingriffe in seine *detentio* zur Wehr setzen.[313] Vielmehr war der Mieter darauf angewiesen, dass der Vermieter seine Besitzschutzrechte geltend machte und dem Mieter die Nutzung störungsfrei ermöglichte.[314] Falls der Vermieter dies versäumte oder bewusst unterließ, stand dem Mieter lediglich die gegen den Vermieter gerichtete *actio conducti* zur Seite, die alle obligatorischen Rechte und Pflichten aus dem Mietverhältnis beinhaltete, aber nicht die Erzwingung des Sachgebrauchs ermöglichte.[315] Sie stellte letztendlich nur einen monetären Anspruch auf Schadensersatz gegen den Vermieter dar.[316] Diese Schadensersatzpflicht war Ausfluss aus dem Grundsatz der Vertragstreue, der im römischen Recht uneingeschränkt galt.[317] Wenn der Mieter den Schadensersatz gerichtlich durchsetzte, stellte dieser Anspruch zumindest einen wirksamen finanziellen Schutz dar, weil der Schadensersatzanspruch im antiken Rom sehr ernst genommen wurde und sämtliche finanzielle und nicht-finanzielle Schäden auszugleichen suchte.[318] Der Anspruch fiel deshalb im Zweifel höher aus als der tatsächliche Schaden zu beziffern gewesen wäre.[319] Allerdings erhielt der Mieter

---

309  Vgl. *Degenkolb*, Platzrecht und Miethe, S. 150; *Tugginer*, Kauf bricht Miete, S. 22.

310  Vgl. *Degenkolb*, Platzrecht und Miethe, S. 150; *Kaser/Knütel*, Römisches Privatrecht, S. 109 ff.; *Windscheid*, Pandektenrecht I, S. 642.

311  Vgl. *Degenkolb*, Platzrecht und Miethe, S. 150; *Kaser/Knütel*, Römisches Privatrecht, S. 112.

312  *Tugginer*, Kauf bricht Miete, S. 24.

313  *Kaser/Knütel*, Römisches Privatrecht, S. 111.

314  *Kaser/Knütel*, Römisches Privatrecht, S. 111, 242; *Fischer*, Gutachten 19. DJT, S. 5,6; *Tugginer*, Kauf bricht Miete, S. 13; *Jüttner*, Zur Geschichte des Grundsatzes, S. 26.

315  *Fischer*, Gutachten 19. DJT, S. 3, 6, 7, 16; *Tugginer*, Kauf bricht Miete, S. 13.

316  *Fischer*, Gutachten 19. DJT, S. 3.

317  *Jüttner*, Zur Geschichte des Grundsatzes, S. 29.

318  *Fischer*, Gutachten 19. DJT, S. 16.

319  *Fischer*, Gutachten 19. DJT, S. 16.

dennoch nicht das, was ihm vertraglich zustand, also den Gebrauch der Wohnung.

## 4. Instabilität des Mietverhältnisses

Nachdem die Vertragsparteien und ihre Rechtsstellungen dargestellt worden sind, soll nachfolgend am Beispiel des Verkaufs einer bewohnten Immobilie detaillierter auf die bereits angesprochene Instabilität des Mietverhältnisses eingegangen werden.[320]

Die Instabilität beruhte auf der Schutzlosigkeit des Mieters.[321] Aufgrund des Fehlens von Besitzschutz, bedingt durch seine Stellung als bloßer *detentor,* konnte der Mieter sich nicht wirksam gegen Störungen und Entziehungen seines Wohnrechts wehren.[322] Diese Instabilität machte sich insbesondere im Falle des Verkaufs der bewohnten Immobilie an einen Dritten bemerkbar.

Der Vermieter war durch die Vermietung nicht in seinen Rechten als Eigentümer und Besitzer beschränkt:[323] Er konnte weiterhin Eigentum und Besitz an einen Erwerber übertragen, ohne dass der Erwerber aufgrund des bestehenden Mietvertrags in irgendeiner Art in seinen Benutzungsrechten eingeschränkt gewesen wäre.[324] Der Erwerber konnte aufgrund seiner Position als Eigentümer sogar verlangen, dass der Mieter umgehend aus dem Mietobjekt auszog.[325]

---

320 Vgl. bereits oben § 3 I.1.
321 *Weiß,* Die Entwicklung des Mieterschutzes, S. 4; *Kaser/Knütel,* Römisches Privatrecht, S. 242.
322 *Weiß,* Die Entwicklung des Mieterschutzes, S. 4; *Kaser/Knütel,* Römisches Privatrecht, S. 242.
323 *Hintze,* Kauf bricht Miethe, S. 41.
324 Vgl. C. 4, 65, 9; *Hintze,* Kauf bricht Miethe, S. 41.
C. 4, 65, 9: Der Käufer eines Grundstücks hat nicht nötig, dem Pächter, den der vorige Eigentümer verpachtet hat, den Pacht auszuhalten, er müsste denn unter dieser Bedingung gekauft haben. Wird ihm jedoch erwiesen, dass er vermöge eines Vertrages eingewilligt habe, dass der Pächter im Pachte bleibe, wenn es auch nur mündlich geschehen wäre, so wird er durch eine Klage guten Glaubens angehalten, der Verabredung nachzukommen (Übersetzung nach *Otto/Schilling/Sintenis,* Corpus Juris Civilis V, S. 657).
325 *Honsell/ Mayer-Maly/ Selb,* Römisches Recht, S. 327; *Kaser/Knütel,* Römisches Privatrecht, S. 242; *Kaser,* Das römische Privatrecht I, S. 478; *Genius,* Der Bestandsschutz des Mietverhältnisses, S. 38; D. 19, 2, 25, 1; C. 4, 65, 9.
D. 19, 2, 25, 1: Wer jemandem ein Landgut verpachtet oder eine Wohnung vermietet, muss, wenn er aus irgendeinem Grund das Landgut oder das Haus verkauft, dafür

Das dingliche Recht des Erwerbers hatte Vorrang vor dem obligatorischen Recht des Mieters.[326]

Dem Mieter blieb lediglich ein Schadensersatzanspruch gegen den Veräußerer wegen Verletzung der Überlassungspflicht aus dem Mietvertrag. Die Veräußerung berührte den Mietvertrag nämlich nicht, sodass die ursprünglichen Pflichten des Veräußerers als Vertragspartei des Mietvertrags bestehen blieben.[327] Der Vermieter handelte gar rechtswidrig, wenn er den Erwerber nicht zur Duldung der Fortsetzung des Mietverhältnisses verpflichtete.[328] Im Falle eines finanziell attraktiven Kaufangebots, und der fehlenden Bereitschaft des Erwerbers das bestehende Mietverhältnis zu respektieren, war der Vermieter unter Umständen aber dennoch bereit das Risiko einzugehen und abzuwarten, ob der Mieter vor Gericht zog und seinen Schaden geltend machte.

Die rechtlichen und tatsächlichen Auswirkungen auf das Mietverhältnis beim Verkauf der Immobilie werden heute mit dem Grundsatz *Kauf bricht Miete* umschrieben.[329] Der Mangel an Bestandsschutz und mithin Mieterschutz ist auf die dogmatischen Grundprinzipien des römischen Rechts zurückzuführen, also die konsequente Freihaltung des Eigentums von dinglichen Rechten und komplizierten Besitzverhältnissen einerseits, und die scharfe Trennung von Eigentum und Obligationen anderseits.[330] Die Vermietung konnte dem Mieter vor diesem Hintergrund keine über die obligatorischen Rechte hinausgehende Rechtsposition verschaffen.[331] Das Eigentum des Erwerbers als umfassendes Herrschaftsrecht musste den Vorrang vor dem bloß obligatorischen Recht des Mieters genießen.[332]

---

sorgen, dass der Pächter oder Mieter dem Käufer gegenüber zu den gleichen Bedingungen nutzen oder wohnen kann. Anderenfalls kann derjenige, der gehindert wird [zu nutzen oder zu wohnen], gegen den Verkäufer mit der Klage aus Pacht oder aus Miete vorgehen (Übersetzung nach *Behrends/Knütel/Kupisch/Seiler*, Corpus Iuris Civilis III, S. 573).

326  Vgl. oben § 3 I. 2. u. 3; *Jüttner*, Zur Geschichte des Grundsatzes, S. 26.

327  *Weiß*, Die Entwicklung des Mieterschutzes, S. 8; *Jüttner*, Zur Geschichte des Grundsatzes, S. 29.

328  D. 19, 2, 25, 1.

329  *Kaser/Knütel*, Römisches Privatrecht, S. 242; *Fischer*, Gutachten 19. DJT, S. 1 f.; *Tugginer*, Kauf bricht Miete, S. 2, 8.

330  *Genius*, Der Bestandsschutz des Mietverhältnisses, S. 39; *Jüttner*, Zur Geschichte des Grundsatzes, S. 26.

331  Vgl. *Genius*, Der Bestandsschutz des Mietverhältnisses, S. 39.

332  *Jüttner*, Zur Geschichte des Grundsatzes, S. 26; vgl. *Genius*, Der Bestandsschutz des Mietverhältnisses, S. 39.

Dies war die logische Konsequenz aus den dogmatischen Grundprinzipien, es wird auch von „dogmatischer Kausalität" gesprochen.[333]

## 5. Gesellschaftliche Situation und rechtliche Struktur

Die dogmatische Erklärung der schwachen Stellung des (Wohnraum-)Mieters und der Instabilität des Mietverhältnisses stellt nur eine unvollkommene Erklärung dar. Vielmehr muss man sich weiter fragen, warum die römischen Juristen den Konflikt zwischen dem obligatorischen Recht des Mieters und dem dinglichen Recht des Erwerbers rein dogmatisch, unter strikter Anwendung des Vorrangs des Eigentums lösten und nicht bereit waren, die Schutzbedürftigkeit der schwächeren Vertragspartei – entgegen der Dogmatik – stärker zu gewichten.[334] Zur Beantwortung dieser Frage ist zu untersuchen, ob die rechtliche Situation nicht auch mit den gesellschaftlichen Gegebenheiten zusammenhing, die strikte Einhaltung der Dogmatik also Konsequenz der gesellschaftlichen Hintergründe war.

Das Recht wurde im antiken Rom nicht als Ausfluss der geschichtlichen Entwicklung gesehen, rechtskritische und rechtspolitische Ausführungen wurden deshalb nicht für notwendig erachtet.[335] Mangels einer rechtspolitischen Diskussion im römischen Recht ist es deshalb notwendig auf eigene Schlussfolgerungen zurückzugreifen.[336]

Es gibt Stimmen in der Literatur, die in den römisch-rechtlichen Regelungen keinen Zusammenhang zwischen der gesellschaftlichen Stellung und der rechtlichen Ausgestaltung sehen. Die rechtliche Ausgestaltung stelle gerade keine (gewollte) Benachteiligung des Mieters dar.[337] Vielmehr entsprächen die Regelungen den sozialen und wirtschaftlichen Gegebenheiten sowie den Bedürfnissen der Zeit.[338] Im Einzelfall seien die römischen Juristen darüber hinaus in

---

333 *Genius*, Der Bestandsschutz des Mietverhältnisses, S. 39.

334 Vgl. *Genius*, Der Bestandsschutz des Mietverhältnisses, S. 39; *Degenkolb*, Platzrecht und Miethe, S. 150.

335 *Kaser*, Das römische Privatrecht I, S. 182.

336 Vgl. *Jüttner*, Zur Geschichte des Grundsatzes, S. 20, 31; *Wieacker*, Privatrechtsgeschichte der Neuzeit, S. 63.

337 *Weiß*, Die Entwicklung des Mieterschutzes, S. 11 ff. Kritisch, im Ergebnis aber den Zusammenhang zu einem gewissen Maße bejahend: *Genius*, Der Bestandsschutz des Mietverhältnisses, S. 40.

338 *Weiß*, Die Entwicklung des Mieterschutzes, S. 12. In abgeschwächter Form: *Genius*, Der Bestandsschutz des Mietverhältnisses, S. 40.

der Lage gewesen, die Rechtsnormen lebensnah auszulegen und gegebenenfalls umzugestalten.[339] Da dies zum Schutz des Mieters beim Verkauf einer vermieteten Immobilie selten geschehen sei, sei es sozial und wirtschaftlich nicht notwendig gewesen.[340] Auch sei der Mieter ausreichend durch die *actio conducti* geschützt, da der Schadensersatzanspruch für die Kompensation der wirklichen Interessen ausgereicht habe.[341]

Für diese Ansicht könnte ins Feld geführt werden, dass die damalige Rechtslage den sozialen Gegebenheiten entsprach, weil die Wohnung damals nur einen Schlafplatz darstellte und noch nicht den Lebensmittelpunkt bildete, ein umfangreicher Schutz also nicht notwendig war.[342] Auch ist zu berücksichtigen, dass die meisten Mietverträge zeitlich (stark) begrenzt waren und die Mieter deshalb ohnehin mit kurzfristigen Kündigungen, beispielsweise zum Zwecke der Mieterhöhung, rechnen mussten.[343] Die Mieter waren beim Verkauf einer vermieteten Immobilie mithin nicht notwendigerweise schlechter gestellt, als sie ohne einen Verkauf gestanden hätten. Vielmehr entsprach die Rechtslage dem generellen Niveau des Mieterschutzes zu der Zeit.

Allerdings überzeugt diese Argumentation nicht. Gerade vor dem Hintergrund von Wohnungsnot und steigenden Mieten ist nicht vorstellbar, dass die Mieter rein tatsächlich nicht doch eines stärkeren Schutzes bedurft hätten. Die gesellschaftliche Stellung der Mietvertragsparteien hatte deshalb eine gewisse Rolle bei der rechtlichen Ausgestaltung.

Bereits Platon sagte, dass das Recht den Willen der Mächtigen zum Ausdruck bringe.[344] So ist es auch hier. Es ist nämlich unverkennbar, dass die rechtliche Ausgestaltung des Mietrechts in erster Linie die Interessen der Eigentümer berücksichtigte. Die Befriedigung des Mieteransturms hätte den auffällig starken Schutz des Eigentums nicht erfordert. Diese faktische Besserstellung des Eigentümers ist vielmehr auf dessen gesellschaftliche Stellung zurückzuführen. In Abschnitt § 2 I.3. und 4. wurde ausführlich dargestellt, welche gesellschaftliche Stellung Eigentümer und Mieter innehatten. Die Mieter gehörten in erster Linie

---

339  *Weiß*, Die Entwicklung des Mieterschutzes, S. 12; *Genius*, Der Bestandsschutz des Mietverhältnisses, S. 40.
340  *Weiß*, Die Entwicklung des Mieterschutzes, S. 12; *Genius*, Der Bestandsschutz des Mietverhältnisses, S. 40.
341  *Wendt*, Faustrecht, S. 237; vgl. auch *Savigny*, Recht zum Besitz, S. 164.
342  Vgl. oben § 2 I.5.
343  *Teuteberg/Wischermann*, Wohnalltag in Deutschland 1850–1914, S. 92 f.
344  *Brassloff*, Sozialpolitische Motive in der römischen Rechtsentwicklung, S. 7.

dem wirtschaftlich schwächeren Teil der Gesellschaft an.[345] Die Eigentümer, wie auch die für die Gesetzgebung Verantwortlichen, entstammten demgegenüber hauptsächlich der Mittel- und Oberschicht.[346] Aufgrund dieser gesellschaftlichen und politischen Überlegenheit überrascht es nicht, dass die Rechtssetzung den Interessen der Eigentümer als herrschender Klasse diente und den Genuss des Erworbenen sichern sollte.[347] Hierzu gehörte auch der Schutz des Eigentümerinteresses an der freien Verwertbarkeit des Eigentums.[348] Der Eigentümer sollte nicht gehindert sein, aufgrund der Vermietung und der hierdurch eingegangenen obligatorischen Verpflichtung eine für ihn günstige Gelegenheit des Verkaufs wahrzunehmen.[349] Eine dingliche Miete wäre hier ein Hindernis für die Verkehrsbewegung der Güter gewesen.[350] Dies erklärt auch, weshalb entgegen der tatsächlichen Sachherrschaft – der Mieter wohnte in der Wohnung und hatte rein faktisch die tatsächliche Sachherrschaft über die Sache – das römische Recht den *animus* verneinte und so eine „Karikatur der realen Verhältnisse" entstand.[351]

Der besondere Schutz des Eigentums und die Vernachlässigung des Mietrechts entsprechen darüber hinaus nicht den wirtschaftlichen und sozialen Gegebenheiten der damaligen Zeit. Auch wenn die Wohnung lediglich einen Schlafplatz darstellte, wäre ein höherer Mieterschutz zum Schutz des Einzelnen, aber auch für die Stabilität der Gesellschaft zu fordern gewesen. Wiederholtes und häufiges Umziehen war auch dann nicht nur eine finanzielle, sondern auch eine psychische Belastung, wenn die Wohnung in erster Linie als Übernachtungsmöglichkeit diente. Das von den Befürwortern der römisch-rechtlichen Mietrechtsregelung ins Feld geführte Argument, dass der Mangel an Einzelfallentscheidungen den Rückschluss ermögliche, dass ein Eingreifen sozial nicht notwendig gewesen sei,[352] ist nicht überzeugend. Vielmehr entsprach die Rechtslage ausschließlich den wirtschaftlichen Interessen der herrschenden und

---

345  *Genius*, Der Bestandsschutz des Mietverhältnisses, S. 39; *Kaser*, Das römische Privatrecht I, S. 562.

346  *Kaser*, Das römische Privatrecht I, S. 186, 562 f.; *Genius*, Der Bestandsschutz des Mietverhältnisses, S. 39 f., wobei er die Bedeutung der sozialen Fakten anzweifelt.

347  Vgl. *Brassloff*, Sozialpolitische Motive in der römischen Rechtsentwicklung, S. 7.

348  *Wendt*, Faustrecht, S. 237.

349  *Wendt*, Faustrecht, S. 237.

350  *Kuntze*, Theorie und Casuistik, S. 882 (Fußnotentext).

351  *Geller*, in: GrünhutsZ 5, 313 (357).

352  *Weiß*, Die Entwicklung des Mieterschutzes, S. 12; *Genius*, Der Bestandsschutz des Mietverhältnisses, S. 40.

wohlhabenden Klasse, nicht den sozialen Gegebenheiten bzw. den Bedürfnissen der unteren Bevölkerungsteile. Nur der herrschenden und wohlhabenden Klasse diente die absolute Verkehrsfähigkeit von Immobilien, sie profitierten von der Schwäche der Mieterposition. Auf soziale Aspekte wurde keine Rücksicht genommen. Dies hätte auch nicht der römischen Gesellschaft entsprochen. Denn in den vorangegangenen Ausführungen ist deutlich geworden, dass die Gesellschaft des antiken Roms sehr individualistisch und egoistisch strukturiert war. Es ist deshalb fraglich, ob die der oberen Klasse angehörigen Juristen[353] einen Mieter gegen den Willen des ebenfalls der oberen Klasse angehörigen Vermieters[354] im Einzelfall unterstützt hätten.

Auch wenn die rechtliche Ausgestaltung mithin wohl im Ergebnis keine bewusste Entscheidung der Juristen des antiken Roms zulasten der Mieter war, so war es doch eine Konsequenz aus dem Zusammenspiel aus dogmatischer Kausalität und römischer Gesellschaftsstruktur. Den Juristen des antiken Roms war ihr „Eigentumsbegriff zu heilig, als das[s] sie sich ihn durch schuldrechtliche Befugnisse des [gesellschaftlich niedriger stehenden] Mieters hätten verwässern lassen"[355].

## II. Die rechtliche Situation in Deutschland vor der Kodifizierung des BGB

Die rechtliche Situation in Deutschland[356] war vor 1900 dadurch geprägt, dass es für das durch „kleinstaatliche Zersplitterung" gekennzeichnete Land bis zur Kodifizierung des BGB keine einheitlichen Rechtsnormen gab.[357] Vielmehr existierten verschiedene Partikularrechte nebeneinander. Lediglich zur Zeit der Rezeption des römischen Rechts im 15. Jahrhundert wurde eine gewisse Vereinheitlichung erreicht (1.). Bereits im Zuge der Aufklärung um 1800 kam es aber erneut zu einer klar sichtbaren Rechtszersplitterung und der erneuten Kodifizierung verschiedener Partikularrechte (2.).

---

353  *Kaser*, Das römische Privatrecht I, S. 186, 562 f.

354  *Kaser*, Das römische Privatrecht I, S. 186, 562 f.; *Genius*, Der Bestandsschutz des Mietverhältnisses, S. 39 f.

355  *Hattenhauer*, NZM 2003, 666.

356  Die Verfasserin ist sich dessen bewusst, dass es „Deutschland" als Staat damals noch nicht gab. Gemeint sind hier die Territorien der heutigen Bundesrepublik Deutschland.

357  *Jüttner*, Zur Geschichte des Grundsatzes, S. 33; *Weiß*, Die Entwicklung des Mieterschutzes, S. 17; *Genius*, Der Bestandsschutz des Mietverhältnisses, S. 105.

## 1. Die Rezeption des römischen Rechts

Bevor im Folgenden der Verlauf und die Ursache (b)) sowie der Inhalt und die Ausgestaltung (c)) der Rezeption untersucht und beschrieben werden, soll zunächst der Begriff der Rezeption (a)) erläutert werden.

### a) Begriff der Rezeption

Der Begriff der Rezeption[358] leitet sich von dem lateinischen Wort *receptio* ab, das Aufnahme oder auch Entgegennahme bedeutet. Vorliegend darf man unter der Rezeption des römischen Rechts aber nicht das bloße Überstülpen eines fremden über ein vorhandenes Recht verstehen.[359] Die hier zu untersuchende Rezeption ist vielmehr das Ergebnis verschiedener Handlungen, Ereignisse und innerer Vorgänge, zu denen insbesondere die Rechtssetzung und die Rechtsausbildung, aber auch die Veränderung der Rechtsüberzeugung zählen.[360] Das fremde Recht – es wird unter c) noch näher auf den konkreten Gegenstand der Rezeption eingegangen – ist nicht nur *auf*genommen, sondern musste darüber hinaus von der deutschen Rechtsgemeinschaft, also dem Subjekt der Rezeption, auch *an*genommen werden, um das neue Recht mit Leben auszufüllen.[361] Dies geschieht erst durch die Assimilation, also den das fremde Recht gegebenenfalls verändernden, weil kulturell integrierenden Prozess.[362] Diese Notwendigkeit wird umso verständlicher, wenn man sich verdeutlicht, dass das Recht ein „Gefüge vielfältiger geschichtlicher und sozialer, intellektueller und psychologischer Gruppenprozesse"[363] ist.

### b) Verlauf und Ursachen der Rezeption

Die Rezeption des römischen Rechts begann im 11. Jahrhundert zunächst in Italien.[364] Die Wiederentdeckung der *Digesten* – ein Teil des *Corpus Iuris Civilis*,

---

358  Dieser wird vorliegend nur im Sinne der Rezeption des römischen Rechts verwendet. Rezeption als genereller Begriff dient in den Geisteswissenschaften als Bezeichnung der „freiwilligen Übernahme fremder Kulturgüter oder einzelner Kulturelemente." *Sellert*, in: Recht und Verfassung im Übergang vom Mittelalter zur Neuzeit, I. Teil, 115 (116).

359  *Wieacker*, Privatrechtsgeschichte der Neuzeit, S. 128.

360  *Wieacker*, Privatrechtsgeschichte der Neuzeit, S. 126.

361  *Wieacker*, Privatrechtsgeschichte der Neuzeit, S. 128.

362  *Wieacker*, Privatrechtsgeschichte der Neuzeit, S. 128.

363  *Wieacker*, Privatrechtsgeschichte der Neuzeit, S. 128.

364  *Waldstein/Rainer*, Römische Rechtsgeschichte, S. 285.

der Werke römischer Juristen zusammenfasste – Mitte des 11. Jahrhunderts leitete die neue Blütezeit der Rechtswissenschaft in Italien ein, die zur Entstehung
der Rechtsschule in Bologna im Jahr 1080 führte.[365] Zu der Zeit zeichnete sich
die Rechtskultur in Europa – insbesondere auch in Deutschland – durch eine
unübersichtliche Anzahl von Partikularrechten aus.[366] Die Wiederentdeckung
des *Corpus Iuris Civilis* und mithin der *Digesten* führte zu einer allmählichen
Verwissenschaftlichung des Rechtsunterrichts und der Rechtspraxis und damit
zu den Anfängen des gelehrten Rechts, das schließlich zu der Entwicklung der
europäischen Rechtskultur im Wege der Rezeption führte.[367]

*aa)  Die Glossatoren und Kommentatoren als Mittler des Corpus Iuris Civilis*

Das *Corpus Iuris Civilis* fungierte in der Praxis wohl zu keinem Zeitpunkt als
modernes Gesetzbuch, da es zu umfangreich und zu unübersichtlich war.[368] In
der täglichen Rechtspraxis war vielmehr erforderlich, dass die Rechtsanwender
schnell und unkompliziert die Stellen fanden, die sie zur Lösung der rechtlichen
Probleme benötigten. Deshalb war es notwendig, dass ein Mittler den Inhalt des
*Corpus Iuris Civilis* für die Praxis brauchbar machte.[369]

Diese Aufgabe übernahmen im 12. und 13. Jahrhundert zunächst die Glossatoren.[370] Sie legten das *Corpus Iuris Civilis* zunächst aus und erläuterten den
Text durch fortlaufende Randbemerkungen.[371] Bald ergänzten sie ihre wissenschaftliche Arbeit um sachliche Erläuterungen, juristische Begründungen und
Hinweise auf Parallelstellen und Widersprüche im *Corpus Iuris Civilis*.[372] Allerdings sahen sie das *Corpus Iuris Civilis* als unantastbare, der Kritik entzogene
juristische Offenbarung *(ratio scripta)* an und konnten die neuen Erkenntnisse
deshalb noch nicht für ihre eigene Zeit nutzbar machen.[373]

---

365  *Waldstein/Rainer*, Römische Rechtsgeschichte, S. 285.
366  *Schmale*, in: Das ALR. Politische, rechtliche und soziale Wechsel- und Fortwirkungen,
     121 (124); *Coing*, Rezeption des römischen Rechts, S. 7.
367  *Wieacker*, Privatrechtsgeschichte der Neuzeit, S. 129, 131, 133 f.; *Kiefner*, in: Handwör-
     terbuch deutsche Rechtsgeschichte, Sp. 970 f.; ebenso Sellert, in: Recht und Verfassung
     im Übergang vom Mittelalter zur Neuzeit, I. Teil, 115 (144).
368  *Koschaker*, Europa und das Römische Recht, S. 66, 161.
369  *Koschaker*, Europa und das Römische Recht, S. 66 f.
370  *Koschaker*, Europa und das Römische Recht, S. 67.
371  *Waldstein/Rainer*, Römische Rechtsgeschichte, S. 285.
372  *Waldstein/Rainer*, Römische Rechtsgeschichte, S. 285.
373  *Kaser/ Knütel*, Römisches Privatrecht, S. 9; *Koschaker*, Europa und das Römische
     Recht, S. 114 f.

Diesen Schritt gingen erst die Kommentatoren, die ab der zweiten Hälfte des 13. Jahrhunderts das *Corpus Iuris Civilis* in selbstständigen Kommentaren ausführlich behandelten und auf drängende praktische Bedürfnisse einzugehen suchten.[374] Sie stellten die Synthese aus dem antiken römischen Recht und dem in den Statuten der Kommunen in Italien niedergelegten Recht her.[375] Hierdurch schufen sie einen lebendigen und produktiven Bestandteil der europäischen Rechtskultur und nahmen bedeutenden Einfluss auf die europäische Rechtsentwicklung.[376] Die von den Kommentatoren entwickelte neue wissenschaftlich-rationale Methode der Behandlung des *Corpus Iuris Civilis* zog viele Studenten aus ganz West- und Mitteleuropa an die Universitäten in Italien.[377] Später dann wurden das dort unterrichtete Lehrgerüst und die entsprechenden Methoden in ganz Europa auch praktisch angewandt – man spricht von der sog. praktischen Rezeption.[378] Das von den Kommentatoren für die Praxis brauchbar gemachte *Corpus Iuris Civilis* war bald das europäische *ius commune*, also das europäische gemeine Recht.[379]

### bb) Die Rezeption in Deutschland

In Deutschland setzte die Rezeption erst im 15. Jahrhundert und damit deutlich später als in den anderen europäischen Ländern ein.[380] Im Rahmen der nachfolgenden Darstellung und Analyse der Rezeption in Deutschland sollen zunächst die Auswirkungen des rechtlichen Partikularismus und des Fehlens eines einheitlichen Reichsprivatrechts auf den Rezeptionsprozess untersucht werden ((1)). Sodann wird der zweispurig verlaufende Prozess der Rezeption beschrieben ((2)). Abschließend wird das deutsche Ergebnis der Rezeption – das *usus modernus pandectarum* – vorgestellt ((3)).

---

374 *Waldstein/Rainer*, Römische Rechtsgeschichte, S. 286 f.; *Koschaker*, Europa und das Römische Recht, S. 87; *Kaser/ Knütel*, Römisches Privatrecht, S. 9.

375 *Koschaker*, Europa und das Römische Recht, S. 88, 223, 233; *Waldstein/Rainer*, Römische Rechtsgeschichte, S. 286; vgl. *Wieacker*, Privatrechtsgeschichte der Neuzeit, S. 133.

376 *Koschaker*, Europa und das Römische Recht, S. 116.

377 *Waldstein/Rainer*, Römische Rechtsgeschichte, S. 287.

378 *Koschaker*, Europa und das Römische Recht, S. 234.

379 *Waldstein/Rainer*, Römische Rechtsgeschichte, S. 287; *Wieacker*, Privatrechtsgeschichte der Neuzeit, S. 129; *Koschaker*, Europa und das Römische Recht, S. 87.

380 *Koschaker*, Europa und das Römische Recht, S. 145, 234; *Coing*, Rezeption des römischen Rechts, S. 8.

*(1) Die Auswirkungen des rechtlichen Partikularismus und des Fehlens eines einheitlichen Reichsprivatrechts auf den Rezeptionsprozess*

Deutschland war nicht in der Lage seinen rechtlichen Partikularismus zu überwinden und ein einheitliches Reichsprivatrecht von überlokaler Bedeutung zu etablieren.[381] Die Ursache des deutschen Partikularismus ist im schwachen gemeinsamen Rechtsbewusstsein und der politischen Zersplitterung des Reichs zu dieser Zeit zu sehen.[382] Die Aufteilung in Territorialstaaten hatte einen entscheidenden Anteil an der nun unaufhaltsam fortschreitenden Rezeption, da die Bewahrung und die Fortbildung einer überregionalen Rechtsordnung aufgrund der alleinigen Kompetenz der Territorien zur Rechtsfortbildung unmöglich waren.[383] Die einzelnen Partikularrechte waren Einzelrechte mit jeweils kleinen Geltungsbereichen, die zwar durch gemeinsame Grundsätze miteinander verbunden waren; allerdings wurde diese theoretische Verbindung im Alltag nicht wahrgenommen.[384] In der Praxis kam es auf den konkret formulierten Rechtssatz und nicht auf die dahinterstehende Rechtsidee an.[385] Für ein einheitliches Reichsprivatrecht hätte es eines Einheitsstaates mit einer Hauptstadt, einer zentralen Reichsgewalt und vor allem eines ständigen eigenen Gerichtshofs bedurft, um den sich ein Reichsjuristenstand hätte organisieren können.[386] Das 1495 in Frankfurt am Main eingesetzte Reichskammergericht konnte die Verdrängung der Partikularrechte durch das europäische *ius commune* nicht mehr verhindern.[387] Vielmehr wurde mangels Alternativen das *Corpus Iuris Civilis* in der nun gelehrten Form als allgemeine Entscheidungsnorm etabliert.[388] Die fehlende Rechtseinheit führte auf Reichsebene also zu einem „rechtsfreie[n] Raum"[389], in dem sich das römische Recht ohne Weiteres ausbreiten konnte.[390]

---

381  *Koschaker*, Europa und das Römische Recht, S. 234; *Wieacker*, Privatrechtsgeschichte der Neuzeit, S. 101; *Genius*, Der Bestandsschutz des Mietverhältnisses, S. 111.

382  *Wieacker*, Privatrechtsgeschichte der Neuzeit, S. 99 f., 112 f.; *Coing*, Rezeption des römischen Rechts, S. 184; *Koschaker*, Europa und das Römische Recht, S. 141, 241.

383  *Wieacker*, Privatrechtsgeschichte der Neuzeit, S. 101; *Koschaker*, Europa und das Römische Recht, S. 235.

384  *Koschaker*, Europa und das Römische Recht, S. 235.

385  *Koschaker*, Europa und das Römische Recht, S. 235.

386  *Waldstein/Rainer*, Römische Rechtsgeschichte, S. 287; *Coing*, Rezeption des römischen Rechts, S. 8; *Koschaker*, Europa und das Römische Recht, S. 235.

387  *Waldstein/Rainer*, Römische Rechtsgeschichte, S. 287; *Coing*, Rezeption des römischen Rechts, S. 8; *Wieacker*, Privatrechtsgeschichte der Neuzeit, S. 105.

388  *Waldstein/Rainer*, Römische Rechtsgeschichte, S. 287; *Coing*, Rezeption des römischen Rechts, S. 8; *Wieacker*, Privatrechtsgeschichte der Neuzeit, S. 105.

389  *Coing*, Rezeption des römischen Rechts, S. 8.

390  *Coing*, Rezeption des römischen Rechts, S. 8.

## (2) Der zweispurig verlaufende Prozess der Rezeption: Reichsebene und Ebene der Territorien und Städte

Die Rezeption in Deutschland war keine von oben gesteuerte Implementierung des europäischen *ius commune*, sondern eine lange Auseinandersetzung des heimischen Rechts mit dem *ius commune*.[391] Gleichzeitig war es ein zweispurig verlaufender Prozess: einerseits auf Reichsebene, andererseits auf der Ebene der Territorien und Städte.[392] Denn das Reich war nicht stark genug, um das *Corpus Iuris Civilis* überall zu implementieren.[393] Auf Reichsebene stand dem *ius commune* zwar kein einheitliches Reichsrecht entgegen, auf territorialer und städtischer Ebene aber musste sich das *ius commune* gegen das jeweilige Partikularrecht durchsetzen.[394] Abhängig von der Verwurzelung des lokalen Rechts war die Widerstandskraft stärker oder schwächer.[395]

Die Phase der Rezeption endete mit der Romanisierung der Lokalrechte;[396] erst danach war die oben beschriebene Assimilation eingetreten. Die Lokalrechte waren diejenigen Rechte, die den Alltag der Menschen bestimmten, sodass erst durch die auf verschiedene Weise vollzogene Synthese des jeweiligen lokalen Rechts mit dem *ius commune* von der erforderlichen Annahme des neuen Rechts gesprochen werden kann.[397] Nach Ansicht *Wieackers* liegt der Rezeption ein politischer, gesellschaftlicher und kultureller Prozess zugrunde, nämlich das Ausströmen der in Italien ausgebildeten Juristen und die Verbreitung der von ihnen erlernten Methoden und Lehrsätze in Nordeuropa.[398] Den Schwerpunkt sieht er nicht in der Veränderung der Normen und Lehrsätze, sondern darin, dass eine neue Generation von Juristen eine juristische Grammatik erlernte, die sie dann im öffentlichen Leben anwendeten.[399]

---

391 *Koschaker*, Europa und das Römische Recht, S. 145.

392 *Coing*, Rezeption des römischen Rechts, S. 8 f., 178 f.; *Koschaker*, Europa und das Römische Recht, S. 141.

393 *Coing*, Rezeption des römischen Rechts, S. 8

394 *Coing*, Rezeption des römischen Rechts, S. 9; *Koschaker*, Europa und das Römische Recht, S. 234; *Wieacker*, Privatrechtsgeschichte der Neuzeit, S. 101.

395 Vgl. *Coing*, Rezeption des römischen Rechts, S. 179; *Koschaker*, Europa und das Römische Recht, S. 141.

396 *Wieacker*, Privatrechtsgeschichte der Neuzeit, S. 127 f.; *Coing*, Rezeption des römischen Rechts, S. 9.

397 *Wieacker*, Privatrechtsgeschichte der Neuzeit, S. 127 f.; *Coing*, Rezeption des römischen Rechts, S. 9.

398 *Wieacker*, Privatrechtsgeschichte der Neuzeit, S. 130.

399 *Wieacker*, Privatrechtsgeschichte der Neuzeit, S. 130.

Diese Einschätzung wird auch dadurch gestützt, dass das *ius commune* seinen Weg in den rechtlichen Alltag *in praxi* durch eine Umwälzung des deutschen Rechtslebens fand, nämlich durch den Wandel der „Träger der fachlichen Rechtspflege [und] Rechtsanwendung."[400] Die in den neuen rechtswissenschaftlichen Schulen ausgebildeten Juristen wurden zunächst von den Prozessparteien beauftragt ihre Prozesse zu führen.[401] Auch die öffentliche Hand griff insbesondere für die Erstellung von Gutachten immer öfter auf ausgebildete Juristen zurück.[402] Durch ihre aktive Mitgestaltung der Rechtsprozesse, die sie unter Anwendung des studierten Systems und der materiellen Rechtsnormen führten, gelang auch auf lokaler Ebene das *ius commune* immer häufiger zur Anwendung.[403] Schließlich wurden die ungelehrten Schöffen durch rechtsgelehrte Berufsrichter verdrängt, indem den Fachjuristen neben den anfänglich übertragenen Verwaltungstätigkeiten nun auch ein Rechtsprechungsmonopol eingeräumt wurde.[404] Hierdurch wurde eine rationale, einheitliche und unparteiliche Rechtspflege ermöglicht.[405]

### (3) Der usus modernus pandectarum

Im 17. und 18. Jahrhundert entstand schließlich nach langsamer und mühsamer Konsolidierung des europäischen *ius commune* mit den überkommenen deutschen Rechtsgewohnheiten der *usus modernus pandectarum*.[406] Nach *Wieacker* war der *usus modernus pandectarum* die „zeitgemäße Praxis des römischen Rechts."[407] Der Gegenstand der damaligen Rechtswissenschaft

> war nicht mehr [nur] das Corpus Iuris in seiner wissenschaftlichen Aufarbeitung durch die [Glossatoren] und die [Kommentatoren], sondern die römischen und deutschen

---

400 *Wieacker*, Privatrechtsgeschichte der Neuzeit, S. 132 f.; vgl. auch *Koschaker*, Europa und das Römische Recht, S. 163; *Coing*, Rezeption des römischen Rechts, S. 182.

401 *Koschaker*, Europa und das Römische Recht, S. 163; *Coing*, Rezeption des römischen Rechts, S. 151 f., 184; *Wieacker*, Privatrechtsgeschichte der Neuzeit, S. 148 f.

402 *Koschaker*, Europa und das Römische Recht, S. 163; *Coing*, Rezeption des römischen Rechts, S. 151 f., 184.

403 *Waldstein/Rainer*, Römische Rechtsgeschichte, S. 288; *Coing*, Rezeption des römischen Rechts, S. 182 ff.

404 *Wieacker*, Privatrechtsgeschichte der Neuzeit, S. 148; *Koschaker*, Europa und das Römische Recht, S. 163.

405 *Wieacker*, Privatrechtsgeschichte der Neuzeit, S. 148.

406 *Genius*, Der Bestandsschutz des Mietverhältnisses, S. 140; *Wieacker*, Privatrechtsgeschichte der Neuzeit, S. 204; *Koschaker*, Europa und das Römische Recht, S. 234; *Waldstein/Rainer*, Römische Rechtsgeschichte, S. 289.

407 *Wieacker*, Privatrechtsgeschichte der Neuzeit, S. 205 f.

Bestandteile der Territorialrechte und des allgemeinen gemeindeutschen Privat-, Straf-, Staats- und Kirchenrechts in ihrer Anwendung in der aktuellen Praxis der oberen Gerichte.[408]

Der *usus modernus pandectarum* bestand also in seinem Kern aus dem römischen Recht, doch war dieses inhaltlich durch bestehende Territorialrechte nicht unerheblich modifiziert worden.[409]

Kennzeichnend für diese Epoche war insgesamt ein freierer, pragmatischerer und fallbezogenerer Umgang mit den römischen Quellen als in den vorausgegangenen Epochen.[410] Das römische Recht wurde, anders als früher, einer kritischen Betrachtung unterzogen.[411] In Einzelfällen kamen die Vertreter des *usus modernus pandectarum* zu dem Schluss, dass Regelungen des römischen Rechts nicht auf die modernen Verhältnisse passten, sondern wirtschaftliche und soziale Realitäten zu berücksichtigen seien.[412]

### c) Inhalt und Ausgestaltung der Rezeption

Gegenstand der Rezeption war im Kern weder das Recht des antiken Roms, noch dasjenige des Italiens des 12. Jahrhunderts,[413] sondern vielmehr die Lehren und Methoden eines gemeineuropäischen Juristenstandes, deren Ursprung in Bologna lag.[414] Diese Verwissenschaftlichung des Rechts war aus der wissenschaftlichen Entdeckung des *Corpus Iuris Civilis* zunächst durch die Glossatoren, aber vor allem durch die Kommentatoren hervorgegangen.[415] Darüber hinaus war auch das materielle Recht in der Form, die

---

408  *Wieacker*, Privatrechtsgeschichte der Neuzeit, S. 214.

409  *Heger*, ZJS 2010, 29 (30).

410  *Genius*, Der Bestandsschutz des Mietverhältnisses, S. 140; *Wieacker*, Privatrechtsgeschichte der Neuzeit, S. 207; *Heger*, ZJS 2010, 29 (31); *Wesenberg/Wesener*, Neuere deutsche Privatrechtsgeschichte, S. 118, 121.

411  *Heger*, ZJS 2010, 29 (31); *Wieacker*, Privatrechtsgeschichte der Neuzeit, S. 207; *Wesenberg/Wesener*, Neuere deutsche Privatrechtsgeschichte, S. 118, 121.

412  *Genius*, Der Bestandsschutz des Mietverhältnisses, S. 140 f.; vgl. auch *Wesenberg/Wesener*, Neuere deutsche Privatrechtsgeschichte, S. 118, 121; *Heger*, ZJS 2010, 29 (30, 33).

413  *Wieacker*, Privatrechtsgeschichte der Neuzeit, S. 128 f.

414  *Wieacker*, Privatrechtsgeschichte der Neuzeit, S. 129; *Kiefner*, in: Handwörterbuch deutsche Rechtsgeschichte, Sp. 970 f.

415  *Wieacker*, Privatrechtsgeschichte der Neuzeit, S. 129, 131, 133 f.; ebenso *Sellert*, in: Recht und Verfassung im Übergang vom Mittelalter zur Neuzeit, I. Teil, 115 (144).

das *Corpus Iuris Civilis* durch die Glossatoren und Kommentatoren erhalten hatte, Gegenstand der Rezeption.[416]

Besonders interessant für die vorliegende Untersuchung war der im Vergleich zum antiken Rom erhöhte Mieterschutz.[417] Während der Vermieter dem Mieter im antiken Rom beispielsweise jederzeit die Mietsache entziehen konnte, musste sich der Vermieter nach dem gemeinen Recht der Gerichtshilfe bedienen; im Falle der Selbsthilfe drohte dem Vermieter eine Bestrafung wegen Nötigung.[418] Auch stand dem Mieter im antiken Rom mangels Besitzes – der Mieter war nur *detentor* – kein Besitzschutz zu.[419] Im gemeinen Recht stand dem Mieter jedenfalls ein gewisser Besitzschutz durch eine Einrede- und Klagemöglichkeit zu.[420] Darüber hinaus wurde dem Mieter eine angemessene Kündigungs- und Räumungsfrist eingeräumt.[421] Schließlich galten – wie bereits im römischen Recht des antiken Roms – weiterhin die Schadensersatzgrundsätze.[422]

Gleichzeitig stellte das gemeine Recht im Bereich des Mieterschutzes, insbesondere im Falle der Veräußerung einer bewohnten Immobilie, im Vergleich zu den deutschen Lokalrechten einen Rückschritt dar. Vor Beginn der Rezeption war in Deutschland die Stellung des Mieters vermehrt dinglich ausgestaltet worden.[423] Der Mieter war deshalb in vielen Regionen durch die Landesrechte vor dem Verlust der Wohnung auch dann geschützt, wenn der ehemalige Eigentümer die Immobilie weiterveräußerte.[424] Als dinglich Berechtigter stand ihm mit dem Mietrecht ein Recht zu, dass auch *inter omnes*, also Dritten gegenüber, und nicht nur *inter partes*, also zwischen den Vertragsparteien galt.[425] Mit der Rezeption verschlechterte sich die Stellung des Mieters deutlich. Seine Rechtsposition sollte, entsprechend des römisch-rechtlichen Grundsatzes *Kauf bricht*

---

416 *Wieacker*, Privatrechtsgeschichte der Neuzeit, S. 130 f.; *Koschaker*, Europa und das Römische Recht, S. 66, 161.

417 *Fischer*, Gutachten 19. DJT, S. 67.

418 *Fischer*, Gutachten 19. DJT, S. 68; *Jüttner*, Zur Geschichte des Grundsatzes, S. 43.

419 *Fischer*, Gutachten 19. DJT, S. 68.

420 *Fischer*, Gutachten 19. DJT, S. 68; *Jüttner*, Zur Geschichte des Grundsatzes, S. 43 f.

421 *Fischer*, Gutachten 19. DJT, S. 75; *Jüttner*, Zur Geschichte des Grundsatzes, S. 42.

422 *Fischer*, Gutachten 19. DJT, S. 76.

423 *Genius*, Der Bestandsschutz des Mietverhältnisses, S. 107, 109, 111; *Jüttner*, Zur Geschichte des Grundsatzes, S. 38 f.; *Weiß*, Die Entwicklung des Mieterschutzes, S. 18 f.

424 *Jüttner*, Zur Geschichte des Grundsatzes, S. 38 f.; *Weiß*, Die Entwicklung des Mieterschutzes, S. 18 f.

425 *Jüttner*, Zur Geschichte des Grundsatzes, S. 38 f.; *Weiß*, Die Entwicklung des Mieterschutzes, S. 18 f.

*Miete*, obligatorisch ausgestaltet werden.[426] Zwar fehlte es nicht an gelegentlichem Widerstand und an Juristen, die den Grundsatz wegen seiner sozialen Unbilligkeit bekämpften.[427] Dieser Grundsatz galt auf Reichsebene dennoch bis zur Einführung des BGB als positives Recht fort.[428]

## 2. Rechtszersplitterung in der Aufklärungszeit

Um 1800 bildeten sich starke Partikularrechte, die die Rechtswirklichkeit neugestalteten.[429] Sie beanspruchten in großen Gebieten Geltung und prägten die Gesellschaft im 19. Jahrhundert. Der Grund für diese auffällige Entwicklung von großen partikularrechtlichen Werken um 1800 ist in der Aufklärungszeit zu sehen.[430] Die Maxime dieser Zeit – Rechtsgleichheit und Rechtssicherheit – hielten dazu an, alles einer Vernunftsprüfung zu unterziehen.[431] Deshalb mussten anachronistische Rechtsnormen, die lediglich aus traditionellen Gesichtspunkten angewandt, der Zeit aber nicht mehr gerecht wurden, weichen.[432] Sie wurden durch zeitgemäße Rechtsnormen und -sätze ersetzt.[433]

Die drei für die weitere Untersuchung wichtigsten Partikularrechte waren: Das Allgemeine Landrecht für die Preußischen Staaten (a)), der *Code Civil* (b)) und das Allgemeine Bürgerliche Gesetzbuch für die gesammten deutschen Erbländer der Oesterreichischen Monarchie (c)).

### a) Das Allgemeine Landrecht für die Preußischen Staaten

Das Allgemeine Landrecht für die Preußischen Staaten (im Weiteren: ALR) trat 1794 in Kraft und war das erste der drei großen Kodifikationen der Aufklärung.[434] Der Gesetzgebungsauftrag erfolgte durch die Kabinettsordre von

---

426  *Genius*, Der Bestandsschutz des Mietverhältnisses, S. 112; *Jüttner*, Zur Geschichte des Grundsatzes, S. 39; *Weiß*, Die Entwicklung des Mieterschutzes, S. 20.

427  *Jüttner*, Zur Geschichte des Grundsatzes, S. 39 f.

428  *Jüttner*, Zur Geschichte des Grundsatzes, S. 40.

429  *Genius*, Der Bestandsschutz des Mietverhältnisses, S. 189.

430  *Genius*, Der Bestandsschutz des Mietverhältnisses, S. 189.

431  Vgl. *Genius*, Der Bestandsschutz des Mietverhältnisses, S. 189.

432  Vgl. *Genius*, Der Bestandsschutz des Mietverhältnisses, S. 189.

433  Vgl. *Genius*, Der Bestandsschutz des Mietverhältnisses, S. 189.

434  Vgl. *Gross*, NJW 2014, 2846, wonach das Programm des ALR Rechtsstaatlichkeit durch Rechtsklarheit war. Jeder Paragraf bestand daher aus nur einem Absatz und einem einzigen Satz. Erstmals wurde lateinisches und pseudo-lateinisches Vokabular durch eine allgemein verständliche, volksnahe Sprache ersetzt.

Friedrich II. vom 14. April 1780.[435] Hiernach sollte das tatsächlich geltende Recht unverändert in Provinzialgesetzbüchern zusammengefasst und ergänzend ein allgemeines Gesetzbuch zur Lückenschließung erstellt werden, das ALR.[436] Das ALR ersetze die bisher subsidiär geltenden Rechtsquellen des *ius commune* und des Sachsenspiegels und galt ebenfalls nur subsidiär.[437] Eine Rechtseinheit wurde mithin auch durch das ALR nicht erreicht, dennoch sind die im ALR getroffenen Regelungen – insbesondere im Hinblick auf die Stellung und den Schutz des Mieters – für die Rechtsentwicklung in Deutschland im 19. Jahrhundert besonders relevant.

Geregelt wurde das Mietrecht im 21. Titel des 1. Teils des ALR, der „von dem Rechte zum Gebrauch oder Nutzung fremden Eigentums" handelte. Aus der Stellung ergibt sich bereits, dass dem Mieter der gewöhnliche Gebrauch oder die gewöhnliche Nutzung zugesprochen wurde.[438] Darüber hinaus war der Mieter aber auch mit Übergabe, und also Gewahrsam, Besitzer des Mietgegenstandes.[439] Gleichzeitig war er dinglich Berechtigter.[440] Bei Grundstücken reichte für den körperlichen Besitz im Ergebnis die Eintragung des Rechts in das Hypothekenbuch.[441] Durch sein Besitzrecht standen dem Mieter sodann possessorische Ansprüche auch gegen den Eigentümer zu.[442]

---

435  *Krause*, Das gemeine Recht und seine Kodifikation durch das Allgemeine Landrecht, S. 69; *Jüttner*, Zur Geschichte des Grundsatzes, S. 50.

436  *Krause*, Das gemeine Recht und seine Kodifikation durch das Allgemeine Landrecht, S. 69.

437  *Krause*, Das gemeine Recht und seine Kodifikation durch das Allgemeine Landrecht, S. 69.

438  § 270 I 21 ALR: *Durch den Mieth- oder Pachtcontract erlangt der Miether oder Pächter nur den gemeingewöhnlichen Gebrauch, oder die gewöhnliche Nutzung der Sache.*

439  § 6 I 7 ALR (1. Teil, 7. Titel): *Wer eine Sache, oder ein Recht, zwar als fremdes Eigenthum, aber doch in der Absicht, darüber für sich selbst zu verfügen, in seinen Gewahrsam übernommen hat, der heißt ein unvollständiger Besitzer.*

440  § 2 I 21 ALR: *So weit der Berechtigte sich im wirklichen Besitze der zu gebrauchenden oder zu nutzenden Sache befindet, hat seine Befugniß die Eigenschaft eines dinglichen Rechts.* Hierzu führte *Genius* in seinem Werk Der Bestandsschutz des Mietverhältnisses, S. 197 aus, dass das ALR die erste und einzige kontinentaleuropäische Rechtsordnung war, die ein unzweifelhaft dingliches Mietrecht normierte.

441  § 4 I 21 ALR: *Bey Grundstücken und Gerechtigkeiten, hat die Eintragung des Rechts in das Hypothekenbuch, die Wirkungen des körperlichen Besitzes der Sache.*

442  § 169 I 7 ALR: *Der unvollständige Besitzer ist, so lange sein Besitzrecht dauert, keinem andern, selbst nicht dem vollständigen Besitzer oder dem Eigenthümer, zu weichen schuldig.*

Die für den Mieterschutz weitreichendste Regelung lag schließlich in der Abschaffung des Grundsatzes *Kauf bricht Miete*, wenn bestimmte Voraussetzungen vorlagen. Nach der allgemeinen Vorschrift § 3 I 21 ALR ging die Verpflichtung, dem Besitzer die Ausübung des dinglichen Rechts zu gestatten, auf jeden neuen Eigentümer der belasteten Sache mit über.[443] Klarstellend hieß es im besonderen Mietrechtsteil in § 358 I 21 ALR, dass die Rechte und Pflichten des Mieters durch einen freiwilligen Verkauf nicht verändert wurden.[444] Der Erwerber konnte das Mietverhältnis deshalb lediglich nach den allgemeinen Kündigungsregeln des ALR kündigen:[445] Das befristete Mietverhältnis konnte nicht außerordentlich gekündigt werden, insbesondere stellte Eigenbedarf keinen außerordentlichen Kündigungsgrund dar.[446] Das unbefristete Mietverhältnis konnte lediglich unter Einhaltung einer Kündigungsfrist beendet werden.[447] Nach § 344 I 21 ALR musste die Kündigung in den ersten drei Tagen des Quartals erfolgen, mit dessen Ablauf der Besitz geräumt werden sollte.[448] Voraussetzung für § 358 I 21 ALR, mithin für den Grundsatz *Kauf bricht nicht Miete*, war allerdings, dass der Mieter bereits Besitzer und also dinglich Berechtigter war. Fand der Verkauf vor der Übergabe der Mietsache statt, so konnte sich der Mieter nur gegen denjenigen Erwerber durchsetzen, der zur Zeit der Besitzergreifung

---

443  § 3 I 21 ALR: *Die Verpflichtung, ihm die Ausübung des dinglichen Rechts zu gestatten, geht also auf jeden neuen Eigenthümer der belasteten Sache, welcher sein Recht von dem Besteller des Gebrauchs- oder Nutzungsrechts herleitet, mit über.*

444  § 358 I 21 ALR: *Durch einen freiwilligen Verkauf wird in den Rechten und Pflichten des Miethers oder Pächters nichts geändert.* Im Gegensatz hierzu war eine Kündigung bei einer notwendigen gerichtlichen Veräußerung jedoch unter Einhaltung einer Räumungsfrist möglich, vgl. §§ 350 ff. I 21 ALR.

445  Vgl. auch *Genius*, Der Bestandsschutz des Mietverhältnisses, S. 195.

446  § 324 I 21 ALR: *Ist die Pacht- oder Miethzeit im Vertrage bestimmt: so geht dieselbe mit dem festgesetzten Termine zu Ende, ohne daß es einer besondern Aufkündigung bedarf.* Vgl. auch *Genius*, Der Bestandsschutz des Mietverhältnisses, S. 195.
§ 386 I 21 ALR: *Wegen veränderter Umstände in der Person des Vermieters, findet vor Ablauf der contraktmäßigen Zeit keine Aufkündigung statt.*

447  § 340 I 21 ALR: *Ist im Contrakte die Dauer der Pacht oder Miethzeit gar nicht bestimmt: so muß derjenige, welcher vom Contrakte wieder abgehen will, dem Andern davon zur gehörigen Zeit Anzeige machen.*

448  § 344 I 21 ALR: *Bey Miethungen unbeweglicher, und bey Pachtungen beweglicher Sachen, muß die Aufkündigung in den ersten Drey Tagen desjenigen Quartals erfolgen, mit dessen Ablaufe der Besitz geräumt werden soll.*

Kenntnis vom Mietvertrag hatte.[449] Andernfalls stand dem Mieter auch nach dem ALR lediglich ein Schadensersatzanspruch gegen den Vermieter zu.[450] Hintergrund dieser im Ergebnis sehr mieterfreundlichen Regelungen waren sozialpolitische Motive.[451] Bereits zuvor hatte Friedrich II. gezeigt, dass ihm das Wohl seiner hilfsbedürftigen Untertanen am Herzen lag.[452] 1754 erließ er ein Miethen-Edict, um Mieten und Kündigungen, Ein- und Auszugstermine einheitlich und verbindlich festzuhalten, und dadurch der Willkür der Vermieter Einhalt zu gebieten.[453] Noch einen Schritt weiter ging er in seinem Wucher-Rescript 1765, durch das bereits zu diesem frühen Zeitpunkt für Berlin der Grundsatz *Kauf bricht Miete* abgeschafft wurde.[454] Auslöser für das Reskript waren der Wucher mit Häusern und die enorme Steigerung der Mieten.[455] Beides wurde auf den römischen Grundsatz zurückgeführt.[456] Das Reskript galt allerdings nur für neue Mietverträge in Berlin und nur dann, wenn der Mieter

---

449   § 359 I 21 ALR: *War die Pacht oder Miethe, zu der Zeit des Verkaufs, durch Uebergabe noch nicht vollzogen: so finden zwischen dem Pächter oder Miether, und dem Käufer, die allgemeinen Vorschriften des Neunzehnten Titels §. 3–6. Anwendung.*
      § 3 I 19 ALR: *Ist die Sache, zu welcher jemanden ein bloß persönliches Recht zustand, an einen Dritten veräußert worden; und dieser hat die persönliche Pflicht des vorigen Besitzers nicht mit übernommen: so ist der persönlich Berechtigte in der Regel nur von seinem Schuldner Schadloshaltung zu fordern befugt.*
      § 4 I 19 ALR: *Wenn also zwey oder mehrere, zu ein und eben derselben Sache, von dem Besitzer derselben ein persönliches Recht erlangt hatten: so schließt zwar derjenige, dessen persönliches Recht durch die Einräumung des Besitzes in ein dingliches übergegangen ist, den andern aus.*
      § 5 I 19 ALR: *Kann aber der Besitznehmer überführt werden, daß ihm das zu derselben Sache erlangte persönliche Recht des andern zur Zeit der Besitzergreifung schon bekannt gewesen sey: so kann er sich seines durch die Uebergabe entstandenen dinglichen Rechts gegen denselben nicht bedienen.*
450   § 360 I 21 ALR: *Muß, nach diesen Vorschriften, der Pächter oder Miether dem Käufer nachstehn: so kann er von dem Verkäufer, wegen des aus Nichterfüllung des Contracts entstehenden Schadens, Vergütung fordern.*
451   *Genius*, Der Bestandsschutz des Mietverhältnisses, S. 196; *Jüttner*, Zur Geschichte des Grundsatzes, S. 51; *Hattenhauer*, NZM 2003, 666 (674).
452   Vgl. *Hattenhauer*, NZM 2003, 666 (672).
453   *Hattenhauer*, NZM 2003, 666 (672).
454   *Fischer*, Gutachten 19. DJT, S. 85; *Jüttner*, Zur Geschichte des Grundsatzes, S. 50; *Hattenhauer*, NZM 2003, 666 (673).
455   *Fischer*, Gutachten 19. DJT, S. 85; *Hattenhauer*, NZM 2003, 666 (673).
456   *Fischer*, Gutachten 19. DJT, S. 85; *Hattenhauer*, NZM 2003, 666 (673).

bereits im Besitz der Mietsache war.[457] Durch das ALR wurde der sozialpoliti-sche Gehalt des Mietrechts anerkannt und der sozialen Frage nach ausreichen-dem und sicherem Wohnraum Rechnung getragen.[458] Darüber hinaus dienten die possessorischen Rechte auch dem Staatswohl, da durch die gewaltsame oder arglistige Entziehung auch die Ruhe und Ordnung im Staat gefährdet waren.[459]

## b) Der Code Civil

Der *Code Civil* trat 1804 in Kraft.[460] Trotz zahlreicher Änderungen über die Jahr-hunderte ist er bis heute in Frankreich gültiges Recht.[461] Vor Inkrafttreten des *Code Civil* gab es kein Recht, das für ganz Frankreich gegolten hätte, sondern verschiedene Lokalrechte.[462] Erst der *Code Civil* schaffte eine rechtliche Ver-einheitlichung und war darüber hinaus auch über die französischen Grenzen hinweg eine sehr einflussreiche Privatrechtskodifikation.[463] In Deutschland galt der *Code Civil* bis zum Inkrafttreten des BGB 1900 in Baden, der bayerischen Pfalz, in den links des Rheins befindlichen Gebieten Preußens und im heutigen rheinisch-westfälischen Industriegebiet.[464] Er beeinflusste darüber hinaus auch die deutsche Rechtsentwicklung des 19. Jahrhunderts.[465]

Der *Code Civil* ging auf das *droit commun* zurück, eine seit dem 16. Jahr-hundert bestehende Verschmelzung von römischem Recht und Landesrecht, wobei der *Code Civil* teilweise aus rechtspolitischen Gründen deutlich von dem römisch-rechtlich geprägten *droit commun* abwich.[466] Gleichzeitig war der *Code*

---

457  *Hattenhauer*, NZM 2003, 666 (673).
458  *Hattenhauer*, NZM 2003, 666 (674); *Weiß*, Die Entwicklung des Mieterschutzes, S. 30, 71.
459  *Genius*, Der Bestandsschutz des Mietverhältnisses, S. 194.
460  *Lévy/Castaldo*, Histoire du droit civil, S. 7, Rn. 9.
461  Vgl. beispielsweise den hier relevanten Artikel 1743 des *Code Civil* in „Le Code civil" des *Centre de recherche de droit privé de Nancy*, das die Evolution des Wortlautes des *Code Civil* über die Jahrhunderte darstellt.
462  *Lévy/Castaldo*, Histoire du droit civil, S. 4 ff., insb. Rn. 8.
463  *Lévy/Castaldo*, Histoire du droit civil, S. 7, Rn. 9; *Genius*, Der Bestandsschutz des Mietverhältnisses, S. 204.
464  *Genius*, Der Bestandsschutz des Mietverhältnisses, S. 204; *Jüttner*, Zur Geschichte des Grundsatzes, S. 55.
465  *Weiß*, Die Entwicklung des Mieterschutzes, S. 24.
466  *Genius*, Der Bestandsschutz des Mietverhältnisses, S. 204, 206; *Weiß*, Die Entwicklung des Mieterschutzes, S. 24.

*Civil* von der Naturrechtslehre des 18. Jahrhunderts und den Aufklärungsideen der französischen Revolution geprägt.[467]

Das Mietrecht war im III. Buch, 8. Titel geregelt. Anders als das ALR wurde das Mietrecht im *Code Civil* im Obligationenrecht geregelt, war also nicht als dingliches Recht ausgestaltet.[468] Vielmehr wurde der Mieter nicht einmal als Besitzer, sondern lediglich als *detentor* qualifiziert, sodass er keinen Besitzschutz genoss.[469] Allerdings gewährte die französische Rechtspraxis den Mietern gegen eine faktische Störung durch Dritte eine *action directe*,[470] und gegen Störungen des Gebrauchs durch den Vermieter eine Unterlassungsklage beziehungsweise eine Leistungsklage auf Wiedereinräumung des Sachgebrauchs.[471]

Diese wenig befriedigende Stellung des Mieters wurde aber aus rechtspolitischen Motiven gerade beim Verkauf einer vermieteten Immobilie deutlich gestärkt.[472] Unter bestimmten Voraussetzungen galt in diesem Fall der Grundsatz *Kauf bricht nicht Miete*: der Mietvertrag musste entweder in einer öffentlichen Urkunde niedergelegt oder mit einem bestimmten Datum versehen sein, und durfte kein ausdrückliches Beendigungsrecht im Falle des Verkaufs vorsehen.[473] In diesem Fall trat der Erwerber in das bestehende Mietverhältnis ein, ohne dass der Verkäufer frei wurde.[474] Die formellen Voraussetzungen dienten der Rechtssicherheit, da auf diese Weise unzweifelhaft belegt war, dass der Mietvertrag vor

---

467  *Genius*, Der Bestandsschutz des Mietverhältnisses, S. 204; *Weiß*, Die Entwicklung des Mieterschutzes, S. 24.

468  *Fischer*, Gutachten 19. DJT, S. 89.

469  *Fischer*, Gutachten 19. DJT, S. 89; *Genius*, Der Bestandsschutz des Mietverhältnisses, 208.

470  Art. 1725 Code Civil: *Le bailleur n'est pas tenu de garantir le preneur, du trouble que des tiers apportent par voies de fait à sa jouissance, sans prétendre d'ailleurs aucun droit sur la chose louée; <u>sauf au preneur à les poursuivre en son nom personnel</u>.* (Unterstreichung durch die Verfasserin).

471  Vgl. Art. 1719 Code Civil: *Le bailleur est obligé, par la nature du contrat, et sans qu'il soit besoin d'aucune stipulation particulière, 1. De délivrer au preneur la chose louée; 2. D'entretenir cette chose en état de servir à l'usage pour lequel elle a été louée; 3. D'en faire jouir paisiblement le preneur pendant la durée du bail.*

472  *Genius*, Der Bestandsschutz des Mietverhältnisses, S. 208; *Fischer*, Gutachten 19. DJT, S. 89.

473  Art. 1743 Code Civil: *Si le bailleur vend la chose louée, l'acquéreur ne peut expulser le fermier ou le locataire qui a un bail authentique ou dont la date est certaine, à moins qu'il ne se soit réservé ce droit par le contrat de bail.*

474  *Fischer*, Gutachten 19. DJT, S. 90; ähnlich wohl auch *Genius*, Der Bestandsschutz des Mietverhältnisses, S. 209.

dem Kaufvertrag abgeschlossen worden war.[475] Der Besitz des Mieters war deshalb nicht erforderlich.[476]

Wenn der Mietvertrag ein ausdrückliches Beendigungsrecht im Fall des Verkaufs vorsah, musste der Erwerber den Mieter so zeitig von der Beendigung informieren, wie es ortsüblich war.[477] Andernfalls ging man davon aus, dass ein neuer Mietvertrag zwischen dem Erwerber und dem Mieter geschlossen war und der Verkäufer befreit wurde.[478]

Darüber hinaus sah der *Code Civil* im Fall eines Beendigungsrechts eine Entschädigung vor, wenn die Voraussetzungen des Art. 1743 Code Civil grundsätzlich vorlagen und vertraglich nicht bereits eine Entschädigungsregelung für die verfrühte Beendigung getroffen war.[479] Die Entschädigung betrug bei Wohnraummietverhältnissen so viele Monatsmieten wie die ortsübliche Kündigungsfrist lang war.[480] Der Mieter brauchte nicht eher zu weichen, bis ihm seine Entschädigung gezahlt worden war.[481] Der Anspruch richtete sich nach Art. 1749 Code Civil sowohl gegen den Verkäufer als auch gegen den Erwerber, da der Verkäufer weiterhin Vertragspartner blieb, und der Erwerber neuer, zusätzlicher Vertragspartner wurde.[482] Der Verkäufer wurde, wie bereits weiter oben erwähnt, nur frei, wenn der Verkäufer auf sein Beendigungsrecht verzichtete, was einem neuen Mietvertrag zwischen ihm und dem Mieter gleichstand.[483] Andernfalls waren Verkäufer und Erwerber Gesamtschuldner, da der Mieter als

---

475  *Jüttner*, Zur Geschichte des Grundsatzes, S. 56.

476  *Jüttner*, Zur Geschichte des Grundsatzes, S. 56.

477  Art. 1748 Code Civil: *L'acquéreur qui veut user de la faculté réservée par le bail, d'expulser le fermier ou locataire en cas de vente, est, en outre, tenu d'avertir le locataire au temps d'avance usité dans le lieu pour les congés.*

478  *Fischer*, Gutachten 19. DJT, S. 90; ähnlich wohl auch *Genius*, Der Bestandsschutz des Mietverhältnisses, S. 209.

479  Art. 1744 Code Civil: *S'il a été convenu, lors du bail, qu'en cas de vente l'acquéreur pourrait expulser le fermier ou locataire, et qu'il n'ait été fait aucune stipulation sur les dommages et intérêts, le bailleur est tenu d'indemniser le fermier ou le locataire, de la manière suivante.*

480  Art. 1745 Code Civil: *S'il s'agit d'une maison, appartement ou boutique, le bailleur paye, à titre de dommages et intérêts, au locataire évincé, une somme égale au prix du loyer, pendant le temps qui, suivant l'usage des lieux, est accordé entre le congé et la sortie.*

481  Art. 1749 Code Civil: *Les fermiers ou les locataires ne peuvent être expulsés qu'ils ne soient payés par le bailleur, ou, à son défaut, par le nouvel acquéreur, des dommages et intérêts ci-dessus expliqués.*

482  *Fischer*, Gutachten 19. DJT, S. 90; *Jüttner*, Zur Geschichte des Grundsatzes, S. 56.

483  *Fischer*, Gutachten 19. DJT, S. 90.

Gläubiger von beiden die volle Leistung fordern konnte, diese allerdings insgesamt nur einmal erhalten konnte. Dies galt wohl dem Schutz des Mieters, dessen Interesse dieser Regelungskomplex diente.

Die mieterschützenden Regelungen galten nicht, wenn die Voraussetzungen für die Anwendung des Grundsatzes *Kauf bricht nicht Miete* nicht vorlagen. Dann konnte der Mieter, ohne gegen den Erwerber einen Anspruch auf Entschädigung zu haben, ausgetrieben werden.[484] *Jüttner* geht allerdings davon aus, dass dem Mieter auch in diesem Fall eine Entschädigung zustand.[485] Mit dem Wortlaut des *Code Civil* ist eine solche Auslegung allerdings nur dann vereinbar, wenn sich der Entschädigungsanspruch allein gegen den Verkäufer richtete. Ein solcher Anspruch dürfte sich in diesem Fall bereits aus der Nichterfüllung des Mietvertrags ergeben haben, der weiterhin – mangels Eintritts durch den Erwerber nur – zwischen dem Mieter und dem Verkäufer bestand.

Der *Code Civil* ist das erste Gesetzbuch, das bei grundsätzlicher obligatorischer Gestaltung des Mietrechts eine Ausnahmeregelung zur Etablierung des Grundsatzes *Kauf bricht nicht Miete* schuf. Er steht damit dem deutschen BGB näher als jede andere Kodifikation um 1800.[486] Während der preußische Gesetzgeber die Dinglichkeit der Miete als Notwendigkeit für den Mieterschutz im Falle einer Veräußerung der vermieteten Immobilie sah, akzeptierte der französische Gesetzgeber einen dogmatischen Fremdkörper.[487] Hierdurch verwischte die Grenze zwischen obligatorischen und dinglichen Rechten, da nun ein obligatorisches Recht unter bestimmten Voraussetzungen auch Auswirkungen auf und Verpflichtungen für eine dritte Partei schuf.[488] Diese zweideutige Stellung war Anlass zahlreicher Meinungsäußerungen.[489]

### c) Das Allgemeine Bürgerliche Gesetzbuch für die gesammten deutschen Erbländer der Oesterreichischen Monarchie

Das Allgemeine Bürgerliche Gesetzbuch für die gesammten deutschen Erbländer der Oesterreichischen Monarchie (im Weiteren: ABGB) trat 1812 in den

---

484 Art. 1750 Code Civil: *Si le bail n'est pas fait par acte authentique, ou n'a point de date certaine l'acquéreur n'est tenu d'aucuns dommages et intérêts.*; vgl. auch *Fischer*, Gutachten 19. DJT, S. 90.
485 *Jüttner*, Zur Geschichte des Grundsatzes, S. 56.
486 *Genius*, Der Bestandsschutz des Mietverhältnisses, S. 210.
487 Vgl. *Genius*, Der Bestandsschutz des Mietverhältnisses, S. 210.
488 *Jüttner*, Zur Geschichte des Grundsatzes, S. 57; *Genius*, Der Bestandsschutz des Mietverhältnisses, S. 210.
489 *Jüttner*, Zur Geschichte des Grundsatzes, S. 57.

deutschen Erbländern des Kaisertums Österreich in Kraft und gilt bis heute in teilweise abgewandelter Form in der Republik Österreich.[490] Das Mietrecht war im 2. Teil, 1. Abteilung, 25. Hauptstück geregelt. Der Oberbegriff für Miet- und Pachtverträge war der Bestandvertrag – ein Vertrag, durch den jemand den Gebrauch einer unverbrauchbaren Sache auf eine gewisse Zeit und gegen einen bestimmten Preis erhielt.[491] Ein Mietvertrag lag vor, wenn sich die in Bestand gegebene Sache ohne weitere Bearbeitung gebrauchen ließ.[492]

Die Miete war grundsätzlich nur ein obligatorisches Recht. Allerdings wurde sie durch Eintragung in die öffentlichen Bücher zum dinglichen Recht.[493] Der Mieter hatte darüber hinaus nur dann Sachbesitz an der Mietsache, wenn er sie mit *animus domini* innehatte.[494] Andernfalls war der Mieter Rechtsbesitzer,[495] wodurch er aber ebenfalls Besitzschutz genoss.[496] Im Falle der Veräußerung der vermieteten Mietsache war für den Schutz des Mieters ausschlaggebend, ob der Vertrag in den öffentlichen Büchern eingetragen war oder nicht: Nur im ersteren Fall konnte sich der Mieter gegen den Erwerber behaupten; andernfalls konnte der Erwerber dem Mieter unter Einhaltung der Kündigungsfristen kündigen. Dies galt selbst dann, wenn im Mietvertrag eine Miete für eine bestimmte Zeit vereinbart war, da der Erwerber nicht an den lediglich obligatorischen

---

490 *Apathy*, 200 Jahre ABGB, S. 47, 54.

491 § 1090 ABGB: *Der Vertrag, wodurch jemand den Gebrauch einer unverbrauchbaren Sache auf eine gewisse Zeit und gegen einen bestimmten Preis erhält, heisst überhaupt Bestandvertrag.*

492 § 1091 ABGB: *Der Bestandvertrag wird, wenn sich die in Bestand gegebene Sache ohne weitere Bearbeitung gebrauchen lässt, ein Mietvertrag, [. . .].*

493 § 1095 ABGB: *Wenn ein Bestandvertrag in die öffentlichen Bücher eingetragen ist, so ist das Recht des Bestandnehmers als ein dingliches Recht zu betrachten, welches sich auch der nachfolgende Besitzer auf die noch übrige Zeit gefallen lassen muss.*

494 § 309 ABGB: *Wer eine Sache in seiner Macht oder Gewahrsam hat, heißt ihr Inhaber. Hat der Inhaber einer Sache den Willen, sie als die seinige zu behalten, so ist er ihr Besitzer.*

495 § 312 ABGB: *[. . .] In den Besitz unkörperlicher Sachen oder Rechte kommt man durch den Gebrauch derselben im eigenen Namen.*
§ 313 ABGB: *Der Gebrauch eines Rechtes wird gemacht, wenn [. . .]; ferner, wenn jemand die einem anderen gehörige Sache mit dessen Gestattung zu seinem Nutzen anwendet; [. . .].*

496 § 339 ABGB: *Der Besitz mag von was immer für eine Beschaffenheit sein, so ist niemand befugt, denselben eigenmächtig zu stören. Der Gestörte hat das Recht, die Untersagung des Eingriffes und den Erlass des erweislichen Schadens gerichtlich zu fordern.*

Mietvertrag gebunden war.[497] Die Kündigungsfrist für Wohnraummieten betrug 14 Tage.[498] Ein Kündigungsgrund war im ABGB nicht vorgesehen. Der Mieter musste dem Erwerber also innerhalb kurzer Zeit weichen und hatte nur einen Anspruch auf Schadensersatz gegen seinen Vermieter.[499]

## 3. Zusammenfassung

Vor der Kodifizierung des BGB im Jahre 1900 gab es keine einheitlichen Rechtsnormen für das durch „kleinstaatliche Zersplitterung" gekennzeichnete Deutschland. Auch die Rezeption des römischen Rechts in Deutschland im 15. Jahrhundert änderte dies nicht nachhaltig und grundlegend. Zwar setzte sich auch in Deutschland das sogenannte gemeine Recht durch, allerdings galt dies in erster Linie auf Reichsebene, wo es insofern zu einer gewissen Vereinheitlichung kam. Inwiefern sich das gemeine Recht auch auf der Ebene der Territorien durchsetzte war davon abhängig, wie stark das jeweilige Partikularrecht verwurzelt war.

Im Jahrhundert vor der Kodifizierung des BGB – um 1800 – kam es erneut zu einer klar sichtbaren Zersplitterung im Zuge der Aufklärung und des Zeitalters der Vernunft. Es bildeten sich starke Partikularrechte, die die Rechtswirklichkeit neugestalteten und die Gesellschaft prägten. Die wichtigsten Partikularrechte waren das ALR, der *Code Civil* (2.b)) und das AGBGB, die teilweise stark voneinander abwichen. Dies galt auch für die Regelung des Sachverhalts des Verkaufs einer vermieteten Immobilie. Während das AGBGB vom Grundsatz *Kauf bricht Miete* ausging, sahen das ALR und der *Code Civil* grundsätzlich den Grundsatz *Kauf bricht nicht Miete* vor.

Erst durch die Reichsgründung 1871 unter preußischer Führung entstanden ein nationaler Staat mit föderaler Grundlage und eine einheitliche Gesetzgebung.[500] Die innere Reichsgründung erforderte den Aufbau von reichsweiten Institutionen und einer umfassenden und juristisch sorgfältig gestalteten Gesetzgebung.[501] Der innere Einheitsgeist sollte also durch eine einheitliche

---

497    § 1120 ABGB: *Hat der Eigentümer das Bestandstück an einen andern veräussert, und ihm bereits übergeben, so muss der Bestandinhaber, wenn sein Recht nicht in die öffentlichen Bücher eingetragen ist (§ 1095), nach der gehörigen Aufkündigung dem neuen Besitzer weichen. Er ist aber berechtigt, von dem Bestandgeber in Rücksicht auf den erlittenen Schaden und entgangenen Nutzen eine vollkommene Genugtuung zu fordern.*

498    § 1116 ABGB.

499    § 1120 ABGB.

500    *Osterhammel*, Das 19. Jahrhundert, S. 33.

501    *Hornung*, Die öffentlich-rechtliche Durchdringung des Wohnraummietrechts, S. 59; *Osterhammel*, Das 19. Jahrhundert, S. 33.

Gesetzgebung vorangebracht werden. Das Ergebnis dieser Bemühungen war das Bürgerliche Gesetzbuch, dessen Gesetzgebungsprozess nachfolgend untersucht wird.

## III. Der Gesetzgebungsprozess[502]

Der Gesetzgebungsprozess des BGB war geprägt von rechtlichen und gesellschaftspolitischen Diskussionen, die sich zu einem großen Teil auch um Inhalt und Ausgestaltung des § 566 BGB drehten.[503] Denn § 566 BGB war im Gesetzgebungsprozess einer der meist diskutierten Paragraphen.[504] Dies lag einerseits an der sozialen Brisanz als mieterschützende Norm, andererseits an den zwei gegensätzlichen Grundsätzen, die um 1900 in Deutschland vorherrschten – der römische Grundsatz *Kauf bricht Miete*, der keinen Mieterschutz bot, und der mieterschützende germanische Grundsatz *Kauf bricht nicht Miete*.

Der erste Entwurf zum BGB sah den, wenn auch durch eine Kündigungsfrist abgeschwächten, Grundsatz *Kauf bricht Miete* vor.[505] Diese Lösung des Konflikts zwischen Erwerber und Mieter beim Verkauf einer vermieteten Immobilie stieß sowohl in Rechtskreisen als auch in der Bevölkerung auf erheblichen Widerstand.[506] Der zweite Entwurf enthielt deshalb den Grundsatz *Kauf bricht nicht Miete* in seiner heutigen Form. Maßgebend für diesen Entschluss war allerdings nicht die Einsicht der Kommissionsmitglieder, sondern die Tatsache, dass die Regelung des ersten Entwurfs insbesondere in Preußen und in den linksrheinischen Teilen Deutschlands als schwerer Eingriff in das herrschende Rechtsbewusstsein empfunden wurde. Deshalb erschien es aus Sicht der Kommissionsmitglieder nicht ratsam, den Grundsatz aufrecht zu erhalten.[507] Dies

---

502 Teile der nachfolgenden Ausführungen wurden bereits im Rahmen einer Besprechung zum Urteil BGH, Urteil vom 12. Juli 2017 – XII ZR 26/16 –, BGHZ 215, 236–250 veröffentlicht: *Moser-Lange*, JURA 2018, 384 (385).

503 *Wolter*, Mietrechtlicher Bestandsschutz, S. 96; *Jüttner*, Zur Geschichte des Grundsatzes, S. 17.

504 *Wolter*, Mietrechtlicher Bestandsschutz, S. 96; *Jüttner*, Zur Geschichte des Grundsatzes, S. 17.

505 *Mugdan*, Die gesammten Materialien zum BGB, Motive der 1. Kommission zum I. Entwurf, S. 213.

506 *Gierke*, Entwurf eines deutschen Gesetzbuches, S. 74; *Jakobs/Schubert*-Schubert, Die Beratung des BGB: Materialien zur Entstehungsgeschichte, S. 50; *Jüttner*, Zur Geschichte des Grundsatzes, S. 63.

507 *Mugdan*, Die gesammten Materialien zum BGB, Protokolle der 2. Kommission zum I. Entwurf, S. 816.

galt wohl gerade auch im Hinblick auf den erstrebten inneren Einheitsgeist, der durch die einheitliche Gesetzgebung vorangebracht werden sollte.[508]

Der Gesetzgebungsprozess soll nachfolgend ausführlich dargestellt und analysiert werden. Nach einem Überblick über die Literatur zum Gesetzgebungsprozess (1.), wird das Gesetzgebungsverfahren als solches beschrieben (2.). Sodann werden der erste (3.) und der zweite (4.) Entwurf des Bürgerlichen Gesetzbuchs behandelt. Abschließend folgen Ausführungen zum Bürgerlichen Gesetzbuch von 1896/1900 (5.).

## 1.  Literatur zum Gesetzgebungsprozess

Die Quellenlage zum Gesetzgebungsprozess, insbesondere zu den Diskussionen und Motiven der ersten Kommission, ist unübersichtlich. Die aufschlussreichste Literatur soll nachfolgend skizziert werden. Auf sie wird im Weiteren regelmäßig Bezug genommen.

Zunächst finden sich Materialien zum Gesetzgebungsprozess bei *Benno Mugdan*. Er stellt mit seinem Werk „Die gesammten Materialien zum BGB" zahlreiche Dokumente der ersten und zweiten Kommission zur Verfügung. Allerdings geht aus diesen beispielsweise nicht hervor, wer welchen Änderungsantrag gestellt hat, sodass eine politische Einordnung nicht möglich ist. Darüber hinaus geht aus dem Werk *Mugdans* nicht hervor, dass die erste Kommission ihrem Entwurf keine genehmigten Motive beigelegt hat und es sich bei den von *Mugdan* wiedergegebenen Motiven der ersten Kommission um eine Zusammenstellung der Hilfsarbeiter handelt, die die Entscheidungen der Kommission lediglich oberflächlich zu begründen versuchten.[509] Auch ist zu beachten, dass es sich sowohl bei den Motiven der ersten Kommission als auch bei den Protokollen der zweiten Kommission bei *Mugdan* um Materialien handelte, die für die Vorlage beim Reichstag zusammengestellt worden sind.[510] Zu diesem Zeitpunkt waren die wichtigen und für die rechtsgeschichtliche und rechtspolitische Bewertung relevanten Diskussionen und Entscheidungen aber bereits abgeschlossen.[511]

---

508  Vgl. *Hornung*, Die öffentlich-rechtliche Durchdringung des Wohnraummietrechts, S. 59; *Osterhammel*, Das 19. Jahrhundert, S. 33. Ausführlich zum inneren Einheitsgeist durch einheitliche Gesetzgebung: § 3 II.3.

509  *Jakobs/Schubert*-Schubert, Die Beratung des BGB: Materialien zur Entstehungsgeschichte, S. 49 f.

510  *Jakobs/Schubert*-Schubert, Die Beratung des BGB: Materialien zur Entstehungsgeschichte, S. 5.

511  *Jakobs/Schubert*-Schubert, Die Beratung des BGB: Materialien zur Entstehungsgeschichte, S. 5.

Sodann haben *Horst Heinrich Jakobs* und *Werner Schubert* das mehrbändige Werk „Die Beratungen des BGB" geschaffen – eine systematische Zusammenstellung der unveröffentlichten Quellen zur Erschließung der geistigen, rechtsdogmatischen und rechtspolitischen Grundlagen.[512] Bezüglich der bereits vorher zugänglichen Reichstagsmaterialien verweisen sie auf *Mugdan*.

Schließlich gibt es verschiedene Monografien und Stellungnahmen von Zeitzeugen – beispielsweise von *Otto von Gierke* und *Otto Fischer* –, die bei der Aufarbeitung des Gesetzgebungsprozesses zu berücksichtigen sind.

## 2. Gesetzgebungsverfahren

Das Gesetzgebungsverfahren war mehrstufig. Zunächst wurde eine Vorkommission eingesetzt, deren Aufgabe die Klärung des Vorverfahrens war.[513] Sodann erstellte die erste Kommission ihren Entwurf, den die Vorkommission des Reichsjustizamts und die zweite Kommission anschließend überarbeiteten und der vom Bundesrat und Reichstag diskutiert und verabschiedet wurde.[514] Am 18.08.1896 fertigte Kaiser Wilhelm II. das BGB aus.[515] Es wurde am 24. August 1896 im Reichsgesetzblatt veröffentlicht und trat am 01. Januar 1900 in Kraft.[516] Im Einzelnen:

Zunächst erstellte eine Vorkommission ein Gutachten über den Plan und die Methode für die Aufstellung des Entwurfs eines deutschen bürgerlichen Gesetzbuchs, in dem die Art und Weise der Kommissionsarbeit festgelegt wurde.[517] Die Aufgabe der Kommission war hiernach nicht nur kompilatorischer, sondern auch gesetzgeberischer Natur, wobei sich die Kommission dem geltenden Recht in den wesentlichen Punkten eng anschließen sollte.[518] Sodann wurden die

---

512 *Jakobs/Schubert*-Schubert, Die Beratung des BGB: Materialien zur Entstehungsgeschichte, S. 5.

513 *Jakobs/Schubert*-Schubert, Die Beratung des BGB: Materialien zur Entstehungsgeschichte, S. 170 ff.

514 *Jakobs/Schubert*-Schubert, Die Beratung des BGB: Materialien zur Entstehungsgeschichte, S. 40 ff., 50 ff., 57 ff., 60 ff., 64 ff.

515 *Jakobs/Schubert*-Schubert, Die Beratung des BGB: Materialien zur Entstehungsgeschichte, S. 68.

516 *Jakobs/Schubert*-Schubert, Die Beratung des BGB: Materialien zur Entstehungsgeschichte, S. 68.

517 *Jakobs/Schubert*-Schubert, Die Beratung des BGB: Materialien zur Entstehungsgeschichte, S. 170 ff.

518 *Jakobs/Schubert*-Schubert, Die Beratung des BGB: Materialien zur Entstehungsgeschichte, S. 35 f., 170 ff.

Mitglieder der ersten Kommission bestimmt. Die Wahl der Mitglieder war eher eine politisch motivierte als eine inhaltlich geleitete Entscheidung.[519] Durch die Zusammensetzung der Kommission sollte gewährleistet werden, dass die fünf größten Bundesstaaten ausreichend repräsentiert waren und ihre Interessen bereits im Entwurf einbringen konnten, um späteren inhaltlichen Diskussionen im Bundesrat entgegenzuwirken.[520] Die erste Kommission bestand ausschließlich aus Juristen, die entweder in der Justiz oder in Ministerien tätig waren, sowie aus zwei Professoren. Einer der Professoren war der Pandektist Bernhard Windscheid, der eines der bestimmenden Kommissionsmitglieder werden sollte.[521] Insgesamt bestand die Kommission aus elf Mitgliedern, von denen vier vom Bundesstaat Preußen bestimmt worden waren, unter anderem der Vorsitzende der Kommission Heinrich Pape.[522] Zudem wählte die Vorkommission ein fünftes preußisches Kommissionsmitglied.[523] Nach *Jakobs/Schubert* war die Zusammensetzung die beste Garantie für eine bloße Harmonisierung ohne gesetzespolitische Neuerungen.[524]

Die erste Kommission arbeitete von 1874 bis 1889 am ersten Entwurf.[525] Zunächst erstellten einzelne Mitglieder als Redaktoren für verschiedene Teile Vorentwürfe.[526] Diese wurden anschließend im Plenum beraten und zur „Redaktionsvorlage für den Redaktionsausschuss der ersten Kommission" (im Weiteren: RedVorl) zusammengefügt.[527] Aus der RedVorl entstand nach einer redaktionellen Überarbeitung die „Zusammenstellung der sachlich

---

519 *Jakobs/Schubert*-Schubert, Die Beratung des BGB: Materialien zur Entstehungsgeschichte, S. 36 f.

520 *Jakobs/Schubert*-Schubert, Die Beratung des BGB: Materialien zur Entstehungsgeschichte, S. 36 f.

521 *Jakobs/Schubert*-Schubert, Die Beratung des BGB: Materialien zur Entstehungsgeschichte, S. 37.

522 *Jakobs/Schubert*-Schubert, Die Beratung des BGB: Materialien zur Entstehungsgeschichte, S. 37.

523 *Jakobs/Schubert*-Schubert, Die Beratung des BGB: Materialien zur Entstehungsgeschichte, S. 37.

524 *Jakobs/Schubert*-Schubert, Die Beratung des BGB: Materialien zur Entstehungsgeschichte, S. 39.

525 *Jakobs/Schubert*-Schubert, Die Beratung des BGB: Materialien zur Entstehungsgeschichte, S. 40, 50.

526 *Jakobs/Schubert*-Schubert, Die Beratung des BGB: Materialien zur Entstehungsgeschichte, S. 40 ff., 45 ff., 183.

527 *Jakobs/Schubert*-Schubert, Die Beratung des BGB: Materialien zur Entstehungsgeschichte, S. 40 ff., 45 ff., 183.

beschlossenen Bestimmungen des Obligationenrechts nach den Beschlüssen des Redaktionsausschusses der 1. Kommission" (im Weiteren: ZustOR).[528] Nach weiteren Beratungen wurde der „Entwurf zum BGB in der Fassung der ersten Beratung der 1. Kommission" (im Weiteren: Kommissionsentwurf) verfasst. 1888 lag schließlich der „Entwurf eines BGB für das Deutsche Reich" (im Weiteren: erster Entwurf) vor.

Die zweite Kommission wurde im Anschluss an die Beschlüsse des Bundesrats vom 04. Dezember 1890 über die „Zusammensetzung der zweiten Kommission und über ihre Arbeitsweise" eingesetzt.[529] Sie arbeitete von 1890 bis 1896 am zweiten Entwurf und bestand, anders als die erste Kommission, nicht ausschließlich aus Juristen.[530] Durch die Beteiligung von Wirtschaftsvertretern sollte sich der neue Entwurf stärker an der sozialen Realität und den Problemen der Zeit und weniger an dogmatischen Feinheiten orientieren.[531] Parallel bereitete eine im gleichen Zeitraum tagende Vorkommission im Reichsjustizamt die Sitzungen vor.[532] Die Vorkommission brachte die Ergebnisse ihrer Vorberatungen durch Änderungsanträge ihrer Mitglieder in die zweite Kommission ein.[533] Aus den Protokollen geht hervor, dass viele der bedeutenden Entscheidungen, beispielsweise auch die Einführung des Grundsatzes *Kauf bricht nicht Miete*, bereits in der Vorkommission getroffen wurden.[534] Insgesamt berücksichtigte

---

528 Vgl. hierzu *Jakobs/Schubert*-Schubert, Die Beratung des BGB: Recht der Schuldverhältnisse II (§§ 433–651), IX, S. 582 f.

529 *Jakobs/Schubert*-Schubert, Die Beratung des BGB: Materialien zur Entstehungsgeschichte, S. 57; abgedruckt sind die Beschlüsse bei *Jakobs/Schubert*-Schubert, Die Beratung des BGB: Recht der Schuldverhältnisse II (§§ 433–651), S. 350.

530 *Jakobs/Schubert*-Schubert, Die Beratung des BGB: Materialien zur Entstehungsgeschichte, S. 55, 91 ff. (Biografien der Mitglieder der 2. Kommission); *Wolter*, Mietrechtlicher Bestandsschutz, S. 80; *Gierke*, Entwurf eines deutschen Gesetzbuches, S. 590: Dies entspricht auch dem Aufruf *Gierkes* in seinem Werk zum ersten Entwurf.

531 Vgl. *Jakobs/Schubert*-Schubert, Die Beratung des BGB: Materialien zur Entstehungsgeschichte, S. 55, 57.

532 *Jakobs/Schubert*-Schubert, Die Beratung des BGB: Materialien zur Entstehungsgeschichte, S. 54; *Jakobs/Schubert*-Schubert, Die Beratung des BGB: Recht der Schuldverhältnisse II (§§ 433–651), S. 586 ff.

533 *Jakobs/Schubert*-Schubert, Die Beratung des BGB: Materialien zur Entstehungsgeschichte, S. 54; *Jakobs/Schubert*-Schubert, Die Beratung des BGB: Recht der Schuldverhältnisse II (§§ 433–651), S. 586 ff.

534 *Jakobs/Schubert*-Schubert, Die Beratung des BGB: Recht der Schuldverhältnisse II (§§ 433–651), S. 586 ff.

der zweite Entwurf viele Forderungen der öffentlichen Kritik an dem ersten Entwurf.[535]

Der zweite Entwurf, mitsamt der Protokolle der zweiten Kommission, wurde sodann in den Bundesrat eingebracht und die überarbeitete Version an den Reichstag weitergeleitet.[536] Die Denkschrift, die der Bundesrat der sogenannten Reichstagsvorlage beilegte, war bewusst knapp und allgemein gehalten, um möglichst wenig Anhaltspunkte für Kritik zu bieten.[537] Man wollte eine langwierige Diskussion verhindern, die den Erfolg des Gesetzgebungsvorhabens hätten gefährden können.[538] Auch der Reichstag bemühte sich darum, die rechtspolitischen Auseinandersetzungen möglichst von der Öffentlichkeit fernzuhalten.[539]

## 3. Der erste Entwurf des Bürgerlichen Gesetzbuchs von 1888

Der erste Entwurf des Bürgerlichen Gesetzbuchs von 1888 entschied sich für den Grundsatz *Kauf bricht Miete* (a), b), c)) und stieß hiermit auf nachvollziehbaren (e)) Widerstand (d)).

### a)  Wortlaut

Im ersten Entwurf behandelte § 509 die Situation des Verkaufs einer vermieteten Immobilie. Hiernach konnte der Erwerber den Mieter auffordern das Grundstück zu räumen, nachdem eine näher bestimmte Frist abgelaufen war:

> Ist im Falle der Vermiethung eines Grundstückes nach Ueberlassung desselben an den Miether das Eigenthum an dem Grundstücke von dem Vermiether an einen Dritten übertragen worden, so ist der Dritte verpflichtet, den vertragsmäßigen Gebrauch des Grundstückes durch den Miether sowie die Vornahme derjenigen Handlungen, welche gegenüber dem Miether dem Vermiether obliegen, insbesondere die von dem Vermiether zu bewirkenden Ausbesserungen, noch so lange zu gestatten, bis nach der von dem Dritten an den Miether gerichteten Aufforderung zur Räumung des Grundstückes

---

535  *Jakobs/Schubert*-Schubert, Die Beratung des BGB: Materialien zur Entstehungsgeschichte, S. 60.

536  *Jakobs/Schubert*-Schubert, Die Beratung des BGB: Materialien zur Entstehungsgeschichte, S. 62 ff.

537  *Jakobs/Schubert*-Schubert, Die Beratung des BGB: Materialien zur Entstehungsgeschichte, S. 62.

538  *Jakobs/Schubert*-Schubert, Die Beratung des BGB: Materialien zur Entstehungsgeschichte, S. 63.

539  *Jakobs/Schubert*-Schubert, Die Beratung des BGB: Materialien zur Entstehungsgeschichte, S. 64.

die im §. 522 bestimmte gesetzliche Kündigungsfrist oder, wenn die vertragsgemäße Kündigungsfrist kürzer ist, diese kürzere Frist verstrichen ist.

## b) Hintergrund und Argumente der Kommission

Der zum Redaktor für das Obligationenrecht berufene Franz Philipp Friedrich von Kübel verstarb noch vor Beendigung des Vorentwurfs für das Obligationenrecht in Folge einer Erkrankung.[540] Auch das hier interessierende Mietrecht war zu diesem Zeitpunkt noch nicht vollständig bearbeitet.[541] Vielmehr lagen lediglich Entwürfe ohne detaillierte Begründungen vor.[542] Deshalb wurde einerseits auf den Dresdener Entwurf eines allgemeinen deutschen Gesetzes über die Schuldverhältnisse, der bereits Mitte des 19. Jahrhunderts erarbeitet worden war, andererseits auf Materialzusammenstellungen der Hilfsarbeiter zurückgegriffen, die Auskunft über die Motive, auf denen der Dresdener Entwurf beruhte, über geltendes Recht und über den gegenwärtigen Stand der Doktrin und Praxis gaben.[543] Wichtig hinsichtlich des § 509 des ersten Entwurfs ist in diesem Zusammenhang, dass der Dresdener Entwurf für den Verkauf einer vermieteten Immobilie den durch eine Räumungsfrist abgeschwächten römisch-gemeinrechtlichen Grundsatz *Kauf bricht Miete* vorsah.[544] Die Kommission entschied sich ebenfalls für die durch eine Räumungsfrist abgeschwächte Version des Grundsatzes *Kauf bricht Miete.* Sie begründete diese Entscheidung wie folgt:

> Hat auch das römische Recht jenen Grundsatz in voller Schärfe anerkannt und ist ihm hierin die neue gemeinrechtliche Doktrin und Praxis gefolgt, so kann es doch nicht zweifelhaft sein, daß in der Gegenwart die strenge Durchführung jenes Grundsatzes abzulehnen ist, weil sie unter den gegenwärtigen Verhältnissen – zumal in den größeren

---

540 *Jakobs/Schubert*-Schubert, Die Beratung des BGB: Materialien zur Entstehungsgeschichte, S. 43; *Jakobs/Schubert*-Schubert, Die Beratung des BGB: Recht der Schuldverhältnisse II (§§ 433–651), S. 568; *Fischer*, Gutachten 19. DJT, S. 103.

541 *Jakobs/Schubert*-Schubert, Die Beratung des BGB: Materialien zur Entstehungsgeschichte, S. 45; *Fischer*, Gutachten 19. DJT, S. 103.

542 *Jakobs/Schubert*-Schubert, Die Beratung des BGB: Materialien zur Entstehungsgeschichte, S. 43, 45.

543 *Jakobs/Schubert*-Schubert, Die Beratung des BGB: Materialien zur Entstehungsgeschichte, S. 45.

544 *Jakobs/Schubert*-Schubert, Die Beratung des BGB: Recht der Schuldverhältnisse II (§§ 433–651), S. 568; *Fischer*, Gutachten 19. DJT, S. 103; *Jüttner*, Zur Geschichte des Grundsatzes, S. 60.

Städten, wo die Hauptmasse der Bevölkerung bis zu den höchsten und vornehmsten Ständen hinauf zur Miethe wohnt – zu den größten Unzuträglichkeiten führen muß.[545]

Trotz der Einsicht, dass der Grundsatz des antiken Rom nicht mehr zeitgemäß war, waren die Mitglieder der ersten Kommission nicht bereit, ihn vollständig aufzugeben und stattdessen den bereits in vielen Teilen Deutschlands geltenden entgegengesetzten Grundsatz *Kauf bricht nicht Miete* im BGB zu inkorporieren.[546] Dahingehende Änderungsanträge der preußischen Kommissionsmitglieder Karl Dietrich Adolf Kurlbaum und Reinhold Heinrich Sigismund Johow – zur Erinnerung sei erwähnt, dass das preußische ALR den Grundsatz *Kauf bricht nicht Miete* bereits vorsah – wurden, trotz des preußischen Übergewichts von fünf Kommissionsmitgliedern, von der Mehrheit der Kommission abgelehnt.[547]

Die Kommission führte aus, dass der Grundsatz nicht mit den Prinzipien des Grundbuchrechts zu vereinbaren sei, weil er dem Mieter ein *inter omnes* wirkendes, also dingliches Recht zugestehe, ohne dass dies im Grundbuch vermerkt sei. Somit müsste der Erwerber den Mietvertrag gegen sich gelten lassen, ohne sich durch Einsicht in das Grundbuch zuvor darüber informieren zu können.[548] Die Entstehung eines dinglichen Rechts durch bloßen Besitzerwerb sei darüber hinaus kein anerkanntes sachenrechtliches Prinzip.[549] Auch sei die Einführung dieses Grundsatzes eine zu tiefgreifende Abweichung von den für das Immobiliarsachenrecht festgestellten Regeln, ohne dass entsprechende rechtfertigende Gründe vorlägen.[550] Darüber hinaus sei eine strenge Durchführung des entgegengesetzten Grundsatzes nicht gewollt und die abgeschwächte Version zum

---

545  *Mugdan*, Die gesammten Materialien zum BGB, Motive der 1. Kommission zum I. Entwurf, S. 213.

546  *Mugdan*, Die gesammten Materialien zum BGB, Motive der 1. Kommission zum I. Entwurf, S. 213; *Jakobs/Schubert*-Schubert, Die Beratung des BGB: Recht der Schuldverhältnisse II (§§ 433–651), S. 573.

547  *Jakobs/Schubert*-Schubert, Die Beratung des BGB: Recht der Schuldverhältnisse II (§§ 433–651), S. 573 f.

548  *Jakobs/Schubert*-Schubert, Die Beratung des BGB: Recht der Schuldverhältnisse II (§§ 433–651), S. 573; *Mugdan*, Die gesammten Materialien zum BGB, Motive der 1. Kommission zum I. Entwurf, S. 213.

549  *Jakobs/Schubert*-Schubert, Die Beratung des BGB: Recht der Schuldverhältnisse II (§§ 433–651), S. 574; *Mugdan*, Die gesammten Materialien zum BGB, Motive der 1. Kommission zum I. Entwurf, S. 213.

550  *Jakobs/Schubert*-Schubert, Die Beratung des BGB: Recht der Schuldverhältnisse II (§§ 433–651), S. 573.

Schutz des Mieters völlig ausreichend.[551] Aus den anderen Änderungsanträgen ergäbe sich nämlich, dass die Räumungsfrist und die Verdinglichung durch Eintragung, wie sie bereits nach dem Dresdener Entwurf möglich war, erhalten bleiben sollen.[552] Zudem sei es bereits fraglich wie häufig es vorkommen werde, dass der Erwerber den Mieter zur Räumung auffordere.[553] Die Kommission war der Ansicht, dass den Mieter, wenn die Aufforderung doch erfolgte, jedenfalls die Frist schütze, die der Erwerber abzuwarten habe. Diese entspreche in vielen Fällen – mit Ausnahme der befristeten Mietverträge – der Frist, die auch für den ursprünglichen Vermieter gegolten hätte.[554] Schließlich sei der Vermieter wegen des drohenden Schadensersatzanspruchs selbst daran interessiert, die Veräußerung an die Bedingung zu knüpfen, dass der Erwerber sich an den Mietvertrag und die mögliche Befristung halte.[555]

Im Weiteren wurden die anderen Änderungsanträge einzeln beraten.[556] Während sich die Kommission, wie bereits weiter oben erwähnt, für den Erhalt der Räumungsfrist entschied – für die genaue Frist wurde auf die zukünftige Vorschrift zu den Kündigungsfristen im Mietrecht verwiesen[557] – stimmte die Mehrheit der Kommission gegen die optionale Eintragung des Mietrechts und die daraus folgenden Vorteile für den Mieter.[558] Man war nicht davon überzeugt, dass der Mieter durch die bloße Eintragungsmöglichkeit besser geschützt sei, da die Eintragung von der Einwilligung des Eigentümers und mithin der

---

551 *Jakobs/Schubert*-Schubert, Die Beratung des BGB: Recht der Schuldverhältnisse II (§§ 433–651), S. 573; *Mugdan*, Die gesammten Materialien zum BGB, Motive der 1. Kommission zum I. Entwurf, S. 214.

552 Vgl. *Jakobs/Schubert*-Schubert, Die Beratung des BGB: Recht der Schuldverhältnisse II (§§ 433–651), S. 570 ff.; 573.

553 *Mugdan*, Die gesammten Materialien zum BGB, Motive der 1. Kommission zum I. Entwurf, S. 214.

554 *Mugdan*, Die gesammten Materialien zum BGB, Motive der 1. Kommission zum I. Entwurf, S. 214.

555 *Mugdan*, Die gesammten Materialien zum BGB, Motive der 1. Kommission zum I. Entwurf, S. 214.

556 *Jakobs/Schubert*-Schubert, Die Beratung des BGB: Recht der Schuldverhältnisse II (§§ 433–651), S. 575.

557 *Jakobs/Schubert*-Schubert, Die Beratung des BGB: Recht der Schuldverhältnisse II (§§ 433–651), S. 577.

558 *Jakobs/Schubert*-Schubert, Die Beratung des BGB: Recht der Schuldverhältnisse II (§§ 433–651), S. 581.

wirtschaftlich stärkeren Partei abhinge.[559] Wenn man dem Mieter andererseits das Recht einräumte, eine solche Eintragung verlangen zu können, sei eine schädliche Überfüllung des Grundbuchs zu befürchten.[560] Die Verfügungsgewalt des Eigentümers sei dann in weitem Umfang gehemmt und das Grundbuch auf lange Zeit gesperrt.[561] Auch sei das Eintragungsprozedere sehr umständlich und mit Kosten für den Mieter verbunden; beides mache eine Eintragung auch im Übrigen unwahrscheinlich.[562]

Im Ergebnis sah die erste Kommission mit der so ausgestalteten Regelung die Interessen des Grundbuchsystems und diejenigen des Mieters in gleicher Weise berücksichtigt.[563]

Die Kommissionsmitglieder waren für die im Dresdener Entwurf vorgesehene Regelung wohl auch deshalb besonders empfänglich, weil sie stark von der Pandektenwissenschaft beeinflusst waren.[564] Eines ihrer zentralen Mitglieder, Bernhard Windscheid, war der Autor eines einflussreichen Lehrbuchs des Pandektenrechts, das vor Inkrafttreten des BGB aufgrund seiner Anschaulichkeit und streng systematisch geprägten Darstellung den Bedürfnissen der Praxis weit entgegenkam.[565] Parteipolitisch ist Windscheid nationalliberal einzustufen.[566] Im Gesetzgebungsprozess nahm er die Interessen des Bürgertums – das eine größtmögliche Freiheit vom Staat durch „Schaffung von staatsfreien Rechtsbereichen"[567] anstrebte – wahr, indem er das für ein vernünftiges Wirtschaften

---

559 *Jakobs/Schubert*-Schubert, Die Beratung des BGB: Recht der Schuldverhältnisse II (§§ 433–651), S. 582; *Mugdan*, Die gesammten Materialien zum BGB, Motive der 1. Kommission zum I. Entwurf, S. 214.

560 *Jakobs/Schubert*-Schubert, Die Beratung des BGB: Recht der Schuldverhältnisse II (§§ 433–651), S. 582; *Mugdan*, Die gesammten Materialien zum BGB, Motive der 1. Kommission zum I. Entwurf, S. 214.

561 *Jakobs/Schubert*-Schubert, Die Beratung des BGB: Recht der Schuldverhältnisse II (§§ 433–651), S. 581.

562 *Jakobs/Schubert*-Schubert, Die Beratung des BGB: Recht der Schuldverhältnisse II (§§ 433–651), S. 582; *Mugdan*, Die gesammten Materialien zum BGB, Motive der 1. Kommission zum I. Entwurf, S. 214.

563 *Mugdan*, Die gesammten Materialien zum BGB, Motive der 1. Kommission zum I. Entwurf, S. 214.

564 *Gierke*, Entwurf eines deutschen Gesetzbuches, S. 2.

565 vgl. *Kroeschell*, Deutsche Rechtsgeschichte Bd. 3, S. 131; *Eisenhardt*, Rechtsgeschichte, Rn. 346

566 *Rückert*, JuS 1992, 902 (905); *Haack*, Otto von Gierkes Kritik am ersten Entwurf des BGB, S. 53.

567 *Hattenhauer*, Die geistesgeschichtlichen Grundlagen des deutschen Rechts, S. 126, Rn. 261.

nötige Recht vorbereitete.[568] Da auch die Immobilie im 19. Jahrhundert ein Wirtschaftsgut darstellte, war es wohl nur konsequent, dass sich der Grundsatz *Kauf bricht Miete* durchsetzte – der entgegengesetzte Grundsatz hätte insofern verkehrshemmend gewirkt, als dass der Erwerber nicht frei über sein neues Eigentum hätte verfügen können, sondern an Verträge gebunden gewesen wäre, auf deren Ausgestaltung er keinen Einfluss gehabt hatte. Das römische Recht eignete sich vor diesem Hintergrund besonders gut als Grundlage für das neu zu schaffende Gesetzbuch, da es individualistisch geprägt war und die Privatautonomie besonders betonte.[569] Nach *Windscheid* waren im Übrigen ethische, politische und volkswirtschaftliche Erwägungen im Rahmen der Gesetzgebung nicht die Aufgabe von Juristen, sondern ordnungspolitische Fragen, die außerhalb der zivilrechtlichen Praxis zu behandeln waren.[570]

### c) Voraussetzungen, Inhalt und Rechtsfolge

Nachfolgend werden die Voraussetzungen der Anwendbarkeit (aa)), der Inhalt (bb)) und die Rechtsfolgen (cc)) des § 509 des ersten Entwurfs dargestellt.

### aa) Voraussetzungen der Anwendbarkeit

Die Anwendbarkeit des § 509 des ersten Entwurfs setzte voraus, dass es sich um die Vermietung eines Grundstücks handelte, das Grundstück rechtsgeschäftlich veräußert wurde und der Mieter im Besitz der Mietsache war.[571] Der Besitz der Mietsache war deshalb von besonderer Bedeutung, da andernfalls kein praktisches Bedürfnis für den Schutz des Mieters durch die Räumungsfrist bestanden hätte: Der Schutz des Mieters begründe sich in der Annahme, dass derjenige, der sich häuslich eingerichtet und ein Heim für sich und seine Familie geschaffen habe, davor geschützt werden solle, sein Zuhause von heute auf morgen räumen zu müssen.[572] Erst wenn der Mieter in die Mietsache eingezogen sei,

568 *Haack*, Otto von Gierkes Kritik am ersten Entwurf des BGB, S. 42, 44; vgl. *Hattenhauer*, Die geistesgeschichtlichen Grundlagen des deutschen Rechts, S. 125, Rn. 260 f.; *Eisenhardt*, Rechtsgeschichte, Rn. 351.

569 *Kaser*, Das römische Privatrecht I, S. 374; *Genius*, Der Bestandsschutz des Mietverhältnisses, S. 39.

570 *Windscheid*, Rektoratswechsel, S. 31; so auch *Haack*, Otto von Gierkes Kritik am ersten Entwurf des BGB, S. 48.

571 Vgl. *Mugdan*, Die gesammten Materialien zum BGB, Motive der 1. Kommission zum I. Entwurf, S. 215 f.

572 *Mugdan*, Die gesammten Materialien zum BGB, Motive der 1. Kommission zum I. Entwurf, S. 216.

bestehe somit das Schutzbedürfnis.[573] Zudem sei ein solcher Schutz andernfalls mit Rücksicht auf den öffentlichen Glauben des Grundbuchs bedenklich, da der Vermieter in diesem Fall keinerlei Anhaltspunkte für eine Vermietung habe.[574]

### bb) Inhalt der Regelung

Im Falle der Anwendbarkeit des § 509 des ersten Entwurfs war der Erwerber verpflichtet, den Mieter zunächst zur Räumung aufzufordern und ihm den vertragsgemäßen Gebrauch des Grundstücks noch so lange zu gestatten bis die in § 522 des ersten Entwurfs[575] bestimmte gesetzliche Kündigungsfrist oder, wenn die vertragsgemäße Kündigungsfrist kürzer war, diese kürzere Frist verstrichen war. Der Erwerber konnte den Mieter somit nicht unmittelbar zur Räumung zwingen, war andererseits aber auch lediglich an die Kündigungsfrist und nicht an andere sachliche Voraussetzungen gebunden.

Für die tatsächliche Schutzwirkung der Räumungsfrist ist allerdings entscheidend, welche Fristen des § 522 des ersten Entwurfs anwendbar sein sollten. Grundsätzlich endeten befristete Mietverträge hiernach mit Ablauf der bestimmten Zeit. Bei unbefristeten Mietverträgen kam es auf den genauen Sachverhalt an. Allerdings war der generelle Verweis auf § 522, unter Berücksichtigung der bei *Jakobs/Schubert* zusammengestellten Materialien[576] sowie nach den

---

573  *Mugdan*, Die gesammten Materialien zum BGB, Motive der 1. Kommission zum I. Entwurf, S. 216.

574  *Mugdan*, Die gesammten Materialien zum BGB, Motive der 1. Kommission zum I. Entwurf, S. 216.

575  § 522 des ersten Entwurfs:
*Das Miethverhältniß endigt mit dem Ablaufe der Zeit, auf welche es eingegangen ist.*
*Ist die Miethzeit nicht bestimmt, so kann sowohl der Miether als der Vermiether das Miethverhältniß durch Kündigung beendigen.*
*Die Kündigung ist bei unbeweglichen Sachen nur zum Ablaufe des am 1. Januar, 1. April, 1. Juli, 1. Oktober beginnenden Kalendervierteljahre zulässig; sie muß vor Beginn des Vierteljahres erfolgen, mit dessen Ablaufe das Miethverhältniß endigen soll.*
*Ist bei einer unbeweglichen Sache der Miethzins nach Monaten bemessen, so ist die Kündigung nur zum Ablaufe eines Kalendermonates zulässig; sie muß spätestens am fünfzehnten des Monats erfolgen, mit dessen Ablaufe das Miethverhältniß endigen soll.*
*Ist bei einer unbeweglichen Sache der Miethzins nach Wochen bemessen, so ist die Kündigung nur zum Ablaufe einer Kalenderwoche zulässig; sie muß spätestens am Montag der Woche erfolgen, mit deren Ablaufe das Miethverhältniß endigen soll.[...]Ist bei einer unbeweglichen oder beweglichen Sache der Miethzins nach Tagen bemessen, so ist die Kündigung an jedem Tage zum folgenden Tage zulässig.*

576  *Jakobs/Schubert*-Schubert, Die Beratung des BGB: Recht der Schuldverhältnisse II (§§ 433–651), S. 544, 582 f.: wörtliche Wiedergabe sowohl der RedVorl als auch der

Motiven der 1. Kommission zum I. Entwurf[577], so auszulegen, dass für sämtliche Sachverhalte – also auch für befristete Mietverträge – ausschließlich die konkret bezeichneten Kalenderzeiten in § 522 Abs. 3 des ersten Entwurfs maßgeblich sein sollten.[578] Dies bedeutete also, dass der Mieter maximal sechs und mindestens drei Monate Zeit hatte, um eine Alternative zu finden.

Allerdings ist fraglich, ob sich der Verweis wirklich lediglich auf die Kalenderzeiten in § 522 Abs. 3 des ersten Entwurfs bezog und nicht vielmehr auch auf die besonderen Regelungen in den folgenden Absätzen, die abhängig von den Zahlungsmodalitäten kürzere Fristen vorsahen. Die Gesetzesmaterialien schweigen hierzu. Es ist aber unwahrscheinlich, dass die Kommission, die sich mit einer mieterschützenden Einschränkung des Grundsatzes *Kauf bricht Miete* schwertat, durch den Verweis einen Schutz bewilligen wollte, der den Mieter bessergestellt hätte, als wenn das Grundstück nicht veräußert worden wäre. Für eine Auslegung in diesem Sinne spricht auch, dass es in den Motiven der ersten Kommission heißt, dass es sich um eine Frist handele, nach deren Ablauf in sehr vielen Fällen auch der Vermieter selbst die Räumung hätte verlangen können.[579] Dies spricht für einen gewollten Gleichlauf der Fristen.

Schlechter gestellt war der Mieter allerdings bei einem befristeten Mietvertrag, da eine vorzeitige Beendigung des Mietvertrags vor Ablauf der Zeit durch den ursprünglichen Eigentümer nicht möglich gewesen wäre.[580] Ein Kündigungsgrund war nur erforderlich, wenn eine fristlose, außerordentliche Kündigung ausgesprochen werden sollte.[581]

---

ZustOR. Relevant sind § 7 RedVorl (Art. 551) 367 i.V.m. § 17 II 1 RedVorl (Art. 568) 377 und § 367 ZustOR i.V.m. § 377 II ZustOR.

577 *Mugdan*, Die gesammten Materialien zum BGB, Motive der 1. Kommission zum I. Entwurf, S. 216.

578 Bei dem Verweis auf § 522 Abs. 2 in den Motiven der 1. Kommission zum I. Entwurf muss berücksichtigt werden, dass in der finalen Fassung des § 522 des ersten Entwurfs der ursprünglich erste Absatz in zwei Absätze aufgeteilt wurde. Deshalb waren die Kalenderzeiten, auf die Bezug genommen wurde, in § 522 Abs. 3 des ersten Entwurfs aufgeführt (vgl. *Jakobs/Schubert*-Schubert, Die Beratung des BGB: Recht der Schuldverhältnisse II (§§ 433–651), S. 544 f.).
§ 522 Abs. 3 des ersten Entwurfs: *Die Kündigung ist bei unbeweglichen Sachen nur zum Ablaufe des am 1. Januar, 1. April, 1. Juli, 1. Oktober beginnenden Kalendervierteljahre zulässig; sie muß vor Beginn des Vierteljahres erfolgen, mit dessen Ablaufe das Miethverhältniß endigen soll.*

579 *Mugdan*, Die gesammten Materialien zum BGB, Motive der 1. Kommission zum I. Entwurf, S. 214.

580 Vgl. § 522 Abs. 1 des ersten Entwurfs.

581 § 528 des ersten Entwurfs.

§ 511 des ersten Entwurfs bestimmte schließlich, dass die Räumungsaufforderung wirkungslos war, wenn der Erwerber „vor oder bei der Aufforderung eine seine Berechtigung ergebende öffentliche Urkunde nicht vorlegt[e] und der Mieter wegen dieses Mangels die Aufforderung unverzüglich [zurückwies]."

### cc) Rechtsfolge der Regelung

Die Veräußerung hatte keinen Einfluss auf das weiterhin bestehende Vertragsverhältnis von Mieter und Vermieter, insbesondere trat der Erwerber nicht in die Rechte und Pflichten des Vermieters ein.[582] Die erste Kommission begründete diese Entscheidung damit, dass der Erwerber nicht alle Rechte und Pflichten kennen werde und der Mieter andernfalls entweder durch einen zweiten Schuldner bevorteilt oder, wenn der bisherige Vermieter befreit würde, benachteiligt werde, da ihm ein möglicherweise insolventer Schuldner aufgedrängt werde.[583] Da der Vermieter den Mietvertrag nicht mehr erfüllen konnte, war er verpflichtet, dem Mieter seinen hieraus entstehenden Schaden zu ersetzen.[584]

### d) Reaktionen auf den ersten Entwurf

Es gab zahlreiche Reaktionen auf den ersten Entwurf, dabei nur verhältnismäßig wenig positive Äußerungen, wobei nach *Jakobs/Schubert* die meisten Kritiker mit den leitenden Grundsätzen des Entwurfs im Prinzip einverstanden waren.[585] Besonders aufschlussreich sind die Reaktion von Otto von Gierke (aa)), die gutachterlichen Äußerungen zum 19. Deutschen Juristentag von 1888 (bb)) und die öffentliche Meinung insgesamt (cc)). Unter Zugrundelegung dieser Stellungnahmen soll abschließend eine Bewertung in der Gesamtschau vorgenommen werden (dd)).

---

582  *Mugdan*, Die gesammten Materialien zum BGB, Motive der 1. Kommission zum I. Entwurf, S. 217.

583  *Mugdan*, Die gesammten Materialien zum BGB, Motive der 1. Kommission zum I. Entwurf, S. 217.

584  Vgl. *Mugdan*, Die gesammten Materialien zum BGB, Motive der 1. Kommission zum I. Entwurf, S. 214.

585  *Gierke*, Entwurf eines deutschen Gesetzbuches, S. 74; *Jüttner*, Zur Geschichte des Grundsatzes, S. 72; *Jakobs/Schubert*-Schubert, Die Beratung des BGB: Materialien zur Entstehungsgeschichte, S. 50.

*aa) Otto von Gierke*

Zunächst sollen die Ausführungen von einem der bedeutendsten Kritiker des ersten Entwurfs, *Otto von Gierke*, in ihrem wesentlichen Inhalt wiedergegeben werden.[586]

Um *Gierkes* Kritik besser einordnen zu können, soll vorab sein politischer und juristischer Hintergrund kurz dargestellt werden. *Gierke* wird als nationalliberal und sozialkonservativ bezeichnet.[587] Geleitet von der christlichen Vorstellung von Mitleid und Versöhnung, strebte er nach einer gerechten, harmonievollen Gesellschaftsordnung.[588] Seiner Ansicht nach konnte eine Kodifikation deshalb nicht gelingen, wenn man soziale, politische und wirtschaftliche Belange nicht einbezog – quasi die Antithese zu *Windscheid*.[589] Die außerjuristischen Wertungen hatten ihm zufolge zugunsten der Schwachen auszufallen.[590] Dies hieß aber nicht, dass alle das Gleiche, sondern lediglich, dass jeder das Seine erhalten sollte.[591] Juristisch hatte *Gierke* einen germanistischen Hintergrund. Dass der Entwurf sehr romanistisch geprägt war, führte deshalb zu besonders weitgehender Kritik. Allerdings fragte *Gierke* zu Recht, wer wenn nicht ein Germanist für das deutsche Recht hätte eintreten sollen.[592]

*Gierkes* Kritik richtete sich im Kern gegen zwei miteinander verbundene Punkte: den Einfluss der romanistischen Doktrin auf den Entwurf und das fehlende Bewusstsein um die soziale Aufgabe der Kodifikation.

Nach *Gierke* handelte es sich bei dem ersten Entwurf um ein „in Gesetzesparagraphen gegossenes Pandektenkompendium"[593], wobei die Verankerung des Grundsatzes *Kauf bricht Miete* lediglich eine „symptomatische Äußerung des Geistes"[594] des Entwurfs sei. Keiner der vorgebrachten Gründe für den Grundsatz sei von ausschlaggebender Bedeutung.[595] Einzig die „doktrinäre Konsequenz

---

586 *Gierke* veröffentlichte seine umfangreichen Ausführungen zunächst kapitelweise in „Schmollers Jahrbuch für Gesetzgebung, Verwaltung und Volkswirtschaft." (*Gierke*, Entwurf eines deutschen Gesetzbuches, V.) Zusammenhängend veröffentlichte er sie etwas später in seinem Werk „Der Entwurf eines bürgerlichen Gesetzbuchs und das deutsche Recht."

587 *Haack*, Otto von Gierkes Kritik am ersten Entwurf des BGB, S. 53.
588 *Haack*, Otto von Gierkes Kritik am ersten Entwurf des BGB, S. 55.
589 *Haack*, Otto von Gierkes Kritik am ersten Entwurf des BGB, S. 53.
590 *Haack*, Otto von Gierkes Kritik am ersten Entwurf des BGB, S. 53.
591 *Haack*, Otto von Gierkes Kritik am ersten Entwurf des BGB, S. 54.
592 *Gierke*, Entwurf eines deutschen Gesetzbuches, S. 13.
593 *Gierke*, Entwurf eines deutschen Gesetzbuches, S. 2.
594 *Gierke*, Entwurf eines deutschen Gesetzbuches, S. 78.
595 *Gierke*, Entwurf eines deutschen Gesetzbuches, S. 74.

der romanistischen Grundrichtung"[596] sei ausschlaggebend gewesen: „Der Satz ist römisch, er ergiebt sich logisch aus dem bloß obligationenrechtlichen Wesen des Mietanspruches, und der gegenteilige Satz ist juristisch nicht zu ‚konstruieren.'"[597]

Eng mit der romanistisch-individualistischen Grundrichtung hinge das Fehlen „sozialistischen Öls"[598] zusammen.[599] *Gierke* kritisierte, dass sich die Mitglieder der ersten Kommission der sozialen Bedeutung einer Kodifikation des Privatrechts nicht bewusst gewesen seien und die sozialen und wirtschaftlichen Lebensprobleme der Gesellschaft nicht entsprechend des allgemeinen Rechtsempfindens zu lösen versucht hätten.[600] Die Entscheidung für den Grundsatz *Kauf bricht Miete*, durch den der schwache Mieter der Willkür des Erwerbers ausgesetzt war, sei ein eindrückliches Beispiel für den „kulturfeindlichen Stachel"[601] den der erste Entwurf darstelle.[602] Besonders interessant war der weitergehende Gedanke *Gierkes*, dass die soziale Bedeutung noch über die unmittelbaren Folgen hinausreiche.[603] „Denn auch der im Hintergrund schlummernde ideelle Gehalt der Rechtsinstitute ist eine lebendige Macht."[604] *Gierke* spielte darauf an, dass in der Entscheidung für die Regel *Kauf bricht Miete* eine Grundsatzentscheidung zugunsten der Interessen der Eigentümer, mithin der wirtschaftlich und politisch Starken zum Ausdruck kam.[605]

Schließlich kritisierte *Gierke*, dass die erste Kommission die Wahl des Grundsatzes auch damit begründete, dass eine andere Entscheidung aufgrund grundlegender juristischer Prinzipien nicht möglich gewesen sei.[606] Zwar sollte das Gesetzbuch nach den Ausführungen der Kommission nach Möglichkeit den Bedürfnissen des Lebens entsprechen.[607] Nach Ansicht *Gierkes* sei dies aber juristisch deshalb nicht immer möglich gewesen, weil die Kommission immer erst ein „Problem juristischer Technik"[608] erblickt habe.[609] Ein sozialer Ausgleich

---

596  *Gierke*, Entwurf eines deutschen Gesetzbuches, S. 74.
597  *Gierke*, Entwurf eines deutschen Gesetzbuches, S. 74.
598  *Gierke*, Soziale Aufgabe, S. 10.
599  Vgl. *Gierke*, Entwurf eines deutschen Gesetzbuches, S. 23.
600  *Gierke*, Entwurf eines deutschen Gesetzbuches, S. 2, 23.
601  *Gierke*, Entwurf eines deutschen Gesetzbuches, S. 76.
602  *Gierke*, Entwurf eines deutschen Gesetzbuches, S. 23, 76.
603  *Gierke*, Entwurf eines deutschen Gesetzbuches, S. 76.
604  *Gierke*, Entwurf eines deutschen Gesetzbuches, S. 76.
605  Vgl. *Gierke*, Entwurf eines deutschen Gesetzbuches, S. 76.
606  *Gierke*, Entwurf eines deutschen Gesetzbuches, S. 10.
607  *Gierke*, Entwurf eines deutschen Gesetzbuches, S. 10.
608  *Gierke*, Entwurf eines deutschen Gesetzbuches, S. 3.
609  *Gierke*, Entwurf eines deutschen Gesetzbuches, S. 3, 10.

der „aus der starren Rechtskonsequenz entspringenden Härte" war nicht vorgesehen.[610] Dies hing nach Ansicht von *Gierke* auch mit der Übertreibung des Eigentumsbegriffs und der Vertragsfreiheit zusammen.[611]

Nur aus Lebendigem geht Lebendiges hervor. Wahrhaft Lebendiges wird kein Gesetzgeber schaffen, der sich gegen den frischen Lebensquell alles Rechtes verschließt! Der sich abkehrt von der Seele seines Volkes und den Pulsschlag seiner Zeit überhört, [...], weil er in seiner weltgeschichtlichen Aufgabe nur oder doch zunächst ein Problem juristischer Technik erblickt, das man am besten fern vom Lärm der Gasse in vornehmer Zurückgezogenheit löst! Der eine Neuordnung des Privatrechtes unternimmt, ohne zu begreifen, daß er hiermit eine sociale That vollzieht, daß er ein gutes Stück der Verantwortung für die künftige Gestaltung der sittlichen und wirtschaftlichen Zustände auf sich laden soll – und dies in einem Zeitalter, in welchem den gesellschaftlichen Körper eine innere Bewegung durchbebt, deren Fortgang über Sein oder Nichtsein unserer Kultur entscheiden mag![612]

## bb) Gutachterliche Äußerungen zum 19. Deutschen Juristentag von 1888

*Jüttner* geht in seiner Untersuchung zum BGB insbesondere auf die gutachterlichen Äußerungen namhafter Juristen zum 19. Deutschen Juristentag von 1888 ein. Diese lassen sich nach *Jüttner* in drei Grundpositionen einteilen.[613] Die Vertreter der ersten Position befürworteten das Festhalten an der obligatorischen Natur der Miete und dem Grundsatz *Kauf bricht Miete*, wobei sie teilweise kritisierten, dass die Eintragung nicht zugelassen war.[614] Die Vertreter der zweiten Position neigten zu einem Kompromiss: einerseits waren sie mit der obligatorischen Natur der Miete einverstanden, andererseits forderten sie jedoch die Aufhebung des Grundsatzes *Kauf bricht Miete*.[615] Die dritte Gruppe verlangte die Einordnung der Miete als von der Eintragung unabhängiges dingliches Recht.[616]

Zu den Vertretern der ersten Position gehörte *Viktor von Meibom*.[617] *Meibom* war grundsätzlich mit dem im ersten Entwurf verankerten Grundsatz *Kauf bricht Miete* und der obligatorischen Natur der Miete einverstanden, wobei er monierte, dass entgegen des Dresdener Entwurfs keine Eintragungsmöglichkeit

---

610 *Gierke*, Entwurf eines deutschen Gesetzbuches, S. 23.
611 *Gierke*, Entwurf eines deutschen Gesetzbuches, S. 23.
612 *Gierke*, Entwurf eines deutschen Gesetzbuches, S. 3.
613 *Jüttner*, Zur Geschichte des Grundsatzes, S. 77.
614 *Jüttner*, Zur Geschichte des Grundsatzes, S. 77.
615 *Jüttner*, Zur Geschichte des Grundsatzes, S. 77.
616 *Jüttner*, Zur Geschichte des Grundsatzes, S. 77.
617 *Jüttner*, Zur Geschichte des Grundsatzes, S. 72.

vorgesehen sei.[618] Der Grundsatz dürfe zwar aufgrund der gewissen volkswirtschaftlichen Schädlichkeit nicht in der Strenge durchgesetzt werden, in der er im antiken Rom durchgesetzt wurde.[619] Allerdings sei auch der entgegengesetzte Grundsatz volkswirtschaftlich schädlich, da potentielle Erwerber vor dem Kauf einer vermieteten Immobilie zurückschreckten und dadurch der Verkehrswert gemindert werde.[620] Gegen die Dinglichkeit der Miete führte er an, dass die Dinglichkeit lediglich einen Teil des Rechtsverhältnisses berührte und die übrigen Verpflichtungen weiterhin obligatorischer Natur seien, also auch nach der Veräußerung zwischen Mieter und ursprünglichem Vermieter bestehen blieben.[621] Vor allem vertrage sich die Dinglichkeit der Miete nicht mit den Grundsätzen des Grundbuchrechts.[622] *Meibom* führte diesbezüglich die bereits in den Motiven der ersten Kommission zum ersten Entwurf vorgetragenen Argumente an.[623]

Zu den Vertretern der vermittelnden Position gehörte *Ernst Eck*.[624] Nach *Eck* sollte an der obligatorischen Natur der Miete festgehalten werden, wobei unabhängig von einer Grundbucheintragung allein durch die Übergabe der Grundsatz *Kauf bricht nicht Miete* gelten sollte.[625] Zur Begründung führte er folgende Argumente an, die auch bei vielen anderen Befürwortern des Grundsatzes *Kauf bricht nicht Miete* zu finden waren.[626] Es sei im allgemeinen Kulturinteresse und von allgemeinem Nutzen, wenn die Mietverträge eine gewisse Beständigkeit erfuhren.[627] Je stabiler ein Mietvertrag sei, desto eher sei auch der Mieter geneigt, die Wohnung schonend zu behandeln.[628] Auch führe eine solche Dauerhaftigkeit dazu, dass Vermieter nicht so leicht zu Spekulationen zu Lasten des Mieters verleitet würden.[629] Das von den Vertretern des Grundsatzes *Kauf bricht Miete* vorgebrachte Argument, dass die Mieter doch bereits durch den Schadensersatzanspruch ausreichend geschützt seien, überzeuge nicht, da hierin aufgrund

---

618  *Jüttner*, Zur Geschichte des Grundsatzes, S. 72.
619  *Jüttner*, Zur Geschichte des Grundsatzes, S. 73.
620  *Jüttner*, Zur Geschichte des Grundsatzes, S. 73.
621  *Jüttner*, Zur Geschichte des Grundsatzes, S. 73.
622  *Jüttner*, Zur Geschichte des Grundsatzes, S. 73.
623  *Jüttner*, Zur Geschichte des Grundsatzes, S. 73. Ausführlich zu den Argumenten der ersten Kommission: § 3 III.3.b).
624  *Jüttner*, Zur Geschichte des Grundsatzes, S. 64.
625  *Jüttner*, Zur Geschichte des Grundsatzes, S. 65 f.
626  *Jüttner*, Zur Geschichte des Grundsatzes, S. 66.
627  *Jüttner*, Zur Geschichte des Grundsatzes, S. 66.
628  *Jüttner*, Zur Geschichte des Grundsatzes, S. 66.
629  *Jüttner*, Zur Geschichte des Grundsatzes, S. 66.

des unsicheren und umständlichen Verfahrens kein vollwertiger Ersatz zu sehen sei.[630] Auch könnten nicht alle durch den Vertragsbruch des Vermieters verlorenen Werte durch eine Geldzahlung ersetzt werden.[631] Für die Anwendbarkeit des Grundsatzes *Kauf bricht nicht Miete* sei schließlich auch keine Eintragung erforderlich, da bereits durch das Erfordernis der Übergabe gewährleistet sei, dass dem Erwerber die Vermietung nicht unbekannt bleiben könne.[632] Abschließend betonte *Eck*, dass auch der Umstand maßgeblich sein müsse, dass seit 1800 in zwei Dritteln Deutschlands bereits mit Erfolg der römisch-gemeinrechtliche Grundsatz als unerträglich abgestreift und durch den entgegengesetzten Grundsatz ersetzt worden sei.[633]

Zu den Vertretern der dritten Position gehörte *Otto Fischer*. Nach *Fischer* sollte die Miete als dingliches Recht anerkannt werden, wodurch automatisch der Grundsatz *Kauf bricht nicht Miete* gelte.[634] Argumentativ setzte er bei den Interessen der direkt und indirekt am Mietvertrag beteiligten Parteien an.[635] Der Mieter habe ein Interesse an einem stabilen Mietverhältnis, da durch die vorzeitige Kündigung insbesondere auch nicht in Geld fassbaren Werte verletzt würden.[636] Der Schadensersatzanspruch könne hier nicht ernsthaft ins Feld geführt werden.[637] Das öffentliche Interesse ziele in die gleiche Richtung.[638] Der kulturschädliche Grundsatz *Kauf bricht Miete* verhindere eine rationelle Bewirtschaftung und die Bildung von sozialen Bindungen aufgrund der permanenten Vertreibungsangst und führe zu einer die soziale Ordnung gefährdenden Wohnungsnot und zu einer negativen Abhängigkeit des Mieters vom Wohlwollen des Vermieters.[639] Hinzu komme, dass durch die Umzugskosten Millionen an unproduktiven Kosten verursacht würden und die Industrie durch den mit den Umzügen verbundenen Arbeiterwechsel unsolide werde.[640] *Fischer* setzte sich auch mit den Argumenten der Gegenmeinung auseinander.[641] Es seien seitens

---

630 *Jüttner*, Zur Geschichte des Grundsatzes, S. 66.
631 *Jüttner*, Zur Geschichte des Grundsatzes, S. 66.
632 *Jüttner*, Zur Geschichte des Grundsatzes, S. 67.
633 *Jüttner*, Zur Geschichte des Grundsatzes, S. 67.
634 *Fischer*, Gutachten 19. DJT, S. 118.
635 *Fischer*, Gutachten 19. DJT, S. 119 ff.
636 *Fischer*, Gutachten 19. DJT, S. 119.
637 *Fischer*, Gutachten 19. DJT, S. 119.
638 *Fischer*, Gutachten 19. DJT, S. 122.
639 *Fischer*, Gutachten 19. DJT, S. 122 f.
640 *Fischer*, Gutachten 19. DJT, S. 123.
641 *Fischer*, Gutachten 19. DJT, S. 129 ff.

des Vermieters wirtschaftliche Gründe an einer vorzeitigen Aufhebung denkbar, diese dürften sich aber nicht gegen die soeben angeführten volkswirtschaftlichen Gesichtspunkte durchsetzen.[642] Ein solches von wirtschaftlichen Gründen getriebenes Verhalten müsse dem natürlichen Gerechtigkeits- und Billigkeitsgefühl des Vermieters bereits widersprechen.[643] Haus und Acker dürften nicht zu einem Handelsartikel verkommen; die gesicherte Nutzung müsse wichtiger sein als der gesicherte Umsatz.[644] *Fischer* sah auch ein, dass der Erwerber bei unverschuldeter Unkenntnis schutzbedürftig war, da andernfalls die Sicherheit des Güterverkehrs Schaden nehmen könnte.[645] Allerdings dürfe die Lösung nicht darin liegen, der Miete die Dinglichkeit abzusprechen und den Grundsatz *Kauf bricht Miete* im BGB zu verankern.[646] Vielmehr reiche das Erfordernis der Übergabe für die Anwendbarkeit der Norm aus, da so auch für den Rechtsverkehr die Vermietung ersichtlich sei.[647] *Fischer* betonte darüber hinaus, dass das Grundbuch den Interessen des Volkes zu dienen habe und das Recht sich dem Leben anzupassen habe.[648]

### cc) Die öffentliche Meinung

Auch die öffentliche Meinung griff den ersten Entwurf massiv an.[649] Die Empörung ist besonders gut zu verstehen, wenn man sich vor Augen führt, dass das Recht eine kulturelle Komponente beinhaltet.[650] Sowohl Rechtsgelehrten als auch einfachen Bürgern widerstrebte es deshalb in einem erheblichen Maße, dass der Entwurf den Grundsatz *Kauf bricht Miete* wieder für ganz Deutschland einführen wollte, nachdem in einem Großteil des Landes über ein Jahrhundert der entgegengesetzte Grundsatz gegolten hatte.[651]

---

642  *Fischer*, Gutachten 19. DJT, S. 129.
643  *Fischer*, Gutachten 19. DJT, S. 129.
644  *Fischer*, Gutachten 19. DJT, S. 130.
645  *Fischer*, Gutachten 19. DJT, S. 130 f.
646  *Fischer*, Gutachten 19. DJT, S. 131.
647  *Fischer*, Gutachten 19. DJT, S. 132.
648  *Fischer*, Gutachten 19. DJT, S. 135.
649  *Gierke*, Entwurf eines deutschen Gesetzbuches, S. 74.
650  Vgl. *Wieacker*, Privatrechtsgeschichte der Neuzeit, S. 128.
651  Vgl. *Häublein/Lehmann-Richter*, wobl 12/2009, 361 (362); *Jüttner*, Zur Geschichte des Grundsatzes, S. 67.

## dd) Reaktionen in der Gesamtschau

Bei einer Gesamtschau der Reaktionen fällt einerseits auf, dass die Gegner des ersten Entwurfs hauptsächlich den Grundsatz *Kauf bricht nicht Miete* kritisierten, andererseits argumentativ auf sozialpolitische oder volkswirtschaftliche Aspekte zurückgriffen und die dogmatischen Widersprüche für sie keinen Hinderungsgrund darstellten.[652] Diese Argumentationsweise stand in diametralem Gegensatz zu derjenigen der Kommission. Diese argumentierte stets strikt juristisch und bestand auf dogmatische Stringenz.[653] Dies entsprach auch der bereits oben ausgeführten Ansicht *Windscheids*, wonach ethische, politische und volkswirtschaftliche Erwägungen nicht Sache des Juristen seien.[654]

## e) Stellungnahme

Die Argumente der Kommission sind dogmatisch nachvollziehbar, gleichzeitig lassen sie aber die damalige soziale Realität außer Acht.

## aa) Dogmatische Einwände als Relikt aus dem antiken Rom

Nachvollziehbar ist grundsätzlich, dass die Mitglieder der Kommission sich damit schwertaten, einem obligatorischen Recht, gerade auch im Kräftemessen mit einem dinglichen Recht, eine so weitreichende Wirkung zuzusprechen. Dogmatisch konnte das Mietrecht aufgrund seiner *inter partes* Wirkung keine Rechte und Pflichten gegenüber einer dritten Person entfalten. Gleichzeitig konnte das Mietrecht aufgrund des *numerus clausus* des Sachenrechts nicht zu einem dinglichen Recht erklärt werden.[655]

Allerdings sollten Gesetze, aus unserer heutigen Sicht, den Bürgern dienen. Wenn sie der Lebensrealität nicht gerecht werden, müssen sie entsprechend angepasst werden.[656] Die herrschende Dogmatik sollte nicht um jeden Preis verteidigt werden, wenn drängende soziale Konflikte eine andere Richtung fordern.[657] Ein rechtstechnisches Problem darf hierbei keine unüberwindbare

---

652 Vgl. auch *Lammel*, in: FS für Blank zum 65. Geburtstag, 713 (722).

653 So auch *Lammel*, in: FS für Blank zum 65. Geburtstag, 713 (720, 722).

654 *Windscheid*, Rektoratswechsel, S. 31; so auch *Haack*, Otto von Gierkes Kritik am ersten Entwurf des BGB, S. 48.

655 *Baur/Stürner*, Sachenrecht, § 1 Rn. 7, § 4 Rn. 3.

656 Vgl. in diese Richtung auch *Gierke*, Entwurf eines deutschen Gesetzbuches, S. 3, 10, 23.

657 Vgl. in diese Richtung auch *Gierke*, Entwurf eines deutschen Gesetzbuches, S. 3, 10, 23.

Hürde darstellen, sondern muss als eine zu bewältigende Herausforderung gesehen werden.[658] Dies gilt gerade auch im Hinblick auf die soziale Bedeutung der zivilrechtlichen Kodifikation insgesamt und des Mietrechts im Besonderen. Vor dem Hintergrund dieser Thesen sollen die dogmatischen Einwände der ersten Kommission nachfolgend ex-post betrachtet und bewertet werden.

Es liegt die Annahme nahe, dass die erste Kommission zu sehr von den römisch-rechtlichen Ansätzen beeinflusst war. Bereits im antiken Rom waren der Gesetzgeber und die Rechtsanwender nicht bereit, ihre dogmatischen Grundprinzipien zugunsten sozialpolitischer Herausforderungen zu hinterfragen und anzupassen.[659] Das Privateigentum als rechtliche Grundlage der römischen Volkswirtschaft war unantastbar. Die Freihaltung des Eigentums von dinglichen Belastungen und langfristigen obligatorischen Verpflichtungen war essentiell, auch für die Gewährleistung der freien Verwertung des Eigentums. Soziale Aspekte spielten in der individualistischen und egoistischen römischen Gesellschaft keine Rolle. Der faktische Zusammenhang zur schwachen gesellschaftlichen Stellung des Mieters im antiken Rom wurde bereits aufgezeigt.[660]

Ähnlich war es zu Beginn des Gesetzgebungsverfahrens in Deutschland. Die gesellschaftliche Umwälzung aufgrund sozialpolitischer Strömungen steckte noch in den Kinderschuhen,[661] sodass nicht nur die dogmatischen Argumente in beiden Epochen parallel verliefen, sondern auch die gesellschaftliche Analyse viele Ähnlichkeiten aufwies. Insbesondere waren die Mieter auch in Deutschland hauptsächlich Personen aus den unteren Schichten, die Wohnung stellte noch nicht den Lebensmittelpunkt dar und die einsetzende Industrialisierung erforderte viel Flexibilität auf dem Arbeitsmarkt. Diese gesellschaftlichen Parallelen legen in der Retrospektive den Schluss nahe, dass auch die erste Kommission mangels sozialen Drucks zu einer Verwässerung der Dogmatik zugunsten der gesellschaftlich und politisch schwachen Mieter nicht bereit war. Es fehlte der Wille der liberal geprägten Kommissionsmitglieder. Anders als im antiken Rom, wo die rechtliche Ausgestaltung wohl eher eine unbewusste Konsequenz aus dem Zusammenspiel aus dogmatischer Kausalität und römischer

---

658  Vgl. in diese Richtung auch *Gierke*, Entwurf eines deutschen Gesetzbuches, S. 3, 10, 23.

659  Ausführlich zum Eigentum als stärkstes Recht im antiken Rom und zu den römischen Grundprinzipien: § 3 I.2.a).

660  Ausführlich zu diesem Zusammenhang: § 3 I. 5.

661  *Jakobs/Schubert*-Schubert, Die Beratung des BGB: Materialien zur Entstehungsgeschichte, S. 39 f.

Gesellschaftsstruktur war, ist vor diesem Hintergrund die Vermutung naheliegend, dass die erste Kommission eine bewusste Entscheidung zulasten der Mieter traf.

### bb) Keine Gefährdung der Verkehrssicherheit durch die fehlende Grundbucheintragung

Der Grundsatz *Kauf bricht nicht Miete* erschien den Kritikern darüber hinaus deshalb problematisch, weil das Mietrecht als obligatorisches Recht nicht im Grundbuch eingetragen werden konnte.[662] Gerade im Immobilienrecht, wo durch das Grundbuch sichergestellt sein sollte, dass der Erwerber über alle ein Grundstück betreffenden Rechtsverhältnisse zuverlässig Auskunft erhielt, erschien die Verkehrssicherheit durch den Grundsatz *Kauf bricht nicht Miete* besonders gefährdet.[663] Inhalte und Rechte, die nicht im Grundbuch eingetragen waren, galten aufgrund des Prinzips des öffentlichen Glaubens als nicht existent.[664]

Allerdings erscheint eine damalige Gefährdung der Verkehrssicherheit bei einer realitätsnahen ex-post Betrachtung im Ergebnis unwahrscheinlich. Denn der Erwerber einer Immobilie wird diese bereits damals vor dem Kauf regelmäßig besichtigt haben, um sich ein eigenes Bild vom Zustand zu machen. Hierbei blieb ihm dann nicht verborgen, wenn diese Immobilie vermietet war. Bei Kenntnis vom Bestehen des Mietvertrags, ließ er sich den Mietvertrag höchstwahrscheinlich zeigen oder zumindest den Inhalt wiedergeben, falls der Mietvertrag nicht schriftlich abgeschlossen war. Ein Grundbucheintrag war aus Informationsgründen mithin nicht zwingend.

### cc) Das Erfordernis der Akzeptanz durch die Bevölkerung

Schließlich war es auch fragwürdig, dem Deutschen Reich den römischgemeinrechtlichen Grundsatz aufzuzwingen, wo doch seit 1800 in zwei Dritteln

---

662 Vgl. *Mugdan*, Die gesammten Materialien zum BGB, Motive der 1. Kommission zum I. Entwurf, S. 213 f., 216.

663 Vgl. § 837 des Entwurfs eines bürgerlichen Gesetzbuches für das Deutsche Reich. Erste Lesung; *Mugdan*, Die gesammten Materialien zum BGB, Motive der 1. Kommission zum I. Entwurf, S. 213 f., 216. Vgl. zur heutigen Rechtslage *Baur/Stürner*, Sachenrecht, § 4 Rn. 12, § 14 Rn. 11.

664 Vgl. § 837 des Entwurfs eines bürgerlichen Gesetzbuches für das Deutsche Reich. Erste Lesung; *Mugdan*, Die gesammten Materialien zum BGB, Motive der 1. Kommission zum I. Entwurf, S. 213 f., 216. Vgl. zur heutigen Rechtslage *Baur/Stürner*, Sachenrecht, § 4 Rn. 10, § 14 Rn. 2, § 19 Rn. 1.

Deutschlands der germanische Grundsatz *Kauf bricht nicht Miete* galt. Es ist nachvollziehbar, dass das Deutsche Reich zur Festigung der staatlichen Einheit und zur Schaffung eines einheitlichen Wirtschaftsraums auch eine rechtliche Einheit anstrebte.[665] Aber die notwendige Akzeptanz für das neue einheitliche BGB hätte nicht dadurch erreicht werden können, dass man einen Grundsatz einführte, den viele Teile Deutschlands bereits lange durch einen sozialeren ersetzt hatten.

### dd) Zusammenfassung

Nach alledem hätte die erste Kommission soziale, politische und volkswirtschaftliche Aspekte berücksichtigen können und müssen, um einen wirksamen Mieterschutz zu ermöglichen. Das stattdessen angewandte liberale Prinzip der Gleichheit, also die allgemeine und gleiche Freiheitsgewährung für alle Rechtsunterworfenen,[666] hätte aufgrund der unterschiedlich starken Verhandlungspositionen der Mietvertragsparteien zu einer tatsächlichen Ungleichheit geführt, da der wirtschaftlich stärkere Vertragspartner sich ungehindert hätte durchsetzen können.[667]

## 4. Der zweite Entwurf des Bürgerlichen Gesetzbuchs von 1894

Der zweite Entwurf des Bürgerlichen Gesetzbuchs von 1894 entschied sich für den Grundsatz *Kauf bricht nicht Miete* (a), b), c)). Ob dieser im Vergleich zum ersten Entwurf grundlegende Richtungswechsel auch in der Praxis erhebliche Auswirkungen hatte, bedarf einer genauen Analyse (d)).

### a) Wortlaut

Im zweiten Entwurf behandelte § 512 die Situation des Verkaufs einer vermieteten Immobilie. Hiernach trat der Erwerber anstelle des Vermieters in die Rechte und Pflichten aus dem Mietverhältnis ein, wobei der Vermieter wie ein Bürge haftete, wenn der Erwerber seinen Verpflichtungen nicht nachkam und deshalb schadensersatzpflichtig wurde:

---

665  *Hornung*, Die öffentlich-rechtliche Durchdringung des Wohnraummietrechts, S. 59; *Osterhammel*, Das 19. Jahrhundert, S. 33; *Hattenhauer*, Die geistesgeschichtlichen Grundlagen des deutschen Rechts, S. 129, Rn. 269.

666  *Lammel*, in: FS für Blank zum 65. Geburtstag, 713 (723).

667  *Lammel*, in: FS für Blank zum 65. Geburtstag, 713 (723 f.).

Wird das vermiethete Grundstück nach der Überlassung an den Miether von dem Vermiether an einen Dritten veräußert, so tritt der Erwerber an Stelle des Vermiethers in die während der Dauer seines Eigenthums sich aus dem Miethverhältniß ergebenden Rechte und Verpflichtungen ein.

Erfüllt der Erwerber die Verpflichtungen nicht, so haftet der Vermiether, soweit der Erwerber zum Schadensersatze verpflichtet ist, für den Schadensersatz wie ein Bürge, der auf die Einrede der Vorausklage verzichtet hat. Der Vermiether wird von der Haftung befreit, wenn der Miether, nachdem er von dem Uebergange des Eigenthums durch Mittheilung des Vermiethers Kenntniß erlangt hat, das Miethverhältniß nicht für den ersten Termin kündigt, für den die Kündigung zulässig ist.

## b) Hintergrund und Argumente der Kommission

In der Kommission herrschte darüber Einigkeit, dass

der vom [Entwurf] angenommene Satz ‚Kauf bricht Miethe' wenigstens in denjenigen Fällen aufzugeben sei, in welchen ein Grundstück oder der Theil eines Grundstückes den Gegenstand des Miethvertrages bilde und die vermietheten Räume zur Zeit des Eigenthumwechsels dem Miether bereits überlassen seien. Gegen den Satz ‚Kauf bricht Miethe' habe sich in den Landestheilen, in denen der entgegengesetzte Rechtssatz ‚Kauf bricht nicht Miethe' gelte, das Rechtsbewusstsein der Bevölkerung in weitestem Umfang erhoben.[668]

Gleichzeitig konnten die Kommissionsmitglieder die allgemeine Aufregung um die ursprüngliche Regelung nicht nachvollziehen.[669] Vielmehr sei die rechtliche und wirtschaftliche Tragweite der Frage vielfach übertrieben worden.[670] Da die meisten Mietverträge nicht auf längere Zeit geschlossen wurden, stelle die Implementierung des (abgeschwächten) Grundsatzes *Kauf bricht Miete* keinen allzu großen Eingriff dar; zudem griffen von Gesetzes wegen kurze Kündigungsfristen.[671] Auch sei nicht zu befürchten, dass die Wohnungsnot der ärmeren Volksklassen steige beziehungsweise die Sesshaftigkeit gefährdet werde.[672] Leidiglich

---

668 *Mugdan*, Die gesammten Materialien zum BGB, Protokolle der 2. Kommission zum I. Entwurf, S. 815.

669 *Mugdan*, Die gesammten Materialien zum BGB, Protokolle der 2. Kommission zum I. Entwurf, S. 815.

670 *Mugdan*, Die gesammten Materialien zum BGB, Protokolle der 2. Kommission zum I. Entwurf, S. 815.

671 *Mugdan*, Die gesammten Materialien zum BGB, Protokolle der 2. Kommission zum I. Entwurf, S. 815.

672 *Mugdan*, Die gesammten Materialien zum BGB, Protokolle der 2. Kommission zum I. Entwurf, S. 815.

bei der Geschäftsraummiete sei ein besonderes und nachvollziehbares Interesse an dem Bestand des Mietvertrags für die vereinbarte Dauer zu erkennen.[673] Für die Entscheidung der Kommission sei deshalb lediglich die Erwägung maßgeblich gewesen, dass in den Reichsgebieten, in denen der entgegengesetzte Grundsatz galt, der erste Entwurf von der Bevölkerung und den maßgebenden Interessenkreisen als schwerer Eingriff in das herrschende Rechtsbewusstsein, als Verletzung des Rechtsgefühls und als Rückschritt empfunden worden sei, sodass es nicht ratsam gewesen wäre, an dem Grundsatz *Kauf bricht Miete* festzuhalten.[674]

Der Kommissionsarbeit war eine äußerst lebhafte Diskussion mit überwiegend sozialpolitischen Aspekten vorangegangen.[675] Die anschließend gestellten Änderungsanträge der Kommissionsmitglieder zielten sodann auf die Besserstellung des Mieters ab: einerseits sollte der Grundsatz *Kauf bricht Miete* durch den entgegengesetzten Grundsatz abgelöst werden, andererseits sollten die rechtlichen Verhältnisse zwischen den Parteien nach Erwerb der vermieteten Immobilie geklärt werden, also inwiefern der Erwerber in das Vertragsverhältnis eintrat und der ursprüngliche Vermieter weiterhin haftbar blieb.[676]

Die Bereitschaft, die Kritik am ersten Entwurf bei der Konzeption des zweiten Entwurfs zu berücksichtigen, rührte wohl auch daher, dass sich das politische Klima zwischenzeitlich verändert hatte.[677] Bezeichnend für den politischen Wandel waren Bismarcks staatliche Sozialpolitik und die in diesem Zuge in den 1880er Jahren in die Wege geleiteten Sozialgesetzgebungen.[678] Zudem war die zweite Kommission durchmischter und bestand nicht mehr nur aus Juristen, sondern auch aus Politikern und Verwaltungsexperten.[679] Der

---

673  *Mugdan,* Die gesammten Materialien zum BGB, Protokolle der 2. Kommission zum I. Entwurf, S. 815. Vgl. auch *Jakobs/Schubert*-Schubert, Die Beratung des BGB: Recht der Schuldverhältnisse II (§§ 433–651), S. 577.

674  *Mugdan,* Die gesammten Materialien zum BGB, Protokolle der 2. Kommission zum I. Entwurf, S. 816.

675  *Wolter,* Mietrechtlicher Bestandsschutz, S. 96.

676  Vgl. *Mugdan,* Die gesammten Materialien zum BGB, Protokolle der 2. Kommission zum I. Entwurf, S. 814 ff.

677  *Wolter,* Mietrechtlicher Bestandsschutz, S. 80; *Jakobs/Schubert*-Schubert, Die Beratung des BGB: Materialien zur Entstehungsgeschichte, S. 39 f., 57.

678  *Wolter,* Mietrechtlicher Bestandsschutz, S. 80.

679  *Jakobs/Schubert*-Schubert, Die Beratung des BGB: Materialien zur Entstehungsgeschichte, S. 55, 91 ff. (Biografien der Mitglieder der 2. Kommission); *Wolter,*

soziale Fortschritt im zweiten Entwurf war gegenüber dem ersten Entwurf nicht unbeachtlich.[680]

## c) Voraussetzungen, Inhalt und Rechtsfolge

Die Anwendbarkeit des § 512 des zweiten Entwurfs setzte voraus, dass ein Grundstück oder ein Teil eines Grundstücks den Mietgegenstand bildete, dieses rechtsgeschäftlich veräußert wurde und dass die Mietsache zur Zeit des Eigentümerwechsels bereits überlassen war.[681] Wenn die Veräußerung vor der Überlassung stattfand, war der Mieter lediglich geschützt, falls der Erwerber gegenüber dem Vermieter die Erfüllung der sich aus dem Mietverhältnis ergebenden Verpflichtungen übernommen hatte.[682]

Anders als der erste Entwurf sah der zweite Entwurf des BGB den Grundsatz *Kauf bricht nicht Miete* vor. Im Falle einer Veräußerung nach Überlassung des Mietgegenstands an den Mieter, trat der Erwerber kraft Gesetzes an die Stelle des Vermieters und übernahm so alle sich aus dem Mietverhältnis ergebenden Rechte und Pflichten. Hierdurch entfaltete ein obligatorisches Recht Wirkung gegenüber einem Dritten. Die Kommissionsmitglieder einigten sich auf diese Anomalie, da es die einzige von allen akzeptierte Möglichkeit der Implementierung des Grundsatzes *Kauf bricht nicht Miete* war.[683] Um den Mieter jedoch nicht gleichzeitig zu benachteiligen – es war immerhin möglich, dass der Erwerber mittellos war – haftete der Vermieter nach § 512 Abs. 2 des zweiten Entwurfs wie ein Bürge.[684] Der Vermieter war allerdings von der Haftung befreit, sobald der Mieter die erste Möglichkeit zur Kündigung verstreichen ließ, da er hierdurch

---

Mietrechtlicher Bestandsschutz, S. 80; *Gierke*, Entwurf eines deutschen Gesetzbuches, S. 590: Dies entspricht auch dem Aufruf *Gierkes* in seinem Werk zum ersten Entwurf.

680 *Jakobs/Schubert*-Schubert, Die Beratung des BGB: Materialien zur Entstehungsgeschichte, S. 60.

681 So auch *Jüttner*, Zur Geschichte des Grundsatzes, S. 78.

682 § 519 des zweiten Entwurfs: *Hat vor der Ueberlassung des vermietheten Grundstücks an den Miether der Vermiether das Grundstück an einen Dritten veräußert oder mit einem Rechte belastet, durch dessen Ausübung dem Miether der vertragsmäßige Gebrauch entzogen oder beschränkt wird, so gilt das Gleiche wie in den Fällen des §. 512 Abs. 1 und des §. 518, wenn der Erwerber dem Vermiether gegenüber die Erfüllung der sich aus dem Miethverhältniß ergebenden Verpflichtungen übernommen hat.*

683 *Mugdan*, Die gesammten Materialien zum BGB, Protokolle der 2. Kommission zum I. Entwurf, S. 816.

684 *Mugdan*, Die gesammten Materialien zum BGB, Protokolle der 2. Kommission zum I. Entwurf, S. 819.

kenntlich machte, dass er den Erwerber als neuen Vermieter und Schuldner akzeptierte.[685]

Der Erwerber konnte den Mieter also im Unterschied zum ersten Entwurf nicht vor Ablauf der vereinbarten Mietzeit zur Räumung auffordern, sondern war an die gesetzlichen oder vertraglichen Kündigungsfristen gebunden. Bei befristeten Mietverträgen bedeutete dies, dass eine Beendigung lediglich durch Zeitablauf möglich war.[686] Nur wenn die Mietzeit nicht bestimmt war, konnten die Parteien sich durch ordentliche Kündigung vom Vertrag lösen.[687] Grundsätzlich konnte nur auf den Schluss des Kalendervierteljahres gekündigt werden, wobei die Kündigung spätestens am ersten Werktag des Vierteljahres zu erfolgen hatte; die genauen Fristen waren aber abhängig von den Zahlungsmodalitäten.[688]

Dem Schutz des Rechtsverkehrs diente § 507 des zweiten Entwurfs, wonach ein Mietvertrag über ein Grundstück der Schriftform bedurfte, wenn die Laufzeit ein Jahr überschritt. Im Falle der Nichtbeachtung galt der Vertrag als für unbestimmte Zeit geschlossen, wobei die ordentliche Kündigung dennoch erst nach einem Jahr zulässig war. Hierdurch sollte wohl gewährleistet sein, dass der Erwerber aus dem Mietvertrag entnehmen konnte, für welche Dauer er an den Mietvertrag gebunden sein würde; gleichzeitig sollte der Mieter, der sich auf eine Laufzeit von gewisser Dauer eingestellt hatte, dadurch geschützt werden, dass ihm jedenfalls im ersten Jahr nicht gekündigt werden konnte.

---

685  *Mugdan*, Die gesammten Materialien zum BGB, Protokolle der 2. Kommission zum I. Entwurf, S. 819.

686  § 506 Abs. 1 des zweiten Entwurfs: *Das Miethverhältniß endigt mit dem Ablaufe der Zeit für welche es eingegangen ist.*

687  § 506 Abs. 2 des zweiten Entwurfs: *Ist die Miethzeit nicht bestimmt, so kann sowohl der Miether als der Vermiether das Miethverhältniß kündigen.*

688  § 506 Abs. 3, 5 des zweiten Entwurfs:
*Bei Grundstücken ist die Kündigung nur für den Schluß eines Kalendervierteljahres zulässig; sie hat spätestens am ersten Werktage des Vierteljahres zu erfolgen. Ist der Miethzins nach Monaten bemessen, so ist die Kündigung nur für den Schluß eines Kalendermonats zulässig; sie hat spätestens am fünfzehnten des Monats zu erfolgen. Ist der Miethzins nach Wochen bemessen, so ist die Kündigung nur für den Schluß einer Kalenderwoche zulässig; sie hat spätestens am ersten Werktage der Woche zu erfolgen. Ist der Miethzins für ein Grundstück oder für eine bewegliche Sache nach Tagen bemessen, so ist die Kündigung an jedem Tage für den folgenden Tag zulässig.*

## d) Stellungnahme

Der zweite Entwurf unterscheidet sich durch die Einführung des Grundsatzes *Kauf bricht nicht Miete* grundlegend vom ersten Entwurf. Der nachfolgende Abschnitt soll deshalb der Analyse der Auswirkungen und Gründe dieses Richtungswechsels dienen: Waren die praktischen Unterschiede ebenso grundverschieden wie die Grundkonzepte oder hatte die zweite Kommission zu Recht so wenig Verständnis für die Kritik der Fachwelt und der Öffentlichkeit? Kann die Entscheidung zugunsten des Grundsatzes *Kauf bricht nicht Miete* als politische Grundsatzentscheidung aufgefasst werden? Gibt es einen Zusammenhang zwischen den gesellschaftlichen und rechtlichen Entwicklungen?

Hierzu werden zunächst die Grundkonzepte (aa)) und die tatsächliche Schutzwirkung (bb)) der Entwürfe miteinander verglichen. Darauf aufbauend soll gezeigt werden, dass die Einführung des Grundsatzes *Kauf bricht nicht Miete* eine politische Grundsatzentscheidung war (cc)) und es einen möglichen Zusammenhang zwischen den gesellschaftlichen und rechtlichen Entwicklungen gab (dd)).

## aa) Die Grundkonzepte im Vergleich

Die Grundkonzepte waren grundverschieden. Während der Erwerber nach dem ersten Entwurf in keinerlei Weise vertraglich mit dem Mieter verbunden war – der Erwerber also keine Rechte aus dem Vertrag hatte, aber auch keine Pflichten erfüllen musste – wurde er nach dem zweiten Entwurf von Gesetzes wegen Vertragspartei mit allen Rechten und Pflichten. Der erste Entwurf entsprach der Rechtsnatur des Mietvertrags als obligatorisches Recht, das lediglich *inter partes* Wirkung entfaltet. Aus rechtspolitischen Gründen entschied man sich im zweiten Entwurf dafür, dass der weiterhin obligatorische Mietvertrag systemwidrig in diesem besonderen Fall auch gegenüber dem Erwerber wirken und der Erwerber sogar Vertragspartei werden sollte.

## bb) Die tatsächliche Schutzwirkung im Vergleich

Ob die tatsächliche Schutzwirkung der beiden Regelungen aber ebenfalls grundverschieden war, ist nur dann zu beurteilen, wenn man die Regelungen in ihrer Gesamtheit, d.h. insbesondere die jeweiligen Beendigungsmöglichkeiten vergleicht.

Nach dem ersten Entwurf hatte der Erwerber das Räumungsverlangen anzuzeigen und eine gewisse Zeit abzuwarten. Die Räumungsfrist richtete sich nach der gesetzlichen Kündigungsfrist, wobei der Verweis nicht ganz eindeutig war.

Es ist aber, wie oben bereits ausgeführt,[689] davon auszugehen, dass der Erwerber bei unbefristeten Verträgen die gleichen Fristen einhalten musste, wie es der Vermieter hätte tun müssen; die Mieter mit unbefristeten Mietverträgen waren durch die Veräußerung hinsichtlich der Frist also weder besser noch schlechter gestellt. Lediglich bei befristeten Mietverträgen konnte es zu einer vorzeitigen Kündigung kommen, da hier ausnahmsweise eine Beendigung vor Ablauf der vereinbarten Mietzeit möglich war.

Nach dem zweiten Entwurf war der Erwerber als neuer Vermieter vollständig an die vertraglichen Vereinbarungen sowie an die gesetzlichen beziehungsweise vertraglichen Beendigungsregeln gebunden. Im Fall eines unbefristeten Vertrags bestand hinsichtlich der einzuhaltenden Kündigungsfristen im Vergleich zum ersten Entwurf kein Unterschied. Nur für den Fall eines befristeten Vertrags gab es einen entscheidenden Unterschied: der Erwerber durfte den Mieter erst nach Ablauf der vereinbarten Zeit zur Räumung auffordern. Dies erscheint gerade vor dem Hintergrund, dass derjenige, der einen Mietvertrag auf bestimmte Zeit abschließt, sich in besonderem Maße darauf einstellt, bis zum Ablauf dieser Zeit in seiner Wohnung bleiben zu dürfen, als wichtiger Unterschied im Vergleich zum ersten Entwurf. *Teuteberg/Wischermann* schreiben in ihrem Werk zum Wohnalltag in Deutschland Ende des 19. Jahrhunderts allerdings, dass zeitlich befristete, kurzfristige Mietverträge die allgemeine Regel waren.[690] Im Umkehrschluss ist insofern anzunehmen, dass langfristig befristete Mietverträge eher untypisch waren. Dieser Ansicht war auch die Kommission.[691] Bei kurzfristig befristeten Verträgen aber mussten die Mieter unabhängig von einem Verkauf der Immobilie ständig davon ausgehen, dass der Mietvertrag nicht verlängert wurde und sie sich eine neue Bleibe suchen mussten. Dass ihnen durch den neuen Eigentümer ausnahmsweise auch vorher hätte gekündigt werden können, wäre kein besonders großer Eingriff gewesen. Deshalb bleibt tatsächlich zweifelhaft, ob die Implementierung des Grundsatzes *Kauf bricht Miete* damals wirklich einen so entscheidenden Nachteil dargestellt hätte.

Vor diesem Hintergrund ist noch zu fragen, warum die Kritiker des ersten Entwurfs, die insbesondere die soziale Dimension und den Schutz des Mieters hervorhoben, nicht gerade auch Kritik an den Kündigungsregelungen äußerten, die hierbei einen wesentlichen Aspekt darstellten.[692] Gerade die Kündigungsfristen,

---

689   Ausführlich zu dieser Auslegungsfrage: § 3 III.3.c) bb).

690   Vgl. *Teuteberg/Wischermann*, Wohnalltag in Deutschland 1850–1914, S. 92 f.

691   Vgl. *Mugdan*, Die gesammten Materialien zum BGB, Protokolle der 2. Kommission zum I. Entwurf, S. 815.

692   So auch *Lammel*, in: FS für Blank zum 65. Geburtstag, 713 (722 f.).

auf die in den dargestellten Regelungen verwiesen wurde, stellten ein potentielles Einfallstor für Vermieterwillkür und gleichzeitig eine große Quelle für Ungewissheit für den Mieter dar. Denn trotz der Implementierung des Grundsatzes *Kauf bricht nicht Miete* und der dadurch bewirkten Besserstellung der Mieter mit befristeten Mietverträgen waren Mieter insgesamt weiterhin von kurzfristigen Räumungen bedroht. Diese Gefahr hat zwar nicht unmittelbar etwas mit dem Verkauf von bewohnten Immobilien zu tun, da sie Mietern generell drohte. Dennoch wäre eine dahingehende Diskussion im Zusammenhang mit der Mieterschutzdiskussion beim Verkauf einer bewohnten Immobilie zu erwarten gewesen.

### cc) Die Einführung des Grundsatzes Kauf bricht nicht Miete als politische Grundsatzentscheidung

Unabhängig von dogmatischen Diskussionen und der Frage nach der tatsächlichen Schutzwirkung könnte man die Entscheidung der zweiten Kommission für den Grundsatz *Kauf bricht nicht Miete* als politische Grundsatzentscheidung bezüglich der Richtung, in die sich das BGB entwickeln sollte, werten.[693] Durch die Implementierung des Grundsatzes hat die Kommission nämlich eine grundlegende Entscheidung zugunsten des Mieters getroffen, mithin des wirtschaftlich und gesellschaftlich Schwächeren. Dies könnte als ein erster Schritt im Umbruch vom liberalen zum sozialstaatlich geprägten Recht, vom 19. zum 20. Jahrhundert gedeutet werden.[694]

Der römisch-rechtliche Einfluss bestand zwar weiterhin. Kennzeichnend für das Schuld- und Sachenrecht des Gesetzeswerks waren nämlich die Vertragsfreiheit und der liberale Eigentumsbegriff; eine Sozialbindung des Eigentums war nur rudimentär vorhanden.[695] Besonders die im Kern liberale Ausrichtung des Mietrechts mit den bereits kritisierten kurzen Kündigungsfristen sowie der Kündigungsmöglichkeit ohne Kündigungsgrund brachten ein gewisses soziales Konfliktpotential mit sich.[696] Hinzu kam, dass gerechte und sichere Zustände nur durch zwingende Normen des objektiven Rechts geschaffen und erhalten werden konnten.[697] Die im sozialen Interesse geforderten Sätze, wie beispielsweise der

---

693 Vgl. *Gierke*, Entwurf eines deutschen Gesetzbuches, S. 76.

694 Vgl. auch *Wolter*, Mietrechtlicher Bestandsschutz, S. 15.

695 *Häublein/Lehmann-Richter*, wobl 12/2009, 361.

696 *Häublein/Lehmann-Richter*, wobl 12/2009, 361 (362); *Lammel*, in: FS für Blank zum 65. Geburtstag, 713 (713 ff., 723).

697 *Wolter*, Mietrechtlicher Bestandsschutz, S. 104.

Grundsatz *Kauf bricht nicht Miete*, waren allerdings dispositiv und mithin den Abänderungen durch Parteiabrede und damit der Übermacht der wirtschaftlich stärkeren Partei ausgesetzt.[698]

Dennoch ist zu betonen, dass die Rechtsposition des Mieters insgesamt und insbesondere im Falle des Verkaufs einer vermieteten Immobilie im 19. Jahrhundert eine nicht abzustreitende Verfestigung erfuhr.[699] Durch den Grundsatz *Kauf bricht nicht Miete* und die eingeführten Kündigungstatbestände wurde eine Art Bestandsschutz ermöglicht, wodurch das Vertragsverhältnis im Interesse des wirtschaftlich schwächeren Teils trotz der eigentlich geltenden Vertragsfreiheit für eine gewisse Zeit aufrechterhalten wurde.[700]

### dd) Möglicher Zusammenhang zwischen den gesellschaftlichen und rechtlichen Entwicklungen

Diese Entwicklung könnte auch auf die gesellschaftlichen Veränderungen zum Ende des 19. Jahrhunderts zurückzuführen sein. So wie die Entscheidung der ersten Kommission zugunsten des Rechts des antiken Roms mit parallel verlaufenden gesellschaftlichen Entwicklungen in den beiden Epochen zusammenhing, wäre es plausibel, wenn die gesellschaftlichen Umwälzungen Ende des 19. Jahrhunderts die Entscheidungen der zweiten Kommission hin zu einer sozialeren Gesetzgebung beeinflusst hätten.

### (1) Die wichtigsten gesellschaftlichen Entwicklungen im Überblick

Für eine Einordnung dieser Thematik in den gesamtgesellschaftlichen Zusammenhang sollen die wichtigsten gesellschaftlichen Entwicklungen nachfolgend zusammengefasst werden.[701] Zu Beginn des 19. Jahrhunderts stellte der Adel die politisch und gesellschaftlich dominierende Kraft dar. Dies ging mit traditionellen und vor allem hierarchischen sowie aus heutiger Sicht starren Strukturen einher. Mit der Geburt gehörte man der einen oder anderen Klasse an und jeder hatte seinen vorgegebenen Platz in der Gesellschaft. Mitte des Jahrhunderts gewann das Bürgertum an Einfluss und verschiedene Bewegungen verbesserten die Lebensqualität der Mittel- und teilweise auch der Unterschicht. Ausschlaggebend hierfür war der Durchbruch der Industrialisierung um 1850, wodurch

---

698  *Wolter*, Mietrechtlicher Bestandsschutz, S. 104; *Häublein/Lehmann-Richter*, wobl 12/2009, 361 (362).

699  So auch *Wolter*, Mietrechtlicher Bestandsschutz, S. 42.

700  *Wolter*, Mietrechtlicher Bestandsschutz, S. 42.

701  Ausführlich hierzu: § 2 II.1–4.

neue Arbeits- und Entwicklungsmöglichkeiten sowie materielle Sicherheit und Wohlstand für diese Bevölkerungsgruppen entstanden.

Die Industrialisierung veränderte auch die traditionelle Lebensweise. Es lebten immer mehr Menschen in der Stadt und zur Miete. Auch das Mieterspektrum diversifizierte sich zunehmend, da nun Menschen aller Schichten in Mietwohnungen wohnten. Zudem wurde die Wohnung, anders als noch in der ersten Hälfte des Jahrhunderts, nicht mehr nur als bloßer Schlafplatz, sondern zunehmend als Lebensmittelpunkt und Rückzugsort angesehen. Dies hing vor allem auch damit zusammen, dass sich die Wohnqualität verbesserte und die Arbeitsplätze beständiger wurden.

Durch die soziale Durchmischung des Mieterstandes entwickelte sich dieser zu einer politisch potentiell einflussreicheren Gruppe. Dies zeigte sich auch darin, dass Mieter sich gegen Ende des 19. Jahrhunderts in Mietervereinen organisierten, um ihren Forderungen Gehör zu verschaffen und ihre Rechte durchzusetzen. Während 1890 in Deutschland lediglich zehn Mietvereine existierten, waren es 1901 bereits 52 Vereine. Die Mitglieder kamen hauptsächlich aus der Mittelschicht.

*(2) Inhaltlicher Zusammenhang zwischen den gesellschaftlichen und rechtlichen Veränderungen*

Unzweifelhaft fallen die gesellschaftlichen Veränderungen zeitlich mit den rechtlichen Veränderungen durch den zweiten Entwurf zusammen. Fraglich ist der inhaltliche Zusammenhang.

Die Entwicklung vom ersten zum zweiten Entwurf zeigt, dass in den letzten zehn Jahren des 19. Jahrhunderts die Lobby der Mieter so stark geworden war, dass sie dazu beitrug, dass der Grundsatz *Kauf bricht nicht Miete* in der Endversion aufgenommen wurde.[702] Dies lag an dem Zusammenwirken der soeben zusammengefassten gesellschaftlichen Entwicklungen. Die Mieter hatten aufgrund der verbesserten Wohn- und Arbeitsplatzqualität ein gesteigertes Interesse an der Stabilität und dem Schutz ihres Mietverhältnisses. Der neue Mieterstand hatte gleichzeitig die Fähigkeiten, die eigenen Interessen zu artikulieren und öffentlichkeitswirksam zu verbreiten. Die Stärke der öffentlichen

---

702 Die anderen mieterfreundlichen Errungenschaften gegenüber dem antiken römischen Recht waren bereits im ersten Entwurf vorgesehen, da sie sich über die Jahrhunderte im deutschen Recht etabliert hatten. Dies war teilweise ebenfalls auf ein gesellschaftliches Umdenken (ALR und Friedrich II.), teilweise aber auch auf bloße dogmatische Veränderungen und praktische Offensichtlichkeiten zurück zu führen.

Meinung ist auch darin erkennbar, dass die Mitglieder der zweiten Kommission nicht aus innerer Überzeugung, sondern aufgrund des öffentlichen Drucks eingelenkt haben.[703] Denn für die Entscheidung der Kommission sei lediglich die Erwägung maßgeblich gewesen, dass in den Reichsgebieten, in denen der entgegengesetzte Grundsatz galt, der erste Entwurf von der Bevölkerung und den maßgebenden Interessenkreisen als schwerer Eingriff in das herrschende Rechtsbewusstsein, als Verletzung des Rechtsgefühls und als Rückschritt empfunden worden sei, sodass es nicht ratsam gewesen wäre, an dem Grundsatz *Kauf bricht Miete* festzuhalten.[704]

Letzteres zeigt aber gleichzeitig, dass die Mitglieder der Kommission sich nicht durch inhaltliche Argumente überzeugen ließen, sondern eher durch die Sorge, dass andernfalls die politischen und gesellschaftlichen Vereinheitlichungsbemühungen beeinträchtigt würden.[705] Geholfen hat wohl auch, dass sie in dem Grundsatz *Kauf bricht nicht Miete* einen Vorteil für die Geschäftsraummiete und somit für die Wirtschaft sahen.[706] Darüber hinaus wird im Rahmen der Gesamtbetrachtung des Gesetzgebungsprozesses deutlich, dass die Kommission nur dann soziale Änderungen vornahm, wenn der öffentliche Aufschrei groß genug war; sie war nicht von sich aus motiviert, dogmatische Grundsätze und die liberale Orientierung des BGB für soziale Modifikationen zu opfern. Dies lag auch daran, dass das einflussreiche Bürgertum zu lange für ein solches, von der Freiheitsidee geprägtes Rechtssystem gekämpft hatte, als dass es dieses aufgrund erster Anzeichen eines sozialen Umdenkens in der Bevölkerung wieder aufgeben wollte.[707]

Im Ergebnis handelte es sich beim zweiten Entwurf des BGB um ein im Kern liberales Gesetzeswerk, bei dem noch gewisse Parallelen zum römischen Recht vorhanden waren. Allerdings sind gleichzeitig deutliche soziale Modifikationen

---

703  *Mugdan*, Die gesammten Materialien zum BGB, Protokolle der 2. Kommission zum I. Entwurf, S. 815 f. Siehe hierzu bereits ausführlich in § 3 III. 4. b).

704  *Mugdan*, Die gesammten Materialien zum BGB, Protokolle der 2. Kommission zum I. Entwurf, S. 816.

705  *Hornung*, Die öffentlich-rechtliche Durchdringung des Wohnraummietrechts, S. 59; *Osterhammel*, Das 19. Jahrhundert, S. 33; *Hattenhauer*, Die geistesgeschichtlichen Grundlagen des deutschen Rechts, S. 129, Rn. 269; vgl. *Gierke*, Entwurf eines deutschen Gesetzbuches, S. 5.

706  *Mugdan,* Die gesammten Materialien zum BGB, Protokolle der 2. Kommission zum I. Entwurf, S. 815. Vgl. auch *Jakobs/Schubert*-Schubert, Die Beratung des BGB: Recht der Schuldverhältnisse II (§§ 433–651), S. 577.

707  Vgl. auch *Lammel*, in: FS für Blank zum 65. Geburtstag, 713 (720).

erkennbar, die auf die bereits spürbare Konkurrenz zwischen der Freiheitsidee und dem sozialen Gedanken zurückzuführen sind. Ein gewisser Einfluss der gesellschaftlichen Umwälzung auf den Gesetzgebungsprozess ist mithin zu bejahen.

### ee) Zusammenfassung

Abschließend lässt sich also sagen, dass der entscheidende rechtliche Unterschied zwischen den beiden Entwürfen darin zu sehen ist, dass Mieter mit befristeten Mietverträgen nicht vorzeitig zur Räumung aufgefordert werden konnten. Auch macht es psychologisch einen Unterschied, wenn man weiß, dass das Mietverhältnis eine gewisse Stabilität und Beständigkeit hat. Der entscheidende politische Unterschied ist darin zu sehen, dass die Kommission eine Grundsatzentscheidung zugunsten des Mieters getroffen hat. Seine vertragliche Position ist durch die Entscheidung für den Grundsatz *Kauf bricht nicht Miete* über die unmittelbaren Folgen hinaus rechtlich gestärkt worden. Dies war ein erster Schritt zu einem sozialstaatlich geprägten Rechtssystem.[708]

## 5. Das Bürgerliche Gesetzbuch von 1896/1900

Nachdem der zweite Entwurf des BGB fertig gestellt war, wurde er noch im Bundesrat und im Reichstag diskutiert und teilweise modifiziert.[709] Es ergaben sich aber keine erheblichen Änderungen mehr. Dies zeigt auch die folgende Darstellung des § 571 BGB a.F. (a), b)), die mit einem Ausblick auf die weiteren zivilrechtlichen Entwicklungen im 20. Jahrhundert endet (c)).

### a) Wortlaut

Im BGB von 1900 behandelte § 571 BGB a.F. die Situation des Verkaufs einer vermieteten Immobilie. Heute findet sich die Regelung in § 566 BGB. Inhaltlich entspricht die Regelung des § 571 BGB a.F. derjenigen des zweiten Entwurfs; lediglich sprachlich wurde sie an zwei Stellen prägnanter und weniger umständlich formuliert:

> Wird das vermiethete Grundstück nach der Ueberlassung an den Miether von dem Vermiether an einen Dritten veräußert, so tritt der Erwerber an Stelle des Vermiethers in

---

708 Vgl. *Häublein/Lehmann-Richter*, wobl 12/2009, 361 (363).
709 *Jakobs/Schubert*-Schubert, Die Beratung des BGB: Materialien zur Entstehungsgeschichte, S. 60 ff., 64 ff.

die sich während der Dauer seines Eigenthums aus dem Miethverhältniß ergebenden Rechte und Verpflichtungen ein. Erfüllt der Erwerber die Verpflichtungen nicht, so haftet der Vermiether *für den von dem Erwerber zu ersetzenden Schaden*[710] wie ein Bürge, der auf die Einrede der Vorausklage verzichtet hat. *Erlangt der Miether von dem Uebergange des Eigenthums durch Mittheilung des Vermiethers Kenntniß, so wird der Vermiether von der Haftung befreit, wenn nicht der Miether das Miethverhältniß für den ersten Termin kündigt,*[711] für den die Kündigung zulässig ist.

Mit dem BGB existierte erstmals ein einheitliches Mietrecht für ganz Deutschland.[712]

## b) Voraussetzungen, Inhalt und Rechtsfolge

Wie soeben herausgestellt, unterschied sich der § 571 BGB a.F. lediglich sprachlich, nicht jedoch inhaltlich vom § 512 des zweiten Entwurfs. Auch die Regelung des § 519 des zweiten Entwurfs – Schutz des Mieters bei Veräußerung vor Überlassung durch Übernahme der Vertragserfüllung durch den Erwerber – findet sich als § 578 BGB a.F.[713] im BGB wieder. Die anwendbaren Kündigungsvorschriften entsprechen ebenfalls im Großen und Ganzen denjenigen des zweiten Entwurfs und bedürfen deshalb keiner erneuten Darstellung.[714] § 580 BGB

---

710 Anstelle von *„soweit der Erwerber zum Schadensersatze verpflichtet ist, für den Schadensersatz"* in § 512 des zweiten Entwurfs (Hervorhebungen durch die Verfasserin).

711 Anstelle von *„Der Vermiether wird von der Haftung befreit, wenn der Miether, nachdem er von dem Uebergange des Eigenthums durch Mittheilung des Vermiethers Kenntniß erlangt hat, das Miethverhältniß nicht für den ersten Termin kündigt"* in § 512 des zweiten Entwurfs (Hervorhebungen durch die Verfasserin).

712 *Häublein/Lehmann-Richter*, wobl 12/2009, 361.

713 § 578 BGB a.F.: *Hat vor der Ueberlassung des vermietheten Grundstücks an den Miether der Vermiether das Grundstück an einen Dritten veräußert oder mit einem Rechte belastet, durch dessen Ausübung der vertragsmäßige Gebrauch dem Miether entzogen oder beschränkt wird, so gilt das Gleiche wie in den Fällen des §. 571 Abs. 1 und des §. 577, wenn der Erwerber dem Vermiether gegenüber die Erfüllung der sich aus dem Miethverhältniß ergebenden Verpflichtungen übernommen hat.*

714 564 BGB a.F.: *Das Miethverhältniß endigt mit dem Ablaufe der Zeit, für die es eingegangen ist.*
*Ist die Miethzeit nicht bestimmt, so kann jeder Theil das Miethverhältniß nach den Vorschriften des §. 565 kündigen.*
565 BGB a.F.: *Bei Grundstücken ist die Kündigung nur für den Schluß eines Kalendervierteljahrs zulässig; sie hat spätestens am dritten Werktage des Vierteljahrs zu erfolgen. Ist der Miethzins nach Monaten bemessen, so ist die Kündigung nur für den Schluß eines Kalendermonats zulässig; sie hat spätestens am fünfzehnten des Monats zu erfolgen. Ist*

a.F.[715] weitet die Anwendbarkeit der Normen klarstellend auf Mieten für Wohnräume und andere Räume aus.

### c) Ausblick: Die weitere Entwicklung im 20. Jahrhundert

Nach *Wolter* hängt der Umbruch vom liberalen zum sozialstaatlich geprägten
Recht im 20. Jahrhundert mit der vorindustriellen Epoche untrennbar zusammen und findet hier seinen Ursprung.[716] Im Laufe des 20. Jahrhunderts nahm die
sozialpolitische Einflussnahme auf das Zivilrecht und insbesondere das Mietrecht immer weiter zu.[717] Gerade in der Zeit nach dem ersten Weltkrieg wurden
verschiedene, neben dem BGB stehende Gesetze verabschiedet, die zunächst
kriegsbedingte Notmaßnahmen darstellten.[718] Diese griffen teilweise unmittelbar in die vertraglichen Beziehungen ein und führten zu einer immer stärkeren
Stellung des Mieters, die sich weiter verfestigte.[719] Eine Rückkehr zum reinen
BGB war deshalb auch später, als die Notlage sich entspannt hatte, nicht mehr
möglich oder politisch nicht gewollt.[720] Die im BGB verankerte liberale Freiheit
war nun (jedenfalls teilweise) sozial gebunden.[721]

Die sozialpolitische Einflussnahme äußerte sich unter anderem in einer weitergehenden Beschränkung der Kündigungsmöglichkeiten durch das Erfordernis von Kündigungsgründen.[722] Die Entwicklung von einem System der freien,
auf Willkür beruhenden Kündigung zu einem System der gebundenen Kündigung ist eine der wichtigsten Errungenschaften hinsichtlich der Stärkung von

---

*der Miethzins nach Wochen bemessen, so ist die Kündigung nur für den Schluß einer
Kalenderwoche zulässig; sie hat spätestens am ersten Werktage der Woche zu erfolgen.
[...].*
*Ist der Miethzins für ein Grundstück oder für eine bewegliche Sache nach Tagen bemes-
sen, so ist die Kündigung an jedem Tage für den folgenden Tag zulässig.*
*[...].566 BGB a.F.: Ein Miethvertrag über ein Grundstück, der für längere Zeit als ein
Jahr geschlossen wird, bedarf der schriftlichen Form. Wird die Form nicht beobachtet,
so gilt der Vertrag als für unbestimmte Zeit geschlossen; die Kündigung ist jedoch nicht
für eine frühere Zeit als für den Schluß des ersten Jahres zulässig.*

715  *§ 580 a.F.: Die Vorschriften über die Miethe von Grundstücken gelten auch für die Miethe
     von Wohnräumen und anderen Räumen.*
716  *Wolter*, Mietrechtlicher Bestandsschutz, S. 15.
717  *Häublein/Lehmann-Richter*, wobl 12/2009, 361 (363).
718  *Lammel*, in: FS für Blank zum 65. Geburtstag, 713 (228).
719  *Lammel*, in: FS für Blank zum 65. Geburtstag, 713 (229, 733).
720  *Lammel*, in: FS für Blank zum 65. Geburtstag, 713 (733).
721  *Lammel*, in: FS für Blank zum 65. Geburtstag, 713 (742).
722  *Häublein/Lehmann-Richter*, wobl 12/2009, 361 (363).

Mieterrechten.[723] Die heutige Regelung des Verkaufs einer vermieteten Immobilie in § 566 BGB ist beispielsweise gerade aufgrund der schwierigen Kündigungsmöglichkeiten besonders mieterschützend: seitens des Vermieters ist auch bei der ordentlichen Kündigung ein Kündigungsgrund erforderlich.[724]

723  *Wolter*, Mietrechtlicher Bestandsschutz, S. 15.
724  *Häublein/Lehmann-Richter*, wobl 12/2009, 361 (376).

# § 4 Der Mieterschutz beim Verkauf einer vermieteten Immobilie in Deutschland

Die ersten zwei Abschnitte der Arbeit beschäftigen sich mit den rechtssoziologischen und rechtsgeschichtlichen Hintergründen der Norm. Im dritten Teil soll § 566 BGB nun selbst im Detail dargestellt und analysiert werden, um darauf aufbauend § 566 BGB mit den entsprechenden Regelungen in der Schweiz und in Spanien zu vergleichen. Hierzu sollen zunächst verschiedene Grundgedanken vorangestellt werden (I.). Anschließend werden der Anwendungsbereich (II.), die Tatbestandsvoraussetzungen (III.) und die Rechtsfolgen (IV.) erläutert.

## I. Grundgedanken

Auch im Rahmen des nun folgenden dogmatischen Teils der Arbeit sind die zuvor herausgearbeiteten und analysierten Grundgedanken der Norm – also insbesondere der Mieterschutz durch Bestandsschutz – zu berücksichtigen.

Bei der Untersuchung des heutigen § 566 BGB wird deutlich, dass sich im Laufe der Zeit eine Regelung entwickelt hat, welche die seit jeher im Konflikt stehenden Interessen – Freiheit des Eigentümers und Schutz des Mieters – in ein ausgeglichenes Verhältnis bringt.[725] Dies hängt einerseits damit zusammen, dass das Mietrecht seit Anfang des 20. Jahrhunderts immer mehr von sozialen Erwägungen geprägt wurde. Gleichzeitig wurde erkannt, dass das Bestandsinteresse des Mieters nicht erfordert, dass der Mieter – zu Lasten der Eigentümerinteressen – vor sämtlichen Änderungen und Nachteilen geschützt wird.[726]

## II. Anwendungsbereich[727]

§ 566 BGB hat einen direkten und einen aufgrund von Verweisungen erweiterten Anwendungsbereich (1.). Davon zu unterscheiden ist der für die vorliegende Arbeit relevante Anwendungsbereich (2.).

---

725 Vgl. Schmidt-Futterer/*Streyl*, § 566 Rn. 7 f.

726 Schmidt-Futterer/*Streyl*, § 566 Rn. 7 f.

727 Teile der nachfolgenden Ausführungen wurden bereits im Rahmen einer Besprechung zum Urteil BGH, Urteil vom 12. Juli 2017 – XII ZR 26/16 –, BGHZ 215, 236–250 veröffentlicht: *Moser-Lange*, JURA 2018, 384 (385 f.).

## 1. Direkter Anwendungsbereich und Erweiterung durch Verweisungen

Aus der systematischen Stellung – 5. Titel des Bürgerlichen Gesetzbuchs (*Mietvertrag, Pachtvertrag*), 2. Untertitel (*Mietverhältnisse über Wohnraum*) – folgt zunächst, dass § 566 BGB direkt nur auf Mietverhältnisse über Wohnraum anwendbar ist. Durch verschiedene Verweisungen ist § 566 BGB jedoch auch auf andere Vertragsarten anzuwenden. Dies gilt beispielsweise für Mietverhältnisse über Grundstücke und Räume (§ 567 BGB)[728] und für Pachtverhältnisse (§§ 581 Abs. 2, 593b BGB).

Darüber hinaus ergibt sich aus dem Wortlaut der Norm, dass § 566 Abs. 1 BGB grundsätzlich nur bei einer rechtsgeschäftlichen Übertragung des Eigentums Anwendung findet.[729] Auch diesbezüglich wird der Anwendungsbereich aber durch Verweisungen erweitert, wobei hier, anders als bei den soeben genannten Verweisungen, die Eigentümer- und nicht die Mieterinteressen im Vordergrund stehen.[730] Denn dem Erwerber und dann neuen Eigentümer wird ein Sonderkündigungsrecht eingeräumt (siehe bespielhaft § 57a ZVG; §§ 1056 Abs. 2, 2135 BGB), das es ihm ermöglicht, auch im Falle eines befristeten Mietvertrags vor Ablauf der Laufzeit unter Einhaltung der gesetzlichen Frist zu kündigen.[731] Eines berechtigten Interesses als Kündigungsgrund bedarf es hierbei nur im Anwendungsbereich des § 573d BGB.

Schließlich wird § 566 BGB – trotz seines Ausnahmecharakters – in wenigen Fällen analog angewandt, wenn eine planwidrige Regelungslücke und eine vergleichbare Interessenlage bejaht werden können.[732]

---

728   Die Grundstücksmiete bildet – in Abgrenzung zur Fahrnismiete – den Oberbegriff für die reine Grundstücksmiete einerseits und die Raummiete andererseits. Die Raummiete wiederum umfasst die allgemeine Raummiete, deren wichtigste Erscheinungsform die gewerbliche Miete/ Geschäftsraummiete ist, und die Wohnraummiete (vgl. hierzu: Staudinger/*Emmerich*, 2018, Vorbem § 535 BGB Rn. 21).
Folgende Begrifflichkeiten werden nachstehend verwendet: die reine Grundstücksmiete heißt im Weiteren bloß Grundstücksmiete, hinsichtlich der allgemeinen Raummiete wird lediglich die wichtigste Erscheinungsform der Geschäftsraummiete betrachtet und so benannt.

729   Schmidt-Futterer/*Streyl*, § 566 Rn. 16.

730   Vgl. Schmidt-Futterer/*Streyl*, § 566 Rn. 18 f.; Staudinger/*Emmerich*, 2018, § 566 BGB Rn. 8.

731   Schmidt-Futterer/*Streyl*, § 566 Rn. 18 f.

732   Vgl. beispielsweise BGH, Urteil vom 12. Juli 2017 – XII ZR 26/16 –, BGHZ 215, 236–250: analoge Anwendbarkeit auf solche Fälle, in denen der Vermieter und Veräußerer entgegen des Wortlauts nicht identisch sind.

## 2. Der für die vorliegende Arbeit relevante Anwendungsbereich

Die vorliegende Arbeit beschränkt sich in erster Linie auf den direkten Anwendungsbereich, wobei neben der Wohnraummiete auch die Geschäftsraummiete Gegenstand der Darstellungen und Analysen sein wird.

## III. Tatbestandsvoraussetzungen

§ 566 Abs. 1 BGB setzt tatbestandlich voraus, dass im Zeitpunkt des Eigentumsübergangs ein Mietvertrag besteht (a)), die Mietsache bereits überlassen ist (b)), die Mietsache an einen Dritten veräußert wird (c)) und Veräußerer und Vermieter identisch sind (2.).

## 1. Wirksamer Mietvertrag und Überlassung im Zeitpunkt der Veräußerung[733]

Nachfolgend werden zunächst die ersten drei Voraussetzungen dargestellt: Bestehen eines Mietvertrags (a)) und Überlassung der Mietsache (b)) im Zeitpunkt der Veräußerung (c)).

### a) Bestehen eines Mietvertrags

Erste Tatbestandvoraussetzung ist das Bestehen eines wirksamen Mietvertrags bei Veräußerung des Mietobjekts.[734]

### b) Überlassung der Mietsache

Des Weiteren ist notwendige Voraussetzung, dass dem Mieter die Mietsache bereits im Zeitpunkt der Veräußerung überlassen war.[735] Andernfalls gilt § 567a BGB, wonach die Rechtsfolge des § 566 Abs. 1 BGB nur dann greift, wenn der Erwerber dem Vermieter gegenüber die Erfüllung der sich aus dem Mietverhältnis ergebenden Pflichten übernommen hat.

Was im Einzelfall für das Vorliegen der Überlassung notwendig ist, richtet sich nach der Parteivereinbarung.[736] Teilweise wird es ausreichen, dass dem

---

733 Teile der nachfolgenden Ausführungen wurden bereits im Rahmen einer Besprechung zum Urteil BGH, Urteil vom 12. Juli 2017 – XII ZR 26/16 –, BGHZ 215, 236–250 veröffentlicht: *Moser-Lange*, JURA 2018, 384 (386).

734 Vgl. MüKoBGB/*Häublein*, § 566 BGB Rn. 12; Schmidt-Futterer/*Streyl*, § 566 Rn. 48 f.

735 Vgl. Palandt/*Weidenkaff*, § 566 BGB Rn. 12 ff.; Staudinger/*Emmerich*, 2018, § 566 BGB Rn. 33.

736 MüKoBGB/*Häublein*, § 566 BGB Rn. 14; Staudinger/*Emmerich*, 2018, § 566 BGB Rn. 34.

Mieter die Räumlichkeiten zu einem vereinbarten Zeitpunkt zugänglich gemacht werden.[737] Regelmäßig erfordert die Überlassung aber die Übergabe der Mietsache durch Verschaffung des unmittelbaren Besitzes.[738] Hierfür reicht bereits die Übergabe des Schlüssels aus, da die Besitzerlangung nicht kenntlich gemacht werden muss.[739]

Letzteres widerspricht zwar dem Zweck des Tatbestandsmerkmals, ist aber allgemeiner Konsens.[740] Zweck des Überlassungserfordernisses ist es nämlich, dass der Erwerber bereits an der Besitzlage ablesen kann, welche Mietverhältnisse bestehen.[741] Der Besitz übernimmt mithin ausnahmsweise auch bei Grundstücken eine Publizitätsfunktion.[742] Dies ist erforderlich, da das Mietverhältnis nicht grundbuchfähig ist und die Belastung durch die Vermietung deshalb nicht aus dem Grundbuch hervorgeht.[743] Die regelmäßig nach außen erkennbare Sachherrschaft des Besitzers soll den Erwerber dazu veranlassen, sich vor dem Kauf über die genauen Details des Mietverhältnisses zu erkundigen.[744]

## c) Veräußerung an einen Dritten

Die Veräußerung stellt einerseits den maßgeblichen Zeitpunkt für die vorangegangenen Tatbestandsmerkmale dar, andererseits ist sie selbst Voraussetzung für die Anwendbarkeit des § 566 Abs. 1 BGB. Unter Veräußerung versteht man die rechtsgeschäftliche Übertragung des Eigentums, also das dingliche Rechtsgeschäft und nicht den Abschluss des Grundstückskaufvertrags.[745]

Regelmäßig wird im Rahmen des schuldrechtlichen Kaufvertrags bereits der Übergang von Nutzen und Lasten vereinbart, also der wirtschaftliche Übergang des Grundstücks auf den Erwerber.[746] Der Erwerber darf von diesem Zeitpunkt

---

737  MüKoBGB/*Häublein*, § 566 BGB Rn. 14; Staudinger/*Emmerich*, 2018, § 566 BGB Rn. 35.

738  MüKoBGB/*Häublein*, § 566 BGB Rn. 14; Staudinger/*Emmerich*, 2018, § 566 BGB Rn. 34.

739  Schmidt-Futterer/*Streyl*, § 566 Rn. 56; MüKoBGB/*Häublein*, § 566 BGB Rn. 15.

740  Vgl. Staudinger/*Emmerich*, 2018, § 566 BGB Rn. 34; MüKoBGB/*Häublein*, § 566 BGB Rn. 15.

741  Staudinger/*Emmerich*, 2018, § 566 BGB Rn. 33; Schmidt-Futterer/*Streyl*, § 566 Rn. 54.

742  MüKoBGB/*Häublein*, § 566 BGB Rn. 2; Staudinger/*Emmerich*, 2018, § 566 BGB Rn. 33; so auch BGH, NJW 2007, 1818, Rn. 7.

743  Schmidt-Futterer/*Streyl*, § 566 Rn. 54; vgl. auch MüKoBGB/*Häublein*, § 566 BGB Rn. 2.

744  Staudinger/*Emmerich*, 2018, § 566 BGB Rn. 33; Schmidt-Futterer/*Streyl*, § 566 Rn. 54.

745  Staudinger/*Emmerich*, 2018, § 566 BGB Rn. 26; MüKoBGB/*Häublein*, § 566 BGB Rn. 17.

746  Staudinger/*Emmerich*, 2018, § 566 BGB Rn. 30; MüKoBGB/*Häublein*, § 566 BGB Fn. 24.

an das Grundstück in Besitz nehmen, alle Erträge des Grundstücks – also z.B.
Mieteinnahmen – stehen ihm zu, er muss aber auch alle Kosten – also z.b. die
Grundsteuern, die Müll- und Abwassergebühren – tragen. Es stellt sich mithin
die Frage, ob das Mietverhältnis als solches, unabhängig von § 566 Abs. 1 BGB,
bereits zu diesem Zeitpunkt auf den Erwerber übertragen werden kann.[747] Dies
ist grundsätzlich möglich: Einerseits ist eine rechtsgeschäftliche Übertragung
durch dreiseitigen Vertrag oder zweiseitigen Vertrag unter (auch formloser)
Zustimmung des Mieters denkbar.[748] Andererseits ist eine Abtretung möglich,
wobei zu beachten ist, dass unselbstständige Gestaltungsrechte wie die Kündigung nicht abgetreten werden können.[749] Für diesen Fall lässt die Rechtsprechung mittlerweile eine Ermächtigung analog § 185 BGB zur Ausübung von
unselbstständigen Gestaltungsrechten zu.[750] Die Abtretung muss hinreichend
deutlich geäußert werden, die bloße Vereinbarung des Übergangs der Nutzen
und Lasten ist für sich genommen noch nicht ausreichend, da hierin nur eine
Verteilung im Innenverhältnis zu sehen ist.[751]

Die Veräußerung muss an einen Dritten erfolgen. Der veräußernde Eigentümer und der Erwerber müssen mithin personenverschieden sein, der Erwerber
darf bis zum Erwerb nicht Vermieter gewesen sein.[752] Hieran fehlt es insbesondere bei der Veräußerung des Miteigentumsanteils an einen Miteigentümer, da
dieser bereits vor der Veräußerung Vermieter war. Auch eine analoge Anwendung des § 566 Abs. 1 BGB kommt nach höchstrichterlicher Rechtsprechung bei
einem solchen Eigentumserwerb nicht in Betracht.[753] Denn die Voraussetzungen einer analogen Anwendung – planwidrige Regelungslücke und vergleichbare Interessenlage – seien hier nicht gegeben.[754] Dem ist zuzustimmen. Denn
Sinn und Zweck des § 566 BGB ist der Schutz des Mieters vor dem Verlust des

---

747  Vgl. BeckOK BGB/*Herrmann*, § 566 BGB Rn. 16 ff.; Staudinger/*Emmerich*, 2018,
     § 566 BGB Rn. 30 ff.; Palandt/*Weidenkaff*, § 566 BGB Rn. 6.
748  Staudinger/*Emmerich*, 2018, § 566 BGB Rn. 31; BeckOK BGB/*Herrmann*, § 566 BGB
     Rn. 17.
749  Staudinger/*Emmerich*, 2018, § 566 BGB Rn. 31 f.; ˌ Palandt/*Weidenkaff*, § 566 BGB Rn. 6.
750  BGH NJW 1998, 896; BGH NJW 2002, 3389; vgl. auch Staudinger/*Emmerich*, 2018,
     § 566 BGB Rn. 32.
751  Schmidt-Futterer/*Streyl*, § 566 Rn. 45.
752  BGH, Rechtsentscheid in Mietsachen vom 06. Juli 1994 – VIII ARZ 2/94 –, BGHZ
     126, 357–368, Rn. 23 f.; BGH, Beschluss vom 09. Januar 2019 – VIII ZB 26/17 –
     Rn. 10, juris.
753  BGH, Beschluss vom 09. Januar 2019 – VIII ZB 26/17 – Rn. 9 f., juris.
754  BGH, Beschluss vom 09. Januar 2019 – VIII ZB 26/17 – Rn. 11, juris.

Besitzes an der Mietsache gegenüber einem neuen Erwerber im Falle der Veräußerung des Mietobjekts.[755] Dieser Schutzzweck ist bei der Veräußerung an einen Miteigentümer nicht berührt, da dieser auch ohne § 566 Abs. 1 BGB weiterhin Vermieter und mithin an den Mietvertrag gebunden ist.[756]

## 2. Identität des Veräußerers und des Vermieters[757]

Demgegenüber setzt der Wortlaut von § 566 Abs. 1 BGB die Identität von Veräußerer und Vermieter voraus (a)). Neuerdings wendet die Rechtsprechung § 566 BGB allerdings auch bei fehlender Identität analog an (b)).

### a) Grundsätzlich: Identitätserfordernis

Aus dem Wortlaut der Norm ergibt sich das Erfordernis der Identität des Veräußerers und des Vermieters, denn gemäß § 566 Abs. 1 BGB muss der vermietete Wohnraum „von dem Vermieter an einen Dritten veräußert" werden. Es ist ausreichend, wenn die Identität im Zeitpunkt der Veräußerung vorliegt.[758] Darüber hinaus ist der Systematik nach herrschender Meinung zu entnehmen, dass der veräußernde Vermieter auch mit dem Eigentümer personenidentisch sein muss.[759] Nur so sei eine Veräußerung, also eine rechtsgeschäftliche Eigentumsübertragung, möglich, denn das Eigentum könne grundsätzlich nur vom Eigentümer übertragen werden.[760]

### b) Ausnahme: analoge Anwendung bei fehlender Identität

Das dreifache Identitätserfordernis ist nicht unumstritten, insbesondere weil es bisher sehr formal gehandhabt wurde.[761] Dies wird zunehmend

---

755  So auch BGH, Beschluss vom 09. Januar 2019 – VIII ZB 26/17 – Rn. 12, juris.

756  So auch BGH, Beschluss vom 09. Januar 2019 – VIII ZB 26/17 – Rn. 12, juris.

757  Teile der nachfolgenden Ausführungen wurden bereits im Rahmen einer Besprechung zum Urteil BGH, Urteil vom 12. Juli 2017 – XII ZR 26/16 –, BGHZ 215, 236–250 veröffentlicht: *Moser-Lange*, JURA 2018, 384 (386 f.).

758  So die wohl herrschende Ansicht (vgl. Palandt/*Weidenkaff*, § 566 BGB Rn. 7; MüKoBGB/*Häublein*, § 566 BGB Rn. 19; Blank/Börstinghaus/*Blank*, § 566 BGB Rn. 37).

759  Palandt/*Weidenkaff*, § 566 BGB Rn. 7; Staudinger/*Emmerich*, 2018, § 566 BGB Rn. 21; Schmidt-Futterer/*Streyl*, § 566 Rn. 64.

760  Staudinger/*Emmerich*, 2018, § 566 BGB Rn. 21; Schmidt-Futterer/*Streyl*, § 566 Rn. 64.

761  MüKoBGB/*Häublein*, § 566 BGB Rn. 19 f.; Staudinger/*Emmerich*, 2018, § 566 BGB Rn. 21a. Vgl. auch die Rechtsprechungsübersicht in *Lang/Hauff*, ZfIR 21/2017, 733 f.

hinterfragt.[762] Zuletzt hat der BGH die starre Anwendung gelockert, als er die analoge Anwendung des § 566 Abs. 1 BGB bei fehlender Identität zwischen dem Vermieter und dem veräußernden Eigentümer unter bestimmten Voraussetzungen zuließ.[763] Der BGH hat die analoge Anwendung zurecht bejaht, da eine planwidrige Regelungslücke (aa)) und eine vergleichbare Interessenlage (bb)) gegeben sind.[764]

*aa) Vorliegen einer planwidrigen Regelungslücke*

Voraussetzung einer analogen Anwendung ist zunächst das Vorliegen einer planwidrigen Regelungslücke. Eine solche liegt vor, wenn die Regelung vom Standpunkt des Gesetzes und der ihm zugrundeliegenden Regelungsabsicht unvollständig ist.[765] Dies ist beim Fehlen der Vermieter-Veräußerer-Identität der Fall, denn der Sachverhalt ist versehentlich nicht mitgeregelt worden: Die Regelungsabsicht des historischen Gesetzgebers war es, den Bestand des Mietvertrags entsprechend der vertraglichen Vereinbarungen zu schützen.[766] Die Mieter sollten im Falle eines Eigentümerwechsels vor einer vorzeitigen Räumungsaufforderung geschützt werden und vom Erwerber das nach dem Inhalt des Mietvertrags

---

762 MüKoBGB/*Häublein*, § 566 BGB Rn. 19 f.; Staudinger/*Emmerich*, 2018, § 566 BGB Rn. 21b.

763 BGH, Urteil vom 12. Juli 2017 – XII ZR 26/16 –, BGHZ 215, 236–250. Teilweise wird in der Literatur kritisiert, dass es zum Schutz des Mieters sinnvoller gewesen wäre, den Erwerber zur Übernahme der gewählten Konstruktion zu zwingen, da der Mieter andernfalls Gefahr liefe, einen insolventen Vermieter akzeptieren zu müssen (so NJW-Spezial 2017, 610). Allerdings würde die Eigentumsfreiheit hierdurch über Gebühr beeinträchtigt werden, da der Eigentümer nicht nur die Vermietung zu akzeptieren hätte, sondern darüber hinaus noch die Durchführung des Mietvertrags durch eine Hausverwaltung, die zusätzliche Kosten produzieren würde.

764 So auch *Börstinghaus*, jurisPR-BGH ZivilR 18/2017 Anm. 2; *Bub/Bernhard*, FD-MietR 2017, 394145; *Emmerich*, JuS 2017, 1213 f.; *Lang/Hauff*, ZfIR 21/2017, 733 f.; Burbulla, MietRB 2017, 285 f.; Lindner-Figura/Reuter, NJW 2018, 1060 ff. Der Einwand von *Lammel* in jurisPR-MietR 20/2017 Anm. 3, dass bereits das BVerfG die Analogiefähigkeit des § 566 BGB in seinem Beschluss vom 12.09.2013 – 1 BvR 744/13 – NZM 2014, 69 verneint habe, ist falsch. Vielmehr hat das BVerfG offen gelassen, ob § 566 BGB analog angewendet werden darf, wenn ein Dritter zwar im eigenen Namen, aber doch letztlich für den Eigentümer vermietet. Denn in dem zu entscheidenen Fall fehlte es bereits an einem Eigentümerwechsel.

765 BGH, Urteil vom 12. Juli 2017 – XII ZR 26/16 –, BGHZ 215, 236–250 Rn. 27.

766 *Mugdan*, Die gesammten Materialien zum BGB, Protokolle der 2. Kommission zum I. Entwurf, S. 815 f.

Geschuldete *in natura* verlangen können.[767] Aus der gewählten Systematik ergibt sich, dass einzige Beschränkung der Anwendbarkeit sein sollte, dass es sich um Miet- und Pachtverhältnisse über Grundstücke und Grundstücksteile handelt.[768] Der historische Gesetzgeber beabsichtigte jedoch keine darüber hinausgehende Beschränkung.[769] Vielmehr zeigen die vielen Verweisungsvorschriften, dass § 566 Abs. 1 BGB nach dem Regelungsplan des Gesetzgebers auch auf andere Sachverhalte Anwendung finden soll, in denen der Mieter Gefahr läuft, aufgrund des Wechsels des dinglich Berechtigten sein Besitzrecht zu verlieren (vgl. § 581 Abs. 2 BGB; § 567 S. 1 BGB; §§ 1056 Abs. 1, 1059d; §§ 2135, 1056; § 37 WEG; § 11 ErbbauRG; § 57 ZVG).[770]

*Lammel* kritisiert in seiner Anmerkung zum Urteil des BGH, dass der historische Gesetzgeber nicht zum Schutz des Bestandes der Mietverträge, sondern aufgrund der deutlichen Kritik aus den Landesteilen, in denen der Grundsatz *Kauf bricht nicht Miete* bereits galt, gehandelt habe.[771] Mithin sei der Bestandsschutz bereits nicht als Anknüpfungspunkt für die Begründung der planwidrigen Regelungslücke geeignet.[772] Dem ist entgegenzutreten. Es ist zwar richtig, dass der historische Gesetzgeber wegen der damaligen tatsächlichen Gegebenheiten das Ausmaß der Kritik zumindest hinsichtlich der Wohnraummiete nicht nachvollziehen konnte.[773] Allerdings ist daraus nicht der Schluss zu ziehen, dass der historische Gesetzgeber den Sinn und Zweck der Regelung nicht im Bestandsschutz gesehen habe. Vielmehr ergibt sich aus den Gesetzesmaterialien, dass neben der umfassenden Kritik auch die Ratio der Norm, sei sie auch damals nicht so dringend gewesen wie heute, für die zweite Kommission mitausschlaggebend war.[774] Denn die zweite Kommission nahm bezüglich der Geschäftsraummiete ausdrücklich Bezug auf das Bestandsinteresse der Mieter, und ließ

---

767  Vgl. BGH NJW 2010, 1068, Rn. 21.
768  BGH, Urteil vom 12. Juli 2017 – XII ZR 26/16 –, BGHZ 215, 236–250 Rn. 30.
769  BGH, Urteil vom 12. Juli 2017 – XII ZR 26/16 –, BGHZ 215, 236–250 Rn. 30.
770  BGH, Urteil vom 12. Juli 2017 – XII ZR 26/16 –, BGHZ 215, 236–250 Rn. 31.
771  *Lammel*, jurisPR-MietR 20/2017 Anm. 3.
772  *Lammel*, jurisPR-MietR 20/2017 Anm. 3.
773  *Mugdan*, Die gesammten Materialien zum BGB, Protokolle der 2. Kommission zum I. Entwurf, S. 815.
774  *Mugdan*, Die gesammten Materialien zum BGB, Protokolle der 2. Kommission zum I. Entwurf, S. 815. Vgl. auch *Jakobs/Schubert*-Schubert, Die Beratung des BGB: Recht der Schuldverhältnisse II (§§ 433–651), S. 577.

dadurch unzweifelhaft erkennen, dass § 566 Abs. 1 BGB auch ihrer Ansicht nach den Mieter vor dem vorzeitigen Verlust schützen sollte.[775] Weiter kritisiert *Lammel*, dass auch der rechtstheoretische Hintergrund die Annahme einer planwidrigen Regelungslücke nicht begründe.[776] Denn maßgeblich sei nicht die Identität von veräußerndem Eigentümer und Vermieter, sondern der damals teilweise geltende dingliche Charakter der Miete gewesen.[777] Eine Spaltung der dinglichen von der obligatorischen Zuständigkeit in Bezug auf den Mietvertrag sei deshalb gar nicht möglich gewesen, sodass dieser Fall nicht geregelt werden musste.[778] Diese Argumentation erscheint jedoch unschlüssig, da durch das BGB die Miete, anders als noch im ALR,[779] nicht mehr dinglich ausgestaltet war.

*bb) Vorliegen einer vergleichbaren Interessenlage*

Auch die zweite Voraussetzung für eine analoge Anwendung ist gegeben, denn der zu beurteilende Sachverhalt ist in rechtlicher Hinsicht ausreichend mit dem Tatbestand, den der Gesetzgeber geregelt hat, vergleichbar. Es kann deshalb angenommen werden, dass der Gesetzgeber bei einer von den gleichen Grundsätzen geleiteten Interessenabwägung zum gleichen Abwägungsergebnis gekommen wäre.[780]

Ausgangspunkt für die Bejahung einer vergleichbaren Interessenlage ist dem BGH zufolge der generelle Sinn und Zweck der Regelung, hier also der Schutz des Mieters durch Bestandsschutz.[781] Der Mieter soll die ihm eingeräumte Rechtsstellung – den berechtigten Besitz – nicht durch den Verkauf der Immobilie verlieren.[782] Darauf, dass das vorliegend nicht erfüllte Tatbestandsmerkmal des Identitätserfordernisses nicht dem Schutz des Mieters, sondern dem Schutz des Eigentümers dient, geht der BGH – trotz einer entsprechenden Auseinandersetzung des Berufungsgerichts – nicht konkret ein.[783] Vielmehr sei alleine

---

775 *Mugdan*, Die gesammten Materialien zum BGB, Protokolle der 2. Kommission zum I. Entwurf, S. 815. Vgl. auch *Jakobs/Schubert*-Schubert, Die Beratung des BGB: Recht der Schuldverhältnisse II (§§ 433–651), S. 577.

776 *Lammel*, jurisPR-MietR 20/2017 Anm. 3.

777 *Lammel*, jurisPR-MietR 20/2017 Anm. 3.

778 *Lammel*, jurisPR-MietR 20/2017 Anm. 3.

779 § 2 I 21 ALR.

780 BGH NJW, 2016, 3174; BGH NJW-Spezial 2017, 262; BGH, Urteil vom 12. Juli 2017 – XII ZR 26/16 –, BGHZ 215, 236–250 Rn. 34.

781 BGH, Urteil vom 12. Juli 2017 – XII ZR 26/16 –, BGHZ 215, 236–250 Rn. 34 f.

782 BGH, Urteil vom 12. Juli 2017 – XII ZR 26/16 –, BGHZ 215, 236–250 Rn. 35 ff.

783 Vgl. BGH, Urteil vom 12. Juli 2017 – XII ZR 26/16 –, BGHZ 215, 236–250 Rn. 9 f.

der allgemeine Zweck entscheidend, solange die Vermietung des veräußerten Grundstücks mit Zustimmung und im alleinigen wirtschaftlichen Interesse des Eigentümers erfolgt ist und der Vermieter kein eigenes Interesse am Fortbestand des Mietverhältnisses hat.[784]

*Lang/Hauff* betonen in diesem Zusammenhang, dass der bezweckte Mieterschutz andernfalls leicht umgangen werden könnte, indem der Eigentümer den Mietvertrag nicht selbst, sondern durch einen Dritten abschließen lässt.[785] Ähnlich argumentiert *Burbulla*, wenn er ausführt, dass es für den Mieter keinen Unterschied mache, ob er den Mietvertrag mit dem Eigentümer oder einem vom Eigentümer autorisierten Dritten geschlossen habe.[786] Das Schutzinteresse sei in beiden Fällen gleich zu bewerten.[787] Auch *Lindner-Figura/Reuter* knüpfen an den Mieterschutz an.[788] Sie begründen das Vorliegen einer vergleichbaren Interessenlage damit, dass es keinen Unterschied mache, ob verschiedene Gesellschaften, die vom gleichen Personenkreis beherrscht werden, das Grundstückseigentum und das Vermietungsgeschäft untereinander aufteilen, oder eine Gesellschaft für beide Aufgabenbereiche verantwortlich ist.[789] Der Mieter müsse trotz der Aufspaltung in verschiedene Rechtspersonen so gestellt werden, als seien Eigentümer und Vermieter personenidentisch.[790]

*Streyl* setzt hingegen am Sinn und Zweck des dreifachen Identitätserfordernisses an, den er im Schutz des Eigentümers sieht.[791] Der Mieterschutz spiele hier keine Rolle, da das Identitätserfordernis gerade den Schutz des Mieters beschränke – nämlich immer dann, wenn keine Identität vorliege. Die Vermietung stelle eine Art Belastung für den Eigentümer dar, weil er dadurch im Umgang mit seinem Eigentum eingeschränkt sei.[792] Deshalb müsse die Vermietung auf den Eigentümer zurückgehen, da andernfalls der Verkehrswert und die Verkehrsfähigkeit ohne sein Zutun negativ beeinflusst würden.[793]

---

784  BGH, Urteil vom 12. Juli 2017 – XII ZR 26/16 –, BGHZ 215, 236–250 Rn. 36 ff.; Palandt/*Weidenkaff*, § 566 BGB Rn. 7. Anders wäre es beispielsweise, wenn der Verwalter die Position eines Untermieters innehätte, da er dann ein eigenes wirtschaftliches Interesse an dem Mietvertrag hätte (vgl. *Bub/Bernhard*, FD-MietR 2017, 394145).

785  *Lang/Hauff*, ZfIR 21/2017, 733 (734).

786  *Burbulla,* MietRB 2017, 285 (286).

787  *Burbulla,* MietRB 2017, 285 (286).

788  *Lindner-Figura/Reuter,* NJW 2018, 1060 (1063).

789  *Lindner-Figura/Reuter,* NJW 2018, 1060 (1063).

790  *Lindner-Figura/Reuter,* NJW 2018, 1060 (1063).

791  Schmidt-Futterer/*Streyl*, § 566 Rn. 65.

792  Schmidt-Futterer/*Streyl*, § 566 Rn. 65.

793  Schmidt-Futterer/*Streyl*, § 566 Rn. 65.

Dem ist zuzustimmen. Für die Bejahung einer vergleichbaren Interessenlage ist auf den Schutzzweck des in Frage stehenden Tatbestandsmerkmals abzustellen. Nur wenn dieser Schutzzweck nicht entgegensteht, ist eine analoge Anwendung möglich. Vorliegend ist dies unter Zugrundelegung der zusätzlich vom BGH aufgestellten Voraussetzungen aber der Fall, da der veräußernde Eigentümer hiernach der Vermietung zugestimmt haben muss und sie im alleinigen wirtschaftlichen Interesse des veräußernden Eigentümers geschehen sein muss. Folglich kommen alle Ansichten, trotz unterschiedlicher Begründungsansätze, zum gleichen Ergebnis.

*Lammel* hält die festgelegten Kriterien hingegen insgesamt für juristisch nicht tragfähig.[794] Vielmehr hätte § 185 BGB herangezogen werden müssen.[795] Wegen des historisch begründeten Verfügungscharakters des Mietvertragsabschlusses sei § 185 BGB auch anwendbar.[796] Diese Argumentation überzeugt allerdings nicht, da der Mietvertragsabschluss gerade keine Verfügung, sondern eine bloß schuldrechtliche Verpflichtung darstellt.[797]

*cc) Auswirkung für die Beratungspraxis*

Die Ausführungen haben gezeigt, dass es für eine analoge Anwendung bei fehlender Personenidentität entscheidend darauf ankommt, ob die vom BGH aufgestellten Kriterien vorliegen oder nicht. Nach Einschätzung von *Lindner-Figura/Reuter* könnte das Erfordernis des alleinigen wirtschaftlichen Interesses des Eigentümers in der Praxis Schwierigkeiten verursachen.[798] Deshalb empfehlen sie im Zweifel klare vertragliche Regelungen, beispielsweise durch eine vorsorgliche Vertragsüberleitung im Grundstückskaufvertrag auf den Erwerber.[799] Dem ist zuzustimmen, da nicht auszuschließen ist, dass der Vermieter für die Vermietung vom Eigentümer monetär oder in anderer Weise entlohnt wird und mithin ein eigenes wirtschaftliches Interesse hat.

---

794 *Lammel*, jurisPR-MietR 20/2017 Anm. 3.
795 *Lammel*, jurisPR-MietR 20/2017 Anm. 3.
796 *Lammel*, jurisPR-MietR 20/2017 Anm. 3.
797 MüKoBGB/*Häublein*, Vor 535 BGB Rn. 5 ff.; Palandt/*Weidenkaff*, § 535 BGB Rn. 1 f.
798 *Lindner-Figura/Reuter,* NJW 2018, 1060 (1063).
799 *Lindner-Figura/Reuter,* NJW 2018, 1060 (1063).

## IV. Rechtsfolgen[800]

Rechtsfolge des § 566 Abs. 1 BGB ist, dass der „Erwerber anstelle des Vermieters in die sich während der Dauer seines Eigentums aus dem Mietverhältnis ergebenden Rechte und Pflichten ein[tritt]."

Die Norm durchbricht als Ausnahmeregel den allgemeinen Grundsatz, dass obligatorische Rechte und Pflichten nur zwischen den am Schuldverhältnis beteiligten Personen entstehen *(inter partes)*, da die Rechte und Pflichten aus dem Mietverhältnis auch gegenüber dem Erwerber als Dritten wirken *(inter omnes)*.[801] Ohne § 566 Abs. 1 BGB könnte der Erwerber eines vermieteten Grundstücks von dem Mieter die sofortige Räumung verlangen – deshalb die Bezeichnung *Kauf bricht Miete*.[802] Der Mietvertrag hätte gegenüber dem Erwerber keine rechtliche Wirkung, sodass der Mieter gegen den Erwerber keine Rechte hätte.[803] Durch § 566 Abs. 1 BGB kann sich der Mieter gegenüber dem Erwerber auf seine Rechte aus dem Mietvertrag berufen.[804] Der Erwerber ist verpflichtet, dem Mieter die Mietsache zu überlassen, obwohl er ihm gegenüber keine vertragliche Verpflichtung eingegangen ist – deshalb die Bezeichnung *Kauf bricht nicht Miete*.[805]

Im Folgenden sollen die Rechtsfolgen im Detail dargestellt und analysiert werden. Hierfür wird zunächst die rechtliche Konstruktion diskutiert (1.). Sodann wird der Inhalt der Rechte und Pflichten, in die der Erwerber eintritt, konkretisiert (2.). Es folgen die Darstellungen der Bürgenhaftung (3.) und möglicher abweichender Vereinbarungen (4.). Abschließend werden die Auswirkungen der Rechtsfolgen *in praxi* ausführlich analysiert (5.).

### 1. Die rechtliche Konstruktion: Novation oder Sukzession?

Ob zwischen dem Erwerber und dem Mieter kraft Gesetzes ein neues, mit dem alten inhaltsgleiches Mietverhältnis entsteht[806] oder es sich

---

800  Teile der nachfolgenden Ausführungen wurden bereits im Rahmen einer Besprechung zum Urteil BGH, Urteil vom 12. Juli 2017 – XII ZR 26/16 –, BGHZ 215, 236–250 veröffentlicht: *Moser-Lange*, JURA 2018, 384 (387).

801  Palandt/*Weidenkaff*, § 566 BGB Rn. 1; BGH 107, 315 (320).

802  Schmidt-Futterer/*Streyl*, § 566 BGB Rn. 4; MüKoBGB/*Häublein*, § 566 BGB Rn. 1.

803  Schmidt-Futterer/*Streyl*, § 566 BGB Rn. 4, 8; MüKoBGB/*Häublein*, § 566 BGB Rn. 1.

804  Schmidt-Futterer/*Streyl*, § 566 BGB, Rn. 8; MüKoBGB/*Häublein*, § 566 BGB Rn. 1.

805  Schmidt-Futterer/*Streyl*, § 566 BGB Rn. 128.

806  So die Novationslösung der Rechtsprechung: RGZ 59, 177 (188); BGH NJW 1962, 1388 (1390); BGH NJW 2012, 1881 Rn. 17.

hierbei um einen gesetzlich angeordneten Übergang handelt,[807] ist umstritten.

Der Streit um die rechtliche Konstruktion der Rechtsfolge des § 566 Abs. 1 BGB ist im Grunde lediglich relevant, wenn es um die Einwendungsmöglichkeiten der Parteien geht, denn nur dann hat er (geringe) praktische Auswirkungen.[808] Aus diesem Grund soll der Meinungsstand nur in seinen Grundzügen dargestellt (a)), der Streitentscheid auf die wesentlichen Argumente beschränkt (b)) und lediglich ausführlicher auf die praktischen Auswirkungen eingegangen werden (c)).

## a) Meinungsstand

Der BGH geht davon aus, dass zwischen dem Erwerber und dem Mieter kraft Gesetzes ein neues, mit dem alten inhaltsgleiches Mietverhältnis entsteht.[809] Aufgrund dieser Fiktion findet im Moment des Eigentümerwechsels eine Zäsur statt, weil das ursprüngliche Mietverhältnis endet und ein neues begründet wird.[810]

Die Literatur ist mehrheitlich der Meinung, dass die Rechtsfolge des § 566 Abs. 1 BGB ein gesetzlich angeordneter Vertragsübergang sei.[811] Dies entspreche der natürlichen Auffassung.[812] Zudem werde lediglich ein Vertragspartner ausgewechselt, sodass die Identität und Kontinuität des Mietverhältnisses gewahrt werde.[813] Die Vertragsübernahme ist gesetzlich nicht geregelt.[814] Sie ist eine Übertragung der gesamten Rechte und Pflichten aus einem Schuldverhältnis,[815] also nicht die bloße Addition einer Abtretung von Forderungen gemäß §§ 398 ff. BGB

807 So die Literatur: Staudinger/*Emmerich*, 2018, § 566 BGB Rn. 5; Schmidt-Futterer/ *Streyl*, § 566 BGB Rn. 11.

808 BeckOK BGB/*Herrmann*, § 566 BGB Rn. 5; Schmidt-Futterer/*Streyl*, § 566 BGB Rn. 9, 11, 13.

809 RGZ 59, 177 (188); BGH NJW 1962, 1388 (1390); BGH NJW 2012, 1881 Rn. 17; Staudinger/*Emmerich*, 2018, § 566 BGB Rn. 4 m.w.N.; BeckOK BGB/*Herrmann*, § 566 BGB Rn. 5.

810 BGH NJW 2012, 3032 Rn. 32; vgl. auch BGH NJW-RR 2005, 96; Schmidt-Futterer/ *Streyl*, § 566 BGB Rn. 10; MüKoBGB/*Häublein*, § 566 BGB Rn. 23.

811 Staudinger/*Emmerich*, 2018, § 566 BGB Rn. 5; MüKoBGB/*Häublein*, § 566 BGB Rn. 23.

812 Staudinger/*Emmerich*, 2018, § 566 BGB Rn. 5.

813 Schmidt-Futterer/*Streyl*, § 566 BGB Rn. 11; vgl. auch MüKoBGB/*Heinemeyer*, Vor § 414 BGB Rn. 7.

814 BeckOK BGB/*Rohe*, § 414 BGB Rn. 26; Palandt/*Grüneberg*, § 398 BGB Rn. 41.

815 BeckOK BGB/*Rohe*, § 414 BGB Rn. 26; MüKoBGB/*Heinemeyer*, Vor § 414 BGB Rn. 7; grundlegend *Pieper*, Vertragsübernahme und Vertragsbeitritt, S. 177 f.

einerseits und einer Schuldübernahme gemäß § 414 ff. BGB andererseits.[816] Die Vertragsübernahme stellt ein Mehr gegenüber der Schuldübernahme, und – trotz der enthaltenen Zessionsvorgänge – ein selbstständiges, einheitliches Rechtsgeschäft gegenüber einer bloßen Abtretung einzelner Forderungen dar.[817]

## b) Streitentscheid

Der Streitentscheid zwischen der Novations- und der Sukzessionslösung ist nicht einfach. Der Wortlaut gibt keinen eindeutigen Aufschluss über die beabsichtigte Art des Rechtsübergangs (aa)). Auch eine historische Auslegung unter Berücksichtigung des Gesetzgebungsprozesses (bb)) und der Rechtsprechungshistorie (cc)) ist ambivalent. Schließlich erscheinen auch unter Heranziehung des Sinn und Zwecks beide Ansichten vertretbar (dd)).

## aa) Wortlaut

Dem Wortlaut nach tritt der Erwerber in die Rechte und Pflichten aus dem Mietverhältnis ein. Aus dieser Formulierung könnte geschlussfolgert werden, dass nicht der Vertrag als Ganzes, sondern lediglich einzelne Rechte und Pflichten Gegenstand der Regelung sein sollten, mithin also keine Vertragsübernahme des Mietvertrags als Ganzes gewollt war.[818] Allerdings lässt sich die Formulierung damit erklären, dass der historische Gesetzgeber den Mietvertrag nicht als ein geschlossenes Konstrukt, sondern als ein aus verschiedenen Rechten und Pflichten zusammengesetztes Vertragsverhältnis sah.[819] Dies ergibt sich aus der Diskussion der zweiten Kommission um die rechtliche Konstruktion hinter dem Grundsatz *Kauf bricht nicht Miete*, wo durchweg die Rede von einzelnen Rechten und Pflichten, von aktiven und passiven Positionen, von abtretbaren und nicht abtretbaren Forderungen ist.[820] Die Art des Rechtsübergangs wird hiermit aber

---

816  *Pieper*, Vertragsübernahme und Vertragsbeitritt, S. 177; MüKoBGB/*Heinemeyer*, Vor § 414 BGB Rn. 8; Palandt/*Grüneberg*, § 398 BGB Rn. 42.

817  *Pieper*, Vertragsübernahme und Vertragsbeitritt, S. 177 f.; BeckOK BGB/*Rohe*, § 414 BGB Rn. 29; MüKoBGB/*Heinemeyer*, Vor § 414 BGB Rn. 8.

818  *Streyl*, NZM 2010, 343 (346).

819  Vgl. *Mugdan*, Die gesammten Materialien zum BGB, Protokolle der 2. Kommission zum I. Entwurf, S. 816; *Streyl*, NZM 2010, 343 (346).

820  *Mugdan*, Die gesammten Materialien zum BGB, Protokolle der 2. Kommission zum I. Entwurf, S. 816; *Streyl*, NZM 2010, 343 (346), führt die Formulierung darüber hinaus darauf zurück, dass der historische Gesetzgeber die Konstruktion einer Vertragsübernahme noch nicht kannte, da sich diese erst zu Beginn des 20. Jahrhunderts entwickelte und erst nach dem Zweiten Weltkrieg von der Rechtsprechung des BGH

nicht umschrieben.[821] Vielmehr wird aus den Gesetzesmaterialien deutlich, dass der historische Gesetzgeber einen möglichst vollständigen Eintritt des Erwerbers erreichen wollte.[822] Der Wortlaut ist mithin nicht eindeutig.

*bb) Historische Auslegung unter Berücksichtigung des Gesetzgebungsprozesses*

Aus den Protokollen der zweiten Kommission ergeben sich zwei Hauptanliegen des Gesetzgebers bezüglich der Rechtsfolgen des § 566 Abs. 1 BGB: einerseits soll der Erwerber vollständig in die aktive und passive Seite des Mietverhältnisses eintreten, andererseits soll der Erwerber vor überlangen Belastungen durch Vorausverfügungen geschützt werden.[823] Aufgrund dessen wurde der Antrag, der den Eintritt nach den Grundsätzen der Zession gestalten wollte, abgelehnt.[824] Man fürchtete eine Art „Duplizität des Mietverhältnisses", da durch eine Zession lediglich die Forderungsrechte auf den Erwerber übergegangen wären, nicht aber die übrigen Rechte des Vermieters, wie beispielsweise das Rücktrittsrecht oder das Kündigungsrecht.[825] Zudem barg der Eintritt nach den Grundsätzen der Zession noch das Risiko, dass der Vermieter den Mietzins vor Übertragung des Eigentums für eine längere Zeit im Voraus erhalten hatte und der Erwerber die Überlassung der Mietsache deshalb ohne Erhalt einer Gegenleistung hätte gewähren müssen.[826] Deshalb entschloss man sich dafür, dass der „Erwerber mit dem Zeitpunkte der Eigenthumsübertragung an Stelle des Vermiethers in die während der Dauer seines Eigenthums aus dem Miethverhältnisse sich

---

anerkannt worden sei. Dieser Argumentation ist entgegenzutreten. Entgegen der Ansicht *Streyls* ist die Verfasserin der Ansicht, dass sich insbesondere aus RGZ 59, 177 (187) ergibt, dass eine Art Vertragsübernahme bereits im ALR vorgesehen war und somit aufgrund der engen Orientierung am ALR und der vielen preußischen Kommissionsmitglieder den Kommissionsmitgliedern diese Art des Eintritts bekannt gewesen sein muss.

821 So auch *Streyl*, NZM 2010, 343 (346).

822 *Mugdan*, Die gesammten Materialien zum BGB, Protokolle der 2. Kommission zum I. Entwurf, S. 816.

823 *Mugdan*, Die gesammten Materialien zum BGB, Protokolle der 2. Kommission zum I. Entwurf, S. 816 f.

824 Vgl. *Mugdan*, Die gesammten Materialien zum BGB, Protokolle der 2. Kommission zum I. Entwurf, S. 816 f.

825 *Mugdan*, Die gesammten Materialien zum BGB, Protokolle der 2. Kommission zum I. Entwurf, S. 816.

826 *Mugdan*, Die gesammten Materialien zum BGB, Protokolle der 2. Kommission zum I. Entwurf, S. 816 f.

ergebenden Rechte und Pflichten" eintrete.[827] Hierdurch sollte die Gefahr der Duplizität vermieden werden.[828] Gleichzeitig ging die Kommission – wenn auch nicht ausdrücklich, dennoch unmissverständlich – davon aus, dass Vorausverfügungen durch diese Gestaltung nicht gegenüber dem Erwerber gelten würden.[829] Ein Rückschluss darauf, dass deshalb keinerlei Art von Rechtsnachfolge gewollt war, ist aber nicht möglich, da lediglich die Zessionsregelungen als isolierte Konstruktion abgelehnt wurden. Eine andere Art der Rechtsnachfolge führt nicht zwangsläufig zur Anwendung der Zessionsnormen. Die historische Auslegung unter Berücksichtigung des Gesetzgebungsprozesses ist mithin ebenfalls nicht eindeutig.

### cc) Historische Auslegung unter Berücksichtigung der Rechtsprechungshistorie

Die Kommission bezeichnete den Eintritt kraft Gesetzes in die Rechte und Pflichten als Anomalie im System des BGB, die zur Implementierung des Grundsatzes *Kauf bricht nicht Miete* erforderlich gewesen sei.[830] Die Konstruktion lehne sich zudem „an den deutschrechtlichen Gedanken an, nach welchem gewisse Rechte und Pflichten mit dem Eigenthume an einem Grundstücke verbunden seien."[831] Die Verpflichtungen seien also „deutschrechtlichen Realakten ähnlich."[832] Aus dieser Formulierung zog das Reichsgericht Anfang des 20. Jahrhunderts den Schluss, dass der Eintritt des neuen Eigentümers eine Gestaltung erfahren habe, die eine Nachfolge in die Rechte und Pflichten des Veräußerers ausschließe.[833] Der Eintritt beruhe auf dem Gedanken, dass in der Person des Erwerbers durch den Übergang des Eigentums die gleichen Rechte und Pflichten kraft Gesetzes erwachsen.[834] Der Gesetzgeber habe sich bewusst für eine andere Konstruktion

---

827 *Mugdan*, Die gesammten Materialien zum BGB, Protokolle der 2. Kommission zum I. Entwurf, S. 816 f.

828 *Mugdan*, Die gesammten Materialien zum BGB, Protokolle der 2. Kommission zum I. Entwurf, S. 816 f.

829 *Mugdan*, Die gesammten Materialien zum BGB, Protokolle der 2. Kommission zum I. Entwurf, S. 816 f.

830 *Mugdan*, Die gesammten Materialien zum BGB, Protokolle der 2. Kommission zum I. Entwurf, S. 816.

831 *Mugdan*, Die gesammten Materialien zum BGB, Protokolle der 2. Kommission zum I. Entwurf, S. 816 f.

832 *Mugdan*, Die gesammten Materialien zum BGB, Protokolle der 2. Kommission zum I. Entwurf, S. 816 f.

833 RGZ 59, 177 (188); RGZ 68, 10 (12 f.).

834 RGZ 59, 177 (188); RGZ 68, 10 (12 f.).

als die des ALR entschieden, wo eine Einzelrechtsnachfolge „in ein ganzes beste-
hendes Rechtsverhältnis, in Forderung und Schuld" vorgesehen war und „bei
dem für den Übergang der Rechte eine besondere Abtretung nicht für erforderlich geachtet wurde."[835] Dieser Auslegung vermag die Verfasserin nicht uneingeschränkt zu folgen. Der Vergleich mit den deutschrechtlichen Realakten ist
vielmehr vor dem Hintergrund der Nähe des BGB zum ALR zu sehen und zu
werten.[836] Die Konstruktion war für die Kommissionsmitglieder als Anomalie
nicht richtig greifbar, sodass sie für ein besseres Verständnis auf ein Konstrukt
zurückgriffen, das ihnen familiär war.[837] Der Rückgriff auf die Realakte war hier
deshalb besonders naheliegend, weil das einflussreiche preußische Zivilrecht die
Miete dinglich ausgestaltet hatte.[838] Die historische Auslegung unter Berücksichtigung der Rechtsprechungshistorie ist folglich ebenfalls ambivalent.

*dd) Ratio*

Aus diesem Grund sind die Hauptanliegen des historischen Gesetzgebers für
die Auslegung ausschlaggebend, und nicht die Hilfserwägungen der Kommissionsmitglieder. Ziel des historischen Gesetzgebers war der vollständige Eintritt des Erwerbers in die Recht und Pflichten einerseits sowie der Schutz des
Erwerbers vor Vorausverfügungen andererseits. Beides ist sowohl durch eine
gesetzliche Vertragsübernahme als auch durch eine Fiktion eines neuen, inhalts-
gleichen Vertrags möglich. Die Sukzessionslösung erscheint aber eleganter, da
die Zäsur der Fiktion, nämlich die Begründung eines neuen Vertragsverhältnisses, vermieden wird und das alte Vertragsverhältnis mit einem neuen Vertragspartner fortgeführt wird. Schließlich führt die Sukzessionslösung auch nicht zur
unmittelbaren Anwendung der Abtretungsnormen: Die Vertragsübernahme ist
gesetzlich nicht geregelt und die §§ 398 ff. BGB und §§ 414 ff. BGB sind nur entsprechend anwendbar.[839] Die §§ 566b ff. BGB als Sonderregelungen sind deshalb
vorrangig und verhindern, dass der Erwerber durch die §§ 404 ff. BGB Vorausverfügungen zeitlich unbegrenzt gegen sich gelten lassen muss.[840]

---

835  RGZ 59, 177 (187).
836  Ausführlich zum ALR: § 3 II.2.a).
837  *Streyl*, NZM 2010, 343 (347).
838  Ausführlich zum ALR: § 3 II.2.a). Vgl. auch *Streyl*, NZM 2010, 343 (347).
839  Palandt/*Grüneberg*, § 398 BGB Rn. 41, 44; BeckOK BGB/*Rohe*, § 414 BGB Rn. 29.
840  Siehe sogleich unter § 4 IV.1.c).

## c) Geringe praktische Auswirkungen bei mietforderungsbezogenen Einwendungen

Wie einleitend bereits angekündigt, ist der Streit um die rechtliche Konstruktion im Grunde nur relevant, wenn es um die Einwendungsmöglichkeiten der Parteien geht. Diese sollen zur Verdeutlichung deshalb nachfolgend näher untersucht werden, wobei zwischen mietforderungsbezogenen und sonstigen Einwendungen (d)) unterschieden werden muss.

Die §§ 566b ff. BGB ergänzen den § 566 BGB mit vorrangigen Sonderregelungen für mögliche mietforderungsbezogene Einwendungen (aa)).[841] Sie sind den §§ 404 ff. BGB nachgebildet, haben allerdings im Vergleich zu diesen teilweise einen geringeren Schutzgehalt bezüglich der Mieterinteressen und beschränken den Mieterschutz dadurch nicht unerheblich.[842] Dies gilt insbesondere für die §§ 566b, 566c und 566d BGB, bei denen die Wirksamkeit von Vorausverfügungen, Verfügungen und anderen Rechtsgeschäften über Mietforderungen und hiermit im Zusammenhang stehenden Aufrechnungsmöglichkeiten des Mieters zeitlich begrenzt sind.[843] Eine solche zeitliche Begrenzung gibt es bei den §§ 404 ff. BGB nicht. Eine Regelung entsprechend § 404 BGB fehlt ganz.[844] Dennoch bzw. gerade deshalb dürfen die §§ 404 ff. BGB im Anwendungsbereich der §§ 566b ff. BGB nicht analog angewendet werden (bb)).

### aa) Die §§ 566b ff. BGB als vorrangige Sonderregelungen

Die vorrangigen Sonderregelungen der §§ 566b ff. BGB sind nicht ohne Weiteres verständlich. Deshalb soll zunächst der Inhalt der Normen dargestellt ((1)) und anschließend gezeigt werden, dass primärer Zweck der §§ 566b ff. BGB der Erwerberschutz ist ((2)).

### (1) Inhalt der §§ 566b ff. BGB

§ 566b BGB regelt die Wirksamkeit von Verfügungen des Veräußerers über die Miete, die auf die Zeit der Berechtigung des Erwerbers entfallen. Gemäß § 566b Abs. 1 S. 1 BGB sind diese nur wirksam, soweit sie sich auf die Miete

---

841 Schmidt-Futterer/*Streyl*, § 566 BGB Rn. 2, 14, § 566e BGB Rn. 1; BeckOK BGB/*Herrmann*, § 566b BGB Rn. 1.

842 So auch MüKoBGB/*Häublein*, § 566b BGB Rn. 2 ff.; Schmidt-Futterer/*Streyl*, § 566 BGB Rn. 14, § 566b BGB Rn. 1.

843 Schmidt-Futterer/*Streyl*, § 566b BGB Rn. 1; 6; *Dötsch*, NZM 2012, 296 (297).

844 Vgl. Schmidt-Futterer/*Streyl*, § 566 BGB Rn. 14.

für den zur Zeit des Eigentumsübergangs laufenden Kalendermonat beziehen.[845] Anderes gilt gemäß § 566b Abs. 2 BGB, wenn der Erwerber von der Vorausverfügung Kenntnis hat; dann muss er diese insgesamt gegen sich gelten lassen.

§ 566c BGB regelt die Wirksamkeit von Rechtsgeschäften zwischen dem Mieter und dem Veräußerer über die Mietforderung.[846] Gemäß § 566c S. 1 BGB sind diese dem Erwerber gegenüber nur wirksam, soweit sie sich nicht auf die Miete für eine spätere Zeit als den Kalendermonat beziehen, in welchem der Mieter von dem Übergang des Eigentums Kenntnis erlangt.[847]

§ 566d BGB betrifft die Wirksamkeit einer Aufrechnung des Mieters gegenüber dem Erwerber mit einer Forderung, die ihm gegen den Veräußerer zusteht.[848] Für die Wirksamkeit knüpft die Norm an § 566c BGB an.

Gemäß § 566e Abs. 1 BGB muss der Vermieter, der dem Mieter die Eigentumsübertragung mitgeteilt hat, die mitgeteilte Übertragung in Ansehung der Mietforderung gegen sich gelten lassen, auch wenn sie nicht erfolgt oder nicht wirksam ist.[849]

*(2) Erwerberschutz als primärer Zweck der §§ 566b ff. BGB*

In der Literatur ist umstritten, welchem Schutzzweck die §§ 566b ff. BGB primär dienen.[850] Einig ist man sich lediglich darüber, dass die §§ 566 ff. BGB einen gerechten Ausgleich der verschiedenen Interessen bezwecken und dass § 566 BGB in erster Linie dem Mieterschutz verpflichtet ist.[851] Während vor allem *Emmerich* die primäre Schutzrichtung im Schutz des Mieters vor Doppelzahlungen sieht,[852] ist das neuere Schrifttum der Auffassung, dass die §§ 566b ff. BGB

---

845 Gemäß § 566b Abs. 1 S. 2 BGB ist die Verfügung auch für den folgenden Kalendermonat wirksamen, wenn das Eigentum nach dem 15. Tag des Monats übergeht.
846 § 566c BGB ist dem § 407 BGB nachgebildet.
847 Gemäß § 566c S. 3 BGB ist das Rechtsgeschäft auch für den auf die Kenntnis folgenden Monat wirksam, wenn der Mieter die Kenntnis erst nach dem 15. Tag des Monats erlangt. Das Rechtsgeschäft ist gemäß § 566c S. 3 BGB gar nicht wirksam, wenn es nach dem Eigentumsübergang vorgenommen wird, und der Mieter hierbei Kenntnis vom Eigentumsübergang hatte.
848 § 566d BGB ist dem § 406 BGB nachgebildet. Vgl. auch Schmidt-Futterer/*Streyl*, § 566b BGB Rn. 2.
849 § 566e BGB ist dem § 409 BGB nachgebildet.
850 MüKoBGB/*Häublein*, § 566b Rn. 1 ff.; Staudinger/*Emmerich*, 2018, § 566b BGB Rn. 1, 10.
851 Staudinger/*Emmerich*, 2018, § 566b BGB Rn. 1; Schmidt-Futterer/*Streyl*, § 566 BGB Rn. 8; Schmidt-Futterer/*Streyl*, § 566b BGB Rn. 1.
852 Staudinger/*Emmerich*, 2018, § 566b BGB Rn. 1.

primär den Erwerber gegen den Verlust des ihm zustehenden Mietzinses schützen sollen.[853] Relevant wird der Normzweck insbesondere bei der Auslegung der Tatbestandsmerkmale „Vorausverfügung" bei § 566b BGB und „Rechtsgeschäft" bei § 566c BGB.[854] Diejenigen, die den primären Schutzzweck im Schutz des Mieters sehen, legen die Merkmale eng aus, um – zum Schutz des Mieters vor der zeitlichen Wirksamkeitsbeschränkung – möglichst wenige Vorausverfügungen und Rechtsgeschäfte unter die §§ 566b und 566c BGB fallen zu lassen.[855] Diejenigen, die den primären Schutzzweck allerdings im Schutz des Erwerbers sehen, legen die Merkmale weit aus, um den Anwendungsbereich möglichst weit zu fassen.[856]

Dem Wortlaut nach sollen die §§ 566b ff. BGB auf den ersten Blick die Wirksamkeit der Verfügungen und Rechtsgeschäfte über die Miete regeln.[857] Auf den zweiten Blick wird aber deutlich, dass es sich um Wirksamkeitsschranken mit Übergangsfristen handelt.[858] Anders als bei den §§ 404 ff. BGB hat sich der Gesetzgeber nämlich dafür entschieden, die Wirksamkeit durch Fristen zu beschränken. Auch aus einem systematischen Vergleich lässt sich darauf schließen, dass die §§ 566b ff. BGB primär die Rentabilität der Vermietung zum Schutz des Erwerbers effektiv sichern sollen:[859] Denn aufgrund des § 566 Abs. 1 BGB würde der Erwerber grundsätzlich in alle Rechte und Pflichten eintreten, und zwar in dem Zustand, den sie in dem Moment des Eigentumsübergangs

---

853   Vgl. Schmidt-Futterer/*Streyl*, § 566b BGB Rn. 7 ff.; MüKoBGB/*Häublein*, § 566c BGB Rn. 6 ff.

854   Mangels Relevanz für die weitere Untersuchung wird nachfolgend nicht näher auf den Streit eingegangen. Ausführlich zum Streit bezüglich der Auslegung des Begriffs der „Vorausverfügung" siehe Staudinger/*Emmerich*, 2018, § 566b BGB Rn. 10 ff.; Schmidt-Futterer/*Streyl*, § 566b BGB Rn. 7 ff. Zum Streit bezüglich der Auslegung des Begriffs des „Rechtsgeschäfts über die Mietforderung" siehe Staudinger/*Emmerich*, 2018, § 566c BGB Rn. 2.; MüKoBGB/*Häublein*, § 566c BGB, Rn. 6 ff.

855   Vgl. MüKoBGB/*Häublein*, § 566b BGB Rn. 8 f.; Palandt/*Weidenkaff*, § 566 BGB Rn. 2, 4; Staudinger/*Emmerich*, 2018, § 566b BGB Rn. 10 a, § 566c BGB Rn. 2; OLG Düsseldorf NJW-RR 1994, 1234 (1235).

856   Vgl. BGHZ 37, 346 (361 f.) = NJW 1962, 1860 (1861); BGHZ 137, 106 (111) = NJW 1998, 595 (586); Schmidt-Futterer/*Streyl*, § 566b BGB Rn. 7 ff.; MüKoBGB/*Häublein*, § 566c BGB Rn. 6 ff.

857   Schmidt-Futterer/*Streyl*, § 566b BGB Rn. 1, 7; vgl. auch MüKoBGB/*Häublein*, § 566b BGB Rn. 1 ff.

858   Schmidt-Futterer/*Streyl*, § 566b BGB Rn. 1, 7; Dötsch, NZM 2012, 296 (297).

859   Schmidt-Futterer/*Streyl*, § 566b BGB Rn. 7: vgl. auch MüKoBGB/*Häublein*, § 566b BGB Rn. 1 ff.

hätten.[860] Es wären mithin auch Rechtsgeschäfte zu berücksichtigen, die die Vertragsparteien über den Mietzins geschlossen haben. Eine zusätzliche Regelung, die lediglich die Wirksamkeit von Verfügungen und Rechtsgeschäften über die Miete zum Schutz des Mieters betont, wäre in den § 566b ff. BGB deshalb gerade nicht notwendig. Die grammatische und die systematische Auslegung sprechen somit für die Betonung des Erwerberschutzes.

Das gleiche gilt für die historische Auslegung. Der historische Gesetzgeber bevorzugte die Regelung *Kauf bricht Miete* und sah keine Notwendigkeit, dem Mieter Bestandsschutz durch den entgegengesetzten Grundsatz *Kauf bricht nicht Miete* zu gewähren.[861] Lediglich aufgrund des öffentlichen Drucks lenkte die zweite Gesetzgebungskommission ein.[862] Hieraus ist zu schließen, dass der historische Gesetzgeber bereits im Zusammenhang mit § 566 Abs. 1 BGB nicht vom Mieterschutz als primärem Schutzzweck überzeugt war. Dass er dem Mieter durch die §§ 566b ff. BGB noch weitergehenden Schutz gewähren wollte, ist deshalb fernliegend. Diese Einschätzung wird auch durch die Protokolle zum zweiten Entwurf gestützt. Aus den Protokollen geht nämlich hervor, dass die Kommission mit den §§ 566b ff. BGB den Erhalt der Äquivalenz der vertraglichen Leistungen zum Schutz des Erwerbers verfolgte.[863] So wäre die Pflicht zur Gewährung der Mietsache ohne Erhalt eines entsprechenden Entgelts nach Ansicht der Kommission ein nicht hinnehmbares Missverhältnis der vertraglichen Leistungen gewesen.[864] Nur in drei konkret benannten Fällen ging sie ausnahmsweise von der Wirksamkeit von Vorausverfügungen aus: bei Kenntnis des Erwerbers im Zeitpunkt der Eigentumsübertragung, da der Erwerber hier nicht schutzwürdig sei; bei Verfügungen über den Mietzins der nächsten Zeit, weil hier oft eine wirtschaftliche Notwendigkeit für den Vermieter bestehe; und schließlich bei Unkenntnis des Mieters, da er hier schutzwürdiger sei als der Erwerber und sein Interesse an einer äquivalenten Gegenleistung.[865]

Schließlich betont auch der BGH in seiner Rechtsprechung immer wieder, dass Vorausverfügungen und andere Rechtsgeschäfte über den Mietzins immer

---

860 Vgl. Schmidt-Futterer/*Streyl*, § 566b BGB Rn. 6.

861 Ausführlich zu den Argumenten der Kommissionen: § 3 III.3.b), 4.b).

862 Siehe oben § 3 III.4.b).

863 *Mugdan*, Die gesammten Materialien zum BGB, Protokolle der 2. Kommission zum I. Entwurf, S. 816 f., 822 f.

864 *Mugdan*, Die gesammten Materialien zum BGB, Protokolle der 2. Kommission zum I. Entwurf, S. 816 f., 822 f.

865 *Mugdan*, Die gesammten Materialien zum BGB, Protokolle der 2. Kommission zum I. Entwurf, S. 816 f., 822 f.

unter dem Vorbehalt einer späteren Veräußerung der Mietsache stehen.[866] Die Bestimmungen der §§ 566b ff. BGB bezwecken dem BGH zufolge deshalb nicht nur den Schutz des Mieters vor Doppelzahlungen, sondern gerade auch den Schutz des Erwerbers:[867] Der Mietzinsanspruch solle als wertbildender Faktor dann nicht mehr vom Eigentum getrennt sein, wenn die Rechtszuständigkeit desjenigen endet, der über den Anspruch verfügt hat.[868]

Es ist also festzuhalten, dass der Normzweck der §§ 566 ff. BGB nicht auf den Mieterschutz zu reduzieren ist.[869] Vielmehr sind gerade die §§ 566b ff. BGB von dem Gedanken getragen, dass dem Erwerber für die Zeit ab dem Eigentumsübergang eine äquivalente Gegenleistung für die Überlassung der Mietsache zufließen soll.[870]

### bb) Keine analoge Anwendung der §§ 404 ff. BGB im Anwendungsbereich der §§ 566b ff. BGB

Die §§ 566b ff. BGB sind – unabhängig von der rechtlichen Konstruktion – gegenüber den §§ 404 ff. BGB vorrangig und abschließend.[871] Zwar wurde unter c) herausgearbeitet, dass die §§ 566b ff. BGB im Vergleich zu den §§ 404 ff. BGB lückenhaft sind. Allerdings geht aus den Ausführungen zum primären Schutzzweck der § 566b ff. BGB hervor, dass dies eine bewusste Entscheidung des Gesetzgebers war. Eine analoge Anwendung insbesondere der §§ 404, 407 und 412 BGB ist folglich nicht möglich, da es bereits an einer planwidrigen Regelungslücke fehlt.[872]

### d) Praktische Auswirkungen bei sonstigen Einwendungen

Aus dem zuvor Gesagten ergibt sich, dass die Anwendbarkeit der §§ 404 ff. BGB außerhalb des Anwendungsbereichs der §§ 566b ff. BGB grundsätzlich aus einem anderen Blickwinkel betrachtet werden muss, da beispielsweise bezüglich des Kündigungsrechts und möglicher Schadensersatzansprüche des Erwerbers keine Sonderregelungen entgegenstehen. Für die Beurteilung der Anwendbarkeit

---

866  BGH NJW-RR 2005, 1466 (1467); vgl. auch BGH NJW 1998, 598.
867  BGH NJW-RR 2005, 1466 (1467); BGH NJW 2007, 2919 (2921).
868  BGH NJW-RR 2005, 1466 (1467).
869  MüKoBGB/*Häublein*, § 566b BGB Rn. 2 ff., § 566c BGB Rn. 7.
870  MüKoBGB/*Häublein*, § 566b BGB Rn. 2 ff., § 566c BGB Rn. 7.
871  Schmidt-Futterer/*Streyl*, § 566 BGB Rn. 13 f.
872  So auch Schmidt-Futterer/*Streyl*, § 566e BGB Rn. 21 ff.; vgl. auch BGH NJW-RR 2002, 730.

muss allerdings zwischen der Novationslösung (aa)) und der Sukzessionslösung (bb)) unterschieden werden, wobei die praktische Relevanz gering ist (cc)).

*aa) Novationslösung*

Nach der Novationslösung scheidet eine Anwendung dennoch aus, da nach Ansicht des BGH mangels Rechtsnachfolge keine vergleichbare Interessenlage vorliegt.[873] Er wendet zwar im Einzelfall aus Gerechtigkeitsaspekten einzelne Regelungen der §§ 404 ff. BGB an, eine überzeugende Begründung liefert er hierfür aber nicht.[874]

*bb) Sukzessionslösung*

Nach der Sukzessionslösung liegen die Voraussetzungen einer analogen Anwendung – planwidrige Regelungslücke und vergleichbare Interessenlage – im Einzelfall vor. Denn mangels spezieller gesetzlicher Regelungen werden die §§ 398 ff. BGB und §§ 414 ff. BGB grundsätzlich auf Vertragsübernahmen angewendet.[875] Der Einwand des historischen Gesetzgebers gegen die Anwendung der Zessionsgrundsätze steht der analogen Anwendung nicht entgegen, da er lediglich den Schutz des Erwerbers vor Vorausverfügungen im Blick hatte.[876] Mietforderungsbezogene Einwendungen sind hier aber gerade nicht gemeint. Allerdings ist vorliegend zu beachten, dass die Vertragsübernahme durch die Zäsurwirkung des § 566 Abs. 1 BGB auf die Zeit nach dem Eigentumserwerb und auf die Rechte und Pflichten aus dem Mietverhältnis beschränkt wird.[877] Vorschriften, die dem Mieter erlauben würden, dem Erwerber sämtliche Einwendungen – beispielsweise auch aus anderen Rechtsverhältnissen – entgegen zu halten, würden diese Zäsurwirkung konterkarieren.[878] Im Übrigen ist eine analoge Anwendung aber aufgrund der Vergleichbarkeit von Abtretung und Vertragsübernahme möglich.[879]

---

873 So BGH NJW-RR 2002, 730; siehe auch *Streyl*, NZM 2010, 343 (355).
874 BGH NJW-RR 2002, 730; siehe auch *Streyl*, NZM 2010, 343 (355).
875 Palandt/*Grüneberg*, § 398 BGB Rn. 44; BeckOK BGB/*Rohe*, § 414 BGB Rn. 29.
876 Vgl. *Mugdan*, Die gesammten Materialien zum BGB, Protokolle der 2. Kommission zum I. Entwurf, S. 817.
877 *Streyl*, NZM 2010, 343 (355); MüKoBGB/*Häublein*, § 566 BGB Rn. 30.
878 *Streyl*, NZM 2010, 343 (355).
879 So auch *Streyl*, NZM 2010, 343 (355).

### cc) Relevanz

Relevant sind die unterschiedlichen Sichtweisen bei der Ausübung von Gestaltungsrechten wie beispielsweise einer Kündigungserklärung. Nach der Sukzessionslösung greift hier § 407 BGB, nach der Novationslösung ist der Mieter demgegenüber grundsätzlich nicht geschützt, wobei die Rechtsprechung in missbräuchlichen Fällen dogmatisch unsauber ebenfalls zu zufriedenstellenden Ergebnissen kommt.[880]

### e) Umgang mit Meinungsstreit im weiteren Verlauf der Arbeit

Im weiteren Verlauf der Arbeit werden, wo relevant, beide Lösungen durchgespielt, um zu verdeutlichen, dass es sich im Kern um einen wissenschaftlichen Streit ohne große praktische Auswirkungen handelt.

## 2. Inhalt der Rechte und Pflichten, in die der Erwerber eintritt

Dem Wortlaut des § 566 Abs. 1 BGB nach „tritt der Erwerber anstelle des Vermieters in die sich während der Dauer seines Eigentums aus dem Mietverhältnis ergebenden Rechte und Pflichten ein." Aufgrund des unklaren Wortlauts ist der genaue Inhalt der Rechte und Pflichten, in die der Erwerber eintritt, umstritten.

Die Formulierung „aus dem Mietverhältnis" ist mehrdeutig. Einigkeit besteht darüber, dass sämtliche in Betracht kommenden Abreden in einem unlösbaren Zusammenhang mit dem Mietvertrag stehen müssen.[881] Eine bloß wirtschaftliche Verbindung reicht nicht aus.[882]

Uneins ist man sich hingegen über die Reichweite der umfassten Rechte und Pflichten: Einerseits könnte man unter Mietverhältnis den tatsächlichen Vertragsinhalt insgesamt verstehen, also in der Form und in dem Umfang, wie die Parteien den Mietvertrag vereinbart haben, ohne Rücksicht auf den Inhalt der Regelungen. Für die Anwendung des § 566 Abs. 1 BGB käme es hiernach lediglich darauf an, ob die fraglichen Abreden nach dem Willen der Parteien Bestandteil des Mietvertrags sind.[883] Andererseits könnte man unter Mietverhältnis nur

---

880 Vgl. BGH NJW-RR 2002, 730; siehe auch *Streyl*, NZM 2010, 343 (355). Siehe ausführlich zur Relevanz des Meinungsstreits bezüglich Gestaltungsrechten nachfolgend § 4 IV.2.b).

881 Vgl. Palandt/*Weidenkaff*, § 566 BGB Rn. 15; Staudinger/*Emmerich*, 2018, § 566 BGB Rn. 39 f.

882 Vgl. Palandt/*Weidenkaff*, § 566 BGB Rn. 15 ff.; Staudinger/*Emmerich*, 2018, § 566 BGB Rn. 39 f.

883 So Staudinger/*Emmerich*, 2018, § 566 BGB Rn. 40. In diese Richtung auch MüKoBGB/ *Häublein*, § 566 BGB Rn. 33.

das verstehen, was als mietrechtlich zu qualifizieren ist. Nicht umfasst wären dann Vereinbarungen im Mietvertrag, die anderen Vertragsarten zuzuordnen wären. Maßgeblich wäre der objektiv zu bestimmende materielle Gehalt der jeweiligen Vertragsbestimmung.[884] Die Formulierung bereitet zusammenfassend also dann Probleme, wenn die Vertragsparteien Vereinbarungen aus Anlass oder im Zusammenhang mit dem Mietvertrag getroffen haben, die über typische Mietvertragsinhalte hinausgehen.[885]

Der Wortlaut hilft bei der Auslegung nicht weiter, ist er doch der Ursprung der Unklarheit.[886] Im Rahmen einer systematischen Auslegung ist hervorzuheben, dass es sich aufgrund der Durchbrechung des Relativitätsverhältnisses um eine Ausnahmevorschrift handelt, die grundsätzlich restriktiv auszulegen ist.[887] Aus der Gesetzgebungsgeschichte ergibt sich, dass die Regelungsabsicht des historischen Gesetzgebers der Schutz des Mieters vor dem Verlust des Mietbesitzes war.[888] Er sollte in seiner Rolle als Mieter auch nach dem Eigentumswechsel so stehen, als wenn der Mietvertrag mit dem ursprünglichen Vermieter fortgesetzt worden wäre.[889] Das Bestandsinteresse erfordert allerdings nicht die Überleitung anderer als der mietrechtlichen Vereinbarungen.[890] Ein hierüber hinausgehender Vermögensschutz war nicht gewollt.[891] Vielmehr wurde ein ausgeglichenes Regelungskonstrukt angestrebt, das auch die Interessen des Vermieters und des Erwerbers berücksichtigt.[892] Gerade die verfassungsrechtlich geschützte Freiheit des Eigentümers wäre bei einer weiten Auslegung erheblich eingeschränkt, ohne dass der Bestandsschutz dies erforderte.[893]

---

884 So RGZ 71, 404 (408); BGHZ 141, 160 (166 f.) = NJW 1999, 1857 (1859); BGH NJW 2017, 245; BGH NJW 2012, 3032; Schmidt-Futterer/*Streyl*, § 566 BGB Rn. 90 ff.
885 Vgl. MüKoBGB/*Häublein*, § 566 BGB Rn. 31 ff.; Schmidt-Futterer/*Streyl*, § 566 BGB Rn. 88.
886 So auch BGH NJW 2017, 245 Rn. 22.
887 So auch BGH NJW 2017, 245 Rn. 23 f.
888 *Mugdan,* Die gesammten Materialien zum BGB, Protokolle der 2. Kommission zum I. Entwurf, S. 815. Vgl. auch *Jakobs/Schubert*-Schubert, Die Beratung des BGB: Recht der Schuldverhältnisse II (§§ 433–651), S. 577; BGH NJW 2017, 245 Rn. 23.
889 *Mugdan,* Die gesammten Materialien zum BGB, Protokolle der 2. Kommission zum I. Entwurf, S. 815. Vgl. auch *Jakobs/Schubert*-Schubert, Die Beratung des BGB: Recht der Schuldverhältnisse II (§§ 433–651), S. 577; BGH NJW 2017, 245 Rn. 23.
890 BGH NJW 2017, 245 Rn. 23.
891 BGH NJW 2017, 245 Rn. 23.
892 BGH NJW 2017, 245 Rn. 23; vgl. auch MüKoBGB/*Häublein*, § 566 BGB Rn. 33.
893 BGH NJW 2017, 245 Rn. 25.

Wenn man die möglichen Auslegungsvarianten vor diesem Hintergrund betrachtet, ist davon auszugehen, dass der Gesetzgeber den Erwerber nur in diejenigen Rechte und Pflichten eintreten lassen wollte, die mietrechtlich zu qualifizieren sind. Denn andernfalls wäre der Mieter nicht nur in seiner Position als Mieter, sondern in seiner Position als Vertragspartei insgesamt geschützt. Dies würde aber – zu Lasten des Erwerbers – über die Regelungsabsicht des Gesetzgebers hinausgehen.

### 3. Bürgenhaftung

Nach dem Eigentumsübergang kann der Mieter den ursprünglichen Vermieter nicht mehr in Anspruch nehmen, da dieser keine Vertragspartei mehr ist.[894] Der Mieter läuft also Gefahr, dass ein zahlungsfähiger durch einen zahlungsunfähigen Vertragspartner zu seinen Lasten ausgetauscht wird.[895] Um dies zu verhindern regelt § 566 Abs. 2 S. 1 BGB die Haftung des ursprünglichen Vermieters für den Fall, dass der Erwerber seine Pflichten nicht erfüllt und deshalb zum Ersatz des entstandenen Schadens verpflichtet ist.[896] Der ursprüngliche Vermieter haftet wie ein selbstschuldnerischer Bürge; der Erwerber und der ursprüngliche Vermieter haften also als Gesamtschuldner.[897] Der Anspruch ist allerdings nur auf Schadensersatz gerichtet und entsteht lediglich bei der Verletzung von vertraglichen Pflichten.[898]

§ 566 Abs. 2 S. 1 BGB greift nicht, falls die Parteien eine rechtsgeschäftliche Vertragsübernahme vereinbart haben, da in diesem Fall der Mieter dem Austausch des Vertragspartners zugestimmt hat und deshalb nicht schutzwürdig

---

894  Vgl. *Mugdan,* Die gesammten Materialien zum BGB, Protokolle der 2. Kommission zum I. Entwurf, S. 819; MüKoBGB/*Häublein,* § 566 BGB Rn. 44; BeckOK BGB/*Herrmann,* § 566 BGB Rn. 27.

895  *Mugdan,* Die gesammten Materialien zum BGB, Protokolle der 2. Kommission zum I. Entwurf, S. 819; Staudinger/*Emmerich,* 2018, § 566 BGB Rn. 59; MüKoBGB/*Häublein,* § 566 BGB Rn. 44.

896  *Mugdan,* Die gesammten Materialien zum BGB, Protokolle der 2. Kommission zum I. Entwurf, S. 819; Staudinger/*Emmerich,* 2018, § 566 BGB Rn. 59; MüKoBGB/*Häublein,* § 566 BGB Rn. 44.

897  Vgl. auch Staudinger/*Emmerich,* 2018, § 566 BGB Rn. 60; Schmidt-Futterer/*Streyl,* § 566 BGB Rn. 146.

898  Vgl. *Mugdan,* Die gesammten Materialien zum BGB, Protokolle der 2. Kommission zum I. Entwurf, S. 819; Staudinger/*Emmerich,* 2018, § 566 BGB Rn. 60; Palandt/ *Weidenkaff,* § 566 BGB Rn. 22.

ist.[899] Die Norm ist zudem, wie sogleich noch ausführlich erläutert, dispositiv und kann durch Individualvereinbarung ausgeschlossen werden.[900]

§ 566 Abs. 2 S. 2 BGB regelt die Voraussetzungen der Haftungsbefreiung des ursprünglichen Vermieters. Hiernach wird er frei, wenn der Mieter durch eine Mitteilung von ihm erstmalig von der Veräußerung Kenntnis erlangt und der Mieter daraufhin nicht zum erstmöglichen Termin kündigt. Die Mitteilung von der Veräußerung – eine rechtsgeschäftsähnliche Handlung – kann formfrei geschehen.[901] Sie muss allerdings nach Eigentumsübergang erfolgen.[902]

§ 566 Abs. 2 S. 2 BGB gibt dem Mieter kein zusätzliches Kündigungsrecht, sondern bezieht sich lediglich auf sein ordentliches Kündigungsrecht kraft Gesetzes.[903] Im Ergebnis endet die Haftung des Vermieters also sowohl bei einer ordentlichen Kündigung durch den Mieter, da dann kein Mietvertrag mehr besteht, als auch bei der bewussten Fortsetzung des Mietvertrags mit dem Erwerber nach Ablauf der Kündigungsfrist. Im Falle eines Mietvertrags auf bestimmte Zeit endet die Haftung erst mit Ablauf der vereinbarten Dauer, da eine vorherige Kündigung nicht möglich ist.[904]

## 4. Abweichende Vereinbarungen

§ 566 BGB steht insgesamt zur Disposition der Vertragsparteien.[905] Dies gilt grundsätzlich auch bei der Wohnraummiete.[906]

Da der Grundsatz *Kauf bricht nicht Miete* zum gesetzlichen Leitbild der Miete gehört, ist eine abweichende Vereinbarung allerdings nur durch Individualvereinbarungen möglich.[907] Zudem ist immer die Mitwirkung des Mieters erforderlich, da andernfalls ein Vertrag zu Lasten Dritter vorläge.[908] Der Erwerber muss hingegen nicht beteiligt werden, da er mangels entsprechender

---

899 Schmidt-Futterer/*Streyl*, § 566 BGB Rn. 144.

900 Staudinger/*Emmerich*, 2018, § 566 BGB Rn. 60; MüKoBGB/*Häublein*, § 566 BGB Rn. 47.

901 MüKoBGB/*Häublein*, § 566 BGB Rn. 45; Blank/Börstinghaus/*Blank*, § 566 BGB Rn. 96.

902 MüKoBGB/*Häublein*, § 566 BGB Rn. 45; Blank/Börstinghaus/*Blank*, § 566 BGB Rn. 96.

903 Staudinger/*Emmerich*, 2018, § 566 BGB Rn. 62; MüKoBGB/*Häublein*, § 566 BGB Rn. 46.

904 Vgl. Staudinger/*Emmerich*, 2018, § 566 BGB Rn. 62.

905 MüKoBGB/*Häublein*, § 566 BGB Rn. 47; Palandt/*Weidenkaff*, § 566 BGB Rn. 5.

906 Staudinger/*Emmerich*, 2018, § 566 BGB Rn. 57.

907 Vgl. hierzu § 307 Abs. 2 Nr. 1 BGB.

908 MüKoBGB/*Häublein*, § 566 BGB Rn. 47; Schmidt-Futterer/*Streyl*, § 566 BGB Rn. 151.

Schutzvorschriften vor dem Eigentumsübergang noch keine gesicherte Rechtsposition hat.[909]

Eine abweichende Vereinbarung kann zunächst als auflösende Bedingung ausgestaltet sein, wenn beispielsweise der Bestand des Mietvertrags an den Fortbestand des Eigentums des Vermieters gebunden ist.[910] Ohne Weiteres ist dies aber nur bei der Geschäftsraummiete möglich.[911] Wegen § 572 Abs. 2 BGB kann sich bei der Wohnraummiete lediglich der Mieter auf die auflösende Bedingung berufen und dadurch den Eintritt des Erwerbers in den Mietvertrag verhindern.[912]

Denkbar ist auch eine Abbedingung der Norm insgesamt.[913] Zwar greift § 572 Abs. 2 BGB hier nicht direkt, da es sich nicht um eine Bedingung handelt. Allerdings erscheint eine analoge Anwendung wünschenswert, da eine planwidrige Regelungslücke und eine vergleichbare Interessenlage gegeben sind.[914]

Schließlich können Mieter und Vermieter oder auch Mieter und Erwerber einen Mietaufhebungsvertrag schließen.[915]

## 5.  Die Auswirkungen *in praxi*

Die sich aus § 566 Abs. 1 BGB ergebenden Rechtsfolgen stellen die tatsächliche Einschränkung des Eigentums zugunsten des Bestandsschutzes der Miete nicht vollständig dar. Vielmehr ist der Umfang der Einschränkung abhängig davon, inwiefern sich der Erwerber nach den allgemeinen Vorschriften von dem Mietvertrag lösen kann.[916] Dies soll nachfolgend dargestellt und analysiert werden. Hierbei kann allerdings nur die Rechtslage nach dem Gesetz berücksichtigt werden. Vertragliche Modifikationen, die bei der Geschäftsraummiete im Grunde

---

909  So Schmidt-Futterer/*Streyl*, § 566 BGB Rn. 152; Palandt/*Weidenkaff*, § 566 BGB Rn. 5.

910  Staudinger/*Emmerich*, 2018, § 566 BGB Rn. 58; Blank/Börstinghaus/*Blank*, § 566 BGB Rn. 100.

911  Staudinger/*Emmerich*, 2018, § 566 BGB Rn. 58; Blank/Börstinghaus/*Blank*, § 566 BGB Rn. 100.

912  Staudinger/*Emmerich*, 2018, § 566 BGB Rn. 58.

913  MüKoBGB/*Häublein*, § 566 BGB Rn. 47; Palandt/*Weidenkaff*, § 566 BGB Rn. 5; Schmidt-Futterer/*Streyl*, § 566 BGB Rn. 151 f.

914  So auch Schmidt-Futterer/*Streyl*, § 566 BGB Rn. 152; Blank/Börstinghaus/*Blank*, § 566 BGB Rn. 100.

915  Blank/Börstinghaus/*Blank*, § 566 BGB Rn. 100 ff.; Palandt/*Weidenkaff*, § 566 BGB Rn. 5.

916  Auf die Kündigungsmöglichkeiten des Mieters wird mangels Relevanz für den Bestandsschutz der Miete nicht eingegangen.

generell,[917] bei der Wohnraummiete nur zugunsten der Mieter möglich sind,[918] bleiben außer Betracht.

Der Mietvertrag ist ein schuldrechtlicher Vertrag, der grundsätzlich nur Rechte und Pflichten zwischen den Parteien entfaltet. Durch die Einführung des § 566 Abs. 1 BGB wird seit 1900 der Mieter einer Immobilie bei der Veräußerung vor dem vorzeitigen Verlust des Besitzes geschützt, indem der Erwerber in den Mietvertrag eintritt. Dies bedeutet aber auch, dass der Erwerber von den mietrechtlichen Kündigungsrechten Gebrauch machen kann, die jedem Vermieter gesetzlich zustehen.

Bei der Darstellung und Untersuchung der Auswirkungen der Kündigungsmöglichkeiten auf den Mieterschutz ist in einem ersten Schritt zwischen unbefristeten (a)) und befristeten (b)) Mietverträgen und in einem zweiten Schritt zwischen der Wohnraummiete und der Geschäftsraummiete zu unterscheiden, da der Erwerber aufgrund unterschiedlicher Beendigungsmöglichkeiten jeweils unterschiedlich stark gebunden wird. Die Grundnorm und den Ausgangspunkt sämtlicher Kündigungsmöglichkeiten bildet § 542 BGB. Hiernach können unbefristete Mietverträge von jeder Vertragspartei nach den gesetzlichen Vorschriften gekündigt werden (§ 542 Abs. 1 BGB). Befristete Mietverträge enden grundsätzlich mit dem Ablauf der vereinbarten Zeit, wenn sie nicht vorher

---

917 Die im Zusammenhang mit der Geschäftsraummiete relevanten Kündigungsnormen – § 543 BGB und § 580a BGB – stehen grundsätzlich zur Disposition der Mietvertragsparteien. Insbesondere dürfen die Parteien zusätzlich zu § 543 Abs. 2 BGB weitere wichtige Kündigungsgründe vereinbaren und die Kündigungsfristen in § 580a BGB in beide Richtungen modifizieren (Palandt/*Weidenkaff*, § 543 BGB Rn. 3, § 580a BGB Rn. 3). Allerdings ist zu beachten, dass § 543 Abs. 1 BGB unabdingbar ist und sämtliche Änderungen in AGBs einer besonderen Prüfung bedürfen (vgl. Palandt/*Weidenkaff*, § 543 BGB Rn. 3, § 580a BGB Rn. 3).

918 Bei der Wohnraummiete ist die Vertragsfreiheit zum Schutz des Mieters stärker eingeschränkt, da von den relevanten Kündigungsnormen – §§ 543, 569 BGB, §§ 573, 573c BGB und § 575 BGB – lediglich zugunsten des Mieters abgewichen werden darf (siehe §§ 569 Abs. 5, 573 Abs. 4, 573c Abs. 4, 575 Abs. 4 BGB). Zugunsten des Mieters können die Parteien für eine ordentliche Kündigung beispielsweise die Kündigungsfristen für den Mieter verkürzen bzw. für den Vermieter verlängern (Palandt/*Weidenkaff*, § 573c BGB Rn. 3). Auch können die Parteien bei befristeten Mietverträgen ein Sonderkündigungsrecht des Mieters aus bestimmten Grund vereinbaren (Palandt/*Weidenkaff*, § 575 BGB Rn. 2). Änderungen in AGBs bedürfen auch bei der Wohnraummmete einer besonderen Prüfung (vgl. Palandt/*Weidenkaff*, § 543 BGB Rn. 3, § 580a BGB Rn. 3).

außerordentlich gekündigt worden sind (§ 542 Abs. 2 BGB). Eine ordentliche Kündigung ist nicht möglich.

## a) Unbefristete Mietverträge

Ein unbefristeter Mietvertrag kann vom Vermieter ordentlich (aa)) und außerordentlich (bb)) gekündigt werden. Während bei der ordentlichen Kündigung immer eine Frist einzuhalten ist, ist eine außerordentliche Kündigung grundsätzlich fristlos möglich, erfordert aber stets einen Kündigungsgrund. Ein solcher Grund ist bei Wohnraummietverträgen auch für eine ordentliche Kündigung notwendig.

## aa) Die ordentliche Kündigung

Eine ordentliche Kündigung bei Wohnraummietverträgen erfordert gemäß der §§ 573 Abs. 1, 573c Abs. 1 BGB das Vorliegen eines Kündigungsgrundes und die Einhaltung einer Kündigungsfrist. § 573 BGB stellt deshalb das Kernstück des sozialen Mietrechts dar.[919] Denn im Gegensatz zu der im Mietrecht normalerweise grundlos möglichen ordentlichen Kündigung erfordert § 573 Abs. 1 BGB seitens des Vermieters einen Kündigungsgrund, um so die Wohnung als Lebensmittelpunkt vor willkürlichen Kündigungen zu schützen.[920] Die zur Kündigung berechtigenden Interessen des Vermieters können gemäß § 573 Abs. 2 BGB insbesondere darin liegen, dass der Mieter eine nicht unerhebliche Pflichtverletzung begangen hat, der Vermieter Eigenbedarf an der Wohnung hat[921] oder andernfalls eine angemessene wirtschaftliche Verwertung nicht möglich ist.

---

919  Vgl. BT-Drucks 14/4553, S. 65; jurisPK-BGB/*Mössner*, § 573 Rn. 4.

920  Vgl. BT-Drucks 14/4553, S. 65; jurisPK-BGB/*Mössner*, § 573 Rn. 4.

921  Beachte insbesondere bezüglich der Kündigung wegen Eigenbedarfs gemäß § 573 Abs. 2 Nr. 3 BGB die besonderen Regelungen in § 577a BGB. Gemäß § 577a Abs. 1 BGB gilt im Falle der Begründung von Wohnungseigentum nach Überlassung der Mietsache und der Veräußerung des entsprechenden Wohnungseigentums eine Kündigungsbeschränkung von drei Jahren. Die Frist beträgt gemäß § 577a Abs. 2 BGB sogar bis zehn Jahre, wenn die ausreichende Versorgung der Bevölkerung mit Mietwohnungen zu angemessenen Bedingungen in einer Gemeinde besonders gefährdet ist und die Landesregierung eine entsprechende Rechtsverordnung erlassen hat (vgl. hierzu Staudinger/*Rolfs*, 2018, § 577a BGB Rn. 39: Liste der Gemeinden, die eine solche Rechtsverordnung erlassen haben). Gerade beim Verkauf von zu Wohnungseigentum umgewandelten Mietwohnungen ist die Gefahr einer Eigenbedarfskündigung besonders aktuell, da der Erwerber hier regelmäßig zur Befriedigung des eigenen Wohnungsbedarfs erwirbt (BT-Drucks VI/2421, S. 3).

Eine bloße Mieterhöhung bildet gemäß § 573 Abs. 1 S. 2 BGB kein berechtigtes Interesse. Die Kündigungserklärung zum Ende des übernächsten Monats muss gemäß § 573c Abs. 1 S. 1 BGB sodann spätestens am dritten Werktag des Kalendermonats erklärt werden. Die Kündigungsfrist beträgt also regelmäßig drei Monate. Bei Mietverträgen, die bereits fünf oder acht Jahre bestehen, verlängert sich die Frist gemäß § 573c Abs. 1 S. 2 BGB um jeweils drei weitere Monate, kann mithin bis zu neun Monate betragen.

Für die ordentliche Kündigung von Geschäftsraummieten gilt § 573 BGB nicht, sodass es lediglich der Einhaltung einer Frist bedarf. Gemäß § 580a Abs. 2 BGB ist die Kündigung eines Mietverhältnisses über Geschäftsräume bei einer Erklärung bis zum dritten Werktag eines Kalendervierteljahres zum Ablauf des nächsten Kalendervierteljahres möglich. Die Frist beträgt somit sechs Monate.

### bb) Die außerordentliche Kündigung

Eine außerordentliche fristlose Kündigung aus wichtigem Grund ist gemäß § 543 Abs. 1 BGB jederzeit durch jede Vertragspartei möglich. Gemäß § 543 Abs. 2 BGB liegt ein wichtiger Grund insbesondere dann vor, wenn „der Mieter die Rechte des Vermieters dadurch in erheblichem Maße verletzt, dass er die Mietsache durch Vernachlässigung der ihm obliegenden Sorgfalt erheblich gefährdet oder sie unbefugt einem Dritten überlässt" oder wenn der Mieter mit der Zahlung der Miete in einer genauer bestimmten Höhe im Rückstand ist. Bei der Verletzung einer Pflicht aus dem Mietverhältnis ist die Kündigung gemäß § 543 Abs. 3 S. 1 BGB erst nach erfolglosem Ablauf einer zur Abhilfe bestimmten angemessenen Frist oder nach erfolgloser Abmahnung zulässig.[922]

Für Mietverträge über Wohnraum zählt § 569 BGB noch weitere Regelbeispiele auf, bei deren Vorliegen ein wichtiger Grund zu bejahen ist, insbesondere die Störung des Hausfriedens.

### b) Befristete Mietverträge

Befristete Mietverträge müssen bei einer Dauer von über einem Jahr zwingend schriftlich geschlossen werden, da sie andernfalls gemäß § 550 S. 1 BGB für unbestimmte Zeit gelten. Eine Befristung ist bei einem Mietvertrag über Geschäftsräume uneingeschränkt möglich[923] und unter Zugrundelegung praktischer Erfahrungen

---

922  § 543 Abs. 3 S. 2 BGB nennt Fälle, in denen eine Fristsetzung oder Abmahnung ausnahmsweise nicht erforderlich sind.

923  § 575 BGB ist auf Geschäftsraummietverträge mangels Verweisung in § 578 BGB nicht anwendbar.

typisch. Bei einem Mietvertrag über Wohnraum ist gemäß § 575 Abs. 1 BGB das Vorliegen eines der folgenden drei Befristungsgründe notwendig: Eigenbedarf, Beseitigung bzw. Instandsetzung des Mietobjekts oder Vermietung an einen zur Dienstleistung Verpflichteten. Der Befristungsgrund muss bei Vertragsschluss gemäß § 575 Abs. 1 S. 1 BGB angegeben werden. Andernfalls gilt das Mietverhältnis gemäß § 575 Abs. 1 S. 2 BGB auf unbestimmte Zeit geschlossen. Aufgrund der Beschränkung durch § 575 Abs. 1 BGB sind befristete Wohnraummietverträge eher die Ausnahme.[924]

Bei einem befristeten Mietvertrag ist eine ordentliche Kündigung nicht möglich; er endet gemäß § 542 Abs. 2 BGB erst mit Ablauf der vereinbarten Zeit, sofern er nicht in den gesetzlich zugelassenen Fällen außerordentlich gekündigt wird. Für die Geschäftsraummiete ist diesbezüglich auf § 543 BGB zurückzugreifen. Für Wohnraummietverträge richtet sich die außerordentliche Kündigung nach den §§ 543, 569 BGB.

Wird die Mietsache veräußert, ändert sich durch den Eigentümerwechsel grundsätzlich nichts an der Befristung des Vertrags.[925] Einer automatischen Umwandlung in einen unbefristeten Vertrag wegen Fehlens eines Befristungsgrundes in der Person des Erwerbers analog § 575 Abs. 1 S. 2 BGB steht der in § 575 Abs. 3 BGB erkennbare Gedanke entgegen, dass der Mieter aktiv entscheiden können soll, ob er den Vertrag auslaufen lassen oder eine Verlängerung fordern möchte.[926] Eine Verlängerung des Mietvertrags kann er immer dann fordern, wenn der Befristungsgrund nachträglich weggefallen ist. Vier Wochen vor Ablauf der Befristung steht dem Mieter ein entsprechender Auskunftsanspruch zu (§ 575 Abs. 2 S. 1 BGB). Der Vermieter – sei es der ursprüngliche Vermieter oder der Erwerber – ist hingegen nicht verpflichtet, den Wegfall des Befristungsgrundes von sich aus preiszugeben.[927] Wenn der Mieter den Erwerber nun aber entsprechend der gesetzlichen Regelung nach einer Auskunft ersucht, stellt sich die Frage, inwiefern dieser sich auf das ursprüngliche Befristungsinteresse berufen darf.[928] Sinnvoll und der Gesetzessystematik und dem Gesetzeszweck entsprechend, sollte man hierbei zwischen personenbezogenen und objektbezogenen

---

924 Vgl. BT-Drucks 14/4553, S. 69; Staudinger/*Rolfs*, 2018, § 575 BGB Rn. 3 f.

925 Blank/Börstinghaus/*Blank*, § 575 BGB Rn. 69; MüKoBGB/*Häublein*, § 575 BGB Rn. 33.

926 Schmidt-Futterer/*Blank*, § 575 BGB Rn. 51, 64; Blank/Börstinghaus/*Blank*, § 575 BGB Rn. 69; MüKoBGB/*Häublein*, § 575 BGB Rn. 33.

927 Palandt/*Weidenkaff*, § 575 BGB Rn. 10; BeckOK BGB/*Hannappel*, § 575 BGB Rn. 26; a.A. Staudinger/*Rolfs*, 2018, § 575 BGB Rn. 53, der eine Unterrichtungspflicht des Vermieters bei Wegfall des Befristungsinteresses annimmt.

928 LG Berlin ZMR 1999, 30; Schmidt-Futterer/*Blank*, § 575 BGB Rn. 64a.

Gründen unterscheiden.[929] Während sich der Erwerber also in der Regel nicht auf den personenbezogenen Grund des Eigenbedarfs berufen darf, ist die Geltendmachung der Befristungsgründe gemäß § 575 Abs. 1 S. 1 Nr. 2, 3 BGB allgemein anerkannt.[930]

### c) Zusammenfassung

Der Erwerber ist durch die Bindung an den bestehenden Mietvertrag in der Ausübung seines Eigentumsrechts teilweise mehr, teilweise weniger eingeschränkt. Allerdings wird auch deutlich, dass der Erwerber sich in vielen Konstellationen, in denen er ein gerechtfertigtes Kündigungsinteresse hat, in überschaubarer Zeit vom Vertrag lösen kann. Eine Ausnahme bilden hier die befristeten Mietverträge.

Im Einzelnen:

Der Erwerber einer nicht zu Wohnzwecken genutzten Immobilie ist am wenigsten in der Ausübung seines Eigentumsrechts eingeschränkt. Er muss bei einer ordentlichen Kündigung lediglich eine Frist von bis zu sechs Monaten einhalten. Eines Kündigungsgrundes bedarf er hingegen nicht. Zudem ist bei Vorliegen eines wichtigen Grundes die fristlose außerordentliche Kündigung gemäß § 543 Abs. 1 BGB möglich.

Der Erwerber einer zu Wohnzwecken vermieteten Immobilie muss bei einer ordentlichen Kündigung grundsätzlich eine Frist von drei Monaten einhalten und einen Kündigungsgrund vorweisen können. Allerdings umfassen die gesetzlich genannten Gründe die persönlich und wirtschaftlich wichtigsten Gründe für eine Beendigung. Hervorzuheben ist hier die Kündigungsmöglichkeit wegen Eigenbedarfs. Darüber hinaus ist auch bei der Wohnraummiete eine außerordentliche, fristlose Kündigung aus wichtigem Grund möglich, beispielsweise wegen ausbleibender Mietzahlungen.

Bei befristeten Verträgen ist das Eigentumsrecht stärker eingeschränkt, da der Erwerber an die Befristung gebunden ist. Es ist aber zu beachten, dass die Befristung jedenfalls bei der Wohnraummiete ursprünglich auf Wunsch des Vermieters zu seinem Schutz vereinbart wurde. Denn durch die Befristung muss der Vermieter weder eine Kündigungsfrist einhalten noch einen Kündigungsgrund angeben. Der Vertrag läuft einfach aus. Die Pflicht zur Einhaltung

---

929  Schmidt-Futterer/*Blank*, § 575 BGB Rn. 64a; Staudinger/*Rolfs*, 2018, § 575 BGB Rn. 61; MüKo/*Häublein*, § 575 BGB Rn. 33.

930  Schmidt-Futterer/*Blank*, § 575 BGB Rn. 64a; Staudinger/*Rolfs*, 2018, § 575 BGB Rn. 61; MüKo/*Häublein*, § 575 BGB Rn. 33.

der ursprünglich zugunsten des Vermieters vereinbarten Befristung durch den Erwerber ist somit in erster Linie aus dem Grundsatz der Vertragstreue zu begründen und dient nicht primär dem Mieterschutz. Darüber hinaus ist nach allgemeiner Lebenserfahrung davon auszugehen, dass der Erwerber sich im Rahmen der Kaufvertragsverhandlungen über mögliche Mietverträge und deren Konditionen informiert hat. Die Bindung an bestehende Mietverträge aufgrund von Befristungen wird sodann im Kaufpreis berücksichtigt worden sein.

# § 5 Der Mieterschutz beim Verkauf einer vermieteten Immobilie in der Schweiz

Die erste ausländische Rechtsordnung, mit der die deutsche Regelung verglichen werden soll, ist die Schweizer Rechtsordnung. Als Grundlage für den Rechtsvergleich wird die Schweizer Regelung nachfolgend hinsichtlich Entstehungsgeschichte (I.), Tatbestand (II.) und Rechtsfolgen (III.) näher untersucht. Die Untersuchung der Entstehungsgeschichte soll Einblicke in die zugrundeliegenden Motive des Gesetzgebers geben, um die Unterschiede zwischen den Rechtsordnungen im Rahmen des Rechtsvergleichs besser verstehen und bewerten zu können. Der Tatbestand und die Rechtsfolgen bilden den *status quo* ab und ermöglichen eine Gegenüberstellung der Unterschiede.

Die dem § 566 BGB entsprechende Norm findet sich im Schweizer Recht in Art. 261 des Obligationenrechts (im Weiteren: OR). Dieser lautet wie folgt:

1. Veräussert der Vermieter die Sache nach Abschluss des Mietvertrags oder wird sie ihm in einem Schuldbetreibungs- oder Konkursverfahren entzogen, so geht das Mietverhältnis mit dem Eigentum an der Sache auf den Erwerber über.
2. Der neue Eigentümer kann jedoch:
   a. bei Wohn- und Geschäftsräumen das Mietverhältnis mit der gesetzlichen Frist auf den nächsten gesetzlichen Termin kündigen, wenn er einen dringenden Eigenbedarf für sich, nahe Verwandte oder Verschwägerte geltend macht;
   b. bei einer anderen Sache das Mietverhältnis mit der gesetzlichen Frist auf den nächsten gesetzlichen Termin kündigen, wenn der Vertrag keine frühere Auflösung ermöglicht.
3. Kündigt der neue Eigentümer früher, als es der Vertrag mit dem bisherigen Vermieter gestattet hätte, so haftet dieser dem Mieter für allen daraus entstehenden Schaden.

[...].

Das Schweizer Recht geht – wie das deutsche Recht – ebenfalls vom Grundsatz *Kauf bricht nicht Miete* aus. Allerdings räumt es dem Erwerber ein außerordentliches, wenn auch fristgebundenes, Kündigungsrecht ein, das später noch ausführlich dargestellt und bewertet werden muss.

# I. Entstehungsgeschichte

Im Folgenden soll zunächst ein allgemeiner Überblick über das Gesetzgebungs-verfahren gegeben werden (1.), um anschließend die inhaltliche Diskussion im Detail wiederzugeben (2.).

## 1. Überblick über das Gesetzgebungsverfahren

Die Schweizer Rechtsordnung im 19. Jahrhundert zeichnete sich, ebenso wie die deutsche und viele andere europäische Rechtsordnungen zu der Zeit, durch eine große Rechtszersplitterung aus.[931] Der steigende Verkehr, die Veränderung der Wirtschaft und das Streben nach politischen Zusammenschlüssen machten eine Vereinheitlichung auf Bundesebene aber immer dringender.[932]

Die Vereinheitlichungsbemühungen hatten, teilweise aufgrund fehlender Gesetzgebungskompetenz, teilweise wegen fehlender Zustimmung der Bevöl-kerung, zunächst noch einige Startschwierigkeiten.[933] Zu den ersten Bundes-gesetzen gehörte das wirtschaftlich besonders wichtige Obligationenrecht vom 14.06.1881, das zum 01.01.1883 in Kraft trat.[934] Als ihm 1912 das Zivilgesetzbuch (im Weiteren: ZGB) folgte, entschied man sich das Obligationenrecht, trotz der Angliederung als fünfter Teil des Zivilgesetzbuchs, als separates Werk mit eige-ner Paragraphenbezeichnung bestehen zu lassen.[935] Im Rahmen der Angliede-rung wurden des Weiteren verschiedene formelle, teilweise aber auch materielle Anpassungen an die sich veränderte Rechtswirklichkeit vorgenommen.[936]

---

931  *Huber*, System und Geschichte des schweizerischen Privatrechts, S. 109; *Tuor*, Das neue Recht, S. 3.

932  *Huber*, System und Geschichte des schweizerischen Privatrechts, S. 110 ff., 201, 207, 212; *Tuor*, Das neue Recht, S. 2.

933  Ausführlich hierzu *Tuor*, Das neue Recht, S. 4 ff.: Der Bund hatte Mitte des 19. Jahr-hunderts insbesondere für das Privatrecht noch kein Gesetzgebungsrecht. Die ange-strebte Verfassungsrevision, die dem Bund ein umfassendes Gesetzgebungsrecht einräumen sollte, scheiterte zunächst an einer den Revisionsentwurf ablehnenden Volksabstimmung. Erst ein angepasster und in seinem Umfang auf die wirtschaftlich wichtigsten zivilrechtlichen Themen beschränkter Entwurf, wurde vom Volk ange-nommen und bildete die Grundlage für das Obligationenrecht von 1883; BBl 1905 II 1 (2).

934  BBl 1881 III 109 (Art. 281 OR, S. 165; Art. 881 OR, S. 311); *Tuor*, Das neue Recht, S. 5.

935  BBl 1905 II 1 (2, 4–12 für generelle Ausführungen; 13–77 für detaillierte Ausfüh-rungen); ergänzend BBl 1909 III 725. Ausführlich hierzu auch *Tuor*, Das neue Recht, S. 22 ff.

936  Siehe hierzu *Tuor*, Das neue Recht, S. 23 f.

Sowohl das Obligationenrecht von 1883[937] als auch dasjenige von 1912[938] sahen beim Verkauf einer bewohnten Immobilie den Grundsatz *Kauf bricht Miete* vor, sodass der Mieter vom Erwerber die Fortsetzung des Mietvertrags grundsätzlich nur dann verlangen konnte, wenn letzterer den Mietvertrag übernommen hatte. Bei unbeweglichen Sachen wurde der Grundsatz jedoch dahingehend eingeschränkt, dass der Erwerber den Mietvertrag zum ersten möglichen Kündigungstermin unter Einhaltung der gesetzlichen Kündigungsfristen aktiv beenden musste. Bis dahin hatte er die passive Pflicht den weiteren Gebrauch zu ermöglichen.[939] Falls er die Kündigung unterließ, galt er kraft gesetzlicher Fiktion als in den Mietvertrag eingetreten. Diese Regelung war derjenigen des ersten BGB-Entwurfs sehr ähnlich.[940]

1990 wurde das Mietrecht im OR einer vollständigen Revision unterzogen.[941] Die Vorarbeiten hierzu begannen bereits 1977.[942] Verschiedene Expertenuntersuchungen hatten die Revisionsbedürftigkeit festgestellt.[943] Denn gerade das

---

937 Art. 281 OR (1883): *Wird die vermietete Sache während der Mietzeit vom Vermieter veräussert oder ihm infolge von Schuldbetreibung, Arrestprozess oder Konkursverfahren entzogen, so kann der Mieter die Fortsetzung des Mietvertrages von dem Dritten nur fordern, wenn dieser sie übernommen hat, während der Vermieter zur Erfüllung des Vertrages oder zu Schadenersatz verpflichtet bleibt.*
*Bei unbeweglichen Mietsachen hat jedoch der neue Erwerber, sofern der Vertrag keine frühere Beendigung gestattet, unter Beobachtung der gesetzlich vorgeschriebenen Fristen (1314) dem Mieter zu kündigen.*
*Vorbehalten bleiben die besondern Bestimmungen über die Wirkung der Zwangsenteignung.*

938 Art. 259 OR (1912): *Wird die vermietete Sache nach Abschluss des Mietvertrages vom Vermieter veräussert oder auf dem Wege des Schuldbetreibungs- oder Konkursverfahrens ihm entzogen, so kann der Mieter die Fortsetzung des Mietvertrages von dem Dritten nur fordern, wenn dieser sie übernommen hat, der Vermieter aber bleibt zur Erfüllung des Vertrages oder zu Schadenersatz verpflichtet.*
*Ist jedoch der Mietgegenstand eine unbewegliche Sache, so hat der Dritte, sofern der Vertrag keine frühere Auflösung gestattet, den Mieter bis zu dem Termin, auf den nach den gesetzlichen Vorschriften gekündigt werden kann, in der Miete zu belassen und gilt, wenn er die Kündigung unterlässt, als in das Mietverhältnis eingetreten.*
*Vorbehalten bleiben die besondern Bestimmungen über die Wirkung der Enteignung.*

939 ZK-*Oser*, Art. 259 OR Rn. 580.

940 Vgl. zum ersten Entwurf des Bürgerlichen Gesetzbuchs von 1888: § 3 III.3.

941 BBl 1985 I 1389 (1391, 1403); Amtl. Bull. SR 7.06.1988, 137 (145, Votum *Kopp*); Lachat/*Töngi*, Mietrecht für die Praxis, S. 5 Rn. 1.4 ff.

942 BBl 1985 I 1389 (1391, 1403); Amtl. Bull. SR 7.06.1988, 137 (145, Votum *Kopp*); Lachat/*Töngi*, Mietrecht für die Praxis, S. 5 Rn. 1.4.1.

943 BBl 1985 I 1389 (1391, 1403); Lachat/*Töngi*, Mietrecht für die Praxis, S. 5 Rn. 1.4.1.

Mietrecht unterliegt einem stetigen Wandel und muss kontinuierlich an den Zeitgeist und die sozialen Strukturen angepasst werden.[944] Sie kamen zu dem Ergebnis, dass insbesondere der Kündigungsschutz einer Verstärkung bedurfte.[945] Die Gründe hierfür waren der Spekulationswucher im Immobiliarsektor im 20. Jahrhundert wie auch die deutliche Veränderung der Gesellschaftsstruktur durch die beiden Weltkriege und die darauf folgenden Wirtschaftskrisen.[946] Die Revisionsbemühungen erhielten 1985 durch die Volksinitiative „für den Erlass von Bestimmungen, welche die Mieter von Wohnungen und Geschäftsräumen vor unangemessenen Mietzinsen und vor ungerechtfertigten Kündigungen schützen" neuen Schwung und der Bundesrat reichte einen Gegenvorschlag basierend auf seiner bisherigen Vorarbeit ein.[947] Die Initiatoren der Volksinitiative nahmen diese daraufhin zurück, damit das bereits fortgeschrittene Revisionsprojekt des Bundesrates nicht verzögert würde.[948] Im Dezember 1986 wurde schließlich über den „Bundesbeschluss über die Volksinitiative ‚für Mieterschutz' (Gegenentwurf)" in einer Volksabstimmung abgestimmt.[949] Er wurde mit einer 64% Mehrheit angenommen.[950] Der Bundesrat hatte aufgrund dieses eindeutigen Ergebnisses einen unmissverständlichen Auftrag des Schweizer Volkes: die Schaffung eines verbesserten Mieterschutzes.[951] Im Ergebnis entsprach das revidierte Mietrecht dann auch dem Auftrag des Volkes. Der Weg zu mehr Mieterschutz, insbesondere beim Verkauf bewohnter Immobilen, war allerdings nicht einfach.

Der Entwurf zur Revision wurde vom Bundesrat ausgearbeitet.[952] Er sah vor, den Grundsatz *Kauf bricht Miete* durch den entgegengesetzten Grundsatz *Kauf bricht nicht Miete* zu ersetzen, indem er den gesetzlichen Übergang des Mietverhältnisses anordnete.[953] Allerdings sollte der Erwerber ohne Grund mit der

---

944  BK-*Giger*, Art. 253–255 OR, Vorwort, S. 7.
945  BBl 1985 I 1389 (1391, 1403); Lachat/*Töngi*, Mietrecht für die Praxis, S. 5 Rn. 1.4.1.
946  *Weber*, wobl 2007/4, 93 (94 f.); BK-*Giger*, Art. 253–255 OR, Vorwort, S. 7.
947  Vgl. Lachat/*Töngi*, Mietrecht für die Praxis, S. 5 Rn. 1.4.2.; BBl 1985 I 1389 (1391).
948  Vgl. Amtl. Bull. SR 7.06.1988, 137 (137, Votum *Jelmini*; 142, Votum *Bührer*).
949  BBl 1987 I 474.
950  BBl 1987 I 474.
951  Vgl. Amtl. Bull. SR 7.06.1988, 137 (138, Votum *Piller*).
952  BBl 1985 I 1389 (1501 ff.)
953  Art. 261 OR des Entwurfs des Bundesrates (BBl 1985 I 1389 (1506 f.)): *Veräussert der Vermieter die Sache nach Abschluss des Mietvertrags oder wird sie ihm in einem Schuldbetreibungs- oder Konkursverfahren entzogen, so geht das Mietverhältnis mit dem Eigentum an der Sache auf den Erwerber über.*

gesetzlichen Frist auf den nächsten gesetzlichen Termin kündigen können; der Mieter sollte auf einen Schadensersatzanspruch gegen den Veräußerer verwiesen werden.[954] Diese Regelung entsprach bezüglich des gewährten Mieterschutzes der alten Regelung des Art. 259 OR a.F.[955] und derjenigen des ersten BGB-Entwurfs[956], auch wenn die Konstruktion durch den vorübergehenden Vertragsübergang eine andere war. Einen wirklichen Vorteil hätte der Mieter hierdurch aber nicht erlangt, da die Kündigungsmöglichkeit die gleiche geblieben wäre.[957] Als Beweggrund für diese Grundsatzänderung nannte der Bundesrat, dass „der abrupte Bruch eines auf Dauer angelegten Vertrages nicht gefördert werden" sollte.[958]

Der Ständerat beriet kontrovers über den Revisionsentwurf als Ganzes, nicht aber über die Norm, die den Verkauf einer bewohnten Immobilie betraf.[959] Art. 261 OR des Entwurfs des Bundesrates wurde so wie vorgeschlagen angenommen.[960] Erst die nationalrätliche Kommission beantragte mit neun von 17 Stimmen die Ergänzung von Art. 261 Abs. 2 OR des Entwurfs des Bundesrates durch folgenden Wortlaut „[...] gestattet; davon ausgenommen sind Wohn- und Geschäftsmieten."[961] Dies hätte zur Folge gehabt, dass bezüglich Wohn- und Geschäftsraummieten, vergleichbar der deutschen Regelung des § 566 Abs. 1 BGB, der Grundsatz *Kauf bricht nicht Miete* ohne Kündigungsmöglichkeit in seiner absoluten Form gegolten hätte. Nach hitzigen Diskussionen im Nationalrat[962] und im Ständerat[963] entschied man sich letztlich für einen

---

*Der neue Eigentümer kann jedoch das Mietverhältnis mit der gesetzlichen Frist auf den nächsten gesetzlichen Termin kündigen, wenn der Vertrag keine frühere Kündigung, gestattet.*

*Kündigt der neue Eigentümer früher, als es der Vertrag mit dem bisherigen Vermieter gestattet hatte, so haftet dieser dem Mieter für allen daraus entstehenden Schaden.*

*Vorbehalten bleiben die Bestimmungen über die Enteignung.*

954 Vgl. Art. 261 OR des Entwurfs des Bundesrates (BBl 1985 I 1389 (1506 f.)).

955 So auch Amtl. Bull. SR 19.09.1989, 421 (424, Votum *Koller*); Amtl. Bull. NR 16.03.1989, 506 (508, Votum *Koller*).

956 Vgl. zum ersten Entwurf des Bürgerlichen Gesetzbuchs von 1888: § 3 III.3.

957 So auch *Hürlimann-Kaup*, Grundfragen des Zusammenwirkens von Miete und Sachenrecht, S. 488.

958 BBl 1985 I 1389 (1441).

959 Vgl. Amtl. Bull. SR 7.06.1988, 137.

960 Amtl. Bull. SR 7.06.1988, 137 (157).

961 Amtl. Bull. NR 15.03.1989, 495 (503).

962 Amtl. Bull. NR 15.03.1989, 495 (503 ff.); Amtl. Bull. NR 16.03.1989, 506.

963 Amtl. Bull. SR 19.09.1989, 421 (423 ff.), wobei es hier nur noch darum ging, ob der Eigenbedarf dringend sein musste.

Kompromiss dahingehend, dass dem Erwerber von Wohn- und Geschäftsräumen weder eine uneingeschränkte Kündigungsmöglichkeit eingeräumt,[964] noch eine solche ausnahmslos ausgeschlossen werden solle.[965] Nach Art. 261 Abs. 2a OR kann der Erwerber nunmehr bei Vorliegen eines dringenden Eigenbedarfs mit der gesetzlichen Frist auf den nächsten gesetzlichen Termin kündigen.[966] Bei anderen Sachen bedarf es gemäß Art. 261 Abs. 2b OR keines dringenden Eigenbedarfs, die Kündigung ist vielmehr grundlos möglich.[967] Zudem kann der Mietvertrag gemäß Art. 261b OR im Grundbuch vorgemerkt werden, wodurch der Erwerber an die vertraglichen Vereinbarungen gebunden ist und nicht frühzeitig kündigen kann.[968]

## 2. Wiedergabe der inhaltlichen Diskussionen

Wie bereits ausgeführt, wurde Art. 261 OR des Entwurfs des Bundesrates im Ständerat nicht diskutiert.[969] Vielmehr wurde dem Entwurf diesbezüglich ohne Weiteres zugestimmt.[970] Dies lag wohl daran, dass in der Kommission des Ständerats ein vermieterfreundliches Klima herrschte, was sich auch auf die Abstimmungen im Ständerat übertrug.[971] Das vermieterfreundliche Klima ist auch aus den Diskussionen zur Revision des Mietrechts im Allgemeinen herauszulesen.[972] Zwar soll nicht verschwiegen werden, dass auch im Ständerat verschiedene Stimmen die Notwendigkeit einer sozial gerechten Lösung im Bereich des Mieterschutzes betonten und die starke Verwässerung des Kündigungsschutzes und die fehlende Bekämpfung missbräuchlicher Mietzinsen bemängelten.[973] Das Eigentum sei gerade keine Privatsache, sondern der jeweilige Umgang habe volkswirtschaftliche und soziale Auswirkungen.[974] Nichtsdestotrotz überwog der

---

964  So der Entwurf des Bundesrates, der zunächst vom Ständerat angenommen worden war: BBl 1985 I 1389 (1506 f.); Amtl. Bull. SR 7.06.1988, 137 (157).
965  So zunächst der Antrag des Nationalrates: Amtl. Bull. NR 15.03.1989, 495 ff. (503).
966  BBl 1989 III 1676 (1683).
967  BBl 1989 III 1676 (1683).
968  Art. 261b OR (1990): *Bei der Miete an einem Grundstück kann verabredet werden, dass das Verhältnis im Grundbuch vorgemerkt wird.*
      *Die Vormerkung bewirkt, dass jeder neue Eigentümer dem Mieter gestatten muss, das Grundstück entsprechend dem Mietvertrag zu gebrauchen.*
969  Amtl. Bull. SR 7.06.1988, 137 (157).
970  Amtl. Bull. SR 7.06.1988, 137 (157).
971  Vgl. Amtl. Bull. SR 7.06.1988, 137 (138, Votum *Piller*).
972  Vgl. Amtl. Bull. SR 7.06.1988, 137.
973  Amtl. Bull. SR 7.06.1988, 137 (138 f., Votum *Piller*).
974  Amtl. Bull. SR 7.06.1988, 137 (142 f., Votum *Bührer*).

Ruf nach einem freiheitlichen Vertragsrecht, das die Grundsätze der Eigentums-
und Vertragsfreiheit gewährleistete.[975] Denn ein absoluter und kompromissloser
Mieterschutz sei nicht vertretbar.[976] Vielmehr müsse gegen die immer eigen-
tumsfeindlichere Gesetzgebung gegengesteuert werden.[977] Der Mieter sei selbst
fähig, seine Rechte bei der Mietvertragsgestaltung sowie während und nach
Beendigung des Mietvertrags zu wahren.[978]

Im Nationalrat beantragte die Mehrheit der Kommission hingegen eine
Ergänzung des Art. 261 Abs. 2 OR des Entwurfs des Bundesrates um den oben
bereits genannten Wortlaut.[979] In der anschließenden Diskussion führten die
Gegner des Antrags ähnliche Argumente an, wie dies bereits im Ständerat der
Fall gewesen war: Aufgrund der Eigentumsgarantie habe das Eigentum Vor-
rang vor der Miete.[980] Der Mieter sei nicht ohne Schutz, vielmehr müsse der
Erwerber ihm zunächst unter Einhaltung der gesetzlichen Fristen kündigen und
der Mieter könne sodann die Kündigungsschutzbestimmungen bemühen.[981]
Auch könne der Mietvertrag im Grundbuch vorgemerkt werden.[982] Schließlich
könne der Mieter vom Veräußerer Schadensersatz verlangen.[983] Das, was die
Kommissionsmehrheit durch den Antrag zwangsweise durchsetzen wolle, sei
nach der Fassung des Bundesrates bereits freiwillig möglich; Zwang sei nicht
mit einem freiheitlichen Vertragsrecht vereinbar.[984] Die Befürworter der Ergänzung betonten hingegen, dass den Grundsätzen der Eigentumsgarantie und der
Vertragsfreiheit der Mieterschutz und die Vertragstreue entgegenstünden.[985] Bei
Art. 261 Abs. 2 OR handele es sich um ein ganz zentrales Ergebnis der Kom-
missionsberatungen.[986] Die Wohnung und der Geschäftsraum seien nicht bloße

---

975  So beispielsweise *Schoch* (Amtl. Bull. SR 7.06.1988, 137 (139 ff.)); *Schöneberger* (Amtl.
     Bull. SR 7.06.1988, 137 (143)).
976  Amtl. Bull. SR 7.06.1988, 137 (140, Votum *Schoch*).
977  Amtl. Bull. SR 7.06.1988, 137 (143, Votum *Schöneberger*).
978  Amtl. Bull. SR 7.06.1988, 137 (143, Votum *Schöneberger*).
979  Amtl. Bull. NR 15.03.1989, 495 (503).
980  Amtl. Bull. NR 15.03.1989, 495 (503, Votum *Aliesch*).
981  Amtl. Bull. NR 15.03.1989, 495 (503, Votum *Aliesch*; 504, Votum *M. Leuba*).
982  Amtl. Bull. NR 15.03.1989, 495 (503, Votum *Aliesch*); Amtl. Bull. NR 16.03.1989, 506
     (507, Votum *Oehler*).
983  Amtl. Bull. NR 15.03.1989, 495 (503, Votum *Aliesch*).
984  Amtl. Bull. NR 15.03.1989, 495 (503, Votum *Aliesch*).
985  Amtl. Bull. NR 15.03.1989, 495 (504, Votum *Rechsteiner*); Amtl. Bull. NR 16.03.1989,
     506 (507, Votum *Hubacher*).
986  Amtl. Bull. NR 15.03.1989, 495 (504, Votum *Rechsteiner*); Amtl. Bull. NR 16.03.1989,
     506 (507, Votum *Hubacher*).

Mietgegenstände, sondern vielmehr etwas Existenzielles.[987] Sie würden den Mittelpunkt familiärer, gesellschaftlicher und wirtschaftlicher Beziehungen bilden, die auf eine gewisse Beständigkeit angelegt seien.[988] Der bloße monetäre Schadensersatz nütze hier wenig.[989] Die Verfechter des eigentümerfreundlicheren Entwurfs des Bundesrates hätten eine seltsame Auffassung von Eigentums- und Vertragsfreiheit, wenn sie dem Käufer nicht zumuten wollten, einen bestehenden Mietvertrag zu übernehmen.[990] Es sei nicht verständlich, warum der Erwerber zwar andere Dispositionen des Veräußerers akzeptieren müsse, einen Mietvertrag aber ohne Weiteres vorzeitig auflösen können soll.[991] Dies sei ein erheblicher Verstoß gegen Treu und Glauben und ein Eingriff in die Vertragstreue.[992] Das geltende Recht stelle deshalb eine Einladung zum Vertragsbruch dar.[993]

Nachdem der Nationalrat zunächst für die Ergänzung gestimmt hatte,[994] wurde die Wahl aufgrund eines formellen Fehlers wiederholt.[995] Im zweiten Durchgang wurde der Antrag auf Ergänzung der Norm mit 86 zu 80 Stimmen abgelehnt.[996] Da der Nationalrat jedoch wenig später bezüglich des Pachtrechts einem Abänderungsantrag zustimmte, wonach der Erwerber nur bei unmittelbarem Eigenbedarf kündigen darf,[997] stimmte er aufgrund eines Rückkommensantrags zu Art. 261 OR[998] auch bezüglich Wohnungs- und Geschäftsraummieten einer entsprechenden Einschränkung des Kündigungsrechts des Erwerbers zu.[999] Schließlich stimmte auch der Ständerat für eine entsprechende Modifikation.[1000]

---

987   Amtl. Bull. NR 15.03.1989, 495 (504, Votum *Rechsteiner*); Amtl. Bull. NR 16.03.1989, 506 (507, Votum *Hubacher*).

988   Amtl. Bull. NR 16.03.1989, 506 (507, Votum *Hubacher*).

989   Amtl. Bull. NR 15.03.1989, 495 (504, Votum *Rechsteiner*); Amtl. Bull. NR 16.03.1989, 506 (506, Votum *Leuenberger*).

990   Amtl. Bull. NR 15.03.1989, 495 (504, Votum *Rechsteiner*).

991   Amtl. Bull. NR 15.03.1989, 495 (504, Votum *Rechsteiner*); Amtl. Bull. NR 16.03.1989, 506 (506, Votum *Leuenberger*).

992   Amtl. Bull. NR 15.03.1989, 495 (504, Votum *Rechsteiner*); Amtl. Bull. NR 16.03.1989, 506 (506, Votum *Leuenberger*).

993   Amtl. Bull. NR 15.03.1989, 495 (504, Votum *Rechsteiner*).

994   Amtl. Bull. NR 16.03.1989, 506 (508).

995   Amtl. Bull. NR 16.03.1989, 506 (509).

996   Amtl. Bull. NR 16.03.1989, 506 (510 f.).

997   Amtl. Bull. NR 16.03.1989, 530 (548).

998   Amtl. Bull. NR 16.03.1989, 530 (548 f., Votum *Leuenberger*).

999   Amtl. Bull. NR 16.03.1989, 530 (549).

1000  Amtl. Bull. SR 30.11.1989, 683.

Bei der Analyse des Schweizer Gesetzgebungsprozesses gewinnt man den Eindruck, dass die Berücksichtigung sozialer Aspekte im Zivilrecht in der Schweiz sogar noch Ende des 20. Jahrhunderts keine Selbstverständlichkeit war. Die Ursache ist in den Grundsätzen der Eigenverantwortlichkeit und Freiheit zu sehen, die tief in der schweizerischen Gesellschaft verankert sind.[1001] Denn nach der Wertvorstellung der Mehrheit der Bevölkerung sollen rechtsgeschäftliche Verhältnisse innerhalb normativer Schranken frei gestaltet werden können; der prägende Leitsatz ist also die Eigenverantwortlichkeit des Bürgers.[1002] Der Schweizer Gesetzgeber ist deshalb eher als andere europäische Gesetzgeber geneigt, anstelle von Schutznormen gegen faktische Machtungleichheiten neutrale Ordnungsvorschriften zu erlassen, weshalb die Mietrechtordnung der Schweiz insgesamt sehr liberal ausgestaltet ist.[1003] Dennoch verschärften sich auch im Schweizer Mietrecht die freiheitsbeschränkenden Eingriffe zugunsten eines verstärkten Kündigungsschutzes.[1004]

## II. Tatbestandsvoraussetzungen des Art. 261 Abs. 1 OR

Art. 261 Abs. 1 OR setzt voraus, dass der Anwendungsbereich eröffnet ist (1.) und der Vermieter die Sache nach Abschluss des Mietvertrags (2.) veräußert (3.).

### 1. Anwendungsbereich

Art. 261 OR ist Teil der allgemeinen Regelungen, die auf alle Arten von Mietverträgen anwendbar sind. Art. 261 Abs. 2 OR unterscheidet allerdings zwischen Wohn- und Geschäftsräumen einerseits und sonstigen Mietobjekten – beispielsweise Grundstücken – andererseits. Die vorliegende Arbeit beschränkt sich auf die Wohn- und Geschäftsraummiete.[1005]

---

1001  Vgl. die Ausführungen zur Ideologie in BK-*Giger*, Art. 253–255 OR, Grundsatzanalyse, S. 38 ff.

1002  BK-*Giger*, Art. 253–255 OR, Grundsatzanalyse, S. 39 Rn. 3.

1003  BK-*Giger*, Art. 253–255 OR, Grundsatzanalyse, S. 40 Rn. 4; *Weber*, wobl 2007/4, 93 (96).

1004  BK-*Giger*, Art. 253–255 OR, Grundsatzanalyse, S. 45 Rn. 12.

1005  Unter dem Raumbegriff versteht man jede horizontal und vertikal abgeschlossene Einheit, wobei das Bundesgericht den Begriff entsprechend des Schutzzwecks weit auslegt (vgl. zum Begriff: CHK-*Hulliger/Heinrich*, Art. 253a OR Rn. 1; BSK OR I-*Weber*, Art. 253a/253b Rn. 11; Lachat/*Püntener*, Mietrecht für die Praxis, S. 77ff. Rn. 4.4.3. Nicht ausreichend ist beispielsweise die Miete (vorwiegend) unbebauter Grundstücke, z.B. eines Industrieareals (vgl. BGer, 26.9.2002, 4C.180/2002, E. 3.2; 25.6.2010, 4A_9/2010, E. 2.3); Parkplätze (SJZ 1998, 141)). Eine feste und

## 2. Bestehen eines Mietvertrags

Erste Tatbestandsvoraussetzung ist das Bestehen eines Mietvertrags bei Veräußerung des Mietobjektes (Art. 261 Abs. 1 OR). In der Schweiz ist allerdings anders als in Deutschland umstritten, ob der bloße Abschluss des Mietvertrags ausreicht, oder ob darüber hinaus auch der Mietantritt, also die Überlassung der Mietsache, notwendig ist.[1006]

Nach dem Wortlaut des Art. 261 Abs. 1 OR ist ein Mietantritt gerade nicht erforderlich, da hier ausdrücklich nur der Abschluss des Mietvertrags vorausgesetzt wird.[1007] Diese Auslegung entspricht auch der Entstehungsgeschichte: Während es in der ersten Version der Norm 1883 noch hieß, die Veräußerung müsse „während der Mietzeit" passieren,[1008] wurde der Wortlaut bereits 1912 aus Klarstellungsgesichtspunkten dahingehend angepasst, dass die Veräußerung „nach Abschluss des Mietvertrages" zu erfolgen habe.[1009] In den Gesetzesmaterialien heißt es hierzu, dass die Norm nicht nur dann greifen solle, wenn der Verkauf während der Mietzeit stattfinde, sondern „auch bei Verkauf nach Abschluss des Mietvertrages und vor Antritt der Miete".[1010]

Teilweise wird zwar argumentiert, dass der Mieter erst mit Mietantritt schutzbedürftig sei.[1011] Die Argumentation erscheint auch nachvollziehbar und ist für

---

dauernde Verbindung mit dem Boden ist nicht erforderlich (Lachat/*Püntener*, Mietrecht für die Praxis, S. 77 Rn. 4.4.3.1.). Wohnräume sind solche Räume, die dem dauernden Aufenthalt von Personen dienen (CHK-*Hulliger/Heinrich*, Art. 253a OR Rn. 2). Geschäftsräume sind alle Räumlichkeiten, die nach dem vertraglich vereinbarten Zweck einer wirtschaftlichen Tätigkeit – also dem Handel, dem Betrieb eines Gewerbes oder der Ausübung eines Berufs – dienen (BBl 1985 I 1389 (1421); BSK OR I-*Weber*, Art. 253a/253b Rn. 11; ZK-*Higi*, Vor Art. 271–273c OR Rn. 91). Für die Abgrenzung kommt es mithin auf den vereinbarten Gebrauchszweck und den damit verbundenen Schutzgedanken an (BSK OR I-*Weber*, Art. 253a/253b Rn. 4).

1006  *Hürlimann-Kaup*, Grundfragen des Zusammenwirkens von Miete und Sachenrecht, S. 570 f. Für den bloßen Mietvertragsabschluss: Lachat/*Spirig*, Mietrecht für die Praxis, S. 649 Rn. 23.4.3; CHK-*Hulliger/Heinrich*, Art. 261–261b OR Rn. 4; *Piotet*, Le principe, S. 36 ff. Rn. 40–44; BSK OR I-*Weber*, Art. 261 Rn. 2; für den Mietantritt: ZK-*Higi*, Art. 261–261a OR Rn. 12 f.

1007  So auch CHK-*Hulliger/Heinrich*, Art. 261–261b OR Rn. 4; *Hürlimann-Kaup*, Grundfragen des Zusammenwirkens von Miete und Sachenrecht, S. 570.

1008  BBl 1881 III 109 (165).

1009  BBl 1911 II 355 (434).

1010  BBl 1909 III 725 (741).

1011  ZK-*Higi*, Art. 261–261a OR Rn. 12 f.

§ 566 Abs. 1 BGB richtig. Allerdings hat der Bundesrat seinen Willen im Bundesblatt so eindeutig geäußert, dass wohl kein Raum für eine andere Interpretation bleibt.[1012]

## 3. Veräußerung

Das Eigentum an der Mietsache muss durch Veräußerung auf einen Dritten übergegangen sein (Art. 261 Abs. 1 OR). Mit Veräußerung ist nicht das Verpflichtungs-, sondern das Verfügungsgeschäft gemeint.[1013] Der Eigentumsübergang ist also relevant für die Ermittlung des Veräußerungszeitpunktes.[1014] Das Eigentum geht gemäß Art. 656 Abs. 1 ZGB mit der Eintragung des neuen Eigentümers im Grundbuch über. Maßgebend ist nach Art. 972 Abs. 1 ZGB der Hauptbucheintrag, wobei Art. 972 Abs. 2 ZGB eine Rückwirkung auf den Zeitpunkt des Tagebucheintrags vorsieht. Das Eigentum geht also erst mit dem Hauptbucheintrag über.[1015] Allerdings weicht das Bundesgericht bezüglich Art. 261 Abs. 1 OR von dem sachenrechtlichen Prinzip ab und lässt bereits die Eintragung in das Tagebuch ausreichen.[1016] Der Erwerber wird deshalb bereits mit Eintragung ins Tagebuch Vermieter.[1017]

Schließlich stellt sich auch im Schweizer Recht in diesem Zusammenhang die Frage nach dem dreifachen Identitätserfordernis.[1018] Nach dem Wortlaut des Art. 261 Abs. 1 OR müssen Vermieter und Veräußerer identisch sein. Wie bereits im deutschen Recht müsste darüber hinaus auch der veräußernde Vermieter mit dem Eigentümer identisch sein, da grundsätzlich nur der Eigentümer

---

1012  So auch *Pietot*, Le principe, S. 36 ff. Rn. 40, 44, S. 121 Rn. 247.

1013  ZK-*Higi*, Art. 261–261a OR Rn. 11.

1014  Lachat/*Spirig*, Mietrecht für die Praxis, S. 651 Rn. 23.4.5; *Hürlimann-Kaup*, Grundfragen des Zusammenwirkens von Miete und Sachenrecht, S. 609.

1015  Vgl. *Hürlimann-Kaup*, Grundfragen des Zusammenwirkens von Miete und Sachenrecht, S. 539.

1016  BGE 118 II 119 E. 3.a), mp 1/93, 23; BGE 128 III 82 E. 1.b), 1.c), mp 1/02, 42. In der Lehre besteht bezüglich des maßgeblichen Datums Uneinigkeit. Siehe für eine Übersicht des Meinungsstandes: *Hürlimann-Kaup*, Grundfragen Miete und Sachenrecht, Rn. 591 ff.

1017  BGE 118 II 119 E. 3.a), mp 1/93, 23; BGE 128 III 82 E. 1.b), 1.c), mp 1/02, 42; CHK-*Hulliger/Heinrich*, Art. 261–261b OR Rn. 6.

1018  Zur Diskussion im deutschen Recht: § 4 III.2. Zum Schweizer Recht vgl. ZK-*Higi*, Art. 261–261a OR Rn. 15; SVIT-Kommentar, Vorb Art. 253–274g OR Rn. 16; *Pietruszak/Zachariae*, recht 2000, 41 (43).

das Eigentum mit dinglicher Wirkung an einen Dritten veräußern kann.[1019] Allerdings gilt hier das bereits zu § 566 BGB Gesagte: Es gibt Situationen, wie beispielsweise die Vermietung durch eine Hausverwaltung, in denen es an dem dreifachen Identitätserfordernis fehlt, die Anwendung des Art. 261 Abs. 1 OR aber dennoch sinnvoll und erforderlich ist, sodass auch im Schweizer Recht zu differenzieren ist.[1020]

## III. Rechtsfolgen

Gemäß Art. 261 Abs. 1 OR geht das Mietverhältnis mit dem Eigentum an der Sache auf den Erwerber über (1.). Allerdings hat der Erwerber gemäß Art. 261 Abs. 2 OR in bestimmten Fällen ein außerordentliches Kündigungsrecht (2.). Kündigt der Erwerber außerordentlich, steht dem Mieter gemäß Art. 261 Abs. 3 OR ein Schadensersatzanspruch gegen den Veräußerer zu (3.). Nur wenn der Mietvertrag gemäß Art. 261b OR im Grundbuch vorgemerkt ist, muss der Erwerber den Gebrauch der Mietsache entsprechend des Mietvertrags gestatten, ist also auch zeitlich gebunden (4.). Abweichende Vereinbarungen sind nicht möglich (5.). Im Folgenden werden die soeben skizzierten Rechtsfolgen im Detail dargestellt, um abschließend die Auswirkungen *in praxi* ausführlich zu analysieren.

### 1. Vertragsübergang gemäß Art. 261 Abs. 1 OR

Art. 261 Abs. 1 OR sieht vor, dass das Mietverhältnis mit dem Eigentum an der Sache auf den Erwerber übergeht. Es handelt sich also um einen gesetzlichen Vertragsübergang, der das Prinzip der Relativität der Schuldverhältnisse zur Sicherung der Rechte des Mieters durchbricht.[1021] Wie bereits im deutschen Recht[1022] gilt auch hier, dass lediglich der Mietvertrag und die entsprechenden mietvertraglichen Rechte und Pflichten auf den Erwerber übergehen.[1023] Dies gilt allerdings nicht für mietvertragliche Rechte und Pflichten, die vor dem Eigentumsübergang entstanden und fällig geworden sind. Denn nach der sog.

---

1019  Vgl. ZK-*Higi*, Art. 261–261a OR Rn. 15; SVIT-Kommentar, Vorb Art. 253–274g OR Rn. 16.

1020  Sehr ausführlich hierzu *Hürlimann-Kaup*, Grundfragen des Zusammenwirkens von Miete und Sachenrecht, S. 524 ff.

1021  BSK OR I-*Weber*, Art. 261 Rn. 1, 3; ZK-*Higi*, Art. 261–261a OR Rn. 22.

1022  § 4 IV.2.

1023  Lachat/*Spirig*, Mietrecht für die Praxis, S. 648 Rn. 23.4.1; BSK OR I-*Weber*, Art. 261 Rn. 4; CHK-*Hulliger/Heinrich*, Art. 261–261b OR Rn. 6.

Spaltungstheorie entfaltet der Übergang des Mietvertrags keine Rückwirkung; der Veräußerer wird lediglich ab dem Eigentums- und Mietvertragsübergang von allen mietvertraglichen Verpflichtungen befreit.[1024]

## 2. Das außerordentliche Kündigungsrecht des Erwerbers gemäß Art. 261 Abs. 2 OR

Art. 261 Abs. 2 OR schwächt den durch Art. 261 Abs. 1 OR eingeführten Grundsatz *Kauf bricht nicht Miete* erheblich ab. Der Erwerber tritt nämlich nicht in die exakt gleiche Rechtsstellung ein, die der ursprüngliche Vermieter innehatte.[1025] Vielmehr gewährt Art. 261 Abs. 2a OR dem Erwerber von Wohn- und Geschäftsräumen bei dringendem Eigenbedarf ein außerordentliches Kündigungsrecht; bei allen übrigen Mietgegenständen gewährt Art. 261 Abs. 2b OR gar ein grundloses außerordentliches Kündigungsrecht.[1026] Gemeinsam ist den beiden Alternativen, dass der Erwerber ohne Bedenkzeit auf den nächstmöglichen gesetzlichen Zeitpunkt unter Einhaltung der gesetzlichen Frist kündigen muss.[1027] Andernfalls verwirkt er sein außerordentliches Kündigungsrecht und wird endgültig Mietvertragspartei.[1028] Eine Kündigung ist des Weiteren ausgeschlossen, wenn der Veräußerer mit dem Erwerber die Mietübernahme vereinbart hat oder der Mietvertrag im Grundbuch vorgemerkt ist.[1029]

Zu berücksichtigen ist allerdings, dass die außerordentliche Kündigungsmöglichkeit lediglich für diejenigen Mieter nachteilig sein kann, die entweder einen befristeten Vertrag haben oder bei denen die Kündigungsvoraussetzungen modifiziert sind. Andernfalls kann der Erwerber – wie es auch der Veräußerer gekonnt hätte – von seinem ordentlichen Kündigungsrecht Gebrauch machen,

---

1024 BGE 127 III 273 E. 4.c) aa); Lachat/*Spirig*, Mietrecht für die Praxis, S. 652 Rn. 23.4.6.2; CHK-*Hulliger/Heinrich*, Art. 261–261b OR Rn. 6.

1025 ZK-*Higi*, Art. 261–261a OR Rn. 24; *Hürlimann-Kaup*, Grundfragen des Zusammenwirkens von Miete und Sachenrecht, S. 576.

1026 Art. 261 Abs. 2b OR bleibt im Weiteren außer Betracht.

1027 *Roncoroni*, mp 4/05, 195 (213); Lachat/*Spirig*, Mietrecht für die Praxis, S. 730 Rn. 27.4.5.

1028 BGE 108 II 190 E. 2., 3.; CHK-*Hulliger/Heinrich*, Art. 261–261b OR Rn. 7; BSK OR I-*Weber*, Art. 261 Rn. 6; *Roncoroni*, mp 4/05, 195 (213).

1029 *Roncoroni*, mp 4/05, 195 (215 f.); CHK-*Hulliger/Heinrich*, Art. 261–261b OR Rn. 7; Lachat/*Spirig*, Mietrecht für die Praxis, S. 732 Rn. 27.4.9.1 f.

bei dem vergleichbare Fristen und Termine gelten wie nach Art. 261 Abs. 2 OR, und die Angabe eines Grundes grundsätzlich nicht erforderlich ist.[1030]

## 3. Der Schadensersatzanspruch des Mieters gegen den Veräußerer gemäß Art. 261 Abs. 3 OR

Kündigt der neue Eigentümer gemäß Art. 261 Abs. 2 OR früher als es der Vertrag mit dem ursprünglichen Vermieter erlaubt hätte, haftet letzterer dem Mieter gemäß Art. 261 Abs. 3 OR für den aus der frühzeitigen Kündigung entstehenden vermögensrechtlichen Schaden.[1031] Dieser kann in einer Mietzinsdifferenz, in den Kosten für den Umzug oder bei Geschäftsräumen auch in einem Gewinnverlust bestehen.[1032] Darüber hinaus sieht das Schweizer Recht keine Haftung des Vermieters vor.

## 4. Die Vormerkung des Mietvertrags gemäß Art. 261b OR

Art. 261b OR ermöglicht den Mietvertragsparteien das außerordentliche Kündigungsrecht und demzufolge auch den Schadensersatzanspruch auszuschließen, indem sie den Mietvertrag im Grundbuch vormerken lassen.[1033] Gemäß Art. 261b Abs. 2 OR bewirkt die Vormerkung nämlich, „dass jeder neue Eigentümer dem Mieter gestatten muss, das Grundstück entsprechend dem Mietvertrag zu gebrauchen".

Die Möglichkeit, den Mietvertrag vormerken zu lassen, spielte vor Einführung des Grundsatzes *Kauf bricht nicht Miete* eine deutlich wichtigere Rolle für den Mieterschutz, da der Mietvertrag andernfalls nicht auf den Erwerber überging.[1034] Auch heute hat die Vormerkung aber noch eine nicht zu vernachlässigende Aufgabe, denn nur durch die Eintragung kann sich der Mieter eines langfristig befristeten Vertrags dagegen absichern, dass er nach einer

---

1030  Art. 266 OR ff. Eine detaillierte Darstellung der Kündigungsmöglichkeiten erfolgt unter § 5 III.6.a) aa).

1031  Vgl. auch BSK OR I-*Weber*, Art. 261 Rn. 10; Lachat/*Spirig*, Mietrecht für die Praxis, S. 727 Rn. 27.4.1 und S. 733 Rn. 27.4.10.

1032  CHK-*Hulliger/Heinrich*, Art. 261–261b OR Rn. 9; *Roncoroni*, mp 4/05, 195 (219); Lachat/*Spirig*, Mietrecht für die Praxis, S. 733 Rn. 27.4.10.

1033  BSK OR I-*Weber*, Art. 261b Rn. 1; CHK-*Hulliger/Heinrich*, Art. 261–261b OR Rn. 11; *Hürlimann-Kaup*, Grundfragen des Zusammenwirkens von Miete und Sachenrecht, S. 770, 772.

1034  Vgl. *Hürlimann-Kaup*, Grundfragen des Zusammenwirkens von Miete und Sachenrecht, S. 750.

Veräußerung frühzeitig durch Kündigung gemäß Art. 261 Abs. 2 OR aus dem Mietobjekt gedrängt wird.[1035]

## 5. Keine abweichenden Vereinbarungen möglich

Art. 261 Abs. 2 OR ist relativ zwingendes Recht, von dem zulasten des Mieters nicht abgewichen werden darf.[1036] Bei Art. 261–261b OR handelt es sich um absolut zwingendes Recht, d.h. eine abweichende Vereinbarung ist insgesamt unzulässig.[1037]

## 6. Die Auswirkungen *in praxi*

Der 1990 durch Art. 261 Abs. 1 OR ins Schweizer Obligationenrecht eingeführte Grundsatz *Kauf bricht nicht Miete* schützt den Mieter gegenüber Art. 259 OR a.F. in der Theorie besser, da der Erwerber grundsätzlich an sämtliche vertragliche Vereinbarungen gebunden ist, also auch an eine Befristung oder an eine Modifikation der gesetzlichen Kündigungsfristen. Dieser Bewertung steht auch das außerordentliche Kündigungsrecht gemäß Art. 261 Abs. 2 OR nicht entgegen, da der Erwerber das Mietverhältnis bei der Wohn- und Geschäftsraummiete nur ausnahmsweise, nämlich bei dringendem Eigenbedarf, außerordentlich mit der gesetzlichen Frist auf den nächsten gesetzlichen Termin kündigen darf (Art. 261 Abs. 2a OR).[1038] Nach Art. 259 OR a.F. konnte der Erwerber den Mietvertrag hingegen immer unabhängig von den vertraglichen Vereinbarungen unter Einhaltung der gesetzlichen Fristen auf den nächsten gesetzlichen Termin kündigen, ohne dass es eines Grundes bedurfte.

Eine Bewertung des tatsächlichen Mieterschutzes ist allerdings nur dann möglich, wenn verschiedene Parameter näher untersucht werden. Zunächst sollen deshalb die allgemeinen Kündigungsvorschriften im Schweizer Recht dargestellt werden, wobei zwischen unbefristeten (a)) und befristeten (b)) Mietverträgen unterschieden werden muss. Anschließend soll versucht werden eine realistische Einschätzung bezüglich der tatsächlichen Nutzung der Vormerkungsmöglichkeit nach Art. 261b OR (c)) sowie des außerordentlichen Kündigungsrechts nach

---

1035  *Hürlimann-Kaup*, Grundfragen des Zusammenwirkens von Miete und Sachenrecht, S. 770; ZK-*Higi*, Art. 261b OR Rn. 14.
1036  CHK-*Hulliger/Heinrich*, Art. 261–261b OR Rn. 1.
1037  CHK-*Hulliger/Heinrich*, Art. 261–261b OR Rn. 1.
1038  Die sonstigen Fälle nach Art. 261 Abs. 2b OR, worunter insbesondere die Vermietung von beweglichen Gegenständen fällt, soll im Weiteren außer Betracht bleiben.

Art. 261 Abs. 2 OR (d)) zu geben. Diese Parameter ermöglichen es zugleich, die Auswirkungen auf das Eigentumsrecht zu beurteilen.

## a) Die Kündigung unbefristeter Mietverträge

Das Schweizer Recht kennt sowohl die ordentliche (aa)) als auch die außerordentliche (bb)) Kündigung unbefristeter Mietverträge.

## aa) Die ordentliche Kündigung

Bei einer ordentlichen Kündigung ist zunächst nur eine Kündigungsfrist auf einen bestimmten Kündigungstermin einzuhalten (Art. 266a ff. OR), ein Kündigungsgrund muss nicht angegeben werden. Allerdings kann der Mieter von Wohn- und Geschäftsräumen die Begründung nachträglich einfordern (vgl. Art. 271 Abs. 2 OR), um die Kündigung gegebenenfalls wegen Verstoßes gegen Treu und Glauben anzufechten (vgl. Art. 271 Abs. 1 OR und Art. 271a OR).

Bei Wohnungen beträgt die Kündigungsfrist drei Monate auf einen ortsüblichen Termin, d.h. auf ein kantonal festgesetztes Datum (in Zürich beispielsweise 30. September und 31. März) oder, wenn es keinen Ortsgebrauch gibt, auf das Ende einer dreimonatigen Mietdauer (Art. 266c OR).

Bei Geschäftsräumen beträgt die Kündigungsfrist sechs Monate auf einen ortsüblichen Termin oder, wenn es keinen Ortsgebrauch gibt, auf das Ende einer dreimonatigen Mietdauer (Art. 266d OR).

Die Kündigung von Wohn- und Geschäftsräumen ist gemäß Art. 271 Abs. 1 OR anfechtbar, wenn die Kündigung gegen den Grundsatz von Treu und Glauben verstößt. Ein solcher Verstoß liegt immer dann vor, wenn kein objektives, ernsthaftes und schützenswertes Interesse besteht.[1039] Art. 271a OR enthält einen Katalog entsprechender Regelbeispiele. Im Ergebnis ist also auch im Schweizer Recht eine Kündigung eines Wohn- oder Geschäftsraummietvertrages ohne legitimen, sachlich oder persönlich nachvollziehbaren Grund anfechtbar.[1040] Dies zeigen auch verschiedene Rechtsprechungsfälle.[1041] Der erforderliche Grund ist vergleichbar mit dem berechtigten Interesse nach § 573 Abs. 1 BGB,

---

1039  BGE 4C.305/1995 E. 4a = mp 2/96, 108 (111); BGE 4C.267/2002 = mp 3/03, 127 (129); vgl. auch Lachat/*Thanei*, Mietrecht für die Praxis, S. 772 Rn. 29.1.1; CHK-*Hulliger/Heinrich*, Art. 271–271a OR Rn. 3.

1040  CHK-*Hulliger/Heinrich*, Art. 271–271a OR Rn. 3.

1041  Für Rechtsprechungsbeispiele und Fallgruppen siehe BSK OR I-*Weber*, Art. 271/271a Rn. 6 ff.; Lachat/*Thanei*, Mietrecht für die Praxis, S. 783 ff. Rn. 29.3.1.3; CHK-*Hulliger/Heinrich*, Art. 271–271a OR Rn. 3 ff.

wobei in der Schweiz Kündigungen aus wirtschaftlichen Gründen nicht per se missbräuchlich sind.[1042] Das (nachträgliche) Erfordernis eines Kündigungsgrundes gilt in der Schweiz, anders als in Deutschland,[1043] auch für die Geschäftsraummiete.[1044] Nach der Rechtsprechung des Bundesgerichts trägt sodann der Mieter die Beweislast bezüglich der Missbräuchlichkeit.[1045] Denn im Rahmen eines Anfechtungsverfahrens ist nicht zu prüfen, ob eine Kündigung gerechtfertigt, sondern ob sie missbräuchlich ist.[1046] Der Mieter muss deshalb Tatsachen beweisen, aus denen sich ein Verstoß gegen den Grundsatz von Treu und Glauben ergibt.[1047] Der Vermieter ist hingegen verpflichtet, zur Wahrheitsfindung beizutragen, indem er den Kündigungsgrund wahrheitsgemäß mitteilt und alle in seinem Besitz befindlichen Beweisstücke zur Verfügung stellt.[1048] Er hat den Kündigungsgrund somit glaubhaft zu machen. Eine Umkehr der Beweislast ist hierin aber nicht zu sehen.[1049]

---

1042 Beispielhaft seien die folgenden zulässigen Kündigungsgründe aufgezählt: Kündigung zwecks Erzielung eines höheren, nicht missbräuchlichen Mietzinses von einem Dritten (BGE 120 II 105 E. 3b) aa), bb) = mp 3/95 151 (151 ff.), BGE 4C.343/2004 E. 3.2 = mp 2/05, 100 (102 ff.), BGE 4A_472/2007 E. 2.1 = mp 3/08, 171 (172 ff.) – dies ist gemäß § 573 Abs. 1 S. 2 BGB ausdrücklich ausgeschlossen); Kündigung, welche im Hinblick auf den Verkauf der Liegenschaft erfolgt (BGE 4C.267/2002 E. 2.3 = mp 3/03, 127 (130 ff.), BGE 4A_484/2012 E. 2.3.1, 2.3.3 = MRA 1/14, 41 (44 f.)); kein wirtschaftlicher Grund, aber dennoch ein Beispiel für die Flexibilität der Kündigungsgründe: Kündigung, weil der Vermieter die Wohnung nicht mehr einer Einzelperson, sondern einer Familie mit Kindern zur Verfügung stellen will (BGE 4A_414/2009 E. 3.2 = mp 2/10, 134 ff.).
1043 Vgl. § 580a Abs. 2 BGB, wonach lediglich eine Kündigungsfrist einzuhalten ist.
1044 Vgl. Art. 271 OR (Abschnittsüberschrift).
1045 BGE 120 II 105 E. 3c = mp 3/95, 151 (154); BGE 4A_345/2007 E. 2.4.3. = mp 2/08, 95 (97 f.); SVIT-Kommentar, Art. 271 OR Rn. 29.
1046 BGE 4A_345/2007 E. 2.4.3. = mp 2/08 95 (97 f.); Lachat/*Thanei*, Mietrecht für die Praxis, S. 596 Rn. 29.1.1; SVIT-Kommentar, Art. 271 OR Rn. 28 f.
1047 BGE 120 II 105 E. 3c = mp 3/95, 151 (154); BGE 4A_345/2007 E. 2.4.3. = mp 2/08, 95 (98); SVIT-Kommentar, Art. 271 OR Rn. 29, 50.
1048 BGE 4A_345/2007 E. 2.4.3. = mp 2/08, 95 (98); BGE 4C.61/2005 E. 4.3.1 f.; SVIT-Kommentar, Art. 271 OR Rn. 50.
1049 So auch SVIT-Kommentar, Art. 271 OR Rn. 50. Ausnahmsweise bejaht das Bundesgericht eine Umkehr der Beweislast, wenn der Vermieter aus ökonomischen Gründen kündigt und geltend macht, der höhere Mietzins liege im Rahmen der üblichen Mietzinse. In diesem Fall müsse der Vermieter die Orts- und Quartierüblichkeit eines höheren Mietzinses beweisen (BGE 4A_472/2007).

Diese Regelungssystematik führt dazu, dass eine ungerechtfertigte Kündigung zunächst wirksam ist und der Mieter sich nur durch eine Anfechtung innerhalb der Anfechtungsfrist hiergegen wehren muss. In dieser Systematik ist erneut die liberale Ausrichtung des Schweizer Gesetzes zu erkennen, da die Parteien nicht nur bezüglich des Vertragsschlusses, sondern grundsätzlich auch hinsichtlich der Beendigung frei sind.[1050]

### bb)  Die außerordentliche Kündigung

Für die außerordentliche Kündigung kommen verschiedene Normen in Betracht. Allen ist gemeinsam, dass ein Kündigungsgrund vorliegen muss.

Gemäß Art. 257f Abs. 3 OR kann der Vermieter dem Mieter kündigen, wenn der Mieter seine Pflicht zu Sorgfalt und Rücksichtnahme trotz schriftlicher Mahnung weiterhin verletzt und dies dazu führt, dass die Fortsetzung des Mietverhältnisses nicht mehr zumutbar ist. Bei Wohn- und Geschäftsräumen kann der Vermieter mit einer Frist von 30 Tagen auf das Ende eines Monats kündigen. Ausnahmsweise kann er gemäß Art. 257f Abs. 4 OR fristlos kündigen, wenn der Mieter der Sache vorsätzlich schweren Schaden zufügt.

Art. 266g Abs. 1 OR – der gesetzliche Auffangtatbestand – sieht vor, dass eine außerordentliche Kündigung immer dann möglich ist, wenn die Vertragserfüllung für die kündigende Partei wegen eines wichtigen Grundes unzumutbar ist. Die Kündigung kann dann mit der gesetzlichen Frist zu einem beliebigen Zeitpunkt erfolgen. Als wichtiger Grund gelten nur außerordentlich schwerwiegende Umstände, die bei Vertragsabschluss weder bekannt noch voraussehbar waren und nicht auf ein Verschulden der kündigenden Partei zurückzuführen sind.[1051]

### b)  Die Beendigung befristeter Mietverträge

Nach Art. 255 Abs. 2 OR ist ein Mietverhältnis befristet, „wenn es ohne Kündigung mit Ablauf der vereinbarten Dauer endigen soll". Die übrigen Mietverhältnisse gelten als unbefristet (Art. 255 Abs. 3 OR). Hieraus ergibt sich, dass unbefristete Mietverträge nach Ansicht des Gesetzgebers die Regel, befristete die Ausnahme darstellen.[1052] Dies entspricht bei Wohnraummieten wohl auch der

---

1050  Vgl. BGE 120 II 105 ff. E. 3b) aa) = mp 3/95, 151; SVIT-Kommentar, Art. 271 OR Rn. 58.

1051  BGE 4C.375/2000 E. 3a; BGE 122 III 262 E. 2a/aa.

1052  Vgl. BK-*Giger*, Art. 255 S. 452 Rn. 39; ZK-*Higi*, Art. 255 OR Rn. 23; Lachat/*Thanei*, Mietrecht für die Praxis, S. 660 Rn. 24.3.1.

Mietvertragsgestaltung in der Praxis; bei Geschäftsraummieten hingegen sind befristete Mietverträge nach einer Ansicht in der Literatur nicht untypisch.[1053] In Art. 266 Abs. 1 OR bestimmt das Gesetz sodann, dass das Mietverhältnis mit Ablauf der bestimmten Dauer endet. Weitere Voraussetzungen oder Beschränkungen nennt das Schweizer Obligationenrecht, im Gegensatz zum deutschen BGB,[1054] nicht.[1055] Vielmehr sind die Vertragsparteien grundsätzlich frei bezüglich der genauen zeitlichen Ausgestaltung des Mietverhältnisses.[1056] Die Parteien können mithin die gesetzlichen Kündigungsfristen bei unbefristeten Mietverhältnissen verlängern oder eigene Kündigungstermine festlegen und hierdurch eine Mindestdauer vereinbaren.[1057] Die Parteien dürfen die Kündigungsfristen allerdings nicht zulasten des Mieters verkürzen.[1058] Gleichzeitig steht es ihnen nach dem Grundsatz der Vertragsfreiheit frei, mehrmals hintereinander nur befristete Mietverträge zu schließen.[1059] Diese sog. Kettenmietverträge sind allerdings rechtsmissbräuchlich, wenn der Vermieter einen langfristigen Vertrag beabsichtigt, und mit der Befristung lediglich die gesetzlichen Normen,

---

1053 Lachat/*Spirig*, Mietrecht für die Praxis, S. 833 Rn. 30.6.2.2; S. 840, Rn. 30.6.8.4. Eine durchgeführte Umfrage (ausführlich zur Umfrage: § 5 III. 6. d)) stützt diese Einschätzung teilweise. Wie oft Mietverträge befristet werden, lässt sich in Zahlen nur schwer ermitteln. Im Rahmen der Umfrage wurde die Häufigkeit von befristeten Mietverträgen bei Schlichtungs- und Beratungsverfahren abgefragt, um jedenfalls einen Anhaltspunkt diesbezüglich zu erhalten. Denn bei einer Vielzahl von Verfahren, die einen befristeten Mietvertrag zum Gegenstand haben, wäre der, wenn auch eingeschränkte, Rückschluss möglich, dass auch jenseits der Schlichtungs- und Beratungsverfahren Befristungen typisch sind, und *vice versa*. Die Auswertung der Antworten legt nahe, dass Wohnraummietverträge nur höchst selten befristet werden, während Geschäftsraummietverträge selten bis gelegentlich befristet werden. Hinsichtlich der Dauer der Befristung lässt sich aufgrund der Umfragedaten sagen, dass Geschäftsraummietverträge, wenn sie denn befristet werden, eine Befristung von über sechs Jahren vorsehen, während Wohnraummietverträge nur kurzfristig befristet werden.
1054 Vgl. § 575 BGB: Für die Wohnraummiete muss einer der abschließend aufgezählten Gründe vorliegen.
1055 Vgl. BBl 1985 I 1389 (1446 f.); BGE 139 III 145 E. 4.2.2; OG Zürich vom 28.10.2016, Az. NG160015.
1056 BK-*Giger*, Art. 255 S. 456 Rn. 45.
1057 BK-*Giger*, Art. 255 S. 456 Rn. 45.
1058 CHK-*Hulliger/Heinrich*, Art. 266–266f OR Rn. 1.
1059 BGE 139 III 145 E. 4.2.2; BGer vom 3. November 2003, Az. 4C.155/2003, E. 3.3; BK-*Giger*, Art. 255 S. 485 Rn. 93; SVIT-Kommentar, Art. 255 OR Rn. 27.

die dem Schutz des Mieters dienen, umgehen will (Art. 2 Abs. 2 ZGB).[1060] Denn gerade bei Wohn- und Geschäftsraummietverträgen geht mit einem unbefristeten Vertrag ein deutlich stärkerer Mieterschutz einher, insbesondere sind nur bei unbefristeten Mietverträgen die zwingenden Schutzbestimmungen gegen missbräuchliche Kündigungen – die Anfechtung der Kündigung und die Erstreckung des Mietvertrags – uneingeschränkt anwendbar.[1061,1062] Indizien für eine rechtsmissbräuchliche Gesetzesumgehung sind das Vorliegen einer Wohnungsnot, eine systematische Vermieterpraxis, aber auch der Abschluss befristeter Geschäftsraummietverträge, um periodisch neu über den Mietzins zu verhandeln.[1063] Die Beweislast für die Gesetzesumgehung trägt derjenige, der sich hierauf beruft – dies wird regelmäßig der Mieter sein.[1064] Das Bundesgericht räumt allerdings ein, dass es nicht einfach ist, die Grenze zwischen der einvernehmlichen Wahl der befristeten Vertragsgestaltung, die das Gesetz ohne Einschränkung zulässt, und der rechtsmissbräuchlichen Vertragsgestaltung, bei der der Vermieter seine Machtstellung ausnutzt, zu ziehen.[1065]

---

1060  BGE 139 III 145 E. 4.2.3, 4.2.4; BK-*Giger*, Art. 255 S. 486 Rn. 93; BSK OR I-*Weber*, Art. 255 Rn. 6; Lachat/*Thanei*, 2016, Mietrecht für die Praxis S. 665 Rn. 24.3.12.

1061  BGE 139 III 145 E. 4.2.3; OG Zürich vom 28. Oktober 2016, Az. NG160015, E. 1.3, 1.7; BSK OR I-*Weber*, Art. 255 Rn. 6; Lachat/*Thanei*, Mietrecht für die Praxis, S. 660 Rn. 24.3.1, S. 665 Rn. 24.3.11.

1062  Mangels einer ordentlichen Kündigungsmöglichkeit besteht bei befristeten Mietverträgen keine Anfechtungsmöglichkeit oder eine andere Art der Willkürprüfung, obwohl die Befristung als solche ähnlich stark in die Rechte des Mieters eingreifen kann (Lachat/*Thanei*, Mietrecht für die Praxis, S. 660 Rn. 24.3.1, S. 665 Rn. 24.3.11; BSK OR I-*Weber*, Art. 255 Rn. 6). Die Erstreckung hingegen steht dem Mieter grundsätzlich auch bei befristeten Mietverträgen offen (Art. 273 Abs. 2b OR), allerdings ist zu berücksichtigen, dass sich der Mieter von Anfang an darauf einstellen muss, dass das Mietverhältnis zu einem bestimmten Zeitpunkt enden wird und er mithin rechtzeitig Ersatz suchen muss (Lachat/*Thanei*, Mietrecht für die Praxis, S. 665 Rn. 24.3.11; Lachat/*Spirig*, Mietrecht für die Praxis, S. 833 Rn. 30.6.2.2; BSK OR I-*Weber*, Art. 255 Rn. 6).

1063  Lachat/*Thanei*, Mietrecht für die Praxis, S. 666 Rn. 24.3.12.

1064  BGE 139 III 145 E. 4.2.4; OG Zürich vom 28. Oktober 2016, Az. NG160015, E. 1.3, 1.7; BK-*Giger*, Art. 255 S. 485 Rn. 93; SVIT-Kommentar, Art. 255 OR Rn. 27; a.A. Lachat/*Thanei*, Mietrecht für die Praxis, S. 666 Rn. 24.3.12; BSK OR I-*Weber*, Art. 255 Rn. 6: Eine starke Literaturmeinung betrachtet sog. Kettenmietverträge grundsätzlich als unzulässig, es sei denn, es liegt ein legitimer Grund vor. Die Beweislast trägt also nach dieser Ansicht derjenige, der sich auf einen legitimen Grund berufen will – dies wird regelmäßig der Vermieter sein.

1065  BGE 139 III 145 E. 4.2.4.

## c) Die Nutzung der Vormerkungsmöglichkeit gemäß Art. 261b OR

Die Möglichkeit zur außerordentlichen Kündigung gemäß Art. 261 Abs. 2 OR, die der Gesetzgeber dem Erwerber als Ausgleich für die besondere Bindung durch befristete Verträge einräumt, wird durch die Vormerkung im Ergebnis wirkungslos. Die Vormerkung bedeutet hier also einen tieferen Eingriff in das Eigentumsrecht, da insbesondere eine Kündigung wegen Eigenbedarfs in diesen Fällen von vorneherein ausgeschlossen ist. Für die Bewertung des tatsächlichen Mieterschutzes beziehungsweise des tatsächlichen Eingriffs in die Eigentumsfreiheit bedarf es deshalb der Analyse, inwiefern von der Eintragungsmöglichkeit in der Praxis Gebrauch gemacht wird.

Mangels entsprechender Statistiken wurden mithilfe von Fragebögen (Anhang 1) Daten dazu erhoben, ob und welche Art von Mietverträgen in der Praxis im Grundbuch vorgemerkt werden. Befragt wurden neben Rechtsanwälten auch Mieter- und Eigentümerverbände, Schlichtungsstellen, Grundbuchämter und der Schweizer Notarverband. Jedem potentiellen Teilnehmer wurde eine E-Mail mit dem Logo der Universität Konstanz zugeschickt, in der die Verfasserin sich und ihre Arbeit vorstellte und einen Link zur Umfrage beifügte. Die Mailadressen wurden im Vorhinein im Internet recherchiert. Die Fragebögen wurden mithilfe des Onlinedienstes *Surveymonkey* erstellt und ausgewertet. Ein Fragebogen richtete sich an die Grundbuchämter und den Schweizer Notarverband, ein zweiter an die Schlichtungsstellen und ein dritter an die verschiedenen Beratungsstellen. Die Fragebögen für die verschiedenen Befragungsgruppen sahen unterschiedliche, der jeweiligen Arbeitspraxis entsprechende Fragen vor. Die Antwortmöglichkeiten waren aufgeteilt in Antworten zur Wohnraummiete und Antworten zur Geschäftsraummiete. Neben vorgegebenen Antwortmöglichkeiten zum Ankreuzen, gab es bei jeder Frage ein Kommentarfeld, um den Teilnehmern bei Bedarf eine ausführlichere Antwort zu ermöglichen. Diese Möglichkeit wurde rege genutzt und führte zu einem noch fundierteren Einblick in die rechtliche Realität. Im Schnitt nahmen circa 30% der angeschriebenen Personen und Stellen an der Umfrage teil.[1066] Teilweise kontaktierten sie die Verfasserin darüber

---

1066 Die Zahl bezieht sich lediglich auf die zustellbaren E-Mails. Es wurden 197 Grundbuchämter kontaktiert, von denen 65 entweder unmittelbar an der Umfrage teilnahmen, oder per E-Mail mitteilten, dass bei ihnen die Vormerkung von Mietverträgen so selten sei, dass eine tatsächliche Teilnahme nicht möglich sei. Darüber hinaus wurden 68 Schlichtungsstellen kontaktiert, von denen 20 an der Umfrage teilnahmen, sowie 24 Beratungsstellen, von denen sechs an der Umfrage teilnahmen.

hinaus per E-Mail, um ihr besonderes Interesse an der Umfrage kundzutun und um eine Zusammenfassung der erhobenen Daten zu erbitten.

Die größte Schwierigkeit bei der Feststellung der Vormerkungshäufigkeit in der Praxis bestand darin, dass es keine Zahlen gibt bezüglich der Anzahl an jährlich abgeschlossenen Mietverträgen, bezüglich der davon befristeten Mietverträge und schließlich dazu, wie viele von diesen wiederum vorgemerkt wurden. Durch die Befragung der Grundbuchämter konnte deshalb lediglich versucht werden, mithilfe der subjektiven Wahrnehmungen der Grundbuchbeamten zu ermitteln, ob die Vormerkungsmöglichkeit in der Praxis tatsächlich genutzt wird.[1067,1068] Bei der Beantwortung der Fragen sollten die Grundbuchämter ausschließlich die Vormerkungsverfahren aus dem Jahr 2017 berücksichtigen. Die Auswertung zeigt, dass Mietverträge insgesamt nur selten vorgemerkt wurden: Circa 70% der Befragten gaben an, dass befristete Mietverträge 2017 nur „selten" vorgemerkt wurden, wobei die Zahl bei der Geschäftsraummiete (76,67%) überraschender Weise höher lag als bei der Wohnraummiete (72,88%). Allerdings gaben gleichzeitig knapp 12% der Befragten an, dass Geschäftsraummietverträge „häufig" eingetragen wurden, während dies bei der Wohnraummiete lediglich knapp 4% waren. Des Weiteren konnte bezüglich der Geschäftsraummiete eine weitere interessante Feststellung gemacht werden: Wenn man die Angaben nach ländlichen und städtischen Einzugsgebieten der Grundbuchämter unterscheidet, lag

---

1067 Die Frage lautete: „Können Sie anhand der Anzahl der im Jahr 2017 zur Vormerkung vorgelegten Mietverträge abschätzen, wie oft befristete Mietverträge in der Praxis vorgemerkt werden?" Folgende Antwortmöglichkeiten standen zur Auswahl: häufig (mehr als 50%), ab und zu (zwischen 30% und 50%), selten (weniger als 30%). Zudem konnten die Befragten auch ankreuzen, dass sie hierzu keine Angaben machen können.

1068 Die Schlichtungsstellen und Beratungsvereine konnten nur indirekt bezüglich der Häufigkeit von vorgemerkten Verträgen befragt werden. Sie sollten im Rahmen der Umfrage angeben, wie oft sie im Jahr 2017 Verfahren zu vorgemerkten Mietverträgen bearbeitet haben. Sowohl bezüglich der Wohn- als auch der Geschäftsraummiete machten nahezu alle Befragten die Angabe, dass vorgemerkte Mietverträge 2017 nur selten Gegenstand der entsprechenden Verfahren waren (57,89%) beziehungsweise keine Angaben möglichen seien (36,84%). Ein Rückschluss auf die Häufigkeit von Vormerkungen jenseits der Schlichtungs- und Beratungsverfahren erscheint allerdings in der erforderlichen Allgemeinheit nur schwierig möglich. Denn fast 40% gaben an, dass sie keine Angaben hierzu machen können. Es ist deshalb davon auszugehen, dass im Falle einer Vormerkung aufgrund der eindeutigen Rechtslage in der Regel Streitigkeiten selten vorkommen und das Fehlen von entsprechenden Verfahren nicht bedeutet, dass es keine entsprechenden Sachverhalte gab.

der Prozentsatz für eine „häufige" Eintragungspraxis in städtischen Einzugsgebieten sogar bei 23%.[1069] Schließlich konnte noch eine Korrelation zwischen
einer langen Befristungsdauer und der Häufigkeit der Vormerkungseintragung
herausgearbeitet werden. Diejenigen, die angaben, dass auch Wohnraummietverträge „häufig" vorgemerkt wurden, gaben gleichzeitig an, dass es sich hierbei
um Verträge handelte, die auf mehr als zehn Jahre befristet waren. Bei Geschäftsraummietverträgen gaben dies immerhin knapp 60% der Befragten an.

Zusammenfassend lässt sich festhalten, dass Wohnraummietverträge nur
selten vorgemerkt werden. Die Vormerkung eines Geschäftsraummietvertrags
ist in städtischen Einzugsgebieten hingegen nicht untypisch.[1070] Hierbei ist aber
auch zu berücksichtigen, dass Wohnraummietverträge seltener befristet abgeschlossen werden, und deshalb bereits aus diesem Grund nicht vorgemerkt werden. Geschäftsraummietverträge werden hingegen im Vergleich öfter befristet
und mit einer oder mehreren Verlängerungsoptionen abgeschlossen.[1071]

Hinsichtlich des tatsächlichen Mieterschutzes bzw. des tatsächlichen Eingriffs
in die Eigentumsfreiheit sind aus diesem Ergebnis folgende Schlussfolgerungen
zu ziehen:

– Der Gesetzgeber wollte dem Mieter durch die Vormerkungsmöglichkeit einen
  weitergehenden Schutz gewähren, der aber gleichzeitig aufgrund der Erkenn-
  barkeit nach Außen auch die Interessen des Erwerbers berücksichtigt. Der
  Eingriff in das Eigentumsrecht ist in diesem Fall als gerechter Ausgleich der
  Interessen zu werten.
– Allerdings wird bei der Wohnraummiete von dieser Möglichkeit nur selten
  Gebrauch gemacht, da der zusätzliche Schutz durch eine Vormerkung hier
  aufgrund der regelmäßig unbefristeten Verträge nicht erforderlich ist. Für die
  Bewertung des Mieterschutzes bzw. des Eigentumseingriffs in der Praxis ist
  die Vormerkungsmöglichkeit deshalb nur zweitrangig.

---

1069 In ländlichen Regionen lag der Prozentsatz für eine „häufige" Eintragungspraxis
     bei 9,52%.
1070 Persönliche Gespräche mit Anwälten aus dem Immobilienrecht haben sogar gezeigt,
     dass im Rahmen der juristischen Beratung bei Geschäftsraummietverträgen – aus
     anwaltlicher Vorsicht – eine Vormerkungseintragung standardmäßig empfoh-
     len wird.
1071 Wie bereits unter § 5 III. 6. b) Fn. 1029 ausgeführt, ist aufgrund der gesammel-
     ten Erfahrungsberichte zu schlussfolgern, dass insgesamt nur wenige Mietverträge
     befristet werden, wobei es sich hierbei hauptsächlich um Geschäftsraummietverträge
     handelt. Vgl. auch *Roncoroni*, mp 4/05, 195 (211 f.).

– Bei der Geschäftsraummiete kommt eine Vormerkung jedenfalls gelegentlich vor und bewirkt dann einen Ausschluss des außerordentlichen Kündigungsrechts, was zu einem intensiveren Eingriff in das Eigentumsrecht führt. Dieser ist jedoch aufgrund der äußeren Erkennbarkeit im Ergebnis gerechtfertigt und führt zu einem gerechten Interessenausgleich.

### d)  Die Nutzung des außerordentlichen Kündigungsrechts gemäß Art. 261 Abs. 2 OR

Im Rahmen der Darstellung der Entstehungsgeschichte, der Tatbestandsvoraussetzungen und der Rechtsfolgen ist die außerordentliche Kündigung gemäß Art. 261 Abs. 2 OR, wie sie in der Theorie gedacht war, umfassend dargestellt worden. Die tatsächlichen Auswirkungen für den Mieterschutz lassen sich allerdings nur dann richtig einschätzen, wenn man weiß, inwiefern die Erwerber von dieser Kündigungsmöglichkeit auch Gebrauch machen. Vorliegend soll deshalb der Versuch unternommen werden, das faktische Verhalten der Erwerber zu analysieren, wobei nicht vergessen werden darf, dass Art. 261 Abs. 2 OR lediglich relevant ist, wenn der Vertrag befristet ist.[1072] Andernfalls eröffnet er keine über die ordentliche Kündigung hinausgehende Beendigungsmöglichkeit.

Mangels entsprechender Statistiken wurden diesbezüglich ebenfalls im Rahmen der gleichen Umfrage Daten dazu erhoben, inwiefern der Erwerber in der Praxis tatsächlich von der außerordentlichen Kündigungsmöglichkeit gemäß Art. 261 Abs. 2 OR (mit Erfolg) Gebrauch macht. Die Schwierigkeit bei der Feststellung der Häufigkeit der Kündigung in der Praxis bestand darin, dass es keine Zahlen zur Häufigkeit von befristeten Mietverträgen, zur Häufigkeit von Veräußerungen befristet vermieteter Immobilien oder zur Kündigungshäufigkeit selbst gibt.

Durch die Befragung der Schlichtungsstellen und der Beratungsvereine konnte deshalb lediglich versucht werden, mithilfe der subjektiven Wahrnehmungen der Mitarbeiter dieser Einrichtungen zu ermitteln, ob die Erwerber von der außerordentlichen Kündigungsmöglichkeit in der Praxis tatsächlich Gebrauch machen.[1073] Bei der Beantwortung der Fragen sollten ausschließlich die Verfahren aus dem Jahr 2017 berücksichtigt werden.

---

1072  Die ferner relevante Konstellation von modifizierten Kündigungsvoraussetzungen soll nachfolgend außer Betracht bleiben.

1073  Die Frage lautete: „Wie oft hatten Ihre mietrechtlichen Schlichtungsverfahren das außerordentliche Kündigungsrecht gemäß Art. 261 Abs. 2 OR zum Gegenstand?" Folgende Antwortmöglichkeiten standen zur Auswahl: häufig (mehr als 50%), ab

Aufgrund der gesammelten Erfahrungsberichte lässt sich der Rückschluss ziehen, dass insgesamt nur wenige Mietverträge befristet werden, wobei es sich hierbei hauptsächlich um Geschäftsraummietverträge handelt.[1074] Auf diese sollen sich die weiteren Ausführungen deshalb beschränken.

Die Auswertung der Umfrage zeigt, dass Mietverträge insgesamt nur selten gemäß Art. 261 Abs. 2 OR frühzeitig gekündigt wurden: Nahezu alle Befragten gaben an, dass solche Verfahren 2017 selten waren (40% bei Beratungsvereinen; 65% bei Schlichtungsstellen) beziehungsweise, dass sie keine Angaben machen können (60% bei Beratungsvereinen; 35% der Schlichtungsstellen). Hieraus lässt sich schlussfolgern, dass die Erwerber auch jenseits der Schlichtungs- und Beratungsverfahren nur selten (erfolgreich) von ihrem Kündigungsrecht gemäß Art. 261 Abs. 2 OR Gebrauch machen.[1075]

Begründet wurde die geringe Nutzung der außerordentlichen Kündigungsmöglichkeit damit, dass der Eigenbedarf nur schwer nachweisbar sei und er darüber hinaus häufig nur (unwirksam) vorgeschoben werde.[1076] Auch Formfehler seien nicht untypisch. Zudem kaufe der Erwerber die Immobilie in der Regel mit dem Wissen, dass ein Mietvertrag besteht: Aufgrund der durch Art. 261 Abs. 2 OR implementierten Bindung würden sich potentielle Immobilienerwerber die bestehenden Mietverträge sehr genau anschauen und nicht darauf vertrauen, jeden Mietvertrag unter Einhaltung der gesetzlichen Kündigungsfristen zum

---

und zu (zwischen 30% und 50%), selten (weniger als 30%). Zudem konnten die Befragten auch ankreuzen, dass sie hierzu keine Angaben machen können.

1074 Vgl. so auch zur Gesetzessystematik:. BK-*Giger*, Art. 255 S. 452 Rn. 39; ZK-*Higi*, Art. 255 OR Rn. 23; Lachat/*Thanei*, Mietrecht für die Praxis, S. 660 Rn. 24.3.1.

1075 Anders als bei der Frage nach der Häufigkeit der Vormerkung von Mietverträgen, steht der hohe Prozentsatz von „k.A."-Antworten einer Verallgemeinerung nicht ohne Weiteres entgegen. Vielmehr erscheint es vertretbar gerade aufgrund der Angaben der Schlichtungsbehörden (65% „selten") die getroffene Aussage zu machen. Dies folgt aus nachfolgenden Überlegungen: Wenn eine frühzeitige Kündigung ausgesprochen wird, ist es nach allgemeiner Lebenserfahrung naheliegend, dass sich der Mieter hiergegen wehrt. Streitigkeiten müssen aber aufgrund des Schweizer Prozessrechts in der Regel zunächst in einem Schlichtungsverfahren vor einer Schlichtungsbehörde verhandelt werden (Art. 197, 361 Abs. 4 ZPO), sodass diese besonders befähigt sind eine Aussage bezüglich der Häufigkeit von vorzeitigen Kündigungen gemäß Art. 261 Abs. 2 OR zu treffen. Geschäftsraummieter, bei denen Art. 261 Abs. 2 OR aufgrund der nicht seltenen Befristung überhaupt relevant werden kann, werden hingegen regelmäßig Kanzleien und nicht Beratungsvereine um Hilfe bitten. Dies erklärt die Zahlen der Beratungsvereine.

1076 Vgl. auch *Roncoroni*, mp 4/05, 195 (215).

nächsten Kündigungstermin kündigen zu können. Bereits vor dem Erwerb werde vielmehr – bei großen Portfolios im Rahmen einer *due diligence* – sichergestellt, dass die Mietverträge, die dem eigenen Vorhaben entgegenstehen, entweder bereits gekündigt sind oder aber deren Befristungen demnächst ablaufen, wenn sie nicht schon abgelaufen sind. Schließlich sei der Mietvertrag vereinzelt im Grundbuch eingetragen.

Nach einer Meinung in der Literatur verlange der Veräußerer vom Erwerber in der Praxis zudem regelmäßig die Erklärung, dass er auf sein außerordentliches Kündigungsrecht gemäß Art. 261 Abs. 2 OR verzichte.[1077] Denn nur so könne der Veräußerer sich vor der Inanspruchnahme aus Art. 261 Abs. 3 OR schützen.

Zusammenfassend lässt sich somit sagen, dass der Geschäftsraummieter, der einen befristeten Mietvertrag abgeschlossen hat, im Ergebnis darauf vertrauen kann, dass die Vereinbarungen auch vom Erwerber eingehalten werden und er die Mietsache für die gesamte vereinbarte Dauer nutzen kann.

Die Kündigungsmöglichkeit, die in der Theorie eine Beschränkung des Mieterschutzes bzw. einen geringeren Eingriff in die Eigentumsfreiheit bedeutet, wirkt sich in der Praxis mithin nicht aus und ist bei der Bewertung des Mieterschutzes bzw. des Eigentumseingriffs in der Praxis nur zweitrangig.

---

1077   Vgl. auch *Roncoroni*, mp 4/05, 195 (215).

# § 6 Der Mieterschutz beim Verkauf einer vermieteten Immobilie in Spanien

Die zweite ausländische Rechtsordnung, mit der die deutsche Regelung verglichen werden soll, ist die spanische Rechtsordnung. Die im spanischen Recht gewählte Regelungssystematik des Mieterschutzes beim Verkauf einer vermieteten Immobilie[1078] unterscheidet sich stark von derjenigen im deutschen und Schweizer Recht. Denn einerseits trennt sie zwischen Wohnraummietverhältnissen und sonstigen Raummietverhältnissen. Andererseits arbeiten die spanischen Regelungen mit vielen Verweisen auf andere Gesetze, wodurch sie insgesamt schwer verständlich sind und was teilweise zu Widersprüchen und Unklarheiten führt.[1079]

Im spanischen Recht sind folgende Regelungen heranzuziehen, um den Schutz des Mieters beim Verkauf einer vermieteten Immobilie darzustellen: Art. 1571 aus dem *Código Civil* (im Weiteren: CC)[1080], Artt. 14, 29 aus der *Ley de Arrendamientos Urbanos* (im Weiteren: LAU)[1081] und schließlich Art. 34 aus der *Ley Hipotecaria* (im Weiteren: LH)[1082].

---

1078  Die relevanten spanischen Regelungen verwenden den Begriff *finca,* der am besten mit *bebautes Grundstück* übersetzt wird. Bei den Ausführungen zum spanischen Recht wird stattdessen der bisher in der Arbeit verwendete Begriff der *vermieteten Immobilie* verwendet.

1079  Eine grafische Übersicht der Regelungssystematik findet sich unter § 6 VII.

1080  Es handelt sich hierbei um das spanische Zivilgesetzbuch: Código Civil, BOE Núm. 206 de 25 de julio de 1889, in Kraft getreten am 16. August 1889, abrufbar unter: https://www.boe.es/eli/es/rd/1889/07/24/(1)/con (Stand: 12.12.2020).

1081  Es handelt sich hierbei um ein Spezialgesetz über sogenannte städtische Mietverträge. Das spanische Recht unterscheidet zwischen städtischen und ländlichen Mietverträgen. Unter städtischen Mietverträgen werden sämtliche Raummietverträge verstanden, während mit ländlichen Mietverträgen Landpachten gemeint sind. Vgl. Urteil des *Tribunal Supremo* vom 14.11.1991 (STS 6225/1991); so auch Comentarios Ley Hipotecaria-*Domínguez Luelmo*, S. 84; Comentarios LAU-*Valladares Rascón/ Ordás Alonso*, S. 60; *Fuentes-Lojo Lastres*, Ley de Arrendamientos Urbanos, S. 21. Ausführlich zum Anwendungsbereich der LAU: § 6 II.

1082  Es handelt sich hierbei um das spanische Grundbuchgesetz.

Art. 1571 CC[1083] ist die allgemeine Norm, die nur anwendbar ist, wenn keine speziellere Norm greift oder auf Art. 1571 CC verwiesen wird. Nach dieser Norm hat der Erwerber einer vermieteten Immobilie grundsätzlich das Recht, den bestehenden Mietvertrag außerordentlich zu kündigen, wenn der Erwerb nachgewiesen ist. Es gilt der Grundsatz *Kauf bricht Miete*.

Bei sogenannten städtischen Mietverträgen – umfasst sind sämtliche Raummietverträge – gehen die Regelungen der LAU denjenigen des *Código Civil* vor. Art. 14.1 LAU[1084] bestimmt, dass die Rechte und Pflichten des Vermieters nur dann auf den Erwerber einer im Grundbuch eingetragenen und zu Wohnzwecken vermieteten Immobilie, der die Voraussetzungen des Art. 34 LH[1085] erfüllt, übergehen, wenn der Mietvertrag im Grundbuch eingetragen ist. Voraussetzung für den Übergang des Wohnraummietvertrags auf den Erwerber ist also u.a. die Eintragung der Immobilie und des Mietvertrags im Grundbuch. Ansonsten gilt der Grundsatz *Kauf bricht Miete*. Allerdings sind im Detail verschiedene Regel-Ausnahme-Verhältnisse zu berücksichtigen. Art. 29 LAU[1086] ist auf sonstige Raummietverhältnisse, insbesondere auf die hier relevanten

---

1083   Art. 1571 CC: *El comprador de una finca arrendada tiene derecho a que termine el arriendo vigente al verificarse la venta, salvo pacto en contrario y lo dispuesto en la Ley Hipotecaria.*

1084   Art. 14.1 LAU wurde durch das *Real Decreto-ley 2019* geändert. Art. 14 LAU entspricht grundsätzlich wieder der Gesetzeslage vor der Änderung durch die LMFFMAV 2013. Der Arbeit liegt Art. 14.1 LAU in seiner alten Fassung zugrunde: *El adquirente de una finca inscrita en el Registro de la Propiedad, arrendada como vivienda en todo o en parte, que reúna los requisitos exigidos por el artículo 34 de la Ley Hipotecaria, sólo quedará subrogado en los derechos y obligaciones del arrendador si el arrendamiento se hallase inscrito, conforme a lo dispuesto por los artículos 7 y 10 de la presente ley, con anterioridad a la transmisión de la finca.*

1085   Art. 34 LH: *El tercero que de buena fe adquiera a título oneroso algún derecho de persona que en el Registro aparezca con facultades para transmitirlo, será mantenido en su adquisición, una vez que haya inscrito su derecho, aunque después se anule o resuelva el del otorgante por virtud de causas que no consten en el mismo Registro.*
*La buena fe del tercero se presume siempre mientras no se pruebe que conocía la inexactitud del Registro.*
*Los adquirentes a título gratuito no gozarán de más protección registral que la que tuviere su causante o transferente.*

1086   Art. 29 LAU: *El adquirente de la finca arrendada quedará subrogado en los derechos y obligaciones del arrendador, salvo que concurran en el adquirente los requisitos del artículo 34 de la Ley Hipotecaria.*

Geschäftsraummietverhältnisse[1087] anwendbar. Er bestimmt, dass der Erwerber in die Rechte und Pflichten des Vermieters eintritt, es sei denn, er erfüllt die Voraussetzungen des Art. 34 LH. Es gilt also der Grundsatz *Kauf bricht nicht Miete*, wobei wiederum Ausnahmen möglich sind.

Es stellt sich die Frage, welche Motive zur Schaffung dieser Regelungssystematik geführt haben und wie sich diese auf die Mieter- und Erwerberinteressen auswirkt. Zur Beantwortung dieser Fragen und als Grundlage für den Rechtsvergleich werden die spanischen Regelungen im Folgenden zunächst hinsichtlich Entstehungsgeschichte (I.), und Anwendungsbereich der Ley de Arrendamientos Urbanos 1994 in ihrer heutigen Form (II.) näher untersucht. Sodann werden die Tatbestandsvoraussetzungen und Rechtfolgen der Regelungen dargestellt und erörtert – Art. 14.1 LAU (III.), Art. 14.2 LAU (IV.) und Art. 29 LAU (V.) – und die Auswirkungen *in praxi* analysiert (VI.). Abschließend wir die Regelungssystematik grafisch zusammengefasst (VII.).

## I. Entstehungsgeschichte

Die Entstehungsgeschichte der mietrechtlichen Regelungen und mithin des Schutzes der Mietvertragsparteien in Spanien beginnt im 19. Jahrhundert mit dem liberal geprägten spanischen *Código Civil* (1.). Im Laufe des 20. Jahrhunderts erfuhr das Mietrecht durch verschiedene Spezialregelungen zahlreiche Modifikationen, die mal zugunsten des Mieters, mal zugunsten des Vermieters ausfielen. Näher untersucht werden im Folgenden die ersten mietrechtlichen Spezialgesetzgebungen ab 1920 bis 1985 (2.), die *Ley de Arrendamientos Urbanos* von 1994 in ihrer ursprünglichen Form (3.) und die *Ley de Arrendamientos Urbanos* von 1994 in ihrer heutigen Form (4.).

### 1. Der *Código Civil*

Bereits seit Anfang des 19. Jahrhunderts gab es in Spanien Kodifizierungsbemühungen.[1088] Für das Mietrecht ist allerdings erst der *Código Civil* von 1889 relevant, der in seinen Kapiteln I und II des Titels VI im Buch IV die rechtlichen Beziehungen zwischen Vermieter und Mieter umfassend regelt. Die mietrechtlichen Regelungen waren aufgrund der Urbanisierung und der wirtschaftlichen

---

1087  Die Geschäftsraummiete ist im spanischen Recht ein bedeutender Fall der sonstigen Raummiete. Bei der Darstellung des spanischen Rechts wurde der weite Begriff der sonstigen Raummiete verwendet, um nah am Gesetzeswortlaut zu bleiben.
1088  *Blas López*, Spain, S. 1.

Entwicklungen in der zweiten Hälfte des 19. Jahrhunderts erforderlich geworden.[1089] Sämtliche Gesetze und Erlasse in diesem Jahrhundert waren vom liberalen Individualismus geprägt, weshalb der *Código Civil* die Parteiautonomie und
die Vertragsfreiheit sowie den Schutz des Privateigentums besonders betont.[1090]

Die mietrechtlichen Regelungen des *Código Civil* bestimmen, dass die Mietver-
tragsparteien insbesondere Mietdauer und Miethöhe frei vereinbaren können.[1091]
Zudem hat ein Erwerber der vermieteten Immobilie gemäß Art. 1571.1 CC das
Recht, den Mietvertrag unmittelbar nach dem Eigentumserwerb zu beenden;
es gilt die Regel *Kauf bricht Miete*. Eine Ausnahme, dass der Mietvertrag auf den
Erwerber übergeht und bis zum Ablauf der vereinbarten Zeit bestehen bleibt, sieht
Art. 1571.1 CC nur dann vor, wenn dies im Rahmen des Kaufvertrags entsprechend
vereinbart wurde oder die *Ley Hipotecaria* dies vorschreibt.

## 2. Die ersten mietrechtlichen Spezialgesetzgebungen: *Real Decreto-ley* von 1920, *Ley de Arrendamientos Urbanos* von 1946 und 1964 und *Real Decreto-ley* von 1985

Im Jahr 1920 wurde die erste Spezialgesetzgebung verabschiedet, die dem Kräfteungleichgewicht zwischen Vermieter und Mieter entgegenwirken sollte.[1092]
Dieses Kräfteungleichgewicht war eine Konsequenz der liberalen Ausrichtung
des *Código Civil* im Zusammenspiel mit der demographischen Entwicklung und
der Landflucht und der hierdurch entstandenen Wohnungsnot nach dem Ersten
Weltkrieg.[1093]

Das zunächst nur als Übergangsregelung konzipierte *Real Decreto-ley* vom
21. Juni 1920 wurde immer wieder verlängert und abgeändert, bis unter Francisco Franco durch die *Ley de Arrendamientos Urbanos* von 1946 (im Weiteren: LAU 1946) eine zeitlich unbefristete Regelung verabschiedet wurde.[1094]

---

1089  *Blas López*, Spain, S. 1; vgl. auch *Cabré/Módenes*, Home ownership and social ine-
      qualities in Spain, S. 1 f., abrufbar unter: https://www.researchgate.net/publication/
      265364696_HOMEOWNERSHIP_AND_SOCIAL_INEQUALITY_IN_SPAIN
      (Stand: 12.12.2020).
1090  *Molina Roig*, National Report for Spain, S. 74; *Blas López*, Spain, S. 1; *Ortega Sánchez*,
      Los derechos de los arrendatarios de fincas urbanas, S. 15.
1091  Vgl. *Molina Roig*, National Report for Spain, S. 74.
1092  Vgl. *Molina Roig*, National Report for Spain, S. 75; *Sánchez Jordán*, wobl 2009, 65.
1093  *Molina Roig*, National Report for Spain, S. 75; *Sánchez Jordán*, wobl 2009, 65.
1094  LAU 1946, BOE Núm. 1 de 1 de enero de 1947, abrufbar unter: http://boe.vlex.es/
      vid/ley-arrendamientos-urbanos-314636085 (nach Anmeldung, Stand: 12.12.2020),
      S. 82; *Molina Roig*, National Report for Spain, S. 75.

Die LAU 1946 war lediglich auf die Raummiete anwendbar, die reine Grundstücksmiete richtete sich weiterhin nach den Regelungen des *Código Civil*.[1095] Die LAU 1946 entsprach inhaltlich dem *Real Decreto-ley* von 1920.[1096] Sie sah – ohne zwischen Wohnraummiete und sonstiger Raummiete zu unterscheiden – vor, dass sich der Mietvertrag grundsätzlich zeitlich unbegrenzt verlängerte, wenn der Vertrag nicht aufgrund außerordentlicher Kündigungsgründe beendet wurde,[1097] und schrieb gesetzliche Mietzinsobergrenzen fest,[1098] was das Einfrieren des Mietzinses zur Konsequenz hatte. Letzteres führte schnell dazu, dass die Vermietung aufgrund der Inflation und der Instandhaltungskosten nicht mehr profitabel war und immer weniger Mietwohnungen angeboten wurden.[1099] Die ursprünglichen Vermieter verkauften ihre Immobilien lieber, anstatt sie weiter zu vermieten.[1100] Während 1950 noch 51,4% der spanischen Bevölkerung zur Miete wohnte, nahm die Zahl in den nächsten Jahrzehnten stetig ab: 1980 lag die Vermietungsquote bei 20,8%, 1990 bei 15% und ab 2000 bei einem ab dann stabilen Niveau von 10,5% ab.[1101] Die 1960er Jahre gelten deshalb auch als Beginn des Eigentumstrends in Spanien, der bis heute anhält.[1102,1103] Gleichzeitig bedeutete diese Entwicklung, dass die Ziele der LAU 1946 – Mieterschutz und Stabilisierung des Vermietungsmarkts – vollständig verfehlt wurden.

1095 Vgl. hierzu den ersten Artikel (= *Base Primera, 1*, S. 85) der LAU 1946, abrufbar unter: http://boe.vlex.es/vid/ley-arrendamientos-urbanos-314636085 (nach Anmeldung, Stand: 12.12.2020), der den Anwendungsbereich festlegt.
1096 Vgl. *Blas López*, Spain, S. 2; *Molina Roig*, National Report for Spain, S. 75; *Sánchez Jordán*, wobl 2009, 65.
1097 Artikel 7 (= *Base VII*); Beispiel für ein außerordentliches Kündigungsrecht in Artikel 8 (= *Base VIII*, S. 91): Kündigung wegen Eigenbedarfs, sobald die vertraglich vereinbarte Zeit abgelaufen war.
1098 Artikel 9 (= *Base IX*).
1099 *Blas López*, Spain, S. 2; *Molina Roig*, National Report for Spain, S. 3 f.
1100 *Molina Roig*, National Report for Spain, S. 4.
1101 Vgl. *Molina Roig*, National Report for Spain, S. 3 f.
1102 *Blas López*, Spain, S. 2; Vgl. zu den aktuellen Wohnbesitzverhältnissen: Wohnstatistiken Instituto Nacional de Estadística, abrufbar unter: http://www.ine.es/jaxi/Datos.htm?path=/t20/p274/serie/prov/p07/l0/&file=01002.px (auf Spanisch, Stand: 12.12.2020), sowie Wohnstatistiken eurostat, abrufbar unter: https://ec.europa.eu/eurostat/statistics-explained/index.php?title=Housing_statistics#Tenure_status (auf Deutsch, Stand: 12.12.2020).
1103 Weitere Gründe für den Eigentumstrend waren steuerliche Anreize für den Eigentumskauf und niedrige Zinsen (*Molina Roig*, National Report for Spain, S. 3 f.; vgl. auch *Ortega Sánchez*, Los derechos de los arrendatarios de fincas urbanas, S. 11).

Das Änderungsgesetz *Ley 40/1964, de 11 de junio, de Reforma de la Ley de Arrendamientos Urbanos* (im Weiteren: ÄLAU 1964), ebenfalls unter Francisco Franco verabschiedet, sollte ein Befreiungsschlag werden, indem die mietrechtlichen Regelungen an die wirtschaftlichen Gegebenheiten angepasst wurden, ohne den Grundsatz der sozialen Gerechtigkeit außer Acht zu lassen.[1104] Aufgrund des Änderungsgesetzes erging im Dezember 1964 die Neufassung der LAU, der *Texto Refundido de la Ley de Arrendamientos Urbanos* (im Weiteren: LAU 1964).[1105] Daneben blieb die LAU 1946 in bestimmten, im Übergangsregime konkretisierten Fällen anwendbar.[1106] Die wesentlichste Änderung war darin zu sehen, dass die seit 1920 eingefrorenen Mieten unter Anwendung der in der LAU 1964 vorgeschriebenen Berechnungsmethode angehoben und die Mieten für neue Mietverträge grundsätzlich frei von den Parteien vereinbart werden durften.[1107] Die Mieterhöhungen waren aber im Ergebnis so niedrig, dass das angestrebte Ziel nicht erreicht wurde und das Mietangebot weiterhin niedrig blieb.[1108] Zudem änderte sich nichts an der zeitlich unbegrenzten Bindung des Vermieters an den Mietvertrag.[1109]

Nach dem Ende der Diktatur wurden deshalb erneut Forderungen nach vermietungsfördernden Vorschriften laut.[1110] Die regierende Spanische Sozialistische Arbeiterpartei (*Partido Socialista Obrero Español*) wollte diesen Forderungen mit dem *Real Decreto-ley 2/1985, de 30 de abril, sobre Medidas de Política Económica* (im Weiteren: *Real Decreto-ley* 1985) nachkommen und das Angebot

---

1104  ÄLAU 1964, BOE-A-1964–9379 = BOE Núm. 141, de 12 de junio 1964, S. 7654 (I.), abrufbar unter: https://www.boe.es/diario_boe/txt.php?id=BOE-A-1964-9379 (Stand: 12.12.2020).

1105  LAU 1964, BOE-A-1964–21865 = BOE Núm. 312, de 29 de diciembre de 1964, abrufbar unter: https://www.boe.es/buscar/doc.php?id=BOE-A-1964-21865 (Stand: 12.12.2020).

1106  LAU 1964, BOE-A-1964–21865 = BOE Núm. 312, de 29 de diciembre de 1964, S. 17402 (Disposiciones Transitorias), abrufbar unter: https://www.boe.es/buscar/doc.php?id=BOE-A-1964-21865 (Stand: 12.12.2020).

1107  ÄLAU 1964, BOE-A-1964–9379 = BOE Núm. 141, de 12 de junio 1964, S. 7654 f. (III. 2.) sowie S. 7656 (VI. Art. 95, 96, 97, 99 ff.), abrufbar unter: https://www.boe.es/diario_boe/txt.php?id=BOE-A-1964-9379 (Stand: 12.12.2020).

1108  *Molina Roig*, National Report for Spain, S. 75 f.; *Ortega Sánchez*, Los derechos de los arrendatarios de fincas urbanas, S. 12; *Blas López*, Spain, S. 2.

1109  Art. 57 LAU 1964.

1110  Vgl. LAU 1994, BOE-A-1994-26003 = BOE Núm. 282, de 25 de noviembre de 1994, S. 36129 (Preámbulo 1.), abrufbar unter: https://www.boe.es/eli/es/l/1994/11/24/29 (Stand: 12.12.2020).

an Mietwohnungen fördern und vergrößern.[1111] Das *Real Decreto-ley* 1985 galt allerdings nur für Mietverträge, die nach seinem Inkrafttreten geschlossen wurden.[1112] Die Vertragsdauer für neu abgeschlossene Verträge durfte hiernach frei festgelegt werden und verlängerte sich nicht mehr automatisch und zeitlich unbegrenzt zulasten des Vermieters.[1113] Dies führte einerseits dazu, dass die seit 1950 rückläufige Vermietungsquote zwischen den Jahren 1990 und 2000 lediglich um 5% sank und sich ab dem Jahr 2000 bei einer Vermietungsquote von circa 10% einpendelte.[1114] Andererseits entstand aber auch eine enorme Instabilität, da viele Vermieter nur noch Mietverträge mit kurzer Mietdauer schlossen.[1115] Zudem stiegen die Mieten von 1985 bis 1990 stark an, weil sie bei jedem neuen Vertragsschluss vom Vermieter angehoben wurden.[1116]

## 3. Die *Ley de Arrendamientos Urbanos* von 1994 in ihrer ursprünglichen Form

Die Spanische Sozialistische Arbeiterpartei unternahm 1994 einen neuen Versuch, die Attraktivität der Miete zu steigern. Die *Ley 29/1994, de 24 de noviembre,*

---

1111 Real Decreto-ley 1985, BOE-A-1985–8402 = BOE Núm. 111, de 9 de mayo 1985, S. 13176, abrufbar unter: https://www.boe.es/eli/es/rdl/1985/04/30/2 (Stand: 12.12.2020); vgl. auch *Molina Roig*, National Report for Spain, S. 77; *Sánchez Jordán*, wobl 2009, 65 (66).

1112 Real Decreto-ley 1985, BOE-A-1985–8402 = BOE Núm. 111, de 9 de mayo 1985, S. 13177 (Disposición Transitoria), abrufbar unter: https://www.boe.es/eli/es/rdl/ 1985/04/30/2 (Stand: 12.12.2020).

1113 Art. 9 *Real Decreto-ley* 1985. Real Decreto-ley 1985, BOE-A-1985–8402 = BOE Núm. 111, de 9 de mayo 1985, S. 13176, abrufbar unter: https://www.boe.es/eli/es/ rdl/1985/04/30/2 (Stand: 12.12.2020); vgl. auch *Molina Roig*, National Report for Spain, S. 76.

1114 Vgl. *Molina Roig*, National Report for Spain, S. 3; LAU 1994, BOE-A-1994-26003 = BOE Núm. 282, de 25 de noviembre de 1994, S. 36129 (Preámbulo 1.), abrufbar unter: https://www.boe.es/eli/es/l/1994/11/24/29 (Stand: 12.12.2020).

1115 LAU 1994, BOE-A-1994-26003 = BOE Núm. 282, de 25 de noviembre de 1994, S. 36129 (Preámbulo 1.), abrufbar unter: https://www.boe.es/eli/es/l/1994/11/24/ 29 (Stand: 12.12.2020); *Blas López*, Spain, S. 3; *Ortega Sánchez*, Los derechos de los arrendatarios de fincas urbanas, S. 13.

1116 *Molina Roig*, National Report for Spain, S. 76; *Ortega Sánchez*, Los derechos de los arrendatarios de fincas urbanas, S. 13; LAU 1994, BOE-A-1994-26003 = BOE Núm. 282, de 25 de noviembre de 1994, S. 36129 (Preámbulo 1.), abrufbar unter: https://www.boe.es/eli/es/l/1994/11/24/29 (Stand: 12.12.2020); *Blas López*, Spain, S. 3.

*de Arrendamientos Urbanos* (im Weiteren: LAU, wenn die Norm der aktuellen Version des Gesetzes entspricht; andernfalls: LAU 1994) sollte die Interessen der Vermieter und Mieter endlich in einen für alle Parteien akzeptablen Ausgleich bringen.[1117] Ziel war es, den Mietwohnungsmarkt als Grundelement einer an Art. 47 der *Constitución Española* orientierten Wohnungspolitik zu etablieren,[1118] wonach alle Spanier das Recht auf einen würdigen und angemessenen Wohnraum haben.[1119] Die LAU sah und sieht bis heute sehr ausdifferenzierte und deshalb nicht ohne Weiteres verständliche Übergangsregelungen vor.[1120] Im Ergebnis kommt es für das anwendbare Gesetz auf den Einzelfall an.

Ebenso wie bereits die LAU 1946 ist auch die LAU lediglich auf die Raummiete, nicht aber auf die reine Grundstücksmiete anwendbar.[1121] Hier gelten weiterhin die Normen des *Código Civil*. Anders als die bisherigen mietrechtlichen Sondergesetze unterscheidet die *Ley de Arrendamientos Urbanos* von 1994 zwischen Wohnraummiete (Titel II der LAU) und sonstiger Raummiete (Titel III der LAU), sodass nicht nur die Geschäftsraummiete, sondern beispielsweise auch die Vermietung von Ferienwohnungen von der Wohnraummiete zu unterscheiden ist.[1122] Begründet wurde diese Trennung mit den verschiedenen zugrundeliegenden wirtschaftlichen Realitäten, die eine dementsprechend

---

1117  LAU 1994, BOE-A-1994-26003 = BOE Núm. 282, de 25 de noviembre de 1994, S. 36129 (Preámbulo 1.), abrufbar unter: https://www.boe.es/eli/es/l/1994/11/24/29 (Stand: 12.12.2020).

1118  LAU 1994, BOE-A-1994-26003 = BOE Núm. 282, de 25 de noviembre de 1994, S. 36129 (Preámbulo 1.), abrufbar unter: https://www.boe.es/eli/es/l/1994/11/24/29 (Stand: 12.12.2020); *Ortega Sánchez*, Los derechos de los arrendatarios de fincas urbanas, S. 15.

1119  Art. 47 CE: *Todos los españoles tienen derecho a disfrutar de una vivienda digna y adecuada. Los poderes públicos promoverán las condiciones necesarias y establecerán las normas pertinentes para hacer efectivo este derecho, regulando la utilización del suelo de acuerdo con el interés general para impedir la especulación. La comunidad participará en las plusvalías que genere la acción urbanística de los entes públicos.*

1120  LAU 1994, BOE-A-1994-26003 = BOE Núm. 282, de 25 de noviembre de 1994, S. 36140 ff. (Disposiciones transitorias), abrufbar unter: https://www.boe.es/eli/es/l/1994/11/24/29 (Stand: 12.12.2020).

1121  Vgl. Artt. 1 ff. LAU 1994.

1122  LAU 1994, BOE-A-1994-26003 = BOE Núm. 282, de 25 de noviembre de 1994, S. 36129 (Preámbulo 1.), S. 36130 (Préambulo 3.), abrufbar unter: https://www.boe.es/eli/es/l/1994/11/24/29 (Stand: 12.12.2020).

unterschiedliche rechtliche Behandlung erfordern.[1123] Ein besonderer Schutz sei nur dort angebracht, wo das Mietobjekt dem Zweck des Wohnens im Sinne der Entfaltung der Persönlichkeit diene und deshalb den Lebensmittelpunkt des Einzelnen und seiner Familie darstelle.[1124] Er sei gerade nicht erforderlich, wenn das Mietobjekt lediglich wirtschaftlichen, freizeitlichen oder administrativen Bedürfnissen diene.[1125] Bei diesen Sachverhalten wollte der Gesetzgeber die Rechte des Eigentümers nicht zugunsten des Mieters einschränken.

Die *Ley de Arrendamientos Urbanos* von 1994 hat abgesehen vom Anwendungsbereich noch weitere wichtige mietrechtliche Änderungen vorgenommen, die für das Verständnis der Entstehung der heutigen Regelungssystematik von entscheidender Bedeutung sind. Im Folgenden werden deshalb zunächst die geänderten Bestimmungen über die Wohnraummiete (a)) und sodann diejenigen über die sonstige Raummiete (b)) dargestellt. Abschließend wird die Wirkung der *Ley de Arrendamientos Urbanos von 1994* untersucht (c)).

## a) Die besonders geschützte Wohnraummiete

Die Bestimmungen über die Wohnraummiete der LAU 1994 in ihrer ursprünglichen Form sind hinsichtlich vieler Aspekte mittlerweile überholt. Dennoch sollen sie nachfolgend überblicksartig dargestellt werden, um einen Vergleich mit den aktuellen Bestimmungen der LAU zu ermöglichen. Die wichtigsten Änderungen waren die Bestimmung des Anwendungsvorrangs der gesetzlichen Regelungen (aa)), die Festlegung einer gesetzlichen Mindestmietdauer und die Einführung verschiedener Beendigungsmöglichkeiten (bb)) sowie die Behandlung von Mietverhältnissen beim Verkauf einer vermieteten Immobilie (cc)).

## aa) Anwendungsvorrang der gesetzlichen Regelungen

Die LAU 1994 schränkte die Vertragsfreiheit zum Schutz des Mieters im Rahmen der Wohnraummiete in nicht unbedeutender Weise ein, da die

---

1123 LAU 1994, BOE-A-1994-26003 = BOE Núm. 282, de 25 de noviembre de 1994, S. 36129 (Preámbulo 1.), abrufbar unter: https://www.boe.es/eli/es/l/1994/11/24/29 (Stand: 12.12.2020).

1124 LAU 1994, BOE-A-1994-26003 = BOE Núm. 282, de 25 de noviembre de 1994, S. 36130 (Preámbulo 3.), abrufbar unter: https://www.boe.es/eli/es/l/1994/11/24/29 (Stand: 12.12.2020).

1125 LAU 1994, BOE-A-1994-26003 = BOE Núm. 282, de 25 de noviembre de 1994, S. 36130 (Preámbulo 3.), abrufbar unter: https://www.boe.es/eli/es/l/1994/11/24/29 (Stand: 12.12.2020).

Wohnraummieter nach dem neuen Verständnis des Gesetzgebers besonders schutzwürdig waren.[1126] Die Verträge sollten nicht mehr zu ihren Lasten ausgestaltet werden dürfen.[1127] Deshalb hatten die gesetzlichen Regelungen aus dem Titel II der LAU 1994 gemäß Art. 4.2 LAU 1994 Anwendungsvorrang vor möglichen vertraglichen Vereinbarungen der Parteien. Sämtliche Vertragsbestimmungen, die von den Vorschriften des Titels II der LAU 1994 zum Nachteil des Mieters abwichen, waren gemäß Art. 6 LAU nichtig.

### bb) Gesetzliche Mindestmietdauer und Beendigungsmöglichkeiten

Die bedeutendste Einschränkung der Vertragsfreiheit sah Art. 9.1 LAU 1994 vor. Hiernach konnten die Parteien die Mietzeit zwar grundsätzlich frei festlegen. Sollte sie jedoch fünf Jahre unterschreiten, verlängerte sich das Mietverhältnis automatisch jeweils um ein Jahr, bis insgesamt fünf Jahre erreicht waren. Nach Ablauf der vertraglich vereinbarten Mietzeit und vor Ende der gesetzlichen Mindestmietdauer konnte nur der Mieter jeweils vor Beginn der nächsten Jahresverlängerung kündigen. Der Vermieter war während der gesamten Mindestmietdauer von fünf Jahren gebunden, wenn nicht ein außerordentliches Kündigungsrecht wegen einer Pflichtverletzung des Mieters griff (vgl. Art. 9.1 LAU 1994; Art. 27 LAU 1994 i.V.m. Art. 1224 CC; Art. 1556 CC). Darüber hinaus räumte Art. 9.3 LAU 1994 dem Vermieter für die Zeit nach der vertraglich vereinbarten Mietzeit, aber vor Ablauf der gesetzlichen Mindestmietdauer ein außerordentliches Kündigungsrecht für den Fall ein, dass er die Wohnung während der Mietzeit für sich oder nahe Angehörige benötigte, und er dies bereits im Mietvertrag angekündigt hatte. Falls die Parteien eine über fünf Jahre hinausgehende Mietdauer vereinbart hatten, konnte der Mieter nach Ablauf der fünfjährigen Mindestmietdauer mit einer zweimonatigen Kündigungsfrist vorzeitig kündigen, ohne dass es eines Grundes bedurfte (vgl. Art. 11.1 LAU 1994).

Beide Parteien konnten den Mietvertrag – unter Einhaltung einer einmonatigen Frist – zum Ablauf der gesetzlichen Mindestmietdauer beenden (vgl. Art. 10.1 LAU 1994). Andernfalls verlängerte sich der Vertrag gemäß Art. 10 .1 LAU 1994 stillschweigend jeweils um ein weiteres Jahr, bis weitere

---

1126  LAU 1994, BOE-A-1994-26003 = BOE Núm. 282, de 25 de noviembre de 1994, S. 36129 (Preámbulo 1.), S. 36130 (Préambulo 3.), abrufbar unter: https://www.boe.es/eli/es/l/1994/11/24/29 (Stand: 12.12.2020).
1127  LAU 1994, BOE-A-1994-26003 = BOE Núm. 282, de 25 de noviembre de 1994, S. 36129 (Preámbulo 1.), S. 36130 (Préambulo 3.), abrufbar unter: https://www.boe.es/eli/es/l/1994/11/24/29 (Stand: 12.12.2020).

drei Jahre erreicht waren. Der Mieter konnte wiederum zwischen den jährlichen Verlängerungen kündigen, der Vermieter war hingegen bis zum Ende dieser dreijährigen Verlängerung gebunden.

Der Gesetzgeber versprach sich durch die Festsetzung einer Mindestmietdauer und einer stillschweigenden Verlängerung mehr Stabilität, die dazu führen sollte, die Mietwohnung für Familien als Alternative zum Eigentum attraktiv zu machen.[1128] Gleichzeitig glaubte er, dass potentielle Vermieter durch diese im Vergleich zu vorher gemäßigte Bindung nicht abgeschreckt würden.[1129]

*cc) Behandlung des Mietverhältnisses beim Verkauf der vermieteten Immobilie*

Besonders relevant für die vorliegende Arbeit ist sodann die Behandlung des Mietverhältnisses, wenn der Vermieter die vermietete Immobilie veräußerte. Wie schon die vorherigen Spezialgesetzgebungen[1130] sah auch die LAU 1994 in Art. 14 eine von Art. 1571.1 CC abweichende Regelung vor. Der Mieter wurde während der gesamten fünfjährigen gesetzlichen Mindestmietdauer zulasten des Erwerbers geschützt, indem die Rechte und Pflichten des Vermieters auf den Erwerber übergingen (Art. 14.1 LAU 1994). Falls die vertragliche Mietdauer allerdings die gesetzliche Mindestmietdauer überschritt und der Erwerber die Immobilie entgeltlich und gutgläubig im Sinne von Art. 34 *Ley Hipotecaria* erworben hatte, war er nur während der gesetzlichen Mindestmietdauer von fünf Jahren an den Mietvertrag gebunden, nicht aber für die darüberhinausgehende vertragliche Mietdauer (Art. 14.2 LAU 1994). Der Mieter erhielt vom ursprünglichen Vermieter in diesem Fall eine Entschädigung für jedes noch verbleibende Jahr der vertraglich vereinbarten Mietdauer (Art. 14.2 LAU 1994).

Der Gesetzgeber wollte hierdurch erneut die Stabilität von Mietverträgen über Wohnraum stärken.[1131]

---

1128  LAU 1994, BOE-A-1994-26003 = BOE Núm. 282, de 25 de noviembre de 1994, S. 36130 (Preámbulo 2.), abrufbar unter: https://www.boe.es/eli/es/l/1994/11/24/29 (Stand: 12.12.2020).

1129  LAU 1994, BOE-A-1994-26003 = BOE Núm. 282, de 25 de noviembre de 1994, S. 36130 (Preámbulo 2.), abrufbar unter: https://www.boe.es/eli/es/l/1994/11/24/29 (Stand: 12.12.2020).

1130  Vgl. Art. 7 (= *Base VII*) der LAU 1946; Art. 57 LAU 1964.

1131  Vgl. LAU 1994, BOE-A-1994-26003 = BOE Núm. 282, de 25 de noviembre de 1994, S. 36129 f. (Preámbulo 1., 2.), abrufbar unter: https://www.boe.es/eli/es/l/1994/11/24/29 (Stand: 12.12.2020).

## b) Die sonstige Raummiete

Die Bestimmungen der *Ley de Arrendamientos Urbanos* 1994 über die sonstige Raummiete gestatten den Vertragsparteien mehr Freiheiten und gelten bis heute unverändert fort.

Der für die Mietverträge über sonstige Räume relevante Titel III der LAU sieht weder eine dem Art. 6 LAU entsprechende Regelung vor, noch wird eine gesetzliche Mindestmietdauer entsprechend Art. 9 LAU vorgeschrieben. Die Bestimmungen des Titels III sind deshalb vollständig dispositiv und abdingbar.[1132] Die vertraglichen Regelungen dürfen lediglich nicht gegen Gesetz, Moral oder den *ordre public* verstoßen (Art. 4.3 LAU, Art. 1255 CC).

Der Mietvertrag endet mit Ablauf der (zwingend zu vereinbarenden)[1133] vertraglichen Mietdauer, ohne dass es einer Kündigung bedarf (Art. 4.3 LAU, Art. 1565, 1543 CC). Allerdings stehen dem Vermieter verschiedene außerordentliche Kündigungsrechte zu.[1134]

Schließlich sieht Art. 29 LAU vor, dass der Erwerber einer vermieteten Immobilie in die Rechte und Pflichten des Vermieters eintritt, es sei denn, er erfüllt die Voraussetzungen des Art. 34 LH.

## c) Wirkung der Ley de Arrendamientos von 1994

Die Zahl von Wohnraummietverträgen ist durch die LAU 1994 nicht gestiegen.[1135] Dies lag daran, dass sowohl die ersten mietrechtlichen Spezialgesetzgebungen als auch die LAU 1994 nebeneinander anwendbar blieben, ohne dass es ein verständliches Übergangsregime gab.[1136] Dies führte zu einer rechtlichen

---

1132  Comentarios LAU-*Bercovitz Rodríguez-Cano*, S. 129; *Fuentes-Lojo Lastres*, Ley de Arrendamientos Urbanos, S. 46.

1133  Die Parteien müssen nach spanischem Recht grundsätzlich eine feste Mietdauer vereinbaren, so die ständige Rechtsprechung, vgl. Urteile des *Tribunal Supremo* vom 07.06.1979 (STS 4767/1979), 17.11.1985 (STS 1949/1984), 13.06.2002 (STS 4299/2002), 20.03.2013 (STS 1895/2013) sowie das Urteil der *Audiencia Provincial Barcelona Sec. 13* vom 15.01.2007 (SAP B 1564/2007); *Sohst*, Das spanische BGB, S. 306. Vgl. auch Art. 1543, der den Mietvertrag legaldefiniert. Hiernach ist ein Mietvertrag für eine bestimmte Dauer abgeschlossen. Ausführlich zur zwingenden Befristung nach spanischem Recht: § 6 VI.1.c).

1134  Art. 35 LAU i.V.m. Art. 27.2a), b), d) und e) LAU; Art. 1556 CC.

1135  Vgl. auch *Sánchez Jordán*, wobl 2009, 65 (66).

1136  Vgl. LAU 1994, BOE-A-1994-26003 = BOE Núm. 282, de 25 de noviembre de 1994, S. 36140 ff. (Disposiciones transitorias), abrufbar unter: https://www.boe.es/eli/es/l/1994/11/24/29 (Stand: 12.12.2020).

Intransparenz, die potentielle Vermieter wie auch Mieter abschreckte.[1137] Auch die weiterhin hohen Mietpreise und die trotz der gesetzlichen Mindestmietdauer bestehende Instabilität machten die Miete unattraktiv.[1138]

## 4. Die *Ley de Arrendamientos Urbanos* von 1994 in ihrer heutigen Form

Spanien hatte mithin weiterhin Schwierigkeiten, den Vermietungsmarkt attraktiver zu machen. Die aktuellste Gesetzesänderung,[1139] die *Ley 4/2013, de 4 de junio, de medidas de flexibilización y fomento del mercado del alquiler de viviendas*[1140]

---

1137 So *Molina Roig*, National Report for Spain, S. 6; *Sánchez Jordán*, wobl 2009, 65 (66).

1138 Vgl. LMFFMAV 2013, BOE-A-2013-5941 = BOE Núm. 134, de 5 de junio de 2013, S. 42244 (Préambulo I), abrufbar unter: https://www.boe.es/eli/es/l/2013/06/04/4 (Stand: 12.12.2020).

1139 Zwischen Einreichung und Veröffentlichung der Arbeit ist eine neue Gesetzesänderung in Kraft getreten. Bereits im Dezember 2018 gab es erste (erfolglose) Reformbestrebungen: Die Regierung wollte das Mietrecht durch das *Real Decreto-ley 21/2018, de 14 de diciembre, de medidas urgentes en materia de vivienda y alquiler* (abrufbar unter: https://www.boe.es/eli/es/rdl/2018/12/14/21/con (Stand: 12.12.2020)) in bestimmten Punkten reformieren. U.a. sollte die Mindestmietdauer zur Stabilisierung der Mietverhältnisse wieder von drei auf fünf Jahre angehoben werden. Allerdings versagte das Abgeordnetenhaus am 22. Januar 2019 seine Zustimmung zum *Real Decreto-ley 21/2018, de 14 de diciembre, de medidas urgentes en materia de vivienda y alquiler* (Resolution abrufbar unter: https://www.boe.es/eli/es/res/2019/01/22/(1) (Stand: 12.12.2020)). Die Validierung bzw. Ratifizierung des Abgeordnetenhauses ist gemäß Art. 86.2 der *Constitución Española* bei einem *Real Decreto-ley*, das gemäß Art. 86.1 der *Constitución Española* im Falle eines außerordentlichen und dringenden Bedarfs von der Regierung erlassen werden darf, erforderlich. Somit blieb es zunächst bei der *Ley de Arrendamientos Urbanos* von 1994 in ihrer Form, die sie durch das LMFFMAV 2013 erhalten hatte. Durch das *Real Decreto-ley 7/2019, de 1 de marzo, de medidas urgentes en materia de vivienda y alquiler* (abrufbar unter: https://www.boe.es/eli/es/rdl/2019/03/01/7/con (Stand: 12.12.2020)) wurde die *Ley de Arrendamientos Urbanos* von 1994 mit Wirkung zum 6. März 2019 schließlich doch reformiert. Ziel der erneuten Reform ist es, die rechtliche Position des Mieters zu stabilisieren und die Interessen der Eigentümer und Mieter in einen angemessenen Ausgleich zu bringen. Die Einzelheiten werden in verschiedenen Fußnoten unter § 6 I. 4.b), c), III. und VI. 6. dargestellt. Die Regelungen entsprechen größtenteils wieder der Gesetzeslage vor der Änderung durch die LMFFMAV 2013. Im Rahmen des Rechtsvergleichs unter § 7 wird auf die Änderungen nicht weiter eingegangen.

1140 Der Titel des Gesetzes lautet auf Deutsch: *Gesetz 4/2013, vom 4 Juni, über Maßnahmen der Flexibilisierung und Förderung des Wohnraummietmarktes* (Übersetzung (im Weiteren: LMFFMAV 2013) sollte deshalb durch die Flexibilisierung der rechtlichen Regelungen eine gewisse Dynamik in den Vermietungsmarkt bringen.[1141] Die geringe Vermietungsquote habe nämlich in der angespannten wirtschaftlichen Situation besonders negative Auswirkungen auf die Gesellschaft als Ganzes und auf die Wirtschaft im Besonderen.[1142] Deshalb wurden durch die LMFFMAV 2013 verschiedene Regelungen der LAU 1994 modifiziert. Da die Änderungen hauptsächlich Regelungen zur Wohnraummiete (Titel II der LAU) betreffen, beschränkt sich die folgende Darstellung der Modifikationen auf diese. Die drei wesentlichen Änderungen betreffen die Stärkung der Vertragsfreiheit (a)), die Verkürzung der gesetzlichen Vertragsdauer (b)) sowie die Drittwirkung des Mietvertrags (c)). Abschließend wird die Kritik an der LMFFMAV 2013, die in Lehre und Praxis geäußert wurde, skizziert (d)).

## a)  Stärkung der Vertragsfreiheit

Die Vertragsfreiheit sollte durch die LMFFMAV 2013 gestärkt werden, um dadurch den Interessen der Vermieter besser zu entsprechen.[1143] Der neue Art. 4.2 LAU bestimmt zu diesem Zweck, dass vertragliche Vereinbarungen und Klauseln vor anderweitigen gesetzlichen Regeln zu berücksichtigen sind.[1144] Allerdings wird die Vertragsfreiheit im Ergebnis im Vergleich zur ursprünglichen LAU 1994 nicht gestärkt.[1145] Denn der Vorrang vertraglicher Vereinbarungen gilt gemäß Art. 4.2 LAU nur im Rahmen der Regelungen des Titels II der LAU, sodass bei der Bewertung der in Titel II der LAU enthaltene und durch

---

der Verfasserin). Aus dem Titel ergibt sich mithin bereits, dass der Schwerpunkt der Reform auf dem Recht zur Wohnraummiete, und nicht auf der sonstigen Raummiete liegt, die ebenfalls in der LAU 1994 geregelte ist.

1141  LMFFMAV 2013, BOE-A-2013-5941 = BOE Núm. 134, de 5 de junio de 2013, S. 42244 f. (Préambulo I, II), abrufbar unter: https://www.boe.es/eli/es/l/2013/06/04/4 (Stand: 12.12.2020).

1142  LMFFMAV 2013, BOE-A-2013-5941 = BOE Núm. 134, de 5 de junio de 2013, S. 42244 (Préambulo I), abrufbar unter: https://www.boe.es/eli/es/l/2013/06/04/4 (Stand: 12.12.2020).

1143  LMFFMAV 2013, BOE-A-2013-5941 = BOE Núm. 134, de 5 de junio de 2013, S. 42244 f. (Préambulo II), abrufbar unter: https://www.boe.es/eli/es/l/2013/06/04/4 (Stand: 12.12.2020).

1144  Art. 4.2 LAU: *Respetando lo establecido en el apartado anterior, los arrendamientos de vivienda se regirán por los pactos, cláusulas y condiciones determinados por la voluntad de las partes, en el marco de lo establecido en el título II de la presente ley y, supletoriamente, por lo dispuesto en el Código Civil.*

1145  So auch Comentarios LAU-*Ordás Alonso*, S. 125.

die Reform unveränderte Art. 6 LAU herangezogen werden muss.[1146] Hiernach sind Abweichungen von den Bestimmungen des Titels II der LAU zu Lasten des Mieters nichtig, außer wenn eine solche Abweichung ausdrücklich zugelassen wird.[1147] Wegen Art. 6 LAU sind also sämtliche Bestimmungen des Titels II der LAU einseitig zugunsten des Mieters zwingend.[1148]

## b) Verkürzung der gesetzlichen Vertragsdauer

Hinsichtlich der Vertragsdauer werden die Mindestmietdauer und die Dauer der stillschweigenden Verlängerung verkürzt und die Möglichkeit der Eigenbedarfskündigung sowie die Rücktritts- und Kündigungsvoraussetzungen erleichtert.[1149]

Art. 9.1 LAU verkürzt die gesetzliche Mindestmietdauer von fünf Jahren auf drei Jahre.[1150] Der Vermieter ist also weiterhin in seiner Vertragsfreiheit beschränkt und während der gesamten gesetzlichen Mindestmietdauer an das

---

1146 So auch Comentarios LAU-*Reglero Campos/Costas Rodal*, S. 198; *Perez-Pujazón/ Trigo Sierra*, Actualidad Jurídica Uría Menéndez 36/2014, 80 (81).

1147 Art. 6 LAU: *Son nulas, y se tendrán por no puestas, las estipulaciones que modifiquen en perjuicio del arrendatario o subarrendatario las normas del presente Título, salvo los casos en que la propia norma expresamente lo autorice.*

1148 So auch Comentarios LAU-*Reglero Campos/Costas Rodal*, S. 200.

1149 Aufgrund der Gesetzesänderung durch den *Real Decreto-ley 2019* betragen die gesetzliche Mindestmietdauer grundsätzlich wieder fünf und die Dauer der stillschweigenden Verlängerung drei Jahre. Das außerordentliche Kündigungsrecht wegen Eigenbedarfs erfordert erneut die vorherige ausdrückliche Ankündigung im Mietvertrag. Die Regelungen entsprechen mithin wieder der Gesetzeslage vor der Änderung durch die LMFFMAV 2013.

1150 Art. 9.1 LAU: *La duración del arrendamiento será libremente pactada por las partes. Si ésta fuera inferior a tres años, llegado el día del vencimiento del contrato, éste se prorrogará obligatoriamente por plazos anuales hasta que el arrendamiento alcance una duración mínima de tres años, salvo que el arrendatario manifieste al arrendador, con treinta días de antelación como mínimo a la fecha de terminación del contrato o de cualquiera de las prórrogas, su voluntad de no renovarlo.*
Art. 9.1 LAU n.F.: *La duración del arrendamiento será libremente pactada por las partes. Si esta fuera inferior a cinco años, o inferior a siete años si el arrendador fuese persona jurídica, llegado el día del vencimiento del contrato, este se prorrogará obligatoriamente por plazos anuales hasta que el arrendamiento alcance una duración mínima de cinco años, o de siete años si el arrendador fuese persona jurídica, salvo que el arrendatario manifieste al arrendador, con treinta días de antelación como mínimo a la fecha de terminación del contrato o de cualquiera de las prórrogas, su voluntad de no renovarlo.*

Mietverhältnis gebunden, wenn nicht ein außerordentliches Kündigungsrecht greift.

In diesem Zusammenhang ist insbesondere das außerordentliche Kündigungsrecht wegen Eigenbedarfs gemäß Art. 9.3 LAU zu nennen, das durch die LMFFMAV 2013 zugunsten des Vermieters abgeändert wurde. Anders als bisher kann der vermietende Eigentümer nun ohne vorherige ausdrückliche Ankündigung im Mietvertrag die Kündigung wegen Eigenbedarfs unter Einhaltung einer zweimonatigen Kündigungsfrist erklären, sobald die vertragliche Mietdauer abgelaufen ist, der Mieter bereits mindestens seit einem Jahr in der Wohnung wohnt und andernfalls die gesetzliche Mindestmietdauer greifen würde.[1151] Hierdurch wollte der Gesetzgeber die Wiedererlangung des Besitzes der Mietsache durch den Vermieter erleichtern.[1152] Eine weitere Konsequenz der Änderung ist, dass nunmehr auch ein möglicher Erwerber von diesem Kündigungsrecht Gebrauch machen kann. Dies war vor der Reform nicht möglich, da

---

1151  Art. 9.3 LAU: *No procederá la prórroga obligatoria del contrato si, una vez transcurrido el primer año de duración del mismo, el arrendador comunica al arrendatario que tiene necesidad de la vivienda arrendada para destinarla a vivienda permanente para sí o sus familiares en primer grado de consanguinidad o por adopción o para su cónyuge en los supuestos de sentencia firme de separación, divorcio o nulidad matrimonial. La referida comunicación deberá realizarse al arrendatario al menos con dos meses de antelación a la fecha en la que la vivienda se vaya a necesitar y el arrendatario estará obligado a entregar la finca arrendada en dicho plazo si las partes no llegan a un acuerdo distinto* [. . .].
Art. 9.3 LAU n.F.: *Una vez transcurrido el primer año de duración del contrato y siempre que el arrendador sea persona física, no procederá la prórroga obligatoria del contrato cuando, al tiempo de su celebración, se hubiese hecho constar en el mismo, de forma expresa, la necesidad para el arrendador de ocupar la vivienda arrendada antes del transcurso de cinco años para destinarla a vivienda permanente para sí o sus familiares en primer grado de consanguinidad o por adopción o para su cónyuge en los supuestos de sentencia firme de separación, divorcio o nulidad matrimonial. Para ejercer esta potestad de recuperar la vivienda, el arrendador deberá comunicar al arrendatario que tiene necesidad de la vivienda arrendada, especificando la causa o causas entre las previstas en el párrafo anterior, al menos con dos meses de antelación a la fecha en la que la vivienda se vaya a necesitar y el arrendatario estará obligado a entregar la finca arrendada en dicho plazo si las partes no llegan a un acuerdo distinto* [. . .].

1152  Vgl. LMFFMAV 2013, BOE-A-2013-5941 = BOE Núm. 134, de 5 de junio de 2013, S. 42244 f. (Préambulo II), abrufbar unter: https://www.boe.es/eli/es/l/2013/06/04/4 (Stand: 12.12.2020).

die notwendige vertragliche Ankündigung bei Vertragsschluss höchstpersönlich war und nicht auf den Erwerber überging.[1153]

Darüber hinaus können beide Parteien den Mietvertrag unter Einhaltung einer einmonatigen Frist zum Ablauf der gesetzlichen Mindestmietdauer beenden (Art. 10.1 LAU). Andernfalls verlängert sich der Vertrag gemäß Art. 10.1 LAU nunmehr um ein Jahr anstelle der ursprünglichen Verlängerung um drei Jahre.[1154]

Durch die Reduktion sowohl der gesetzlichen Mindestmietdauer als auch der stillschweigenden Verlängerung verspricht sich der Gesetzgeber eine größere Bereitschaft seitens der Eigentümer, ihre leerstehenden Wohnungen zu vermieten.[1155] Gleichzeitig soll den Mietern weiterhin eine ausreichende Stabilität gewährleistet werden.[1156] Zudem sollen alle Parteien durch die neuen Regelungen zur Vertragsdauer in die Lage versetzt werden, auf kurzfristige persönliche Änderungen mit mehr Flexibilität reagieren zu können.[1157] In diesem

---

1153 Comentarios LAU-*Marín López/Colás Escandón*, S. 354.

1154 Art. 10.1 LAU: *Si llegada la fecha de vencimiento del contrato, o de cualquiera de sus prórrogas, una vez transcurridos como mínimo tres años de duración de aquel, ninguna de las partes hubiese notificado a la otra, al menos con treinta días de antelación a aquella fecha, su voluntad de no renovarlo, el contrato se prorrogará necesariamente durante un año más.*

Art. 10.1 LAU n.F.: *Si llegada la fecha de vencimiento del contrato, o de cualquiera de sus prórrogas, una vez transcurridos como mínimo cinco años de duración de aquel, o siete años si el arrendador fuese persona jurídica, ninguna de las partes hubiese notificado a la otra, al menos con cuatro meses de antelación a aquella fecha en el caso del arrendador y al menos con dos meses de antelación en el caso del arrendatario, su voluntad de no renovarlo, el contrato se prorrogará obligatoriamente por plazos anuales hasta un máximo de tres años más, salvo que el arrendatario manifieste al arrendador con un mes de antelación a la fecha de terminación de cualquiera de las anualidades, su voluntad de no renovar el contrato.*

1155 LMFFMAV 2013, BOE-A-2013-5941 = BOE Núm. 134, de 5 de junio de 2013, S. 42244 f. (Préambulo II), abrufbar unter: https://www.boe.es/eli/es/l/2013/06/04/4 (Stand: 12.12.2020).

1156 LMFFMAV 2013, BOE-A-2013-5941 = BOE Núm. 134, de 5 de junio de 2013, S. 42244 f. (Préambulo II), abrufbar unter: https://www.boe.es/eli/es/l/2013/06/04/4 (Stand: 12.12.2020).

1157 LMFFMAV 2013, BOE-A-2013-5941 = BOE Núm. 134, de 5 de junio de 2013, S. 42244 f. (Préambulo II), abrufbar unter: https://www.boe.es/eli/es/l/2013/06/04/4 (Stand: 12.12.2020).

Zusammenhang sind auch die Änderungen der Kündigung wegen Eigenbedarfs zu sehen.[1158]

## c) Drittwirkung des Mietvertrags

Der Wohnraummietvertrag entfaltet im spanischen Recht unter den im Folgenden näher beschriebenen Voraussetzungen Wirkung gegenüber Dritten. Die relevanten Normen sind der allgemeine Art. 7.2 LAU und Art. 14.1 LAU, der besondere Voraussetzungen für den Fall des Verkaufs einer vermieteten Immobilie aufstellt.[1159]

Art. 7.2 LAU bestimmt als allgemeine Regel, dass ein Mietvertrag gegenüber einem Dritten, der sein dingliches Recht – beispielsweise eine das Mietrecht beeinträchtigende Dienstbarkeit – im Grundbuch eingetragen hat, nur Wirkung entfaltet, wenn er ebenfalls im Grundbuch eingetragen ist.[1160] Durch die Eintragung wirkt der Mietvertrag also entgegen seiner obligatorischen Natur[1161] *inter omnes.*[1162]

Umfassender ist die Wirkung, die der Mietvertrag durch Art. 14.1 LAU gegenüber dem Erwerber einer vermieteten Immobilie entfaltet.[1163] Aufgrund von Art. 14.1 LAU muss der Erwerber nicht nur Einwendungen und Einreden gegen sich gelten lassen. Vielmehr wird der Erwerber kraft Gesetzes neue

---

1158  LMFFMAV 2013, BOE-A-2013-5941 = BOE Núm. 134, de 5 de junio de 2013, S. 42244 f. (Préambulo II), abrufbar unter: https://www.boe.es/eli/es/l/2013/06/04/ 4 (Stand: 12.12.2020).

1159  Art. 7.2 LAU wurde durch den *Real Decreto-ley 2019* ersatzlos gestrichen, sodass eine Eintragung für die Drittwirkung nicht mehr erforderlich ist. Art. 14.1 LAU knüpft dementsprechend nicht mehr an das Eintragungserfordernis gemäß Art. 7.2 LAU an. Vielmehr ist der Art. 14 LAU durch den *Real Decreto-ley 2019* insgesamt geändert worden und entspricht der Gesetzeslage vor der Änderung durch die LMFFMAV 2013. Es gilt der Grundsatz *Kauf bricht nicht Miete*, und zwar grundsätzlich für die Dauer der gesetzlichen Mindestmietdauer.

1160  Art. 7.2 LAU: *En todo caso, para que los arrendamientos concertados sobre fincas urbanas, surtan efecto frente a terceros que hayan inscrito su derecho, dichos arrendamientos deberán inscribirse en el Registro de la Propiedad.*

1161  Die Eintragung ändert nach herrschender Meinung nicht die Rechtsnatur des Mietvertrages, vgl. hierzu Comentarios LAU-*Colás Escandón*, S. 238; Comentarios Ley Hipotecaria-*Domínguez Luelmo*, S. 44; *Molina Roig*, National Report for Spain, S. 82;

1162  Vgl. Comentarios LAU-*Colás Escandón*, S. 234; *Perez-Pujazón/Trigo Sierra*, Actualidad Jurídica Uría Menéndez 36/2014, 80 (83).

1163  So auch Comentarios CC-*Quicios Molina*, S. 10970

Vertragspartei, da der Mietvertrag unter noch näher zu bestimmenden Voraussetzungen mit allen Rechten und Pflichten auf ihn übergeht (*Kauf bricht nicht Miete*).[1164]

Ratio der Verschärfung der Vertragsübergangsvoraussetzungen durch das Eintragungserfordernis war der Wille des Gesetzgebers, der Belastung des Rechtsverkehrs durch nach außen nicht sichtbare Mietverträge entgegenzuwirken.[1165] Mit dem gleichen Ziel wurde bereits durch die *disposición adicional* 2.1 der LAU 1994 der Art. 2.5 LH dahingehend erweitert, dass nicht mehr nur Mietverträge mit einer Mietdauer von mindestens sechs Jahren oder bei Vorauszahlungen von mindestens drei Monatsmieten, sondern ausnahmslos alle Mietverträge eintragungsfähig sind.[1166] Allerdings setzte die ursprüngliche LAU 1994 keine Anreize für die Eintragung eines Mietvertrags.[1167] Der Mieter war, wie bereits näher ausgeführt, im Falle des Verkaufs des Mietobjekts vielmehr auch ohne Eintragung vor dem Entzug des Besitzes der Mietsache durch den Erwerber oder einen anderen dinglich Berechtigten geschützt.[1168] Durch die neue Regelungssystematik sollte der fehlende Anreiz gesetzt werden: Aus der bloßen Eintragungsfähigkeit wurde quasi eine Eintragungspflicht, wenn der Mieter weiterhin einen umfassenden Schutz gegenüber Rechten Dritter genießen wollte.

---

1164 Art. 14.1 LAU: *El adquirente de una finca inscrita en el Registro de la Propiedad, arrendada como vivienda en todo o en parte, que reúna los requisitos exigidos por el artículo 34 de la Ley Hipotecaria, sólo quedará subrogado en los derechos y obligaciones del arrendador si el arrendamiento se hallase inscrito, conforme a lo dispuesto por los artículos 7 y 10 de la presente ley, con anterioridad a la transmisión de la finca.* Auf den genauen Inhalt des neuen Art. 14 LAU 1994 wird sogleich unter § 6 III. und § 6 IV. detailliert eingegangen.

1165 LMFFMAV 2013, BOE-A-2013-5941 = BOE Núm. 134, de 5 de junio de 2013, S. 42244 f. (Preámbulo II), abrufbar unter: https://www.boe.es/eli/es/l/2013/06/04/4 (Stand: 12.12.2020).

1166 Art. 2.5 LH: *En los Registros expresados en el artículo anterior se inscribirán: [. . .] Los contratos de arrendamiento de bienes inmuebles, y los subarriendos, cesiones y subrogaciones de los mismos.*

1167 Comentarios LAU-*Colás Escandón*, S. 231 f.

1168 Bereits unter § 6 I.3.a) näher ausgeführt.

*d) Kritik an der* Ley 4/2013, de 4 de junio, de medidas de flexibilización y fomento del mercado del alquiler de viviendas

Die Reform wird von der Lehre und der Praxis insbesondere unter dem Gesichtspunkt des Mieterschutzes stark kritisiert.[1169] Denn das Zusammenspiel der verschiedenen Neuerungen führe zu besonders instabilen Mietverhältnissen.[1170] Einerseits sei hier das Zusammenspiel der Verkürzungen der gesetzlichen Mindestmietdauer (Art. 9.1 LAU) und der stillschweigenden Vertragsverlängerung (Art. 10.1 LAU) zu nennen.[1171] Andererseits wirke das Zusammenspiel von Erleichterung des außerordentlichen Kündigungsrechts wegen Eigenbedarfs (Art. 9.3 LAU) und Verschärfung der Vertragsübergangsvoraussetzungen (Art. 14 LAU) destabilisierend.[1172]

## 5. Zusammenfassung

Die Untersuchung der Entstehungsgeschichte der mietrechtlichen Regelungen macht deutlich, dass der spanische Gesetzgeber stets dem Kräfteungleichgewicht zwischen Vermietern und Mietern entgegenwirken wollte. Der ausbleibende Erfolg zeigt gleichzeitig, dass die erforderliche Balance nicht leicht zu erreichen ist. Ursprung dieses Ungleichgewichts ist der liberal geprägte *Código Civil,* der die Vertragsfreiheit und den Schutz des Privateigentums bis heute besonders betont. Die mietrechtlichen Spezialgesetzgebungen sollten die Mieter besser schützen. Allerdings fiel der Schutz zunächst so stark aus, dass die Eigentümer nicht mehr bereit waren ihre Wohnungen oder sonstigen Räume zu vermieten. Durch die *Ley de Arrendamientos Urbanos* 1994 ist der Schutz der Mieter nach Ansicht vieler spanischer Juristen nunmehr so abgeschwächt, dass Mietverhältnisse aufgrund ihrer Instabilität für die Mieter an Attraktivität verloren haben.

Insgesamt verdeutlicht die Entstehungsgeschichte des spanischen Mietrechts wie wichtig es für einen funktionierenden Vermietungsmarkt ist, dass die Interessen beider Vertragsparteien berücksichtigt werden und in einen Ausgleich gebracht werden, der für alle akzeptabel ist. Andernfalls fehlt es entweder an der

---

1169  Vgl. die Ausführungen zu den verschiedenen Neuerungen bei Comentarios LAU-*verschiedene Bearbeiter*, S. 234, 347, 367, 511; *Carrasco Perera*, Revista CESCO de Derecho de Consumo 4/2012, 118 ff.; *González Carrasco*, Revista CESCO de Derecho de Consumo 6/2013, 170 ff.; *Perez-Pujazón/Trigo Sierra*, Actualidad Jurídica Uría Menéndez 36/2014, 80 (86).

1170  Vgl. Comentarios LAU-*Marín López/Colás Escandón*, S. 347, 376.

1171  Vgl. Comentarios LAU-*Marín López/Colás Escandón*, S. 347, 376.

1172  Vgl. Comentarios LAU-*Marín López/Colás Escandón*, S. 347, 376.

Bereitschaft der Eigentümer zu vermieten, oder an dem Interesse der potentiellen Mieter zur Miete zu wohnen.

## II. Anwendungsbereich der Ley de Arrendamientos Urbanos 1994 in ihrer heutigen Form

Die *Ley de Arrendamientos Urbanos* ist gemäß Art. 1 LAU lediglich auf *arrendamientos de fincas urbanas*, sogenannte städtische Raummietverträge, anwendbar.[1173] Solche liegen vor, wenn die Immobilie in erster Linie als Wohnung oder Geschäft genutzt wird.[1174]

Art. 14.1 LAU setzt des Weiteren voraus, dass es sich um eine Wohnraummiete handelt (vgl. Artt. 4.1, 4.2 LAU),[1175] bei der sowohl die vermietete Immobilie als auch der Mietvertrag selbst im Grundbuch eingetragen sind. Bei nicht eingetragenen Immobilien ist Art. 14.2 LAU anwendbar. Nicht ausdrücklich geregelt ist die Konstellation der eingetragenen Immobilie ohne eingetragenen Mietvertrag.[1176] Alle Raummietverträge, die einen anderen Mietgegenstand betreffen, sind sonstige Raummieten im Sinne von Art. 3.1 LAU, auf die Art. 29 LAU anwendbar ist.[1177]

---

1173  Diese sind von den *arrendamientos de fincas rústicas*, also ländlichen Mietverträgen, zu unterscheiden. Im deutschen Recht würde man ländliche Mietverträge als Pacht bezeichnen. Sie liegen dann vor, wenn die Immobilie hauptsächlich landwirtschaftlich oder forstwirtschaftlich genutzt wird (Urteil des *Tribunal Supremo* vom 14.11.1991 (STS 6225/1991); so auch Comentarios Ley Hipotecaria-*Domínguez Luelmo*, S. 84.)

1174  Urteil des *Tribunal Supremo* vom 14.11.1991 (STS 6225/1991); so auch Comentarios Ley Hipotecaria-*Domínguez Luelmo*, S. 84.

1175  Eine Wohnraummiete liegt gemäß Art. 2.1 LAU vor, wenn sich der Mietvertrag auf eine bewohnbare Immobilie bezieht, deren primärer Zweck darin liegt, das Bedürfnis des Mieters nach einer dauerhaften Wohnung zu befriedigen.

1176  So auch Comentarios LAU-*Marín López/Colás Escandón*, S. 515.

1177  Die Räume müssen nicht bewohnbar sein, es muss sich aber um eine geschlossene Konstruktion handeln, die für den Vermietungszweck geeignet ist (Comentarios LAU-*Valladares Rascón/Ordás Alonso*, S. 101). Art. 3.2 LAU nennt als mögliche Vermietungszwecke insbesondere die Nutzung für industrielle, gewerbliche, kommerzielle oder kulturelle Zwecke, sowie die saisonale Nutzung. Im Falle des Verkaufs der vermieteten Immobilie ist bei sonstigen Raummietverträgen Art. 29 LAU anwendbar (vgl. Artt. 4.1, 4.3 LAU).

## III.  Art. 14.1 LAU: eingetragene und zu Wohnzwecken vermietete Immobilie[1178]

Art. 14.1 LAU bestimmt, dass die Rechte und Pflichten des Vermieters nur dann auf den Erwerber einer im Grundbuch eingetragenen und zu Wohnzwecken vermieteten Immobilie, der die Voraussetzungen des Art. 34 LH erfüllt, übergehen, wenn der Mietvertrag im Grundbuch eingetragen ist.[1179] Nachfolgend werden zunächst die Tatbestandsvoraussetzungen (1.) und anschließend die Rechtsfolgen (2.) des Art. 14.1 LAU dargestellt.

### 1.  Tatbestandsvoraussetzungen

Tatbestandsvoraussetzungen des Art. 14.1 LAU sind die Veräußerung (a)), die Eintragung der vermieteten Immobilie (b)) und des Mietvertrags (c)) im

---

1178   Art. 14 LAU n.F. unterscheidet nicht mehr zwischen eingetragener Immobilie bzw. eingetragenem Mietvertrag und fehlender Eintragung. Vielmehr gilt der Grundsatz *Kauf bricht nicht Miete* nunmehr grundsätzlich für die gesamte gesetzliche Mindestmietdauer. Art. 14 LAU n.F. lautet wie folgt:

Art. 14.1 LAU: *El adquirente de una vivienda arrendada quedará subrogado en los derechos y obligaciones del arrendador durante los cinco primeros años de vigencia del contrato, o siete años si el arrendador anterior fuese persona jurídica, aun cuando concurran en él los requisitos del artículo 34 de la Ley Hipotecaria.*

Art. 14.2 LAU: *Si la duración pactada fuera superior a cinco años, o superior a siete años si el arrendador anterior fuese persona jurídica, el adquirente quedará subrogado por la totalidad de la duración pactada, salvo que concurran en él los requisitos del artículo 34 de la Ley Hipotecaria. En este caso, el adquirente sólo deberá soportar el arrendamiento durante el tiempo que reste para el transcurso del plazo de cinco años, o siete años en caso de persona jurídica, debiendo el enajenante indemnizar al arrendatario con una cantidad equivalente a una mensualidad de la renta en vigor por cada año del contrato que, excediendo del plazo citado de cinco años, o siete años si el arrendador anterior fuese persona jurídica, reste por cumplir.*

Art. 14.3 LAU: *Cuando las partes hayan estipulado que la enajenación de la vivienda extinguirá el arrendamiento, el adquirente sólo deberá soportar el arrendamiento durante el tiempo que reste para el transcurso del plazo de cinco años, o siete años si el arrendador anterior fuese persona jurídica.*

1179   Art. 14.1 LAU: *El adquirente de una finca inscrita en el Registro de la Propiedad, arrendada como vivienda en todo o en parte, que reúna los requisitos exigidos por el artículo 34 de la Ley Hipotecaria, sólo quedará subrogado en los derechos y obligaciones del arrendador si el arrendamiento se hallase inscrito, conforme a lo dispuesto por los artículos 7 y 10 de la presente ley, con anterioridad a la transmisión de la finca.*

Grundbuch sowie das Vorliegen der Voraussetzungen des Art. 34 LH in der Person des Erwerbers (d)).

## a) Veräußerung

Unter Veräußerung ist, anders als im deutschen und im Schweizer Recht, nicht die rechtsgeschäftliche Übertragung, also das dingliche Rechtsgeschäft zu verstehen. Denn das spanische Recht kennt kein Abstraktionsprinzip, sodass nicht zwischen dem Kausal- und dem Verfügungsgeschäft getrennt wird. Der Eigentumsübergang fällt vielmehr mit dem Abschluss des Kausalgeschäfts zusammen.[1180]

## b) Eintragung der vermieteten Immobilie im Grundbuch

Die vermietete Immobilie muss eingetragen sein, da der Mieter den Mietvertrag andernfalls nicht eintragen lassen kann (vgl. Art. 7.1 LH, Art. 20.1 LH). Denn der Mietvertrag ist auf dem Grundbuchblatt der vermieteten Immobilie einzutragen (vgl. Art. 13 LH, Art. 20.1 LH). Auch muss der Vermieter als Eigentümer voreingetragen sein (vgl. Art. 7.2 LH, Art. 20.3 LH).[1181]

## c) Eintragung des Mietvertrags im Grundbuch

Die Eintragung des Mietvertrags im Grundbuch ist seit der Modifikation der *Ley de Arrendamientos Urbanos* durch die LMFFMAV 2013 für die Wohnraummiete Grundvoraussetzung für einen umfassenden Schutz des Mieters im Falle

---

1180 Dies erklärt die Ausführungen in der Kommentarliteratur, dass unter Veräußerung nicht lediglich ein Kaufvertrag zu verstehen ist, sondern sämtliche Verträge mit Eigentumsübertragung gemeint sind (Comentarios LAU-*Marín López/ Colás Escandón*, S. 495 f.).

1181 Im Falle der fehlenden Voreintragung könnte der Mieter den Mietvertrag gemäß Artt. 7.2, 20.3 LH vorläufig nach dem in Art. 312 RH niedergelegten Verfahren eintragen lassen, um anschließend die Eintragung der vermieteten Immobilie s und/ oder des Vermieters als Eigentümer zu erreichen. Zwar stehen der Wortlaut des Art. 7.2 LH und des Art. 312 RH entgegen, die ausdrücklich von dinglichen Rechten sprechen, allerdings stünde eine wortlautgenaue Auslegung dem Reformwillen des Gesetzgebers entgegen (so auch Comentarios LAU-*Marín López/ Colás Escandón*, S. 241, 1112). Unabhängig von den dogmatischen Schwierigkeiten ist es allerdings unwahrscheinlich, dass der Mieter, der nach Ansicht vieler Stimmen in der Literatur bereits die Kosten und Mühen einer simplen Eintragung scheuen wird, das Prozedere einer vorläufigen Eintragung auf sich nehmen wird.

der Veräußerung des Mietobjekts.[1182] Der Gesetzgeber wollte der Gefährdung des Rechtsverkehrs durch die Einführung des Eintragungserfordernisses Einhalt gebieten.[1183] Denn nur durch die Unterwerfung unter das allgemeine System der Verkehrssicherheit des Immobiliarrechts könne verhindert werden, dass Dritte durch nicht nach außen sichtbare Verträge belastet würden.[1184]

Eintragungsfähig sind grundsätzlich lediglich dingliche Rechte (vgl. Art. 1 LH).[1185] Art. 2.5 LH bestimmt allerdings, dass ausnahmsweise auch Mietverträge eintragungsfähig sind.[1186] Die Formalia für die Eintragung des Mietvertrags regelt der *Real Decreto 297/1996, de 23 de febrero, sobre inscripción en el Registro de la Propiedad de los Contratos de Arrendamientos Urbanos* (im Weiteren: *Real Decreto* 1996)[1187]. Hiernach muss es sich um einen notariellen Mietvertrag handeln; alternativ ist auch eine notarielle Beurkundung des privatschriftlichen

---

1182  Nach dem ursprünglichen Art. 14.1 LAU 1994 genoss der Mieter unabhängig von einer Eintragung oder der Kenntnis des Erwerbers vom Bestehen des Mietverhältnisses während der fünfjährigen Mindestmietdauer Bestandsschutz. Vgl. § 6 I.3.a) cc) sowie LAU 1994, BOE-A-1994-26003 = BOE Núm. 282, de 25 de noviembre de 1994, S. 36134 (Art. 14.1 LAU 1994), abrufbar unter: https://www.boe.es/eli/es/l/1994/11/24/29 (Stand: 12.12.2020)

1183  LMFFMAV 2013, BOE-A-2013-5941 = BOE Núm. 134, de 5 de junio de 2013, S. 42244 f. (Préambulo II), abrufbar unter: https://www.boe.es/eli/es/l/2013/06/04/4 (Stand: 12.12.2020).

1184  LMFFMAV 2013, BOE-A-2013-5941 = BOE Núm. 134, de 5 de junio de 2013, S. 42244 f. (Préambulo II), abrufbar unter: https://www.boe.es/eli/es/l/2013/06/04/4 (Stand: 12.12.2020).

1185  Auch wenn nach spanischem Recht der Grundsatz des *numerus apertus* gilt, und die juristischen Kategorien somit an die Erfordernisse der wirtschaftlichen und sozialen Wirklichkeit angepasst werden können, sind dem Grundsatz dogmatische Grenzen gesetzt. Es muss sich um Rechte handeln, die die typischen strukturellen Merkmale eines dinglichen Rechts erfüllen, nämlich die Möglichkeit der direkten Einwirkung auf die Sache, wie auch die Absolutheit des Rechts, also eine *erga omnes* Wirkung (RDGRN vom 14 Juni 2010, BOE-A-2010-12811 = BOE Núm. 192, de 9 de agosto de 2010, S. 69590, abrufbar unter: http://www.boe.es/buscar/doc.php?id=BOE-A-2010-12811 (Stand: 12.12.2020)). Folglich kann man Mietverträgen, denen gerade diese Wirkung fehlt, die Eintragungsfähigkeit nicht im Wege der Anpassung verschaffen. Vielmehr ist eine ausdrückliche gesetzliche Regelung erforderlich.

1186  Art. 2.5 LH: *En los Registros expresados en el artículo anterior se inscribirán: [...] Los contratos de arrendamiento de bienes inmuebles, y los subarriendos, cesiones y subrogaciones de los mismos.*

1187  Das *Real Decreto* 1996 regelt die Formalia für die Eintragung von Mietverträgen. Es ist abrufbar unter: https://www.boe.es/eli/es/rd/1996/02/23/297 (Stand: 12.12.2020).

Vertrags ausreichend (Art. 2 *Real Decreto* 1996). Gemäß Art. 3 *Real Decreto* 1996 muss die vermietete Immobilie ausführlich beschrieben werden. Darüber hinaus werden gemäß Art. 4 *Real Decreto* 1996 die Mietvertragsparteien, die vertragliche Mietdauer, die anfängliche Miete und sämtliche andere Klauseln, die die Parteien vereinbart haben, eingetragen.

Für das Eintragungsverfahren gilt das Antragsprinzip.[1188] Sobald der entsprechende Antrag einer antragsberechtigten Person (vgl. Art. 6 LH) gestellt ist, folgt das Verfahren allerdings den grundbuchrechtlichen Vorschriften und ist von den Parteien nicht mehr beeinflussbar.[1189] Die strenge Einhaltung des Verfahrens ist gerade im Hinblick auf die Legitimitätsfunktion jeder Eintragung und die entsprechende Vermutung der Richtigkeit zwingend erforderlich.[1190]

Die Eintragung bringt verschiedene Kosten mit sich.[1191] Zunächst entstehen aufgrund der Erforderlichkeit einer notariellen Urkunde des Mietvertrags Notargebühren.[1192] Durch die Eintragung entstehen sodann Grundbuchgebühren.[1193]

---

1188  RDGRN vom 13 Juni 2013, BOE-A-2013-7640 = BOE Núm. 166, de 12 de julio de 2013, S. 51814 f., abrufbar unter: http://www.boe.es/buscar/doc.php?id=BOE-A-2013-7640 (Stand: 12.12.2020).

1189  RDGRN vom 13 Juni 2013, BOE-A-2013-7640 = BOE Núm. 166, de 12 de julio de 2013, S. 51814 f., abrufbar unter: http://www.boe.es/buscar/doc.php?id=BOE-A-2013-7640 (Stand: 12.12.2020).

1190  Vgl. Art. 38 LH; RDGRN vom 3 Oktober 2014, BOE-A-2014-11189 = BOE Núm. 264, de 31 de octubre de 2014, S. 88893, abrufbar unter: http://www.boe.es/buscar/doc.php?id=BOE-A-2014-11189 (Stand: 12.12.2020).

1191  Berechnungsbeispiel von der Website der spanischen Registerbeamten: Wenn die Monatsmiete EUR 688,00 beträgt und die Mietzeit drei Jahre beträgt, beträgt die Berechnungsgrundlage EUR 24.768,00. Daraus ergeben sich Notargebühren von EUR 124,73, Grundbuchgebühren von EUR 59,93 und Steuern von EUR 99,97. Insgesamt entstehen dem Mieter mithin Kosten in Höhe von EUR 284,63; abrufbar unter: https://blog.registradores.org/-/inscripcion-del-arrendamiento-de-vivienda-en-el-registro-de-la-propiedad-pedro-pernas-ramirez-registrador-de-la-propiedad-de-jaca (Stand: 12.12.2020).

1192  Die Notarkosten sind im *Real Decreto 1426/1989, de 17 de noviembre, por el que se aprueba el Arancel de los Notarios*, im Annex I, Nr. 2, 4, 7 geregelt, BOE-A-1989-28111 = BOE Núm. 285, de 28 de noviembre de 1989, abrufbar unter: https://www.boe.es/eli/es/rd/1989/11/17/1426/con (Stand: 12.12.2020); siehe auch Comentarios LAU-*Marín López/Colás Escandón*, S. 1120, Fn. 47.

1193  Die Grundbuchgebühren sind im *Real Decreto 1427/1989, de 17 de noviembre, por el que se aprueba el Arancel de los Registradores de la Propiedad* geregelt, BOE-A-1989-28112 = BOE Núm. 285, de 28 de noviembre de 1989, abrufbar unter: https://www.boe.es/eli/es/rd/1989/11/17/1427/con (Stand: 12.12.2020), siehe auch Comentarios LAU-*Marín López/Colás Escandón*, S. 1121, Fn. 49.

Diese Kosten trägt gemäß Art. 1555.3 CC der Mieter.[1194] Art. 8 *Real Decreto* 1996 bestimmt eine Reduktion der Notar- und Grundbuchgebühren um 25%.[1195] Schließlich fallen noch Vermögenssteuern[1196] an, da der Abschluss eines Mietvertrags eine Vermögensübertragung im steuerrechtlichen Sinne darstellt.[1197] Auch diese Kosten hat der Mieter zu tragen.[1198] Die Berechnungsgrundlage bilden die Mietkosten, die insgesamt für die gesetzliche Mindestmietdauer, oder, wenn diese länger ist, für die vertraglich vereinbarte Mietdauer anfallen.[1199]

Eine Mietvertragspartei, typischerweise der Mieter, kann gegenüber der anderen Mietvertragspartei, typischerweise der Vermieter, die Einhaltung der notariellen Form, die für die Eintragung des Mietvertrags im Grundbuch erforderlich ist, gemäß Artt. 1279, 1280 Nr. 2 CC durchsetzen, wenn die vertragliche Mietdauer sechs Jahre beträgt. Für kürzere Mietverträge ergibt sich der Anspruch aus Art. 1279 CC i.V.m. Art. 2 *Real Decreto* 1996.[1200]

---

1194  Vgl. Comentarios CC-*Quicios Molina*, S. 10969.

1195  Der Gesetzgeber hat im Zuge der Reform 2013 in der *disposición final 2* der LMFF-MAV 2013 eine weitere Reduktion der Kosten vorgesehen. Für die entsprechende Umsetzung im *Real Decreto* 1996 wurde der Regierung eine Frist von sechs Monaten eingeräumt, die bis heute ungenutzt verstrichen ist.

1196  Übersetzung der Verfasserin, im Original: *Impuestos sobre Transmissiones Patrimoniales y Actos Jurídicos Documentados.*

1197  Vgl. hierzu Comentarios LAU-*Marín López/Colás Escandón*, S. 1120, Fn. 48.

1198  Art. 8 f des *Real Decreto Legislativo 1/1993, de 24 de septiembre, por el que se aprueba el Texto refundido de la Ley del Impuesto sobre Transmisiones Patrimoniales y Actos Jurídicos Documentados* (im Weiteren: RDLeg 1/1993).

1199  Art. 10.2 e) RDLeg 1/1993.

1200  Art. 1279 CC räumt jeder Partei einen Anspruch auf Einhaltung einer bestimmten Form ein, wenn diese aufgrund gesetzlicher Bestimmungen für eine bestimmte Wirkung erforderlich ist. Art. 1280.2 CC bestimmt, dass ein Mietvertrag, der über mindestens sechs Jahre geschlossen ist, für seine Wirkung gegenüber Dritten in notarieller Form abgeschlossen sein muss. Die zeitliche Einschränkung in Art. 1280.2 CC rührt noch aus der Zeit vor der Reform des Art. 2.5 LH. Leider hat der Gesetzgeber es versäumt, Art. 1280.2 CC im Zuge der Modifikation des Art. 2.5 LH entsprechend anzupassen (so Comentarios LAU-*Marín López/Colás Escandón*, S. 1116 f.) Nur so würde die beabsichtigte Regelungssystematik der Artt. 1278, 1280.2 CC i.V.m. Art. 2.5 LH weiterhin ohne komplizierte Verweisungen funktionieren. Allerdings ist die gegenseitige Verpflichtungsmöglichkeit im Sinne des Gesetzgebers. Denn nur so kann die neue Systematik der LAU in der Praxis funktionieren. Auch hat der Gesetzgeber bereits in der Präambel der LAU die Eintragungsfähigkeit von Mietverträgen unabhängig von der Dauer gewährleistet. Art. 37 LAU hilft nicht weiter, da sich die Parteien hiernach lediglich zur Einhaltung der einfachen Schriftform auffordern können.

## d) Vorliegen der Voraussetzungen des Art. 34 LH in der Person des Erwerbers

In seinem direkten Anwendungsbereich schützt Art. 34 LH den Erwerber eines dinglichen Rechtes gegen die nachträgliche Löschung oder Auflösung des Rechts des Veräußerers und überbrückt die tatsächlich fehlende Berechtigung von diesem.[1201] Voraussetzung ist, dass der Dritte das dingliche Recht gutgläubig (bb)) und entgeltlich von jemandem erwirbt, der im Grundbuch als Berechtigter eingetragen ist, und sein Recht ebenfalls eintragen lässt.[1202] Der Erwerber wird also in seinem Glauben an die Richtigkeit des Grundbuchs geschützt (sog. positive Publizität).

### aa) Streit um den Verweis auf Art. 34 LH

Der Verweis in Art. 14.1 LAU auf Art. 34 LH wird in der Literatur kritisiert, da in der Norm ein grundbuchrechtliches Prinzip – die sog. positive Publizität – verankert sei, das für die vorliegende Situation unerheblich sei.[1203] Denn im Fall des Art. 14.1 LAU gehe es nicht um die positive, sondern vielmehr um die in Art. 32 LH verankerte negative Publizität des Grundbuchs.[1204] Der Dritte solle vor der Belastung mit einem im Grundbuch nicht eingetragenen Recht – nämlich

---

1201 Urteile des *Tribunal Supremo* vom 28.10.2002 (STS 7119/2002); 15.12.2009 (STS 7689/2009).

1202 Art. 34 LH: *El tercero que de buena fe adquiera a título oneroso algún derecho de persona que en el Registro aparezca con facultades para transmitirlo, será mantenido en su adquisición, una vez que haya inscrito su derecho, aunque después se anule o resuelva el del otorgante por virtud de causas que no consten en el mismo Registro.* Die Voraussetzungen des entgeltlichen Erwerbs, der Voreintragung des Veräußerers und der Eintragung des Erwerbers im Grundbuch bedürfen keiner weiteren inhaltlichen Erörterung.

1203 Vgl. Comentarios LAU-*Marín López/Colás Escandón*, S. 237, 500, 511; *Carrasco Perera*, Revista CESCO de Derecho de Consumo 4/2012, 118 (126); siehe auch: *Pérez Conesa*, Arrendamientos de Viviendas y Desahucios, S. 67 f.; *Quicios Molina*, La reforma de los arrendamientos urbanos, Aranzadi civil-mercantil. Revista doctrinal 8/2012, 31 (32).

1204 Nach Art. 32 LH sind dingliche Rechte entgegen ihrer *erga omnes* Wirkung nur dann gegenüber Dritten durchsetzbar, wenn sie im Grundbuch eingetragen sind. Vgl. Comentarios LAU-*Marín López/Colás Escandón*, S. 237, 500, 511; *Carrasco Perera*, Revista CESCO de Derecho de Consumo 4/2012, 118 (126); siehe auch: *Pérez Conesa*, Arrendamientos de Viviendas y Desahucios, S. 67 f.; *Quicios Molina*, La reforma de los arrendamientos urbanos, Aranzadi civil-mercantil. Revista doctrinal 8/2012, 31 (32).

dem Recht des Mieters – geschützt werden.[1205] Dies ist zwar grundsätzlich nachvollziehbar, weil das Grundbuch das Eigentum des Veräußerers richtig wiedergibt und somit der Glaube des Erwerbers an die Richtigkeit (sog. positive Publizität) nicht betroffen ist. Allerdings kann eine gewisse Vergleichbarkeit der Sachverhalte bejaht werden. Denn sowohl Art. 14.1 LAU als auch Art. 34 LH bewirken, dass kraft Gesetzes eine von der materiellen Rechtslage abweichende neue Rechtsrealität geschaffen wird. Art. 32 LH betrifft hingegen lediglich die Durchsetzbarkeit eines dinglichen Rechts gegenüber einem Dritten, nicht aber die Begründung der *erga omnes* Wirkung an sich und noch weniger den Vertragsübergang eines Schuldverhältnisses auf einen Dritten.

Nach alledem wäre es wünschenswert gewesen, dass Art. 14.1 LAU anstelle des Verweises die Voraussetzungen konkret benannt hätte.

### bb) Gutgläubigkeit im Sinne des Art. 34 LH

Der Begriff des guten Glaubens ist vorliegend genauer zu untersuchen. Im eigentlichen Anwendungsbereich der Norm nimmt die Rechtsprechung die Gutgläubigkeit des Dritten an, wenn er die Unrichtigkeit des Grundbuchs nicht kannte bzw. an die Richtigkeit geglaubt hat (vgl. auch Art. 34.2 LH).[1206] Oft wird der gute Glaube in der Rechtsprechung auch als Unkenntnis der Nichtberechtigung bzw. als Glaube an das Eigentum des Veräußerers umschrieben.[1207] Der gute Glaube fehlt, wenn der Dritte positive Kenntnis der Unrichtigkeit hatte, oder wenn die Unkenntnis auf einen Sorgfaltspflichtverstoß zurückgeht[1208] bzw. er begründete Zweifel an der Richtigkeit hatte.[1209]

---

1205   Comentarios LAU-*Marín López/Colás Escandón*, S. 237, 500, 511; *Carrasco Perera*, Revista CESCO de Derecho de Consumo 4/2012, 118 (126).

1206   Urteile des *Tribunal Supremo* vom 19.07.1989 (STS 14910/1989); 27.10.2008 (STS 5795/2008).

1207   Urteile des *Tribunal Supremo* vom 08.05.1982 (STS 48/1982); 07.09.2007 (STS 5823/2007).

1208   Urteile des *Tribunal Supremo* vom 07.09.2007 (STS 5823/2007); 20.12.2007 (STS 8648/2007).

1209   Urteil des *Tribunal Supremo* vom 14.07.1988 (STS 9424/1988). Im deutschen Recht ermöglicht § 892 BGB den gutgläubigen Erwerb trotz Unrichtigkeit des Grundbuchs. Gleichzeitig wird durch § 892 BGB auch die Vollständigkeit fingiert (Staudinger/*Picker*, 2019, § 892 BGB Rn. 3). Anders als im spanischen Recht, liegt Bösgläubigkeit nach herrschender Meinung allerdings nur dann vor, wenn der Erwerber positive Kenntnis von der Unrichtigkeit oder Unvollständigkeit hatte (Staudinger/*Picker*, 2019, § 892 BGB Rn. 157). Denn das amtlich geführte Grundbuch bildet einen Vertrauenstatbestand von besonderer Qualität, weshalb dem Erwerber eines

Es stellt sich die Frage, ob diese Definition auch im Rahmen des Art. 14.1 LAU anwendbar ist, denn der eingetragene Eigentümer ist auch materiell-rechtlicher Eigentümer, sodass das Grundbuch nicht unrichtig ist. Im Rahmen des Art. 14.1 LAU geht es vielmehr um den Schutz des Erwerbers vor der Unvollständigkeit des Grundbuchs. Dementsprechend ist der gute Glaube als Unkenntnis des vorangegangenen Rechtsgeschäfts bzw. als Glaube an die Vollständigkeit zu definieren und sowohl bei positiver Kenntnis als auch bei begründeten Zweifeln ausgeschlossen.[1210]

### cc) Abschließende Beurteilung

Der Verweis auf Art. 34 LH ist ein Fehler des Gesetzgebers. Er ist *contra legem* bei der Anwendung der Norm außer Acht zu lassen, da er lediglich zu Widersprüchen führt, ohne dass ein Mehrwert zu erkennen ist.

Dies folgt zunächst aus den Ausführungen zum Streit um den Verweis als solchen. Hier wurde bereits sehr deutlich, dass es in der in Art. 14.1 LAU geregelten Sachverhaltskonstellation gerade nicht um die in Art. 34 LH geregelte sog. positive Publizität des Grundbuchs geht. Denn mangels falscher Eintragung geht es nicht um den guten Glauben des Erwerbers an die Richtigkeit des Grundbuchs.

Noch deutlicher wird der systematische Widerspruch aus der folgenden Überlegung. Art. 14.1 LAU setzt die Eintragung des Mietvertrags im Grundbuch voraus. Gleichzeitig soll der Erwerber gemäß Art. 34 LH bezüglich des Bestehens des Mietvertrags gutgläubig sein. Wenn aber der Mietvertrag im Grundbuch eingetragen ist, ist der Erwerber zwingend bösgläubig. Die Parallelität von Eintragung des Mietvertrags und Gutgläubigkeit des Erwerbers ist ausgeschlossen.[1211]

## 2. Rechtsfolgen

Art. 14.1 LAU bestimmt auf Rechtsfolgenseite, dass die Rechte und Pflichten des Vermieters auf den Erwerber übergehen. Art. 14. 1 LAU ist nicht abdingbar (vgl. Art. 6 LAU).

---

Grundstücks oder Grundstücksrechts keinerlei Nachforschungen über eine möglicherweise vom Grundbuchinhalt abweichende dingliche Rechtslage zugemutet werden sollen (Staudinger/*Picker*, 2019, § 892 BGB Rn. 1, 4, 140, 161).

1210 Vgl. Comentarios Ley Hipotecaria-*Domínguez Luelmo*, S. 335.

1211 So auch Comentarios LAU-*Marín López/Colás Escandón*, S. 512; *Carrasco Perera*, Revista CESCO de Derecho de Consumo 4/2012, 118 (128).

Die Rechtsfolge des Art. 14.1 LAU greift dem Wortlaut nach grundsätzlich nur, wenn der Mietvertrag im Grundbuch eingetragen ist (a)).

Nicht ausdrücklich geregelt ist die Sachverhaltskonstellation, dass der Mietvertrag nicht eingetragen ist, unabhängig davon, ob die Voraussetzungen des Art. 34 LH erfüllt sind (b)).

## a)  Mietvertrag ist eingetragen

Wenn der Mietvertrag eingetragen ist, gehen sämtliche Rechte und Pflichten des Vermieters beim Verkauf der vermieteten Immobilie gemäß Art. 14.1 LAU auf den Erwerber über. Es gilt der Grundsatz *Kauf bricht nicht Miete*.

Der Vertragsübergang betrifft alle Rechte und Pflichten des Vermieters.[1212] Art. 10.2 LAU betont diesbezüglich, dass auch die gesetzliche Mindestmietdauer gemäß Art. 9.1 LAU sowie die stillschweigende Verlängerung gemäß Art. 10.1 LAU gegenüber dem Erwerber gelten. Wie im deutschen und im Schweizer Recht[1213] gilt also auch im spanischen Recht, dass lediglich der Mietvertrag und die entsprechenden mietvertraglichen Rechte und Pflichten auf den Erwerber übergehen, und nicht sonstige Vereinbarungen, welche die Mietvertragsparteien im Zusammenhang mit dem Mietvertrag getroffen haben.[1214]

## b)  Mietvertrag ist nicht eingetragen

Für den Fall, dass der Mietvertrag nicht eingetragen ist, sieht Art. 14.1 LAU unmittelbar keine Rechtsfolgen vor. Allerdings ergibt sich aus einem Umkehrschluss, dass die Rechte und Pflichten des Vermieters nicht auf den Erwerber übergehen, ohne dass der Mietvertrag eingetragen ist. Dies gilt selbst dann, wenn der Erwerber außerhalb des Grundbuchs Kenntnis von der Vermietung erlangt (aa)). Es gilt der Grundsatz *Kauf bricht Miete*. Der Erwerber hat ein außerordentliches Kündigungsrecht gemäß Art. 1571.1 CC i.V.m. Art. 4.2 LAU (bb)) und dem Mieter stehen im Falle der außerordentlichen Kündigung Folgeansprüche zu (cc)).

### aa)  Irrelevanz der Kenntnis des Erwerbers der Vermietung

Die Kenntnis des Erwerbes von der Vermietung ist für die Rechtsfolgenentscheidung irrelevant. Der Grundsatz *Kauf bricht Miete* muss bei fehlender Eintragung

---

1212  Vgl. auch Comentarios LAU-*Marín López/Colás Escandón*, S. 498.
1213  Zum deutschen Recht: § 4 IV.2.a); zum Schweizer Recht: § 5 III.1.
1214  Comentarios LAU-*Marín López/Colás Escandón*, S. 498.

des Mietvertrags auch gelten, wenn der Erwerber außerhalb vom Grundbuch Kenntnis von der Vermietung erlangt und deshalb nicht schutzwürdig ist.[1215] Denn der Mietvertrag wirkt erst aufgrund der Eintragung gegenüber Dritten (vgl. Art. 7.2 LAU) und geht nur aufgrund der Eintragung auf den Erwerber über (vgl. Art. 14.1 LAU). Mit anderen Worten bedarf es zwingend der Eintragung, damit der Mietvertrag ausnahmsweise *inter omnes* wirkt. Die bloße Kenntnis des Erwerbers vom Mietvertrag führt zwar dazu, dass er weniger schutzwürdig ist. An der *inter partes* Wirkung des Mietvertrags ändert sie aber nichts.

Diese von der Rechtsfolge her gedachte systematische Analyse stützt die bereits unter 1. d) cc) getroffene Entscheidung den Verweis auf Art. 34 LH *contra legem* bei der Anwendung des Art. 14.1 LAU außer Acht zu lassen. Art. 34 LH erklärt, dass der Erwerber ein nicht eingetragenes dingliches Recht nicht gegen sich gelten lassen muss, wenn er diesbezüglich gutgläubig war. Dann ist die objektiv existente *erga omnes* Wirkung ausnahmsweise nicht gegen diesen Dritten durchsetzbar. Es kommt also für die Durchsetzbarkeit tatsächlich auf die Kenntnis des Erwerbers an. Der entscheidende Unterschied zu Art. 14.1 LAU liegt aber darin, dass das dingliche Recht objektiv Drittwirkung entfaltet. Bei dinglichen Rechten wie dem Eigentum ist die Eintragung nach spanischem Recht bloß deklaratorisch, d.h. das Recht entsteht auch ohne Eintragung und wirkt kraft seiner Rechtsnatur gegenüber Dritten. Wenn der Dritte trotz fehlender Eintragung Kenntnis erlangt, ist er nicht schutzwürdig und er muss das Recht gegen sich gelten lassen. Der Erwerber einer vermieteten Immobilie ist zwar bei Kenntnis vom Mietvertrag ebenfalls nicht schutzwürdig. Der Mietvertrag wirkt ohne Eintragung aber nur *inter partes*.

---

1215 Aufgrund einer durchgeführten Umfrage (siehe hierzu ausführlich: § 6 VI.2.) ist davon auszugehen, dass diese Konstellation in der Praxis besonders häufig auftritt, da Mietverträge sowohl nach Ansicht der befragten Praktiker als auch nach Ansicht vieler Literaturstimmen selten eingetragen werden, und der Erwerber einer vermieteten Immobilie diese vor seiner Kaufentscheidung in der Regel besichtigt, sodass er Kenntnis von der Vermietung hat. Zudem obliegt dem Veräußerer die Pflicht über bestehende Vermietungen aufzuklären (so auch Comentarios LAU-*Marín López/ Colás Escandón*, S. 501). Zwar wird teilweise argumentiert, dass in diesem Fall auch die Kenntnis des genauen Vertragsinhalts für die Annahme der Bösgläubigkeit erforderlich ist. Allerdings wird man vor dem Hintergrund der Rechtsprechung zum Verlust der Gutgläubigkeit sagen können, dass der Erwerber bei Kenntnis von der Vermietung die Sorgfaltspflicht hat, sich über den Inhalt zu informieren.

### bb) Außerordentliches Kündigungsrecht gemäß Art. 1571.1 CC i.V.m. Art. 4.2 LAU

Die Geltung des Grundsatzes *Kauf bricht Miete* führt im spanischen Recht nicht dazu, dass der Mietvertrag automatisch endet. Vielmehr hat der Erwerber lediglich ein außerordentliches Kündigungsrecht, vorliegend gemäß Art. 1571.1 CC i.V.m. Art. 4.2 LAU.[1216] Der Rückgriff auf die Rechtsfolge aus Art. 1571.1 CC ist gemäß Art. 4.2 LAU möglich, da es an einer Rechtsfolgenregelung in der *Ley de Arrendamientos Urbanos* 1994 selbst fehlt.

### cc) Folgeansprüche des Mieters im Falle der außerordentlichen Kündigung durch den Erwerber

Art. 14.1 LAU sieht für den Fall der außerordentlichen Kündigung durch den Erwerber keine Folgeansprüche des Mieters vor. Unzweifelhaft müssen dem Mieter solche aber auch in dieser Konstellation zustehen. Es stellt sich die Frage welche Vorschriften hierfür heranzuziehen sind.

Eine analoge Anwendung der Artt. 14.2.2 und 14.2.3 LAU kommt nicht in Betracht. Zwar passen die in Artt. 14.2.2 und 14.2.3 LAU geregelten Folgeansprüche auf den ersten Blick. Denn Art. 14.2.2 LAU räumt dem Mieter einen Anspruch auf Räumungsaufschub gegen den Erwerber ein. Art. 14.2.3 LAU gewährt dem Mieter einen Schadensersatzanspruch gegen den Vermieter. Eine analoge Anwendung setzt aber auch im spanischen Recht gemäß Art. 4.1 CC voraus, dass der Gesetzeszweck des geregelten und derjenige des nicht geregelten Sachverhalts gleich sind.[1217] Mit anderen Worten kommt es auf eine vergleichbare Interessenlage an, die vorliegend nicht gegeben ist. Art. 14.2 LAU ist anwendbar, wenn die Immobilie nicht im Grundbuch eingetragen ist. Sinn und Zweck des Schadensersatzanspruchs gemäß Art. 14.2.3 LAU ist deshalb der Schutz des Mieters, der seinen Mietvertrag mangels eingetragener Immobilie unverschuldet nicht eintragen konnte.[1218] Der Anspruch auf Räumungsaufschub folgt einerseits aus der Schutzwürdigkeit des Mieters, andererseits aus

---

1216    *El comprador de una finca arrendada tiene derecho a que termine el arriendo vigente al verificarse la venta, salvo pacto en contrario y lo dispuesto en la Ley Hipotecaria.* Vgl. Comentarios LAU-*Bercovitz Rodríguez-Cano*, S. 970 zum Art. 29 LAU 1994.

1217    Vgl. zu den Voraussetzungen einer Analogie im spanischen Recht Art. 4.1 CC. Hiernach ist eine analoge Anwendung möglich, wenn die Normen einen bestimmten Fall nicht berücksichtigen, aber einen anderen, ähnlichen Fall regeln, und zwischen diesen eine Gleichheit des Gesetzeszwecks angenommen werden muss.

1218    So auch *Fuentes-Lojo Lastres*, Ley de Arrendamientos Urbanos, S. 126.

der fehlenden Schutzwürdigkeit des Erwerbers. Denn mangels Eintragung gibt es keinen Rechtsscheintatbestand, auf den der Erwerber vertrauen konnte. Er hätte sich mithin bezüglich einer möglichen Vermietung erkundigen müssen. Anders sind die Schutzwürdigkeit und die Interessenlage bei dem vorliegenden Sachverhalt zu beurteilen. Wenn die vermietete Immobilie eingetragen ist, hätte der Mieter auch den Mietvertrag eintragen lassen können. Er hat sich deshalb bewusst gegen den Schutz des Grundbuchs entschieden. Der Erwerber einer eingetragenen vermieteten Immobilie ist gleichzeitig schutzwürdiger, da er gutgläubig auf den Rechtsschein der Vollständigkeit des Grundbuchs vertraut hat.

Der Mieter hat gemäß Art. 1571.2 CC i.V.m. Art. 4.2 LAU aber einen Anspruch gegen den Vermieter auf Ersatz des Schadens, den er aufgrund der frühzeitigen Beendigung erlitten hat.[1219] Denn der Vermieter hat seine Pflicht zur Gewährung einer friedvollen Nutzung der Mietsache für die gesamte vereinbarte Zeit (vgl. Art. 1554.2 CC i.V.m. Art. 4.2 LAU) gegenüber dem Mieter verletzt.[1220]

Falls der Erwerber Kenntnis vom Mietvertrag hatte, ist dem Mieter nach Ansicht der Verfasserin darüber hinaus ein Anspruch auf Räumungsaufschub aus Treu und Glauben zu gewähren. Denn das Mieterinteresse an einer Räumungsfrist ist trotz seiner bewussten Entscheidung gegen den Schutz durch Eintragung in diesem Fall höher einzuordnen als das Interesse des Erwerbers an einer sofortigen Räumung, da er das Kaufobjekt in Kenntnis des Mietvertrags erworben hat.

## IV. Art. 14.2 LAU: zu Wohnzwecken vermietete, aber nicht eingetragene Immobilie

Art. 14.2.1 LAU bestimmt, dass im Falle einer zu Wohnzwecken vermieteten, aber nicht eingetragenen Immobilie die Bestimmungen des Art. 1571.1 CC gelten.[1221]

---

1219 Wie hier wohl *Carrasco Perera*, Revista CESCO de Derecho de Consumo 4/2012, 118 (130). A.A. ohne Begründung Comentarios LAU-*Marín López/Colás Escandón*, S. 515.

1220 Vgl. auch Comentarios CC-*Quicios Molina*, S. 11116.

1221 Art. 14.2.1 LAU 1994: *Si la finca no se hallase inscrita en el Registro de la Propiedad, se aplicará lo dispuesto en el párrafo primero del artículo 1571 del Código Civil.*

## 1. Tatbestandsvoraussetzungen

Tatbestandvoraussetzungen sind mithin die Veräußerung und die fehlende Eintragung der vermieteten Immobilie im Grundbuch. Bezüglich des Begriffs der Veräußerung gelten die Ausführungen unter III. 1.a).

## 2. Rechtsfolgen

Art. 14.2.1 LAU bestimmt auf Rechtsfolgenseite, dass die Regelung des Art. 1571.1 CC gilt. Hiernach kann der Erwerber den Mietvertrag nach erfolgtem Kauf außerordentlich kündigen.[1222] Es gilt also der Grundsatz *Kauf bricht Miete*, auch wenn dieser dadurch, dass der Erwerber den Mietvertrag aktiv beenden muss, abgeschwächt ist. Art. 14.2.1 LAU ist nicht abdingbar (vgl. Art. 6 LAU.

Falls der Erwerber von diesem Recht Gebrauch macht, kann der Mieter gemäß Art. 14.2.2 LAU vom Erwerber verlangen, dass das Mietverhältnis noch drei Monate fortgesetzt wird.[1223] Während dieser Zeit muss der Mieter die Miete und andere fällige Beträge an den Erwerber zahlen.[1224] Die Pflicht des Erwerbers, dem Mieter eine dreimonatige Räumungsfrist einzuräumen (Art. 14.2.2 LAU), ist aufgrund der Schutzwürdigkeit des Mieters in dieser Sachverhaltskonstellation

---

1222  Art. 1571.1 CC: *El comprador de una finca arrendada tiene derecho a que termine el arriendo vigente al verificarse la venta, salvo pacto en contrario y lo dispuesto en la Ley Hipotecaria.* Die Ausnahme am Ende des Art. 1571.1 CC "es sei denn, die Parteien vereinbaren gegenteiliges oder nach den Grundsätzen der Ley Hipotecaria gilt etwas anderes" (Übersetzung der Verfasserin), ist vom Verweis nicht umfasst, da es sich um einen Rechtsfolgenverweis handelt. Einerseits sieht Art. 14.2.1 LAU als verweisende Norm bereits die tatbestandlichen Voraussetzungen vor, nämlich die Veräußerung und die fehlende Eintragung der vermieteten Immobilie im Grundbuch. Andererseits wären sämtliche grundbuchrechtlichen Bestimmungen, auf die Art. 1571.1 CC a.E. verweist (insbesondere Art. 34 LH), bei einer nicht eingetragenen vermieteten Immobilie mangels Anknüpfungspunktes nicht anwendbar. Zudem ergibt sich aus dem gesetzgeberischen Willen, dass die Eintragung des Mietvertrags eine zwingende Voraussetzung für den Eintritt des Erwerbers sein soll. Gerade weil dies bei einer nicht eingetragenen Immobilie nicht möglich ist, sieht das Gesetz in Art. 14.2 LAU eine von Art. 14.1 LAU abweichende Rechtsfolge vor – andernfalls wäre schon Art. 14.1 LAU anwendbar.

1223  Art. 14.2.2 LAU: *Si el adquirente usare del derecho reconocido por el artículo citado, el arrendatario podrá exigir que se le deje continuar durante tres meses, desde que el adquirente le notifique fehacientemente su propósito, durante los cuales deberá satisfacer la renta y demás cantidades que se devenguen al adquirente.*

1224  Comentarios LAU-*Marín López/Colás Escandón*, S. 514.

gerechtfertigt. Denn mangels eingetragener Immobilie ist dem Mieter rein tatsächlich bereits die Möglichkeit der Eintragung des Mietvertrags genommen (Artt. 7, 20 LH). Er kann sich, ohne dass er dies selbst zu verschulden hätte, nicht wirksam gegen eine frühzeitige Kündigung durch den Erwerber schützen.[1225] Dem Erwerber ist diese Verpflichtung auch zuzumuten. Mangels Eintragung des Kaufobjekts ist kein falscher Rechtsschein entstanden, auf den der Erwerber hätte vertrauen können. Er ist deshalb nicht in besonderem Maße schutzwürdig.

Schließlich kann der Mieter vom veräußernden Vermieter gemäß Art. 14.2.3 LAU Ersatz des durch die frühzeitige Kündigung entstandenen Schadens verlangen.[1226] Diese monetäre Ausgleichspflicht des Vermieters beruht auf der schuldhaften Verletzung seiner Pflicht zur Gewährung der friedvollen Nutzung der Mietsache für die gesamte vereinbarte Zeit (vgl. Art. 1554.2 CC i.V.m. Art. 4.2 LAU).[1227]

## V. Art. 29 LAU: die sonstige Raummiete

Art. 29 LAU bestimmt, dass der Erwerber in die Rechte und Pflichten des Vermieters eintritt, es sei denn, er erfüllt die Voraussetzungen des Art. 34 LH.[1228]

### 1. Tatbestandsvoraussetzungen

Tatbestandsvoraussetzung ist mithin lediglich die Veräußerung. Bezüglich des Begriffs der Veräußerung gelten die Ausführungen unter III. 1. a).

### 2. Rechtsfolgen

Art. 29 LAU bestimmt auf Rechtsfolgenseite den Eintritt des Erwerbers in die Rechte und Pflichten des Vermieters. Aufgrund des gesetzlichen Vertragsübergangs gemäß Art. 29 LAU wirkt der Mietvertrag für und gegen den Erwerber.[1229] Es gilt der Grundsatz *Kauf bricht nicht Miete*. Eine Eintragung des Mietvertrags im Grundbuch ist hierfür, anders als bei der Wohnraummiete, nicht erforderlich. Der Erwerber tritt in alle Rechte und Pflichten ein, die der Vermieter im Zeitpunkt des Verkaufs hatte.[1230] Art. 29 LAU ist abdingbar (vgl. Art. 4.3 LAU).

---

1225  Vgl. auch *Fuentes-Lojo Lastres*, Ley de Arrendamientos Urbanos, S. 126.

1226  Art. 14.2.3 LAU: *Podrá exigir, además, al vendedor, que le indemnice los daños y perjuicios que se le causen.*

1227  Vgl. auch Comentarios CC-*Quicios Molina*, S. 11116.

1228  Art. 29 LAU wurde durch den *Real Decreto-ley 2019* nicht geändert.

1229  So auch Comentarios LAU-*Bercovitz Rodríguez-Cano*, S. 970.

1230  Vgl. *Fuentes-Lojo Lastres*, Ley de Arrendamientos Urbanos, S. 303.

Dies gilt nur dann nicht, wenn der Erwerber die Voraussetzungen des Art. 34 LH – entgeltlicher Erwerb, Voreintragung des Veräußerers und Eintragung des Erwerbers im Grundbuch, Gutgläubigkeit des Erwerbers – erfüllt (a)). In diesem Fall kann der Erwerber gemäß Art. 1571.1 CC i.V.m. Art. 4.3 LAU außerordentlich kündigen und der Mieter erhält einen Schadensersatzanspruch gegen den ursprünglichen Vermieter (b)).

## a)  Ausnahme beim Vorliegen der Voraussetzungen des Art. 34 LH

Der Grundsatz *Kauf bricht nicht Miete* gilt ausnahmsweise nicht, wenn der Erwerber die Voraussetzungen des Art. 34 LH erfüllt. Dann gehen die Rechte und Pflichten des Vermieters gemäß Art. 29 LAU nicht über. Allerdings ist Art. 29 LAU nach Sinn und Zweck dahingehend auszulegen, dass der Erwerber gemäß Art. 1571.1 CC i.V.m. Art. 4.3 LAU lediglich ein außerordentliches Kündigungsrecht erhält.[1231] Denn die *Ley de Arrendamientos Urbanos* möchte weder den Mieter noch den Erwerber schlechter stellen als sie nach den allgemeinen Regeln des *Código Civil* stünden.[1232] Gemäß Art. 1571.1 CC steht dem Erwerber aber gerade nur ein außerordentliches Kündigungsrecht zu, das er aktiv ausüben muss.

Bei nicht eingetragenen vermieteten Immobilien ist das Vorliegen der Voraussetzungen des Art. 34 LH denklogisch ausgeschlossen. Einerseits fehlt es an der Voreintragung des Veräußerers, sodass der Erwerber nicht von einer Person erworben haben kann, die als Berechtigte im Grundbuch eingetragen war. Andererseits konnte er sein eigenes Recht mangels Voreintragung nicht im Grundbuch eintragen lassen (vgl. Artt. 7, 20 LH).

Bei eingetragenen vermieteten Immobilien könnten die Voraussetzungen des Art. 34 LH in der Person des Erwerbers vorliegen. Genauer zu diskutieren ist hierbei die Voraussetzung der Gutgläubigkeit. Im Anwendungsbereich des Art. 29 LAU liegt guter Glaube vor, wenn der Erwerber keine Kenntnis vom Mietvertrag hatte.[1233] Wann der Erwerber bösgläubig wird, wird unterschiedlich beurteilt. Die Rechtsprechung vertritt die Ansicht einer moralischen Pflicht, die

---

1231  Comentarios LAU-*Bercovitz Rodríguez-Cano*, S. 970.

1232  Comentarios LAU-*Bercovitz Rodríguez-Cano*, S. 970.

1233  Die wortlauttreue Auslegung des guten Glaubens als Unkenntnis von der Unrichtigkeit des Grundbuchs (vgl. Art. 34 LH) hilft nicht weiter, da das Grundbuch den Eigentümer richtig ausweist. Das Fehlen der Eintragung des Mietvertrags macht das Grundbuch nicht unrichtig, da die Eintragung fakultativ ist.

tatsächliche Situation zu erforschen.[1234] Sie argumentiert, dass die Grundregel des Art. 29 LAU der Vertragsübergang sei.[1235] Die Ausnahme von dieser Grundregel müsse deshalb mieterfreundlich ausgelegt werden.[1236] Eine andere Meinung lehnt eine moralische Pflicht, wie sie die Rechtsprechung fordert, ab. Es komme vielmehr auf die tatsächliche Kenntnis an, wobei begründete Zweifel für die Bösgläubigkeit ausreichen.[1237] Die zweite Meinung ist vorzugswürdig.[1238] Es ist zwar richtig, dass die Ausnahme von der Grundregel mieterfreundlich ausgelegt werden muss. Allerdings darf die Legitimationswirkung des Grundbuchs nicht untergraben werden. Deshalb dürfen dem Erwerber nur dann Nachforschungspflichten, auch bezüglich des konkreten Inhalts des Mietvertrags, auferlegt werden, wenn er entweder positive Kenntnis vom Mietvertrag, oder begründete Zweifel daran hat, ob das Kaufobjekt vermietet ist.[1239]

### b) Schadensersatzanspruch des Mieters im Falle einer außerordentlichen Kündigung durch den Erwerber

Im Falle der Kündigung durch den Erwerber gemäß Art. 1571.1 CC i.V.m. Art. 4.3 LAU steht dem Mieter ein Schadensersatzanspruch gemäß Art. 1571.2 CC i.V.m. Art. 4.3 LAU zu.[1240] Eine analoge Anwendung des Art. 14.2 LAU, wonach dem Mieter eine Räumungsfrist (Art. 14.2.2 LAU) und ein Anspruch auf Schadensersatzanspruch (Art. 14.2.3 LAU) zusteht, ist abzulehnen.[1241] Der Gesetzgeber hat die Unterscheidung zwischen Wohnraummiete und sonstiger Miete deshalb getroffen, weil er der zutreffenden Meinung war, dass die zugrundeliegenden Realitäten verschieden sind und deshalb entsprechend unterschiedliche Behandlungen

---

1234 Urteile des *Tribunal Supremo* vom 05.07.1985 (STS 375/1985); 08.03.2001 (STS 1839/2001).

1235 So *Fuentes-Lojo Lastres*, Ley de Arrendamientos Urbanos, S. 302.

1236 So *Fuentes-Lojo Lastres*, Ley de Arrendamientos Urbanos, S. 302.

1237 Urteil des *Tribunal Supremo* vom 14.07.1988 (STS 9424/1988).

1238 Wobei man sich die praktische Frage stellen muss, wann Gutgläubigkeit tatsächlich möglich ist. Denn einerseits hat der Vermieter eine Aufklärungspflicht gegenüber dem Erwerber bezüglich möglicher bestehender Vermietungen (so auch Comentarios LAU-*Marín López/Colás Escandón*, S. 501), andererseits wird ein Erwerber das Kaufobjekt regelmäßig nicht ohne eine vorherige Besichtigung erwerben.

1239 Vgl. *Fuentes-Lojo Lastres*, Ley de Arrendamientos Urbanos, S. 302.

1240 Art. 1571 CC: *El comprador de una finca arrendada tiene derecho a que termine el arriendo vigente al verificarse la venta, salvo pacto en contrario y lo dispuesto en la Ley Hipotecaria.*

1241 So auch Comentarios CC-*Quicios Molina*, S. 11116.

verdienen.[1242] Nur der Wohnraummieter sei in besonderem Maße schutzwürdig, nicht aber der Mieter, bei dem der Mietzweck bloß wirtschaftlicher, freizeitgestaltender oder administrativer Natur ist.[1243]

## VI.  Die Auswirkungen *in praxi*

Die Darstellung und Auslegung der Artt. 14.1, 14.2 und 29 LAU macht deutlich, dass es sich bei den Normen, die für den Schutz des Mieters beim Verkauf einer vermieteten Immobilie relevant sind, um ein bereits in der Theorie kompliziertes Normengeflecht handelt. Im Folgenden wird analysiert, wie sich die neue Regelungssystematik, die durch die LMFFMAV 2013 in die LAU 1994 eingeführt wurde, in der Praxis auf den Mieter- und Eigentümerschutz auswirkt.

Ausgangspunkt dieser Analyse bildet die Darstellung einiger Grundgedanken (1.). Sodann werden die Bewertungsparameter der Eintragungshäufigkeit bei der Wohnraummiete und der sonstigen Raummiete (2.) sowie der Häufigkeit der Kündigung gemäß Art. 1571.1 CC bei der Wohnraummiete und der sonstigen Raummiete (3.) erörtert. Im Anschluss soll die Bedeutung des außerordentlichen Kündigungsrechts wegen Eigenbedarfs gemäß Art. 9.3 LAU für den Schutz des Wohnraummieters herausgearbeitet (4.) und der Gutgläubigkeitsbegriff bei der sonstigen Raummiete im Hinblick auf die Auswirkungen dieser Voraussetzung *in praxi* untersucht werden (5.).

### 1.  Grundgedanken

Die durch die LMFFMAV 2013 eingeführten Änderungen in der LAU 1994 haben die Balance zwischen Mieter- und Eigentümerschutz beeinflusst.

### a)  Die Wohnraummiete

Die Reform durch die LMFFMAV 2013 hat die Rechtsstellung des Wohnraummieters beim Verkauf der vermieteten Immobilie in der Theorie deutlich verschlechtert: Während vor der Reform der Grundsatz *Kauf bricht nicht Miete* für die Dauer der gesetzlichen Mindestmietdauer von fünf Jahren uneingeschränkt

---

1242  LAU 1994, BOE-A-1994-26003 = BOE Núm. 282, de 25 de noviembre de 1994, S. 36129 (Preámbulo 1.), abrufbar unter: https://www.boe.es/eli/es/l/1994/11/24/ 29/con (Stand: 12.12.2020).

1243  LAU 1994, BOE-A-1994-26003 = BOE Núm. 282, de 25 de noviembre de 1994, S. 36130 (Preámbulo 3.), abrufbar unter: https://www.boe.es/eli/es/l/1994/11/24/ 29/con (Stand: 12.12.2020).

galt, ist nunmehr für einen vergleichbaren Schutz die Eintragung im Grundbuch erforderlich. Ohne Eintragung gilt der Grundsatz *Kauf bricht Miete*. Zudem beträgt die Mindestmietdauer nur noch drei Jahre. Durch die LMFFMAV 2013 wurde schließlich auch die Kündigung wegen Eigenbedarfs vereinfacht, da der Vermieter den Zeitpunkt und den Grund für den Eigenbedarf nicht mehr im Zeitpunkt des Vertragsschlusses ankündigen muss. Gleichzeitig bedeutet dies, dass auch ein Erwerber jederzeit wegen Eigenbedarfs kündigen kann.

Eine Bewertung des Mieterschutzes in der Praxis und seiner Auswirkungen für das Eigentumsrecht erfordert allerdings die Untersuchung verschiedener Parameter. Zunächst muss versucht werden, die Häufigkeit der Eintragung von Mietverträgen realistisch einzuschätzen. Denn bei einer hohen Eintragungshäufigkeit wäre der Mieter umfassend geschützt, und der Mietvertrag würde keine unsichtbare Gefährdung für den Rechtsverkehr darstellen. Bei einer niedrigen Eintragungsrate hinge der Mieterschutz hingegen entscheidend davon ab, inwiefern Erwerber tatsächlich von ihrem außerordentlichen Kündigungsrecht aus Art. 1571.1 CC Gebrauch machen. Sodann muss immer auch das außerordentliche Kündigungsrecht wegen Eigenbedarfs berücksichtigt werden.

### b) Die sonstige Raummiete

Für die Bewertung des tatsächlichen Mieterschutzes und der entsprechenden Auswirkungen auf das Eigentumsrecht kommt es bei der sonstigen Raummiete einerseits auf die Eintragungshäufigkeit an, denn durch die Eintragung kann der Mieter die Möglichkeit der Gutgläubigkeit des Erwerbers aktiv verhindern. Andererseits kommt es darauf an, wie eng oder weit die Rechtsprechung den Begriff der Gutgläubigkeit auslegt.

### c) Auswirkungen der nach spanischem Recht zwingenden Befristung von Mietverträgen

Anders als im deutschen und Schweizer Recht gibt es keine ordentlichen Kündigungsvorschriften, die für die Bewertung der Auswirkungen in der Praxis relevant wären, da der Mietvertrag nach spanischem Recht zwingend befristet ist. Dies folgt bereits aus der Legaldefinition des Art. 1543 CC, wonach sich bei Mietverträgen eine Partei dazu verpflichtet, der anderen Partei den Genuss oder den Gebrauch einer Sache für einen bestimmten Zeitraum und zu einem bestimmten Preis einzuräumen.[1244] Nach

---

1244 Art. 1543 CC: *En el arrendamiento de cosas, una de las partes se obliga a dar a la otra el goce o uso de una cosa por tiempo determinado y precio cierto.*

der ständigen Rechtsprechung des *Tribunal Supremo* – dem spanischen Bundesgericht – widersprechen unbefristete Mietverträge der schuldrechtlichen Natur, weshalb die zeitliche Befristung ein Hauptmerkmal des Mietvertrags ist.[1245] Allerdings führt das Fehlen einer Befristung nicht zur Unwirksamkeit des Mietvertrags.[1246] Vielmehr greifen, abhängig davon, ob es sich um einen Wohnraum- oder einen sonstigen Raummietvertrag handelt, verschiedene gesetzliche Regelungen, die die Vertragsdauer kraft Gesetzes festlegen.[1247] Dies gilt auch bei der Vereinbarung eines unbefristeten Vertrags.[1248]

## 2. Eintragungshäufigkeit bei der Wohnraummiete und der sonstigen Raummiete

Die Eintragungshäufigkeit ist ein bedeutender Parameter für die Bewertung des Mieterschutzes und der entsprechenden Auswirkungen auf das Eigentumsrecht in der Praxis. Denn bei einer hohen Eintragungshäufigkeit wäre der Mieter durch den gesetzlichen Übergang der Rechte und Pflichten aus dem Mietvertrag auf den Erwerber umfassend geschützt, und der Mietvertrag würde keine unsichtbare Gefährdung für den Rechtsverkehr darstellen.

Mangels entsprechender Statistiken wurden mithilfe eines Fragebogens (Anhang 2) Daten dazu erhoben, ob und welche Art von Mietverträgen in der Praxis im Grundbuch eingetragen werden. Angeschrieben wurden Notare und Rechtsanwälte, Notarkammern (*Colegios Notariales*), die Kammer der Grundbuchbeamten (*Colegio de Registradores de la Propiedad y Mercantil de España*),

---

1245 Vgl. Urteile des *Tribunal Supremo* vom 07.06.1979 (STS 4767/1979), 17.11.1985 (STS 1949/1984), 13.06.2002 (STS 4299/2002), 20.03.2013 (STS 1895/2013) sowie das Urteil der *Audiencia Provincial Barcelona Sec. 13* vom 15.01.2007 (SAP B 1564/ 2007). Vgl. auch die Legaldefinition in Art. 1543 CC. So auch *Sohst*, Das spanische BGB, S. 306; *Molina Roig*, National Report for Spain, S. 116.

1246 Vgl. Comentarios LAU-*Marín López/Colás Escandón*, S. 296.

1247 Falls die Parteien eines Wohnraummietvertrags die Bestimmung der Mietdauer unterlassen haben, oder stattdessen einen unbefristeten Mietvertrag vereinbart haben, gilt nach Art. 9.2 LAU eine Mietdauer von einem Jahr, unbeschadet der gesetzlichen Mindestmietdauer und stillschweigenden Vertragsverlängerung. Falls die Parteien eines sonstigen Raummietvertrags nichts vereinbart haben, richtet sich die Dauer gemäß Art. 1581.1 CC i.V.m. Art. 4.3 LAU nach dem vereinbarten Zahlungsintervall der Miete, wobei zu beachten ist, dass es nicht auf die tatsächliche Zahlungsmodalität ankommt (Comentarios CC-*Quicios Molina*, S. 10930, 11164). Falls also eine Jahresmiete vereinbart ist, die in monatlichen Raten gezahlt wird, beträgt die Mietdauer dennoch ein Jahr.

1248 Comentarios CC-*Quicios Molina*, S. 10930.

das Justizministerium (*Ministerio de Justícia*), das Staatssekretariat für öffentliche Verwaltung (*Secretaria de Estado de Administraciones Publicas*) als Teil des Ministeriums für Entwicklung (*Ministerio de Fomento*), Universitätsprofessoren, die spanische Zentrale von Engel & Völkers und die Deutsch- Spanische Juristenvereinigung.[1249] Jedem potentiellen Teilnehmer wurde eine E-Mail mit dem Logo der Universität Konstanz zugeschickt, in der die Verfasserin sich und ihre Arbeit vorstellte und einen Link zur Umfrage beifügte. Die Mailadressen wurden im Vorhinein im Internet oder über persönliche Kontakte recherchiert. Der Fragebogen wurde mithilfe des Onlinedienstes *Surveymonkey* erstellt und ausgewertet. Die Umfrage bestand aus sieben Fragen, wobei die jeweiligen Antwortmöglichkeiten unterteilt waren nach Wohnraummiete und sonstiger Raummiete. Neben vorgegebenen Antwortmöglichkeiten hatten die Teilnehmer jeweils die Möglichkeit, ihre Antwort in einem Kommentarfeld ausführlicher zu begründen. Diese Möglichkeit wurde rege genutzt und ermöglichte einen noch fundierteren Einblick in die rechtliche Realität. Es nahmen circa 11% der angeschriebenen Personen, Institutionen und Behörden an der Umfrage teil.[1250] Teilweise kontaktierten sie die Verfasserin erfreulicherweise darüber hinaus per E-Mail und taten ihr besonderes Interesse an der Umfrage kund.

Die größte Schwierigkeit bei der Feststellung der Eintragungshäufigkeit in der Praxis bestand darin, dass es hierzu keine offiziellen Zahlen gibt. Durch die Befragung konnte deshalb lediglich versucht werden, mithilfe der subjektiven Wahrnehmungen der Teilnehmer zu ermitteln, ob die Eintragungsmöglichkeit in der Praxis tatsächlich genutzt wird.[1251] Bei der Beantwortung der Fragen

---

1249 Es wurden insgesamt 244 Personen, Institutionen und Behörden kontaktiert; hiervon konnten 13 E-Mails nicht zugestellt werden. Es wurden 205 Notare und Rechtsanwälte, 19 Notarkammern, und 4 Universitätsprofessoren angeschrieben. Trotz der Anonymität der Umfragedaten kann aufgrund von Rückmeldungen per E-Mail festgehalten werden, dass das Justizministerium mangels entsprechender Zuständigkeiten nicht teilnehmen konnte und das Staatssekretariat für öffentliche Verwaltung teilgenommen hat. Darüber hinaus haben 3 Universitätsprofessoren und 4 Notare und Rechtsanwälte eine ausdrückliche Teilnahmebestätigung per E-Mail verschickt.

1250 Die Rücklaufquote bezieht sich lediglich auf die 231 zustellbaren E-Mails. Es nahmen 25 Personen, Institutionen und Behörden an der Umfrage teil.

1251 Die Frage lautete: „Wie oft werden Mietverträge im Grundbuch eingetragen?" Folgende Antwortmöglichkeiten standen zur Auswahl: häufig (mehr als 50%), ab und zu (zwischen 30% und 50%), selten (weniger als 30%), fast nie (weniger als 5%). Zudem konnten die Teilnehmer auch ankreuzen, dass sie hierzu keine Angaben machen können.

sollten die Teilnehmer ausschließlich die Mietverträge berücksichtigen, die seit der relevanten Reform im Juni 2013 abgeschlossen worden sind.

Die Auswertung zeigt, dass Mietverträge insgesamt nur selten eingetragen werden: 80% der Befragten gaben an, dass Wohnraummietverträge „fast nie" vorgemerkt werden; bei der sonstigen Raummiete waren es 77,27%. Begründet wurde die geringe Nutzung der Eintragungsmöglichkeit vor allem mit der Unkenntnis der Eintragungsnotwendigkeit zum Schutz des Vertrags (56% bei der Wohnraummiete; 42,86% bei der sonstigen Raummiete); damit, dass der Aufwand (Kosten/Zeit) im Verhältnis zum erzielten Schutz unverhältnismäßig sei[1252] (36% bei der Wohnraummiete; 42,80% bei der sonstigen Raummiete); und schließlich mit den generell hohen Kosten[1253] (36% bei der Wohnraummiete; 23,81% bei der sonstigen Raummiete). Darüber hinaus gaben 20% der Befragten an, dass die Wohnraummieter die Eintragung nicht wirksam von den Vermietern einfordern könnten.

Zusammenfassend lässt sich folglich sagen, dass sowohl Wohn- als auch sonstige Raummietverträge fast nie eingetragen werden. Der in der Theorie jedenfalls für die Wohnraummiete angelegte Ausgleich zwischen Mieterschutz und Verkehrsschutz spiegelt sich in der Praxis nicht wider. Bei der Bewertung des Mieterschutzes bzw. des Eigentumseingriffs in der Praxis ist die Eintragungsmöglichkeit deshalb nur zweitrangig.

---

1252  Hierbei ist zu bedenken, dass die Eintragung den Mieter lediglich drei Jahre gegen eine ordentliche Beendigung des Mietvertrages durch einen Erwerber schützt. Gegen eine außerordentliche Beendigung durch den Vermieter oder den Erwerber wegen Eigenbedarfs nach Art. 9.3 LAU schützt die Eintragung nicht – anders als in Deutschland, wo ein befristeter Mietvertrag gerade nicht wegen Eigenbedarfs gekündigt werden kann. Der Mehrwert der Eintragung ist im Vergleich zu den Kosten mithin schwindend gering. Zudem ist nicht außer Acht zu lassen, dass die Eintragung einigen Aufwand bedeutet. Der Mieter muss eine notarielle Beurkundung gegenüber dem Vermieter erwirken und anschließend das Eintragungsverfahren durchlaufen. Schließlich kommt noch hinzu, dass der Vermieter in der Regel kein großes Interesse an der Eintragung hat. Deshalb ist nicht auszuschließen, dass der Mieter die notarielle Beurkundung gerichtlich einfordern muss.

1253  Die Kosten sind weiterhin relativ hoch, da die Regierung der Aufforderung der entsprechenden Anpassung des *Real Decreto* 1996 bisher noch nicht nachgekommen ist.

## 3. Häufigkeit der Kündigung gemäß Art. 1571.1 CC bei der Wohnraummiete und der sonstigen Raummiete

Aufgrund der niedrigen Eintragungsrate kommt es für die Beurteilung des Mieterschutzes entscheidend darauf an, wie häufig Erwerber von dem außerordentlichen Kündigungsrecht Gebrauch machen.

Mangels entsprechender Statistiken wurden diesbezüglich ebenfalls im Rahmen der gleichen Umfrage Daten dazu erhoben, inwiefern Erwerber in der Praxis tatsächlich von der Kündigungsmöglichkeit gemäß Art. 1571.1 CC[1254] Gebrauch machen. Die Schwierigkeit bei der Feststellung der Kündigungshäufigkeit in der Praxis bestand auch hier darin, dass es keine offiziellen Zahlen gibt und die Befragten regelmäßig nicht in ein entsprechendes Kündigungsverfahren involviert waren.[1255] Durch die Befragung konnte deshalb lediglich versucht werden, mithilfe der subjektiven Wahrnehmungen der Teilnehmer zu ermitteln, ob von der Kündigungsmöglichkeit gemäß Art. 1571.1 CC tatsächlich Gebrauch gemacht wird.[1256]

Die Auswertung der Umfrage ist nicht ganz eindeutig, lässt aber den Trend erkennen, dass Mietverträge vom Erwerber „selten" bis „fast nie" gemäß Art. 1571.1 CC gekündigt werden: Für die Wohnraummiete gaben dies insgesamt 60%[1257] der Befragten an, für die sonstige Raummiete 52%[1258].

Aus den individuellen Kommentaren geht hervor, dass dieser Trend darauf zurückgeführt wird, dass der Erwerber regelmäßig bösgläubig sei und sich deshalb nicht auf das Kündigungsrecht des Art. 1571.1 CC berufen könne. Denn außer bei Banken sei nicht davon auszugehen, dass jemand eine Immobilie ohne vorherige Besichtigung erwerbe, wodurch er zwangsläufig Kenntnis von

---

1254  Art. 1571.1 CC ist vorliegend aufgrund folgender Verweisungsketten anwendbar: (1) Art. 14.1 LAU, Art. 1571.1 CC i.V.m. Art. 4.2 LAU; (2) Art. 14.2.1 LAU, Art. 1571.1 CC; (3) Art. 29 LAU, Art. 34 LH, Art. 1571.1 CC i.V.m. Art. 4.3 LAU.

1255  Dies wird auch daran deutlich, dass viele Teilnehmer antworteten, dass sie hierzu keine Angaben machen können (Wohnraummiete: 24%; sonstige Raummiete: 28%).

1256  Die Frage lautete: „Kündigen die Erwerber eines Mietobjekts die bestehenden Mietverträge nach Art. 1571.1 CC (Kauf bricht Miete)?" Folgende Antwortmöglichkeiten standen zur Auswahl: ja, häufig (mehr als 50%), ja, ab und zu (zwischen 30% und 50%), ja, aber selten (weniger als 30%), nein, fast nie (weniger als 5%). Zudem konnten die Teilnehmer auch ankreuzen, dass sie hierzu keine Angaben machen können.

1257  Hiervon gaben 16% an, dass eine solche Kündigung „selten" sei; 44% gaben an, dass sie „fast nie" vorkomme.

1258  Hiervon gaben 12% an, dass eine solche Kündigung „selten" sei; 40% gaben an, dass sie „fast nie" vorkomme.

der Vermietung erhalte. Zudem beinhalte die Übertragungsurkunde regelmäßig einen Hinweis auf bestehende Vermietungen. Allerdings kann dies nur bei der sonstigen Raummiete gelten, denn nur hier kommt es für die Anwendung des Art. 1571.1 CC wegen Artt. 29 LAU, 34 LH auf die Gutgläubigkeit an. Bei der Wohnraummiete ist einzige Voraussetzung für die außerordentliche Kündigungsmöglichkeit, dass der Mietvertrag nicht im Grundbuch eingetragen ist.[1259]

Gleichzeitig wurde von einem Befragten an verschiedenen Stellen darauf hingewiesen, dass es durch die vermehrte Ferienvermietung möglicherweise zu einer zunehmenden Kündigungspraxis kommen könnte. Denn es sei festzustellen, dass immer mehr große Investoren Immobilien in den Stadtzentren aufkauften, den Mietern gemäß Art. 1571.1 CC kündigten und die Immobilien anschließend zu Ferienwohnungen umbauten. Eine ähnliche Vermutung bezüglich einer möglicherweise steigenden Kündigungspraxis wurde darauf gestützt, dass Mietpreise mit Ende der Wirtschaftskrise wieder steigen könnten: Bisher seien Erwerber aufgrund fallender Mietpreise daran interessiert, einen zuverlässigen Mieter zu behalten. Allerdings könnte ein Wirtschaftsaufschwung dazu führen, dass die Mietpreise wieder steigen und Erwerber ein Interesse an der Beendigung alter und Begründung neuer Mietverträge haben.

Zusammenfassend lässt sich somit sagen, dass jeder Mieter in der Praxis momentan noch darauf vertrauen kann, dass ein möglicher Erwerber in die bestehenden Mietverträge eintritt und er die Mietsache für die vereinbarte Dauer nutzen kann. Ob die vermehrte Ferienvermietung und eine mögliche Mietpreissteigerung eine Kündigungstrendwende einleiten werden, bleibt abzuwarten. Für den Moment erscheint die außerordentliche Kündigungsmöglichkeit für die Bewertung des Mieterschutzes bzw. des Eigentumseingriffs in der Praxis deshalb nur zweitrangig.

## 4. Bedeutung des außerordentlichen Kündigungsrechts wegen Eigenbedarfs gemäß Art. 9.3 LAU für den Schutz des Wohnraummieters

Wie bereits angedeutet, hat das außerordentliche Kündigungsrecht wegen Eigenbedarfs eine nicht zu vernachlässigende Rolle bei der Bewertung des tatsächlichen Mieterschutzes beim Verkauf einer vermieteten Immobilie. Denn selbst den Mietern, die durch den Grundsatz *Kauf bricht nicht Miete* geschützt sind, kann der Erwerber gemäß Art. 9.3 LAU kündigen, wenn die vertraglich vereinbarte

---

1259 Ausführlich zu den Voraussetzungen für das außerordentliche Kündigungsrecht bei der Wohnraummiete im spanischen Recht: § 6 III., IV.

Mietdauer abgelaufen ist, die gesetzlichen Mindestmietdauer von drei Jahren aber noch andauert.[1260] Schützen kann sich der Mieter nur, wenn der Vermieter gewillt ist, eine lange vertragliche Mietdauer zu vereinbaren, da währenddessen keine Kündigung wegen Eigenbedarfs möglich ist. Es erscheint allerdings fraglich, ob der Vermieter hierzu bereit ist, denn eine solche vertragliche Vereinbarung, welche die Eigenbedarfskündigung ausschließen würde, bedeutet für ihn den Verlust einer gewissen Flexibilität. Diese Vermutung wird auch durch die durchgeführte Umfrage gestützt, wonach 60,87% der Mietverträge eine Dauer von 1–3 Jahren haben. Gleichzeitig bedeutet die üblicherweise maximal dreijährige Mietdauer, dass eine Eintragung dem Mieter lediglich für einen zeitlich überschaubaren Zeitraum Schutz gewährt. Die Kosten für die Eintragung stehen deshalb nicht im Verhältnis zum Nutzen derselben. Der Mieter, der seinen Mietvertrag grundsätzlich eintragen würde, könnte sich hiervon abschrecken lassen. Diese Vermutung wird auch durch die Auswertung der Umfrage gestützt, wonach ein Hauptgrund der fehlenden Eintragung die Kosten-Nutzen-Analyse sei.[1261]

## 5. Auslegung des Begriffs der Gutgläubigkeit bei der sonstigen Raummiete

Bei der sonstigen Raummiete gilt ausnahmsweise der Grundsatz *Kauf bricht Miete*, wenn die Voraussetzungen des Art. 34 LH erfüllt. Hiernach muss der Erwerber insbesondere gutgläubig sein. Der Schutz des Mieters ist deshalb davon abhängig, wie weit oder eng der Begriff von der Rechtsprechung ausgelegt wird. Wie bereits ausgeführt,[1262] geht die herrschende Meinung in der Rechtsprechung von einem engen Gutgläubigkeitsbegriff aus, sodass der Erwerber regelmäßig für die vertragliche Mietvertragsdauer in die Rechte und Pflichten eintritt, ohne sich frühzeitig lösen zu können.

## 6. Zusammenfassung

Die Analyse der Auswirkungen *in praxi* hat verdeutlicht, dass die durch die LMFFMAV 2013 eingeführten Änderungen in der LAU 1994 die Balance

---

1260 Anders als nach altem Recht, wo die vertragliche Vereinbarung bei Vertragsschluss notwendig war und aufgrund seiner höchstpersönlichen Natur nicht im Wege des Vertragsübergangs mit auf den Erwerber überging, kann sich der Erwerber nach neuem Recht ohne Weiteres nach Vertragsübergang auf seinen Eigenbedarf stützen.

1261 § 6 VI.2.

1262 Siehe § 6 V.2.a).

zwischen Mieter- und Eigentümerschutz bei der Wohnraummiete sowohl in der Theorie als auch in der Praxis negativ beeinflusst haben.[1263] Dies ergibt sich vor allem aus den Parametern der Eintragungshäufigkeit und der Häufigkeit der Kündigung gemäß Art. 1571.1 CC. Aufgrund der erhobenen Daten aus der Praxis lässt sich einerseits sagen, dass Mietverträge insgesamt nur selten eingetragen werden. Dies gilt sowohl für die Wohnraummiete als auch für die sonstige Raummiete. Andererseits konnte herausgearbeitet werden, dass die Erwerber bislang nur selten von ihrem außerordentlichen Kündigungsrecht gemäß Art. 1571.1 CC Gebrauch machen. Wenn man diese beiden Erkenntnisse gegenüberstellt, lässt sich deshalb zusammenfassend folgendes sagen. Der Schutz, den die Wohnraummieter durch die Eintragung des Mietvertrags erzielen könnten, wird aus verschiedenen, größtenteils in der Gesetzessystematik liegenden Gründen nicht genutzt. Das Damoklesschwert der außerordentlichen Kündigung sowie der erleichterten Eigenbedarfskündigung hängt dauerhaft über den Wohnraummietern. Gleichzeitig ist zu befürchten, dass die Bedrohung mit der vermehrten Umwandlung in Ferienwohnungen Realität wird, da große Investoren keinerlei Interesse an den bestehenden Wohnraummietverträgen haben. Sie interessiert lediglich die Umwandlung in profitable Ferienwohnungen. Gleichzeitig ist mit dem Ende der Wirtschaftskrise mit steigenden Mietpreisen zu rechnen, weshalb auch Investoren, die den Wohnraumcharakter erhalten wollen, an der Beendigung alter und der Begründung neuer Mietverträge mit höheren Mieteinnahmen interessiert sein dürften.

Bei der sonstigen Raummiete, die von der LMFFMAV 2013 nicht betroffen war, führen die Vorschriften auch in der Praxis zu einer ausgeglichenen Regelung.

---

1263 Die Gesetzesänderung durch den *Real Decreto-ley 2019* unterstreicht die Richtigkeit der Analyse und Bewertung der Verfasserin. In der Preambel des *Real Decreto-ley 2019* wird die erneute Reform damit begründet, dass die Liberalisierungsreform LMFFMAV 2013 nicht nur die erwarteten Ergebnisse in Bezug auf die Erhöhung des Wohnungsangebots und der Mäßigung des Mietzinses verfehlt hat, sondern die Mieter darüber hinaus in eine äußerst schwache, instabile rechtliche Position gebracht hat (vgl. *Real Decreto-ley 2019*, Préambulo I., abrufbar unter: https://www.boe.es/eli/es/rdl/2019/03/01/7/con (Stand: 12.12.2020)).

# VII. Grafische Übersicht der Regelungssystematik

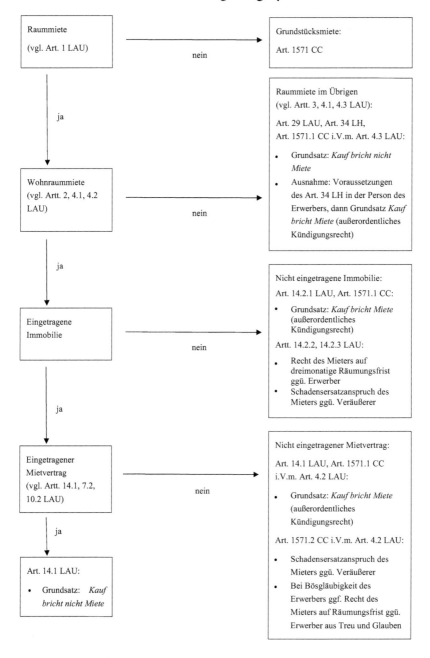

# § 7 Die Darstellung und Bewertung der Unterschiede zwischen der deutschen, der schweizerischen und der spanischen Regelung

Abschließend sollen die Lösungen, die die verschiedenen Rechtsordnungen hinsichtlich des Konflikts zwischen Mieter- und Erwerberinteressen beim Verkauf einer vermieteten Immobilie bereithalten, miteinander verglichen werden. Eine besondere Rolle spielt hierbei, ob das BGB die unterschiedlichen Interessen in ein ausgeglichenes Verhältnis bringt. Trägt § 566 BGB zu einer ausgeglichenen Regelungssystematik bei? Oder gleichen die spanische bzw. die Schweizer Regelung die entgegenstehenden Interessen besser aus?

## I. Der jeweils kodifizierte Grundsatz und die zugrundeliegende Ratio

Nachfolgend sollen zunächst der in den Rechtsordnungen jeweils kodifizierte Grundsatz (1.), dessen Ausgestaltung (2.) und die zugrundeliegende Ratio (3.) wiederholt werden, da der Vergleich der Regelungen von diesen Unterschieden geprägt sein wird.

### 1. Der Grundsatz: *Kauf bricht oder bricht nicht Miete?*

§ 566 Abs. 1 BGB und Art. 261 Abs. 1 OR bauen beide auf dem Grundsatz *Kauf bricht nicht Miete* auf. In den Details unterscheiden sich die beiden Regelungen jedoch erheblich. Für das spanische Recht muss zwischen der Wohn- und der Geschäftsraummiete[1264] unterschieden werden. Für die Wohnraummiete gilt im spanischen Recht der Grundsatz *Kauf bricht nicht Miete*, wenn der Mietvertrag eingetragen ist (Art. 14.1 LAU). Anderenfalls findet der Grundsatz *Kauf bricht*

---

1264 Die spanische LAU unterscheidet zwischen Wohnraummiete und sonstiger Raummiete. Ein wichtiger Unterfall der sonstigen Raummiete ist die Geschäftsraummiete. Während im Rahmen der Darstellung des spanischen Rechts entsprechend des Gesetzeswortlauts der Begriff der sonstigen Raummiete verwendet wurde, soll in diesem Kapitel zur Vermeidung von Missverständnissen für alle Rechtsordnungen einheitlich von Wohn- und Geschäftsraummiete gesprochen werden.

*Miete* (Art. 14.2 LAU) Anwendung. Für die Geschäftsraummiete gilt hingegen stets der Grundsatz *Kauf bricht nicht Miete* (Art. 29 LAU).

## 2. Die Ausgestaltung des Grundsatzes

Der jeweils geltende Grundsatz ist in den verschiedenen Rechtsordnungen unterschiedlich ausgestaltet. Dies gilt zunächst für den Anwendungsbereich (a)), die Rechtsstellung des Erwerbers (b)) und den zeitlichen Anwendungsbereich (c)). Darüber hinaus zeigen sich bei der Haftung des ursprünglichen Vermieters (d)), dem dispositiven oder zwingenden Charakter der Normen (e)) und bei der Eintragungsmöglichkeit bzw. Eintragungsnotwendigkeit des Mietrechts (f)) Unterschiede.

### a) Anwendungsbereich

Der Anwendungsbereich von § 566 BGB umfasst neben Wohn- und Geschäftsraummietverträgen auch Mietverhältnisse über Grundstücke.[1265] Dies gilt zwar grundsätzlich auch für Art. 261 OR. Allerdings wird hinsichtlich des außerordentlichen Kündigungsrechts in Art. 261 Abs. 2 OR zwischen Raummieten und Grundstücksmieten unterschieden.[1266] Im spanischen Recht ist einerseits zwischen Grundstücks- und Raummietverträgen zu unterscheiden, andererseits zwischen Wohn- und Geschäftsraummietverträgen.[1267] Für Grundstücksmietverträge gilt Art. 1571 CC,[1268] für die Wohnraummiete Art. 14 LAU und für die Geschäftsraummiete Art. 29 LAU.

### b) Rechtsstellung des Erwerbers

§ 566 Abs. 1 BGB sieht keine Ausnahme vom Grundsatz *Kauf bricht nicht Miete* vor, sondern lässt den Erwerber in die exakt gleiche Rechtsstellung eintreten, wie sie der ursprüngliche Vermieter innehatte.[1269] Art. 261 Abs. 2 OR räumt dem Erwerber ein außerordentliches Kündigungsrecht ein, welches es ihm ermöglicht, sich von befristeten Mietverträgen unter Einhaltung der gesetzlichen

---

1265   Ausführlich zum Anwendungsbereich im deutschen Recht: § 4 II.
1266   Ausführlich zum Anwendungsbereich im Schweizer Recht: § 5 II.1.
1267   Ausführlich zum Anwendungsbereich im spanischen Recht: § 6 II.
1268   Die Grundstücksmiete ist eines der wenigen Mietverhältnisse, die noch in den unmittelbaren Anwendungsbereich des Art. 1571 CC fallen.
1269   Ausführlich zur Rechtsstellung des Erwerbers im deutschen Recht: § 4 IV.1., 2., 5.

Kündigungsfrist vorzeitig zu lösen.[1270] Bei Wohn- und Geschäftsraummietverträgen ist für eine solche außerordentliche Kündigung dringender Eigenbedarf erforderlich.[1271] Nach Art. 14.1 LAU tritt der Erwerber bei eingetragenen Wohnraummietverträgen in die exakt gleiche Rechtsstellung ein, die der Vermieter im Zeitpunkt der Veräußerung innehatte. Fehlt eine solche Eintragung kann der Erwerber den Mietvertrag ohne weitere Voraussetzungen außerordentlich kündigen.[1272] Bei der Geschäftsraummiete geht das Mietverhältnis gemäß Art. 29 LAU unverändert auf den Erwerber über, es sei denn er war gutgläubig. War er gutgläubig, hat der Erwerber ein außerordentliches Kündigungsrecht.[1273]

### c) Zeitlicher Anwendungsbereich

§ 566 Abs. 1 BGB ist ab dem Moment der Besitzübertragung auf den Mieter anwendbar. Bezüglich Art. 261 Abs. 1 OR ist dies umstritten, im Ergebnis ist ein Besitzübergang aber wohl nicht Voraussetzung der Anwendbarkeit.[1274] Im spanischen Recht ist für die Anwendung des Grundsatzes *Kauf bricht nicht Miete* gemäß Art. 14.1 LAU die Eintragung des Mietvertrags erforderlich.[1275] Im Rahmen des Art. 29 LAU wird der Beginn der Anwendbarkeit nicht diskutiert.

### d) Haftung des ursprünglichen Vermieters

Der ursprüngliche Vermieter haftet nach deutschem Recht für jede Pflichtverletzung des Erwerbers wie ein Bürge.[1276] Im Schweizer sowie im spanischen Recht haftet er hingegen nur für Schäden, die aufgrund einer frühzeitigen Kündigung des Erwerbers entstehen.[1277]

---

1270  Das gleiche gilt für solche Mietverträge, die eine längere als die gesetzliche Kündigungsfrist vorsehen.

1271  Ausführlich zur Rechtsstellung des Erwerbers im Schweizer Recht: § 5 III.1., 2., 6.

1272  Ausführlich zur Rechtsstellung des Erwerbers im spanischen Recht (Wohnraummiete): § 6 III, IV.

1273  Ausführlich zur Rechtsstellung des Erwerbers im spanischen Recht (Geschäftsraummiete): § 6 V.

1274  Ausführlich zum Erfordernis der Besitzübertragung im deutschen Recht: § 4 III.1.b). Zum diesbezüglichen Streit im Schweizer Recht: § 5 II.2.

1275  Ausführlich zum Eintragungserfordernis im spanischen Recht: § 6 III.1.c), 2., IV.2., VI.1.a).

1276  Ausführlich zur Haftung des ursprünglichen Vermieters im deutschen Recht: § 4 IV.3.

1277  Ausführlich zur Haftung des ursprünglichen Vermieters im Schweizer Recht: § 5 III.3.; zum spanischen Recht: § 6 III.2., IV.2., V.2.

## e) Dispositive oder zwingende Norm

§ 566 BGB ist dispositiv; Art. 261 OR zwingend.[1278] Art. 14 LAU ist zwingend; Art. 29 LAU dispositiv.[1279]

## f) Eintragungsmöglichkeit bzw. Eintragungsnotwendigkeit

Das Schweizer Recht sieht in Art. 261b OR vor, dass das Mietverhältnis im Grundbuch vorgemerkt werden kann und dadurch das außerordentliche Kündigungsrecht des Erwerbers entfällt.[1280] Im spanischen Recht ist die Eintragung des Wohnraummietvertrags bereits für die Geltung des Grundsatzes *Kauf bricht nicht Miete* erforderlich.[1281] Im deutschen Recht ist die Eintragung von Mietverträgen angesichts ihrer schuldrechtlichen Rechtsnatur ausgeschlossen.

## 3. Die zugrundeliegende Ratio

Auch die jeweils zugrundeliegende Ratio unterscheidet sich: § 566 kann als Teil eines sozialstaatlich geprägten Zivilrechtssystems (a)) gesehen werden, Art. 261 OR als Teil eines liberalen Zivilrechtssystems (b)) und Art. 14 LAU und Art. 29 LAU als Wirtschaftsförderung (c)).

## a) § 566 BGB als Teil eines sozialstaatlich geprägten Zivilrechtssystems

§ 566 BGB wurde seit dem Inkrafttreten der Vorgängernorm im Jahr 1900 inhaltlich nicht geändert.[1282] Die Norm entstand in einer Phase des politischen, wirtschaftlichen und gesellschaftlichen Umbruchs.[1283] Die Politik war von dem starken Streben nach staatlicher Einheit geprägt. Die stark zersplitterte Rechtslandschaft war sowohl für die innere Reichsgründung als auch für die wirtschaftlichen Ziele des Reichs hinderlich; eine Vereinheitlichung des Rechts war unumgänglich. Hierbei mussten die verschiedenen regionalen Rechtsansichten

---

1278  Ausführlich zur Abdingbarkeit im deutschen Recht: § 4 IV.4.; vgl. zum Schweizer Recht: § 5 III.5.

1279  Vgl. Artt. 6, 4. 3 LAU.

1280  Ausführlich zur Vormerkung im Schweizer Recht: § 5 III.4., 6.c); zum außerordentlichen Kündigungsrecht im Schweizer Recht: § 5 III.2., 6.d).

1281  Ausführlich zum Eintragungserfordernis im spanischen Recht: § 6 III.1.c), 2., IV.2., VI.1.a).

1282  Ausführlich zur Entstehungsgeschichte des § 566 BGB und der heutigen Regelung: § 3 II., III., § 4.

1283  Ausführlich zur gesellschaftlichen Situation im 19. Jahrhundert: § 2 II.

berücksichtigt und zusammengeführt werden. Gleichzeitig änderte sich durch die einsetzende Industrialisierung die Gesellschaftsstruktur. Immer mehr Menschen zogen in die Städte, wo soziale Probleme insbesondere auf dem Wohnungsmarkt immer deutlicher wurden. Das neue Recht musste deshalb sowohl für wirtschaftliche als auch für soziale Herausforderungen rechtliche Lösungen bereithalten.

Wegen der wachsenden sozialen Ungleichheit und der Sensibilität des Gesetzgebers für die hierdurch entstehenden Konflikte wurde das BGB zu einem liberalen Gesetzbuch mit sozialstaatlichen Tendenzen, die in besonderem Maße in der Vorgängernorm des § 566 BGB zum Ausdruck kamen. Letzteres war nicht der inhaltlichen Überzeugung der Mitglieder der zweiten Gesetzgebungskommission geschuldet, sondern der öffentlichen Meinung. Aus Sicht der Kommission diente die Vorgängernorm des § 566 BGB in erster Linie der Schaffung und dem Erhalt der staatlichen Einheit. Die Öffentlichkeit setzte sich hingegen deshalb für den Grundsatz *Kauf bricht nicht Miete* ein, weil er in 2/3 des deutschen Territoriums galt und zum Schutz der Mieter in einer Zeit des sozialen Umbruchs und der Wohnungsnot als erforderlich angesehen wurde. In Anbetracht des gestörten Gleichgewichts des Wohnungsmarkts hätte ein rein liberaler Ansatz keinen hinreichenden Schutz geboten. Die Entwicklung hin zu einem immer mehr sozialstaatlich geprägten Rechtssystem verstärkte sich in den folgenden Jahrhunderten.

### b) Art. 261 OR als Teil eines liberalen Zivilrechtssystems

Art. 261 OR trat in seiner heutigen Form erst 1990 im Rahmen einer umfassenden Revision des Mietrechts in Kraft.[1284] Die Vorgängervorschriften folgten noch dem Grundsatz *Kauf bricht Miete*, da der Markt sich nach Ansicht der äußerst liberal geprägten Schweizer Gesellschaft selbst regulieren sollte und keines staatlichen Eingriffs bedurfte. Diese Einstellung änderte sich zögerlich, als auch die Schweizer Wirtschaft und Gesellschaft von den Konsequenzen der Weltkriege und den hiermit verbundenen Wirtschaftskrisen nicht verschont blieben. Dies galt insbesondere für den Immobilienmarkt, der durch einen um sich greifenden Spekulationswucher sowie durch eine hiermit einhergehende, als unerträglich empfundene Wohnungsnot gekennzeichnet war. Einen Handlungsbedarf erkannten deshalb nicht nur die Politiker, sondern auch Mietervereine und Volksinitiativen, die erheblichen Einfluss auf das Gesetzgebungsverfahren hatten. In einer Volksabstimmung entschieden sich die Schweizer schließlich mit

---

1284  Ausführlich zur Entstehungsgeschichte des Art. 261 OR: § 5 I.

großer Mehrheit für eine Verbesserung des Mieterschutzes. Diesen Auftrag ihrer Wähler konnten die Politiker nicht ignorieren, was wohl auch dazu beitrug, dass die zunächst sehr liberale Version des Art. 261 OR zum Schluss des Revisionsverfahrens noch abgeändert wurde. Nach der Gesetzesbegründung war die Ratio der Norm, dass ein abrupter Bruch eines auf Dauer angelegten Vertrags nicht gefördert werden dürfe, da dies einen Verstoß gegen den ebenfalls wichtigen Grundsatz der Vertragstreue darstelle und die Nutzung der Mietsache zudem eine existenzielle Bedeutung habe. Das Eigentum sei vor diesem Hintergrund keine reine Privatsache, sondern habe auch eine soziale und volkswirtschaftliche Komponente. Der Gesetzgebungsprozess und die konkrete Ausgestaltung des Art. 261 OR zeigen aber, dass der Eingriff in die Eigentumsfreiheit, die einen elementaren Bestandteil des liberal ausgerichteten Schweizer Zivilrechts bildet, so gering wie möglich gehalten werden sollte.

### c) Art. 14 LAU und Art. 29 LAU als Wirtschaftsförderung

Art. 14 LAU hat erst im Rahmen des Änderungsgesetzes 2013 seine heutige Form erhalten.[1285] Ziel der Reform war es, die Vermietung von Wohnraum zu begünstigen, indem man die Regelungen flexibler und dynamischer gestaltet. Hiervon versprach sich die Politik, die Eigentümer der zahlreichen leerstehenden Wohnungen zur Vermietung zu motivieren und damit zugleich die Mobilität von Arbeitskräften zu fördern. Die Gesetzesänderung sollte demnach helfen, die schwächelnde spanische Wirtschaft anzukurbeln.

Dies war auch deshalb erforderlich, weil der Vermietungsmarkt seit Mitte des 20. Jahrhunderts auf niedrigem Niveau stagnierte – es gab weder Angebot noch Nachfrage. Ein Vergleich mit Deutschland und der Schweiz macht dies deutlich: Während in Deutschland 48,5% (2018) und in der Schweiz 57,5% (2018) der Bevölkerung zur Miete wohnen, sind es in Spanien gerade einmal 23,7% (2018).[1286] Auslöser dieser Eigentumskultur war die LAU 1946 mit ihren einseitig mieterfreundlichen Normen, die das Eigentumsrecht durch *de facto* quasi unkündbare Mietverhältnisse aushöhlten. Viele Eigentümer waren in Anbetracht dieser Regelungen nicht mehr bereit, ihre Wohnungen zur Miete anzubieten, was dazu führte, dass bald kaum noch Mietwohnungen verfügbar waren. Einen weiteren Beitrag zur niedrigen Mietquote leistete die eigentumsfördernde Wohnungspolitik im 20. Jahrhundert. In der derzeitigen wirtschaftlich schwierigen

---

1285  Ausführlich zur Entstehungsgeschichte des Art. 14 LAU: § 6 I.4.

1286  Wohnstatistiken eurostat, abrufbar unter: https://ec.europa.eu/eurostat/statistics-explained/index.php?title=Housing_statistics/de (Stand: 12.12.2020).

Situation ist es vielen Bürgern Spaniens jedoch nicht mehr möglich, Eigentum zu erwerben, weshalb die Nachfrage nach Mietwohnungen in den letzten Jahren gestiegen ist.

Die Gesetzesänderung von 1994, auf die der Art. 29 LAU zurückgeht, ist ähnlich wie das Änderungsgesetz von 2013 zu beurteilen.[1287] Bereits damals wollte man das rechtliche Ungleichgewicht zwischen Mieter- und Vermieterrechten ausgleichen, um die Vermietung für Eigentümer attraktiver zu gestalten.

Art. 14 LAU und Art. 29 LAU sind demnach als Maßnahme der Wirtschaftsförderung und der gesellschaftlichen Neuordnung zu interpretieren. Ziel war es nicht, anders als zuletzt im deutschen und Schweizer Recht, die Mieter besser zu schützen, sondern die Rechte der Eigentümer zu stärken und so die Entwicklung eines substantiellen Vermietungsmarkts zu begünstigen.

## II. Der dogmatische Kontext und die praktischen Auswirkungen der Regelungen im Vergleich

Grundsätzlich gilt, dass der Erwerber den Mieter unmittelbar nach dem Eigentumsübergang zur Räumung auffordern kann, wenn die anwendbaren Regelungen für den Fall des Verkaufs einer vermieteten Immobilie nicht den Grundsatz *Kauf bricht nicht Miete* vorsehen. Denn es besteht keinerlei Rechtsbeziehung zwischen dem Mieter und dem Erwerber. Der Mieter ist gegenüber dem Erwerber bezüglich des tatsächlichen Besitzes rechtlos. Wenn die anwendbaren Regelungen den Grundsatz *Kauf bricht nicht Miete* kodifizieren, muss der Erwerber hingegen einen obligatorischen Vertrag erfüllen, den er nicht geschlossen hat. Hierdurch wird sein Eigentumsrecht zugunsten des Mieters eingeschränkt. Zur Schaffung einer ausgeglichenen Regelung der widerstreitenden Interessen, sehen das BGB, das OR und die LAU verschiedene Bestimmungen vor.

Das Niveau des Mieterschutzes beim Verkauf einer vermieteten Immobilie im deutschen und schweizerischen Recht ist bei unbefristeten Verträgen auf den ersten Blick vergleichbar. Beide Rechtsordnungen sehen ähnliche ordentliche und außerordentliche Kündigungsmöglichkeiten vor. Die besonderen Schweizer Regelungen für den Fall des Verkaufs einer vermieteten Immobilie, die den Mieterschutz erheblich beeinflussen – die außerordentliche Kündigung gemäß Art. 261 Abs. 2 OR und die Vormerkungsmöglichkeit gemäß Art. 261b OR – werden nur im Falle der Befristung oder der Modifikation der Kündigungsvoraussetzungen relevant. Bei befristeten Mietverträgen ist das Niveau des Mieterschutzes

---

1287 Ausführlich zur Entstehungsgeschichte des Art. 29 LAU: § 6 I.3.b).

deshalb auf den ersten Blick nicht vergleichbar. Der Erwerber kann sich nach Schweizer Recht aufgrund des außerordentlichen Kündigungsrechts grundsätzlich vorzeitig von einem auf bestimmte Zeit geschlossenen Vertrag lösen. Allerdings ist es für eine vertiefte Gegenüberstellung erforderlich, auch die praktischen Auswirkungen der anwendbaren Normen in den Blick zu nehmen.

Die Regelungssystematik der LAU, die für die vorliegend zu untersuchenden Wohn- und Geschäftsraummieten vorrangig anwendbar ist, unterscheidet sich stark von der deutschen und der Schweizer Gesetzessystematik. Gleichwohl ist es möglich die Regelungen zu vergleichen, da die Grundprinzipien, auf denen die Regelungssystematik jeweils aufbaut, die Gleichen sind.

Zunächst wird der dogmatische Kontext der Regelungen verglichen (1.). Sodann sollen die praktischen Auswirkungen der Normen einander gegenübergestellt werden (2.), um so zu analysieren, ob die theoretischen Unterschiede auch in der Praxis zu unterschiedlichen Ergebnissen hinsichtlich des Mieterschutzes und des Eigentumseingriffs führen.

## 1.  Der dogmatische Kontext

Der dogmatische Kontext der Regelungen soll nachfolgend kursorisch verglichen werden, weil er im weiteren Verlauf des Rechtsvergleichs als Argumentationsgrundlage dienen kann.

Sowohl § 566 Abs. 1 BGB als auch Art. 261 Abs. 1 OR durchbrechen das Prinzip der Relativität der Schuldverhältnisse zur Sicherung der Rechte des Mieters. Das Mietverhältnis entfaltet trotz seiner rein obligatorischen Natur Wirkungen gegenüber dem Erwerber als Dritten. Dies gilt auch für Art. 14.1 LAU und Art. 29 LAU.

Eine weitere Abweichung von der klassischen zivilrechtlichen Dogmatik liegt im deutschen und Schweizer Recht darin begründet, dass sich das obligatorische Mietrecht gegen das dingliche Eigentumsrecht durchsetzt. Im Vergleich zum Recht des antiken Roms ist der Mieter nach den heutigen Rechtsnormen allerdings immerhin (berechtigter) Besitzer, sodass sich nicht ein bloßer *detentor* und ein Eigentümer gegenüberstehen, sondern zwei Inhaber von Rechten.

Ferner setzt sich das Mietrecht sogar ohne eine Eintragung im Grundbuch gegen das Eigentumsrecht durch,[1288] obwohl gerade im Immobilienrecht aus Gründen der Verkehrssicherheit mit Hilfe des Grundbuchs sichergestellt sein

---

1288  Interessant ist in diesem Zusammenhang, dass das Problem der Verkehrssicherheit im antiken Rom – dem Ursprung der Regel *Kauf bricht Miete* – keine Rolle gespielt hat. Vielmehr ging es darum, dass das Eigentum als stärkstes Recht eine rechtlich und wirtschaftlich unantastbare Position darstellte, die Beschränkungen nicht zugänglich war. Das Eigentum sollte von dinglichen Belastungen möglichst freigehalten werden;

soll, dass der Erwerber über alle ein Grundstück betreffenden Rechtsverhältnisse zuverlässig Auskunft erhält. Die deutsche Regelung federt die fehlende Publizität des Grundbuchs durch die Erforderlichkeit der Überlassung der Mietsache ab, sodass der Besitz ausnahmsweise auch bei Immobilien die Publizitätsfunktion übernimmt. In der Schweiz sieht man die Überlassung der Mietsache dagegen mehrheitlich nicht als erforderlich an. Während vor der Revision der Übergang des Mietvertrags kraft Gesetzes nur eintrat, wenn der Mietvertrag im Grundbuch eingetragen war, ist der Vertragsübergang heute ohne Eintragung und ohne Überlassung möglich. Das spanische Recht beeinträchtigt den Rechtsverkehr hingegen deutlich weniger, da jedenfalls bei der Wohnraummiete die Eintragung des Mietvertrags erforderlich ist. Bei der spanischen Geschäftsraummiete ist der Rechtsverkehr insofern geschützt, als es dem Erwerber möglich ist darzulegen und zu beweisen, dass er keine Kenntnis von dem Mietvertrag hatte und auch keine berechtigten Zweifel diesbezüglich angezeigt waren. Gelingt ihm dies, setzt sich das Mieterrecht nicht gegen das Eigentumsrecht durch.

Die dogmatischen Herausforderungen der jeweiligen Regelungen wurden in den nationalen Gesetzgebungsprozessen in unterschiedlichem Umfang thematisiert.[1289] Der Schwerpunkt der Diskussion in der Schweiz lag auf dem Eingriff in die Eigentumsfreiheit als wirtschaftliches, nicht aber als dogmatisches Thema. Der dogmatische Konflikt zwischen dem obligatorischen Mietrecht und dem dinglichen Eigentumsrecht wurde im Ergebnis schlicht hingenommen. In den Gesetzesmotiven der spanischen LAU 1994 wurden dogmatische Themen ebenfalls nicht thematisiert. Im Rahmen der LMFFMAV 2013 wurde hingegen betont, man wolle der Gefährdung der Verkehrssicherheit durch die Einführung eines Eintragungserfordernisses Einhalt gebieten.[1290] Der Mietvertrag müsse dem allgemeinen System der Verkehrssicherheit des Immobiliarsachenrechts unterworfen werden.[1291] Die dogmatischen Aspekte der Eintragung eines obligatorischen Rechts im Grundbuch diskutierte man hingegen nicht.

---

auch obligatorische Verpflichtungen von längerer Dauer sollten vermieden werden. Ausführlich hierzu: § 3 I. Einleitung, 2.a).

1289  Für das Schweizer Gesetzgebungsverfahren so wohl auch *Hürlimann-Kaup*, Grundfragen des Zusammenwirkens von Miete und Sachenrecht, S. 201 f.

1290  LMFFMAV 2013, BOE-A-2013-5941 = BOE Núm. 134, de 5 de junio de 2013, S. 42244 f. (Preámbulo II), abrufbar unter: https://www.boe.es/eli/es/l/2013/06/04/ 4 (Stand: 12.12.2020).

1291  LMFFMAV 2013, BOE-A-2013-5941 = BOE Núm. 134, de 5 de junio de 2013, S. 42244 f. (Preámbulo II), abrufbar unter: https://www.boe.es/eli/es/l/2013/06/04/ 4 (Stand: 12.12.2020).

## 2. Die praktischen Auswirkungen

Die praktischen Auswirkungen der rechtlichen Regelungen des Verkaufs einer vermieteten Immobilie bilden die Grundlage des Vergleichs. Was bedeuten die Regelungen in der Rechtswirklichkeit für den einzelnen Erwerber und den einzelnen Mieter? Inwiefern führen die theoretischen Unterschiede auch in der Praxis zu unterschiedlichen Ergebnissen hinsichtlich des Mieterschutzes und des Eigentumseingriffs beim Verkauf einer vermieteten Immobilie?

Zur Beantwortung dieser Fragen werden im Folgenden nacheinander folgende Aspekte behandelt: zeitlicher Anwendungsbereich der Normen (a)), Schutz des Erwerbers vor langfristigen Verfügungen hinsichtlich des Mietzinses (b)), Haftung des ursprünglichen Vermieters (c)) und der Bestandsschutz und seine Grenzen (d)). Innerhalb der Unterabschnitte werden zunächst das deutsche und das Schweizer Recht, anschließend das deutsche und das spanische Recht verglichen.

### a) Zeitlicher Anwendungsbereich der Normen[1292]

Weder nach deutschem noch nach Schweizer Recht ist die Eintragung des Mietvertrags ins Grundbuch zwingende Voraussetzung für die Bindung des Erwerbers an diesen. Der Schutz des Mieters beginnt im deutschen Recht mit der Überlassung der Mietsache an den Mieter. In der Schweiz ist der Mieter nach umstrittener Meinung wohl schon mit dem Vertragsschluss geschützt, wodurch der Schutz des Mieters zulasten des Erwerbers auf einen Zeitpunkt vorverschoben wird, zu dem der Erwerber mangels äußerlich sichtbarer Anhaltspunkte nur durch Angaben des Veräußerers von der Eigentumsbelastung erfahren kann. Diese Belastung des Erwerbers ist unter Berücksichtigung der Ratio der Norm und im Sinne einer die widerstreitenden Interessen berücksichtigenden Regelung nicht erforderlich.

Zwar lässt sich argumentieren, der Erwerber erhalte bei einer sorgfältigen Prüfung im Rahmen der Kaufvertragsverhandlungen auch ohne Überlassung von einer eventuellen Vermietung Kenntnis. Zudem ist auch die deutsche Regelung nicht ganz stringent, da gegebenenfalls bereits die Schlüsselübergabe ausreicht und diese nicht notwendigerweise nach außen sichtbar ist. Dennoch ist der Erwerber durch die deutsche Regelung im Allgemeinen besser geschützt, da der Mietvertrag nur bei bereits erfolgter Überlassung – die regelmäßig durch

---

1292 Ausführlich zum Erfordernis der Besitzübertragung im deutschen Recht: § 4 III.1.b). Zum diesbezüglichen Streit im Schweizer Recht: § 5 II.2.

mehr nach außen tritt als durch die Schlüsselübergabe – eine gewisse Außen-
wirkung hat, die den Erwerber vor falschen Angaben des Veräußerers schützen kann.

Auch der Mieterschutz erfordert keine andere Wertung. Zwar ist es angemessen, den Mieter im Falle des Verkaufs der vermieteten Immobilie ab dem
Vertragsschluss zu schützen, wenn er Vermögensdispositionen im Vertrauen auf
die anstehende Vertragsdurchführung tätigt. Allerdings handelt es sich hierbei
(lediglich) um Vermögensschäden, die aufgrund der Nichterfüllung des Vertrags durch den (ursprünglichen) Vermieter entstehen. Diese Vermögensschäden können in beiden Rechtsordnungen als Schadensersatzansprüche gegen den
(ursprünglichen) Vermieter geltend gemacht werden, was im Sinne eines gerechten Ausgleichs der sich gegenüberstehenden Interessen des Mieters und des
Erwerbers ausreicht. Ein weitergehender Schutz ist erst erforderlich, wenn die
Mietsache überlassen wurde und der Mieter bestenfalls tatsächlich eingezogen
ist. Erst dann ist das Mietobjekt zum Mittelpunkt familiärer, gesellschaftlicher
und wirtschaftlicher Beziehungen geworden, und deshalb über den monetären
Ausgleich hinaus schutzwürdig. Die Anknüpfung an die Überlassung der Mietsache an den Mieter, welche die deutsche Regelung vorsieht, ist somit vorzugswürdig.

Im spanischen Recht ist für die Bindung des Eigentümers an den Wohnraummietvertrag die Eintragung des Mietvertrags erforderlich.[1293] Der Zeitpunkt
ist daher unter dem Gesichtspunkt des Schutzes des Erwerbers mit demjeni-
gen nach deutschem Recht vergleichbar, da die Bindung erst einsetzt, wenn das
Mietverhältnis nach außen sichtbar ist. Bei der Geschäftsraummiete ist eine Eintragung zwar nicht erforderlich. Allerdings lässt sich daraus, dass Art. 29 LAU
nicht greift, wenn der Erwerber gutgläubig ist, der Umkehrschluss ziehen, dass
das Mietverhältnis nach außen sichtbar geworden sein muss, damit der Erwerber an den Vertrag gebunden ist.[1294]

### b) Schutz des Erwerbers vor langfristigen Verfügungen hinsichtlich des Mietzinses

Der deutsche Gesetzgeber hat mit den §§ 566b ff. BGB Vorschriften geschaffen, die den Erwerber vor (Voraus-)Verfügungen und anderen Rechtsgeschäften

---

1293 Ausführlich zum Eintragungserfordernis im spanischen Recht: § 6 III.1.c), 2., IV.2.,
VI.1.a).

1294 Ausführlich zum Aspekt der Gutgläubigkeit des Erwerbers im spanischen
Recht: § 6 V.2.a), VI.5.

bezüglich der Mietforderung für die Zukunft schützen.[1295] Sie sind den §§ 404 ff. BGB nachgebildet, begrenzen die zeitliche Wirksamkeit dieser Rechtsgeschäfte und der hiermit im Zusammenhang stehenden Aufrechnungsmöglichkeiten aber grundsätzlich auf den zur Zeit des Eigentumsübergangs laufenden Kalendermonat. Vergleichbare Regelungen sind im Schweizer Recht nicht vorhanden.[1296] Vielmehr wird in analoger Anwendung auf die Regelungen der Abtretung (Art. 164 ff. OR) zurückgegriffen.[1297] Diese entsprechen den §§ 404 ff BGB.[1298] Im Vergleich ist deshalb der Mieterschutz im deutschen Recht nicht unerheblich beschränkt, da der Mieter sich gegenüber dem Erwerber nicht auf Vorausverfügungen berufen darf, die auf einen späteren Zeitpunkt wirken als den zur Zeit des Eigentumsübergangs laufenden Kalendermonat.

Diese Beschränkung ist jedoch zum Schutz des Erwerbers erforderlich. Andernfalls bestünde für den Erwerber das unkalkulierbare Risiko, den Gebrauch der Sache gegebenenfalls bis zum Ablauf der Befristung gewähren zu müssen, ohne eine entsprechende Gegenleistung zu erhalten. Die Überlegung, der Veräußerer müsse doch die Vorausverfügung offenlegen und der entsprechende Mietzinsverlust des Erwerbers könne dann bei der Verhandlung des Kaufpreises berücksichtigt werden, stellt eine zu starke Risikoverlagerung auf den (unbeteiligten) Erwerber dar. Vielmehr hat der Mieter, der beispielsweise die Miete für mehrere Monate im Voraus zahlt, das Risiko der Zahlungsunfähigkeit des ursprünglichen Vermieters zu tragen und die Miete erneut an den Erwerber zu leisten. Diese Risikoverteilung ist angemessen, weil der Erwerber bereits durch die Vertragsbindung als solche in besonderer Weise in seinem Eigentumsrecht beschränkt wird und der Mietzins, als fundamentales Element der Miete, hierfür den gerechten Ausgleich bildet.

Im spanischen Recht sind Vorauszahlungen bei der Wohnraummiete gemäß Art. 17.2 LAU nicht zulässig. Der Erwerber, der gemäß Art. 14.1 LAU an den Mietvertrag gebunden ist, muss sich also keine langfristigen Verfügungen entgegenhalten lassen. Folglich wird der Erwerber hier noch intensiver geschützt

---

1295  Ausführlich zu den §§ 566b ff. BGB: § 4 IV.1.c) aa).

1296  Vgl. *Hürlimann-Kaup*, Grundfragen des Zusammenwirkens von Miete und Sachenrecht, S. 204.

1297  Nicht ganz eindeutig ist die (Kommentar-)Literatur zu diesem Thema. Eine ausdrückliche Stellungnahme zu diesem Thema gibt es nicht – weder in der Literatur zu Art. 261 OR noch in der Literatur zu den Art. 164 ff. OR. Vgl. *Hürlimann-Kaup*, Grundfragen des Zusammenwirkens von Miete und Sachenrecht, S. 204; ZK-*Spirig*, Vorb Art. 164–174 OR Rn. 212; BSK OR I-*Weber*, Art. 164 Rn. 4 a, 13.

1298  Vgl. beispielsweise § 407 BGB und Art. 167 OR; § 404 BGB und Art. 169 OR.

als im deutschen Recht. Gleichzeitig trägt auch der Mieter kein Insolvenzrisiko. Dennoch erscheint ein solches Verbot für das deutsche Recht nicht erstrebenswert, da es die Parteiautonomie der Mietvertragsparteien übermäßig beschränken würde. Der Mieter ist eine mündige Vertragspartei, die selbst entscheiden sollte, ob sie das Insolvenzrisiko des Vermieters auf sich nehmen will, um etwa im Austausch für die Vorauszahlung bessere Mietkonditionen zu erhalten. Bei der Geschäftsraummiete kommt es im spanischen Recht darauf an, ob der Mietvertrag eingetragen ist: Im Falle der Eintragung ist der Erwerber nur an die vertraglichen Vereinbarungen gebunden, die ausdrücklich im Mietvertrag stehen und aus dem Grundbuch ersichtlich sind.[1299] Falls der Mietvertrag nicht eingetragen und der Erwerber mangels guten Glaubens an den Mietvertrag gebunden ist, wird er zugleich durch langfristige Vorausverfügungen gebunden. Denn der Mietvertrag geht in dem Zustand über, den er im Zeitpunkt der Veräußerung hatte[1300] – durch die Zahlung ist der Mietzinsanspruch jedoch untergegangen (vgl. Art. 1156 CC). Im Ergebnis entspricht dies der Schweizer Regelung, sodass hier die gleiche Kritik greift.

*c) Haftung des ursprünglichen Vermieters[1301]*

In der Schweiz haftet der ursprüngliche Vermieter nur für den Schaden, der dem Mieter aufgrund einer frühzeitigen Kündigung gemäß Art. 261 Abs. 2 OR entsteht (Art. 261 Abs. 3 OR). Eine solidarische Haftung für sonstige Schäden aus möglichen Vertragsverletzungen sieht das OR seit der Revision 1990 nicht mehr vor. Dies bedeutet für den Mieter, dass er sich gegebenenfalls kraft Gesetzes einem neuen Vertragspartner gegenübersieht, der zahlungsunfähig ist. Seine berechtigten Ansprüche[1302] aus dem Mietverhältnis kann er in diesem Fall nicht wirksam durchsetzen. Das gleiche gilt für die spanische Regelung (vgl. Art. 14.2.3 LAU; Art. 1571.2 CC i.V.m. Art. 4.2 LAU bzw. Art. 4.3 LAU).

Gemäß Art. 566 Abs. 2 BGB haftet der ursprüngliche Vermieter demgegenüber für alle vertraglichen Pflichtverletzungen wie ein Bürge. Diese Haftung dauert entsprechend ihres Sinn und Zwecks bis zur ersten ordentlichen

---

1299  Comentarios LAU-*Bercovitz Rodríguez-Cano*, S. 974.

1300  So wohl auch Comentarios LAU-*Bercovitz Rodríguez-Cano*, S. 969, 974.

1301  Ausführlich zur Haftung des ursprünglichen Vermieters im Schweizer Recht: § 5 III.3.; zum spanischen Recht: § 6 III.2., IV.2., V.2.; zum deutschen Recht: § 4 IV.3.

1302  Beispielsweise den Erhalt der Sache in einem zum vorausgesetzten Gebrauch tauglichen Zustand (Art. 256 OR) oder die Mängelbeseitigung und Ersatz des durch den Mangel entstandenen Schadens (Art. 259a ff. OR).

Kündigungsmöglichkeit des Mieters an. Wenn er diese nicht nutzt, akzeptiert er den Erwerber bewusst als neuen Vermieter und der ursprüngliche Vermieter wird aus seiner Haftung entlassen.

Aus Mieterschutzgesichtspunkten ist die deutsche Regelung deutlich vorzuziehen. Auch für den Erwerber entsteht hierdurch kein weitergehender Eingriff in seine Rechte. Schließlich ist auch dem ursprünglichen Vermieter die Bürgenhaftung für alle vertraglichen Pflichtverletzungen des Erwerbers in Anbetracht der zeitlichen Befristung und deshalb, weil er sich den Erwerber als Vertragspartei selbst ausgesucht hat, zuzumuten. Er wusste also, wer in seine Rechte und Pflichten aus dem Mietverhältnis eintrat und inwiefern er ihm hinsichtlich der Erfüllung dieser Pflichten vertrauen konnte.

## d) Der Bestandsschutz und seine Grenzen

Der wichtigste Aspekt bei der vorliegenden Darstellung und Bewertung der Unterschiede zwischen der deutschen, Schweizer und spanischen Regelung ist der Umfang des Bestandsschutzes des Mietvertrags, der zugunsten des Mieters in den einzelnen Rechtsordnungen gewährleistet wird. Inwiefern beeinflusst dieser in der Praxis die Effektivität des Mieterschutzes und trägt zur richtigen Balance im Verhältnis zum Schutz des Erwerbers bei? Bei der Beantwortung dieser Frage ist zwischen der Wohnraummiete (aa)) und der Geschäftsraummiete (bb)) zu unterscheiden.

Der Umfang des Bestandsschutzes folgt einerseits aus dem in den Rechtsordnungen jeweils kodifizierten Grundsatz, andererseits aus den Grenzen der Bindung des Erwerbers an den bestehenden Mietvertrag, die zugunsten der Eigentumsfreiheit des Erwerbers gezogen werden können. Diese Grenzen können sich aus der Abdingbarkeit der beim Verkauf einer vermieteten Immobilie anwendbaren Normen sowie aus den verschiedenen Kündigungsmöglichkeiten des Erwerbers bezüglich des Mietvertrags ergeben. Im Rahmen der Kündigungsmöglichkeiten beschränken sich die Ausführungen auf die ordentlichen und die besonderen außerordentlichen Kündigungsgründe, die die spanische und die Schweizer Rechtsordnung für den Fall des Verkaufs einer vermieteten Immobilie vorsehen. Nur sie sind für die Bewertung des Mieterschutzes bzw. des Eigentumseingriffs vorliegend relevant. Die übrigen außerordentlichen Kündigungsgründe setzen regelmäßig ein Verschulden des Mieters voraus, weshalb der Mieter in diesen Fällen bereits aufgrund seines eigenen Verhaltens nicht schutzwürdig und ein Ausgleich der verschiedenen Interessen nicht erforderlich ist.

Wichtig werden in diesem Zusammenhang auch die durchgeführten Umfragen zum Schweizer und zum spanischen Recht.[1303] Die Ergebnisse zeigen, inwiefern sich die Eintragungs- und außerordentlichen Kündigungsmöglichkeiten zugunsten oder zulasten des Mieters oder Eigentümers in der Praxis auswirken. Im Rahmen der Auswertungen der Umfragen in den Abschnitten zum Schweizer und zum spanischen Recht ist diesbezüglich bereits sichtbar geworden, dass die theoretischen Unterschiede zum deutschen Recht in der Rechtswirklichkeit wenig relevant sind. Dennoch sind rechtspolitische Färbungen deutlich geworden: Während die deutsche Regelung sozialstaatlich geprägt ist, zeichnet sich die Schweizer Regelung durch einen liberalen Ansatz aus und ist die spanische Regelung als konkrete Wirtschaftsförderung aufzufassen.

*aa) Die Wohnraummiete*

Im Folgenden werden zunächst der Bestandsschutz des Mietvertrags und seine Grenzen nach deutschem Recht dargestellt und analysiert ((1)). Im Anschluss werden die gefundenen Erkenntnisse mit dem Schweizer ((2)) und dem spanischen Recht ((3)) verglichen.

*(1) Deutschland*

In Deutschland gilt gemäß § 566 Abs. 1 BGB der Grundsatz *Kauf bricht nicht Miete*. Begrenzt wird der Bestandsschutz des Mietvertrags zunächst durch das Erfordernis der Überlassung der Mietsache an den Mieter. Dies dient dem Schutz des Erwerbers, da hierdurch eine gewisse Sichtbarkeit des Mietvertrags gewährleistet ist.[1304] Der Schutz des Erwerbers vor langfristigen Verfügungen hinsichtlich des Mietzinses ist ebenfalls als entsprechende Beschränkung anzusehen. Eine weitere Begrenzung des Bestandsschutzes liegt in der Abdingbarkeit des § 566 BGB.[1305] Eine abweichende Vereinbarung ist allerdings nur durch Individualvereinbarung möglich.

Schließlich stehen dem Erwerber die allgemeinen Kündigungsmöglichkeiten zur Verfügung.[1306] Ein unbefristeter Mietvertrag über Wohnraum kann gemäß §§ 542, 573, 573c BGB bei Vorliegen eines Kündigungsgrundes und unter

---

1303  Ausführlich zur Umfrage zum Schweizer Recht: § 5 III.6.c), d); ausführlich zur Umfrage zum spanischen Recht: § 6 VI.2., 3.
1304  Ausführlich zum Erfordernis der Besitzübertragung im deutschen Recht: § 4 III.1.b).
1305  Ausführlich zur Abdingbarkeit im deutschen Recht: § 4 IV.4.
1306  Ausführlich zu den allgemeinen Kündigungsmöglichkeiten im deutschen Recht: § 4 IV.5.

Einhaltung der jeweils einschlägigen Kündigungsfrist beendet werden. Als Kündigungsgrund kommt insbesondere der Eigenbedarf des Erwerbers in Betracht (§ 573 Abs. 2 Nr. 2 BGB).[1307] Der Erwerber trägt als neuer Vermieter die Beweislast für das Vorliegen des Kündigungsgrundes, da es sich um eine Kündigungsvoraussetzung handelt.[1308] Ein befristeter Vertrag ist bei der Wohnraummiete wegen des für eine Befristung erforderlichen Grundes gemäß § 575 BGB selten. Der Erwerber wäre allerdings umfassend an die Befristung gebunden, eine ordentliche Kündigungsmöglichkeit besteht in dieser Situation nicht.

Im Ergebnis wird der Bestand des Mietvertrags bei der Wohnraummiete durch den Verkauf der vermieteten Immobilie nicht stärker oder anders gefährdet. Der Erwerber hat keine über die allgemeinen Kündigungsvorschriften hinausgehenden Beendigungsmöglichkeiten. Gleichzeitig bedeutet dies eine umfassende Bindung des Erwerbers an einen Mietvertrag, den er nicht selbst verhandelt und geschlossen hat. Es handelt sich hierbei um einen starken Eingriff in die Eigentumsfreiheit, wobei immerhin das Überlassungserfordernis eine gewisse Publizität der Vermietung für Dritte wie den Erwerber sichert. Angesichts der Sichtbarkeit der Vermietung ist im Regelfall auch bei einem pflichtwidrigen Verschweigen des Veräußerers davon auszugehen, dass der Erwerber vor Abschluss des Kaufvertrags von der Vermietung Kenntnis erlangt und sich entsprechend über den Inhalt des Mietvertrags informiert. Es handelt sich daher regelmäßig um eine bewusste Kaufentscheidung in Kenntnis des Bestehens und des Inhalts des Mietvertrags. Vor diesem Hintergrund ist die Bindung des Erwerbers gerechtfertigt.

Dem ersten Anschein nach ist § 566 Abs. 1 BGB deshalb eine die Interessen ausgleichende Regelung. Dennoch soll im Rahmen des Vergleichs mit den untersuchten ausländischen Rechtsordnungen kritisch hinterfragt werden, ob noch Verbesserungspotential besteht.

*(2) Schweiz*

In der Schweiz gilt gemäß dem nicht abdingbaren Art. 261 OR ebenfalls der Grundsatz *Kauf bricht nicht Miete*. Im Schweizer Recht ist eine Überlassung der Mietsache nicht erforderlich, vielmehr reicht hier nach umstrittener Meinung der bloße Vertragsschluss.[1309] Die Sichtbarkeit nach außen wird also nicht gewährleistet.

---

1307  Vgl. zu der Besonderheit bei Wohnungseigentum: § 4 IV.5.a) aa) Fn. 894.
1308  Vgl. auch jurisPK-BGB/*Mössner*, § 573 Rn. 42.
1309  Ausführlich zum Streit um das Erfordernis der Besitzübertragung im Schweizer Recht: § 5 II.2.

Der Bestandsschutz und mithin die Vertragsbindung wird durch die allgemeinen Kündigungsmöglichkeiten sowie durch das außerordentliche Kündigungsrecht des Erwerbers begrenzt.[1310] Unbefristete Mietverträge können ohne Grund unter Einhaltung einer dreimonatigen Frist wirksam gekündigt werden. Zwar wurde unter § 5 III 6.a) bereits herausgearbeitet, dass eine Kündigung dennoch nicht willkürlich oder missbräuchlich ausgesprochen werden darf, da die Kündigung gemäß Art. 271 OR in diesem Fall anfechtbar ist. Gleichzeitig bedeutet diese Regelungssystematik aber auch, dass eine grundlose Kündigung wirksam bleibt, wenn der Mieter sie nicht rechtzeitig anficht. Im Falle der Anfechtung trägt er zudem die Beweislast für die Missbräuchlichkeit. Auch ist zu beachten, dass der Schweizer Vermieter im Ergebnis hinsichtlich möglicher Kündigungsgründe freier ist als in Deutschland, insbesondere sind Kündigungen aus wirtschaftlichen Gründen nicht *per se* missbräuchlich. Dies beruht auf der liberalen Prägung des Schweizer Zivilrechts und der besonderen Bedeutung der Eigentums- und Vertragsfreiheit.[1311]

Befristete Mietverträge kommen bei der Wohnraummiete auch in der Schweizer Rechtspraxis selten vor.[1312] Deshalb wird hinsichtlich des außerordentlichen Kündigungsrechts des Erwerbers wegen Eigenbedarfs gemäß Art. 261 Abs. 2a) OR auf die Ausführungen zur Geschäftsraummiete unter bb) (2) verwiesen.

Der Bestand des Mietvertrags bei der Wohnraummiete wird daher auch in der Schweiz durch den Verkauf der vermieteten Immobilie regelmäßig nicht stärker oder anders gefährdet, da der Erwerber auch hier keine über die allgemeinen Kündigungsvorschriften hinausgehenden Beendigungsmöglichkeiten hat – das außerordentliche Kündigungsrecht soll hier mangels praktischer Relevanz außer Betracht bleiben.[1313]

---

1310 Ausführlich zu den allgemeinen Kündigungsmöglichkeiten im Schweizer Recht: § 5 III.6.a), b).

1311 Hierzu im Gegenteil steht § 573 BGB, der das Kernstück des sozialen Wohnraummietrechts in Deutschland bildet. Als Ausprägung des verfassungsrechtlich verankerten Sozialstaatsprinzips (Art. 20 Abs. 1 GG i.V.m. Art. 28 GG) begrenzt die Norm das (ebenfalls grundrechtlich geschützte) Eigentum (Art. 14 Abs. 1 GG). Die Beschränkung ist zugleich Ausdruck der Sozialpflichtigkeit des Eigentums (Art. 14 Abs. 2 GG). Vgl. hierzu BVerfG NJW 1985, 2633 (2634); jurisPK-BGB/*Mössner*, § 573 Rn. 4.

1312 Ausführlich zur Häufigkeit der Befristung bei der Wohnraummiete in der Schweiz: § 5 III.6.b), insbesondere Fn. 1029.

1313 Ausführlich zum außerordentlichen Kündigungsrecht und seiner praktischen Relevanz: § 5 III.6.d).

Im Vergleich zur deutschen Rechtslage ist jedoch festzuhalten, dass die Kündigung durch den Erwerber aufgrund der geringeren Anforderungen an den Kündigungsgrund, wie auch aufgrund der Regelungssystematik etwas flexibler ist. Einerseits muss der Mieter eine Begründung erst einmal einfordern; andererseits ist die Kündigung zunächst wirksam und muss deshalb aktiv innerhalb einer bestimmten Frist angefochten werden, wobei der Mieter die Beweislast trägt. Deshalb greift das Schweizer Recht weniger stark in die Eigentumsfreiheit ein. Allerdings ist eine dementsprechende Flexibilisierung des § 573 BGB dennoch nicht wünschenswert. Das Mietverhältnis wird durch die Schweizer Regelung einer größeren Instabilität ausgesetzt, die auf beiden Seiten zu Unsicherheiten führt. Das deutsche Regelungssystem führt im Ergebnis auch für den Erwerber zu einer besseren Planungssicherheit und erscheint damit vorteilhafter als ein System mit vielen Variablen.

## (3) Spanien

In Spanien gilt gemäß dem nicht abdingbaren Art. 14.1 LAU der Grundsatz *Kauf bricht nicht Miete*, wenn der Mietvertrag eingetragen ist.[1314] Das Eintragungserfordernis dient dem Schutz des Rechtsverkehrs vor unsichtbaren Belastungen. Anderenfalls, wenn der Mietvertrag also nicht eingetragen ist, gilt der Grundsatz *Kauf bricht Miete*. Es ist aber festzustellen, dass Mietverträge in der Praxis sehr selten eingetragen werden, sodass in den meisten Fällen der Erwerber nicht an den Mietvertrag gebunden ist.[1315]

Im seltenen Fall der Eintragung ist der Erwerber im Grundsatz während der dreijährigen Mindestmietdauer an den Mietvertrag gebunden. Ihm steht allerdings ein Kündigungsrecht wegen Eigenbedarfs gemäß Art. 9.3 LAU zu, wonach er den Mietvertrag nach Ablauf der vertraglich vereinbarten Mietdauer, die von der gesetzlichen Mindestmietdauer abweichen kann, mit einer zweimonatigen Kündigungsfrist kündigen kann.

Im regelmäßigen Fall der fehlenden Eintragung endet der Mietvertrag nicht automatisch. Dem Erwerber wird jedoch ein grund- und fristloses Kündigungsrecht eingeräumt. Nur im Anwendungsbereich des Art. 14.2 LAU hat der Erwerber dem Mieter eine dreimonatige Räumungsfrist zu gewähren. Im Übrigen

---

1314 Ausführlich zum Eintragungserfordernis im spanischen Recht und zu den Konsequenzen, wenn der Mietvertrag nicht eingetragen ist: § 6 III.1.c), 2., IV.2., VI.1.a).

1315 Ausführlich zum Eintragungserfordernis und seiner praktischen Relevanz in Spanien: § 6 VI.2.

kommt es auf den Einzelfall an, da eine Räumungsfrist, jedenfalls nach Ansicht der Verfasserin, gegebenenfalls nach Treu und Glauben zu gewähren ist.[1316] Der Bestand des Mietvertrags bei der Wohnraummiete wird in Spanien durch den Verkauf der vermieteten Immobilie also – mangels Eintragung – regelmäßig stärker gefährdet, da der Erwerber den Vertrag grund- und oft fristlos kündigen kann. Dies entspricht den Gesetzesmotiven der LMFFMAV 2013, da das Hauptinteresse des Gesetzgebers in der Flexibilisierung des Mietrechts lag, um so die Eigentümer der zahlreichen leerstehenden Wohnungen zur Vermietung zu motivieren. Ein stärkerer Mieterschutz durch den Bestandsschutz von Mietverträgen wäre aus Sicht des Gesetzgebers kontraproduktiv gewesen.[1317]

Allerdings wird in der Praxis – wie im Rahmen der Umfrageauswertung gezeigt – von dem Kündigungsrecht bisher „selten" bis „nie" Gebrauch gemacht.[1318] Es handelt sich deshalb zurzeit lediglich um eine theoretische Gefährdung, auch wenn nicht unerwähnt bleiben soll, dass 16% der Befragten angaben, dass eine außerordentliche Kündigung gemäß Art. 1571.1 CC bei der Wohnraummiete „ab und zu" bis „oft" erklärt werde. Es bleibt zudem abzuwarten, ob die wirtschaftlichen Entwicklungen, wie von verschiedenen Umfrageteilnehmern angedeutet, zu einer vermehrten Kündigungspraxis führen werden. Bei einem tatsächlichen Anstieg müsste man unzweifelhaft von einer gegenüber der deutschen Regelung auch in der Praxis unausgeglichenen Regelungssystematik sprechen, die zur Erreichung wirtschaftlicher Ziele den Schutz des Mieters deutlich vernachlässigt. Zudem bliebe die Erreichung des vom Gesetzgeber angestrebten Zwecks zweifelhaft, da eine Mietwohnung für den potentiellen Mieter voraussichtlich noch mehr an Attraktivität einbüßen würde.

Auch wenn die spanische Regelungssystematik – schon allein wegen der ihrer Ansicht nach wenig durchdachten und widersprüchlichen Struktur – für eine Optimierung der deutschen Regelung kaum Anhaltspunkte bietet, stellt sich doch die Frage, ob der deutsche Gesetzgeber eine Eintragungsmöglichkeit für

---

1316  Hierzu ausführlich: § 6 III.2.b) cc).

1317  Auch wenn man sich die Frage stellen kann, ob die vollzogene 180-Grad-Wendung im Vergleich zur Regelung der LAU 1994 wirklich erforderlich war. Dies ist insbesondere deshalb zweifelhaft, weil die Vermieter nicht so sehr von der Bindung an die Vertragsdauer abgeschreckt waren, als vielmehr von den unzuverlässigen Mitteln der Wiedererlangung im Fall eines Vertragsbruchs seitens des Mieters (vgl. Comentarios LAU-*Marín López/Colás Escandón*, S. 348; *Pérez Conesa*, Arrendamientos de Viviendas y Desahucios, S. 32 f.).

1318  Ausführlich zur Nutzung des außerordentlichen Kündigungsrechts in Spanien: § 6 VI.3.

den Mietvertrag oder eine außerordentliche Kündigungsmöglichkeit für den Erwerber in Erwägung ziehen sollte.

Eine Eintragungsmöglichkeit würde zwar den Rechtsverkehr besser vor einer unsichtbaren Belastung durch einen Mietvertrag schützen. Dennoch ist eine solche abzulehnen, dies insbesondere, weil die Untersuchung des spanischen Rechts gezeigt hat, dass die systemwidrige Eintragungsmöglichkeit mehr Zweifel und Unsicherheiten in der Anwendung erzeugt, als dass sie einen Mehrwert für den Rechtsverkehr bedeutet. Auch wenn es sicherlich möglich wäre, ein in sich stimmiges und widerspruchsfreies Eintragungssystem zu schaffen, bewirkt die Eintragung darüber hinaus richtigerweise nicht die Änderung der Rechtsnatur des Mietvertrags, sodass der Grundsatz *Kauf bricht nicht Miete* weiterhin dogmatische Widersprüche erzeugen würde. Die Sichtbarkeit des Mietvertrags durch das Überlassungserfordernis ist deshalb die bessere Lösung.

Eines außerordentlichen Kündigungsrechts bedarf es im deutschen Recht ebenfalls nicht. Einerseits hätte ein solches im deutschen Recht überhaupt nur dann eine Bedeutung, wenn das Mietverhältnis befristet ist. Befristete Wohnraummietverträge sind aber aufgrund der gesetzlichen Beschränkung in § 575 BGB selten. Andererseits besteht aus Gerechtigkeitsgesichtspunkten nicht die Notwendigkeit dem Erwerber eine außerordentliche Lösungsmöglichkeit einzuräumen, da er aufgrund des Überlassungserfordernisses regelmäßig ohne Weiteres von der Vermietung Kenntnis erlangen kann und wohl auch erlangt. Vielmehr ist die Bindung an den Mietvertrag ein Eingriff in die Eigentumsfreiheit, der unter Berücksichtigung der Gesamtregelung gerechtfertigt ist.

## bb) Geschäftsraummiete

Im Rahmen der Darstellung des Bestandsschutzes und seiner Grenzen bei der Geschäftsraummiete wird – soweit sinnvoll – auf die Ausführungen zur Wohnraummiete verwiesen, um unnötige Wiederholungen zu vermeiden. Nachdem die deutsche Regelung dargestellt und analysiert wurde ((1)), werden die gefundenen Erkenntnisse mit dem Schweizer ((2)) und dem spanischen Recht ((3)) verglichen.

## (1) Deutschland

In Deutschland gilt für die Geschäftsraummiete, parallel zur Wohnraummiete, gemäß §§ 566 Abs. 1, 578 Abs. 2, 1 BGB der Grundsatz *Kauf bricht nicht Miete*. Nur hinsichtlich der Kündigungsmöglichkeiten eines unbefristeten Vertrags sind eigene Ausführungen erforderlich.[1319] Der Erwerber muss hier nämlich

---

1319 Ausführlich zu den allgemeinen Kündigungsmöglichkeiten im deutschen Recht: § 4 IV.5.

keinen Kündigungsgrund angeben, sondern lediglich eine sechsmonatige Kündigungsfrist einhalten (vgl. § 580a Abs. 2 BGB).

Der Bestand des Mietrechts bei der Geschäftsraummiete wird durch den Verkauf der vermieteten Immobilie demnach ebenfalls nicht stärker oder anders gefährdet, da der Erwerber keine über die allgemeinen Kündigungsvorschriften hinausgehenden Beendigungsmöglichkeiten hat. Gleichzeitig bedeutet dies auch hier eine umfassende Bindung des Erwerbers an einen Mietvertrag, den er nicht selbst verhandelt und abgeschlossen hat. Die Eigentumsfreiheit wird deshalb beschränkt. Allerdings ist der Eingriff in das Eigentumsrecht im Vergleich zur Wohnraummiete deutlich abgeschwächt, da der Erwerber bei unbefristeten Mietverträgen maximal sechs Monate gebunden ist und anschließend ohne Angabe von Gründen kündigen kann. Dies ist auch gerechtfertigt, da der Geschäftsraummieter in erster Linie wirtschaftliche Interessen am Bestand des Mietvertrags hat, während der Wohnraummieter die Wohnung als Lebensmittelpunkt zur Entfaltung seiner Persönlichkeit sowie als Rückzugsort nutzt. Bei der Geschäftsraummiete stehen sich mithin die wirtschaftlichen Interessen des Mieters und diejenigen des Erwerbers gegenüber, bei denen im Ergebnis das Eigentumsrecht als dingliches Recht überwiegen muss.

Etwas anderes gilt bei einer langjährigen Befristung, die im Gegensatz zur Wohnraummiete bei der Geschäftsraummiete uneingeschränkt möglich und auch nicht untypisch ist. Hier ist zusätzlich der Vertrauensschutz des Mieters in den entsprechenden Bestand zu berücksichtigen, sodass die fehlende Kündbarkeit gerechtfertigt ist. Dies auch deshalb, weil vom Erwerber verlangt werden kann, das Kaufobjekt ausreichend zu prüfen, um von einem langjährigen befristeten Vertrag nicht überrascht zu werden. Gerade bei der Geschäftsraummiete ist die Vermietung zudem regelmäßig ohne Weiteres erkennbar – oft sogar bereits von außen, ohne dass ein Betreten des Mietobjektes erforderlich wäre.

### (2) Schweiz

In der Schweiz gilt für die Geschäftsraummiete, parallel zur Wohnraummiete, gemäß Art. 261 OR der Grundsatz *Kauf bricht nicht Miete*. Nur hinsichtlich der Kündigungsfrist bei einem unbefristeten Mietvertrag sowie des außerordentlichen Kündigungsrechts des Erwerbers bei befristeten Verträgen sind eigene Ausführungen erforderlich.[1320]

---

1320 Ausführlich zu den allgemeinen Kündigungsmöglichkeiten im Schweizer Recht: § 5 III.6.a), b); zum außerordentlichen Kündigungsrecht im Schweizer Recht: § 5 III.2., 6.d); zur Vormerkung im Schweizer Recht: § 5 III.4., 6.c).

Bei unbefristeten Geschäftsraummietverträgen beträgt die Kündigungsfrist sechs Monate. Im Übrigen, insbesondere auch bezüglich des Vergleichs zur deutschen Regelung, wird auf die Ausführungen unter aa) (2) verwiesen.

Befristete Mietverträge, die bei der Geschäftsraummiete gelegentlich vorkommen,[1321] können im Fall des Verkaufs der vermieteten Immobilie ausnahmsweise wegen Eigenbedarfs gemäß Art. 261 Abs. 2a OR gekündigt werden. Dieses außerordentliche Kündigungsrecht dient der Loslösung von befristeten Mietverträgen, da diese nach den gesetzlichen Vorschriften nicht ordentlich gekündigt werden können. Das Kündigungsrecht soll den besonders starken Eingriff in die Eigentumsfreiheit durch die gegebenenfalls langjährige Bindung an den Vertrag ausgleichen. Eine der deutschen Regelung vergleichbare Bindung ist nur dadurch zu erreichen, dass der Mietvertrag im Grundbuch vorgemerkt wird (Art. 261b OR), was bei der Geschäftsraummiete, insbesondere in der Stadt, nicht untypisch ist.[1322]

Diese sich von der deutschen Regelung deutlich unterscheidende Systematik ist erneut auf die liberale Ausrichtung des Schweizer Gesetzes zurückzuführen. Art. 261 OR war der einzig mögliche Kompromiss im Rahmen des Gesetzgebungsverfahrens, da der Wille, die Eigentumsfreiheit zu schützen, derart ausgeprägt war – und wohl auch heute noch ist –, dass eine mit § 566 Abs. 1 BGB vergleichbare Norm nicht mehrheitsfähig war.

Allerdings führt das außerordentliche Kündigungsrecht gemäß Art. 261 Abs. 2a OR bei befristeten Mietverträgen nur in der Theorie zu einer erheblichen Einschränkung des Mieterschutzes und einer Stärkung der Eigentumsfreiheit. In der Rechtswirklichkeit ist eine außerordentliche Kündigung entweder wegen der Vormerkung des Mietvertrags oder aus anderen, insbesondere formellen Gründen selten.[1323] Es lässt sich deshalb wertend sagen, dass das Schutzniveau für Mieter und Erwerber bei der befristeten Geschäftsraummiete in der Praxis in Deutschland und der Schweiz vergleichbar ist.

Dennoch ist die deutsche Regelung vorzugswürdig. Denn hiernach ist ohne weitere Voraussetzungen für alle Parteien klar, inwiefern und inwieweit der Bestandsschutz des befristeten Mietvertrags reicht – nämlich bis zum Ablauf der Befristung. Die Bindung an die Befristung ist aus den unter (1) genannten

---

1321  Ausführlich zur Häufigkeit von Befristungen bei der Geschäftsraummiete in der Schweiz: § 5 III.6.b), insbesondere Fn. 1029.

1322  Ausführlich zur Nutzung der Vormerkungsmöglichkeit in der Schweiz: § 5 III.6.c).

1323  Ausführlich zur Nutzung des außerordentlichen Kündigungsrechts in der Schweiz: § 5 III.6.d).

Gründen gerechtfertigt und die Notwendigkeit eines außerordentlichen Kündigungsrechts im deutschen Recht abzulehnen. Für die Gründe wird auf aa) (3) verwiesen. Das gleiche gilt für die Vormerkungsmöglichkeit.[1324]

### (3) Spanien

In Spanien gilt für die Geschäftsraummiete gemäß dem dispositiven Art. 29 LAU der Grundsatz *Kauf bricht nicht Miete*. Eine gewisse Sichtbarkeit des Mietvertrags ist auch hier erforderlich, auch wenn es nicht notwendigerweise eine Eintragung wie bei der Wohnraummiete sein muss. Der Erwerber ist nämlich ausnahmsweise dann nicht gebunden, wenn er gutgläubig ist.[1325] Die Rechtsprechung legt den Begriff der Gutgläubigkeit äußerst mieterfreundlich aus: Der Erwerber ist bereits dann bösgläubig, wenn er, trotz Anhaltspunkten, keine Nachforschungen hinsichtlich eines möglichen Mietvertrags getätigt hat und deshalb keine Kenntnis hatte. Für den Fall, dass der Erwerber auch nach diesem strengen Maßstab gutgläubig ist, endet das Mietverhältnis zwar nicht automatisch, der Erwerber kann es aber grund- und fristlos kündigen.

Ein weiterer Unterschied zur Wohnraummiete ist das Fehlen eines Kündigungsgrundes wegen Eigenbedarfs.

Es ist festzustellen, dass der Schutz des Mieters bei der Geschäftsraummiete im Falle des Verkaufs einer vermieteten Immobilie höher ist als bei der Wohnraummiete. Dies widerspricht an sich dem ursprünglichen Zweck der strikten Trennung von Wohn- und Geschäftsraummiete – nämlich lediglich dem Wohnraummieter einen besonderen Schutz zu gewähren. Zu erklären ist dieses Paradoxon allerdings mit der Reform 2013, deren Ziel ausschließlich die Flexibilisierung der Wohnraummiete war.

Optimierungsmöglichkeiten für das deutsche Recht ergeben sich im Ergebnis daher nicht.

### 3. Zusammenfassung und Bewertung

Die rechtsvergleichende Analyse hat ergeben, dass § 566 BGB zu einer ausgeglichenen mietrechtlichen Regelungssystematik im Bürgerlichen Gesetzbuch beiträgt. Denn trotz der umfassenden Bindung des Erwerbers einer vermieteten Immobilie an bestehende Mietverträge, werden die widerstreitenden

---

1324 Vgl. ebenfalls § 7 II.2.d) aa) (3).
1325 Ausführlich zum Aspekt der Gutgläubigkeit des Erwerbers im spanischen Recht: § 6 V.2.a), VI.5.

Interessen – Eigentumsfreiheit als Interesse des Erwerbers sowie Bestandsschutz als Interesse des Mieters – einem gerechten Ausgleich zugeführt.

Dieser Bewertung steht auch nicht entgegen, dass der Arbeitsmarkt heute eine große örtliche Flexibilität fordert und gerade dies im Rahmen der Analyse der rechtlichen Situation zu Beginn der Industrialisierung ein entscheidendes Argument gegen ein gesellschaftliches Bedürfnis nach einem erhöhten Mieterschutz war.[1326] Der hohe Mieterschutz zulasten dogmatischer Grundsätze einerseits und der Eigentümerinteressen andererseits ist dennoch gerechtfertigt. Denn die Wohnung stellt heute mehr denn je eine Konstante und einen dauerhaften Rückzugsort des Einzelnen und der Familie dar. Das gesellschaftliche Bedürfnis nach einem entsprechenden Bestandsschutz der Miete besteht deshalb fort. Die Wohnung ist, anders als zu Beginn der Industrialisierung, der Lebensmittelpunkt und nicht lediglich ein Ort zum Übernachten. Auch die Politik hat dies bereits um 1900 erkannt und das Mietrecht seitdem immer sozialer gestaltet. Der Mieterschutz ist deshalb nach wie vor ein wichtiges politisches Anliegen, gerade auch wegen der wachsenden Investorentätigkeiten in Großstädten, die oft mit einer angespannten Wohnraumversorgung einhergehen.[1327]

Gleichzeitig hat der Vergleich gezeigt, dass diese Bewertung zunächst nur auf Deutschland zutrifft und nicht ohne Weiteres auf andere Länder übertragbar ist. Vielmehr sind die regionalen Besonderheiten zu berücksichtigen, um eine adäquate und funktionierende Lösung im Einzelfall zu finden. Besonders anschaulich wird dies im Fall des spanischen Wohnungsmarktes. Eine adäquate und vor allem funktionierende Lösung erfordert hier aufgrund des unterdurchschnittlichen Angebots an Mietwohnungen, dass zunächst ein Weg gefunden wird, um dieses Angebot zu erweitern. Eine Möglichkeit könnte die vom Gesetzgeber gewählte Beschränkung des Mieterschutzes sein, mit der das Ziel verfolgt wird, Eigentümer zur Vermietung ihrer leerstehenden Wohnungen zu motivieren. Gleichzeitig dürfen potentielle Mieter durch die neuen Regelungen nicht abgeschreckt werden. Andernfalls könnten sie sich gezwungen sehen, Eigentum zu erwerben oder weiterhin bei den Eltern zu wohnen. So hat die spanische Gesetzgebungsgeschichte verdeutlicht, wie wichtig ein ausgeglichenes Regelungssystem ist.

---

1326 Ausführlich zur gesellschaftlichen Struktur und Lebensweise in Deutschland im Laufe des 19. Jahrhunderts: § 2 II. Ausführlich zur rechtlichen Situation in Deutschland vor der Kodifizierung: § 3 II.

1327 Vgl. die Zahl an Rechtsverordnungen, die verschiedene Landesregierungen aufgrund der Ermächtigung in § 577a BGB zum Schutz der Mieter bei einer Wohnungsumwandlung in Wohnungseigentum erlassen haben. Vgl. auch *Hau*, JZ 2010, 553 (554).

# § 8 Abschließende Betrachtung in Thesen und Ausblick

Die Arbeit hat zwei Forschungsschwerpunkte: Einerseits wurde der Frage nachgegangen, ob in den verschiedenen relevanten Epochen ein belegbarer Zusammenhang zwischen der gesellschaftlichen Situation und der rechtlichen Ausgestaltung der Position des Wohnraummieters einerseits und des Eigentümers andererseits bestand. Andererseits fand eine vertiefte rechtsvergleichende Auseinandersetzung hinsichtlich der Frage statt, ob § 566 BGB einen effektiven Mieterschutz bietet und die richtige Balance im Verhältnis zum Schutz des Eigentumsrechts gefunden hat. Hierbei wurde sowohl auf die Wohn- als auch auf die Geschäftsraummiete eingegangen.

Auch wenn die Fragen auf den ersten Blick nebeneinanderstehen, besteht doch ein innerer Zusammenhang. Denn bei der rechtsvergleichenden Untersuchung ist deutlich geworden, dass auch die Bewertung rechtlicher Regelungen die Berücksichtigung der zugrundeliegenden gesellschaftlichen Besonderheiten erfordert und dass Gesellschaft und Recht sowohl bei der Entstehung als auch bei der Entwicklung und Auslegung von (mietrechtlichen) Normen untrennbar verbunden sind.

Die Ergebnisse der Untersuchungen sollen nachfolgend zusammengefasst werden.

## I. Belegbarer Zusammenhang zwischen der gesellschaftlichen Situation und der rechtlichen Ausgestaltung der Positionen der Parteien eines Wohnraummietvertrags

Aufgrund der rechtssoziologischen und rechtsgeschichtlichen Untersuchung konnte ein Zusammenhang zwischen der gesellschaftlichen Situation und der rechtlichen Ausgestaltung der Positionen der Parteien eines Wohnraummietvertrags belegt werden. Rechtliche Entwicklungen im Mietrecht müssen mithin auf gesellschaftliche Prozesse zurückgeführt werden.

1. Im antiken Rom war das Mietverhältnis aufgrund der Schutzlosigkeit des Mieters ein sehr fragiles Rechtsverhältnis. Dies galt ganz besonders im Falle des Verkaufs einer vermieteten Immobilie. Denn trotz der tatsächlichen Gewalt über die Sache galt der Mieter nicht als Besitzer, sondern lediglich als *detentor*. Er hatte keine Besitzschutzansprüche und war zum Schutz

gegen Störungen in der Nutzung der Mietsache sowie deren Entziehung auf den Vermieter angewiesen. Sein eigener Anspruch richtete sich lediglich auf Schadensersatz, bot mithin nur finanziellen Schutz.

2. Die rechtliche Stellung des Vermieters leitete sich hauptsächlich aus seiner Position als Eigentümer ab. Im römischen Recht gab es kein stärkeres Recht als das Eigentum. Es bildete eine der rechtlichen Grundlagen der römischen Volkswirtschaft und sollte von dinglichen Belastungen und langfristigen schuldrechtlichen Bindungen freigehalten werden.

3. Der Eigentümer konnte das Eigentum ohne Rücksicht auf einen abgeschlossenen Mietvertrag veräußern, der Erwerber konnte den Mieter daraufhin zur unverzüglichen Räumung zwingen. Der Mietvertrag wurde zwar nicht von dem Verkauf berührt, der Vermieter konnte ihn aber mangels Eigentümerstellung nicht mehr erfüllen. Das dingliche Eigentumsrecht des Erwerbers setzte sich ohne Ausnahme gegen das schuldrechtliche Mietrecht des Mieters durch.

4. Die auch heute geltenden dogmatischen Grundprinzipien galten in ihrer reinsten Form: scharfe Trennung von dinglichen und schuldrechtlichen Rechten, *erga omnes* Wirkung nur von dinglichen Rechten, *inter partes* Wirkung von schuldrechtlichen Rechten, Prinzip der Relativität der Schuldverhältnisse.

5. Die dogmatische Erklärung stellt allerdings nur eine unvollkommene Begründung hinsichtlich der römisch-rechtlichen Ausgestaltung des Mietverhältnisses dar. Vielmehr ist die fehlende Bereitschaft zu sozialrechtlichen Ausnahmen nur unter Berücksichtigung der schwachen gesellschaftlichen Stellung der Mieter und der starken gesellschaftlichen Stellung der Eigentümer zu erklären. Auch wenn es wohl keine bewusste Entscheidung der Juristen des antiken Roms war, war es doch die Konsequenz aus einem Zusammenspiel aus dogmatischer Kausalität und römischer Gesellschaftsstruktur. Den Gesetzgebern des antiken Roms waren ihre dogmatischen Grundsätze zu heilig, als dass sie diese zugunsten der gesellschaftlich zu vernachlässigenden Mietern hätten opfern wollen.

6. Die Mieter waren spiegelbildlich zu ihrer rechtlichen Stellung eine gesellschaftlich einflusslose und zu vernachlässigende Personengruppe, da sie dem wirtschaftlich schwächeren Teil der Gesellschaft angehörten. Die Eigentümer hatten demgegenüber finanziellen, politischen und gesetzgeberischen Einfluss. Die Rechtssetzung entsprach deshalb ihren Interessen, wozu auch die Sicherung des Genusses des Erworbenen zählte.

7. Die rechtliche Entwicklung des Mietvertrags in Deutschland im 19. Jahrhundert spiegelt ebenfalls die gesellschaftliche Entwicklung wider. Die

(mietrechtlichen) Vorschriften des Bürgerlichen Gesetzbuchs sind deshalb das Ergebnis des am Ende des 19. Jahrhunderts einsetzenden Umbruchs vom liberalen zum sozialstaatlich geprägten Recht. Daraus erklärt sich der mieterschützende Charakter der mietvertraglichen Regelungen, insbesondere im Falle des Verkaufs einer vermieteten Immobilie.

8. Die Verbesserung der rechtlichen Position des Mieters war ein kontinuierlicher Prozess. Bereits in den Partikularrechten, die um 1800 die Rechtswirklichkeit in Deutschland neugestalteten und die Gesellschaft prägten, war die Stärkung der rechtlichen Stellung des Mieters erkennbar. Der Grund hierfür lag im Geiste der Aufklärungszeit: Rechtsgleichheit und Rechtssicherheit waren die entscheidenden Maxime. In allen drei relevanten Partikularrechten war der Grundsatz *Kauf bricht nicht Miete* vorgesehen, auch wenn die Geltung teilweise durch weitere Voraussetzungen eingeschränkt wurde.[1328]

9. Der erste Entwurf zum Bürgerlichen Gesetzbuch hingegen sah den Grundsatz *Kauf bricht Miete* vor, wobei der Erwerber eine Räumungsfrist einhalten musste. Das Festhalten an dem Grundsatz begründete die Kommission vor allem mit dogmatischen Erwägungen. Die doktrinäre Konsequenz und die Anlehnung an das individualistische römische Recht waren insbesondere dem Einfluss des nationalliberalen Kommissionsmitglieds und Pandektisten Bernhard Windscheid geschuldet: Sowohl die Juristen des antiken Roms als auch die Pandektisten sahen in der Dogmatik das höchste Gut, und in der Immobilie ein Wirtschaftsgut der gesellschaftlich und wirtschaftlich einflussreichen Eigentümer. Ethische, politische und volkswirtschaftliche Erwägungen hatten im Rahmen der Gesetzgebung keinen Platz. In seiner vollen Schärfe wollte die Kommission den Grundsatz dann aber nicht in den Entwurf einführen, da die Hauptmasse der Bevölkerung unabhängig von ihrem Stand zur Miete wohnte.

---

1328 Im ALR war der Mieter nicht nur Besitzer mit possessorischen Ansprüchen, sondern gar dinglich Berechtigter. Es galt der Grundsatz *Kauf bricht nicht Miete* und eine Kündigung war nur nach den allgemeinen Grundsätzen möglich. Der *Code Civil* sah den Mieter zwar weiterhin nur als *detentor* an, räumte ihm aber gleichzeitig Verteidigungsmöglichkeiten gegen Störungen ein. Auch galt unter bestimmten Voraussetzungen der Grundsatz *Kauf bricht nicht Miete*. Es war das erste Gesetzbuch, das diesen Grundsatz trotz obligatorischer Natur der Miete einführte und den dogmatischen Fremdkörper akzeptierte. Im ABGB war der Mieter bei entsprechendem Willen Sachbesitzer, andernfalls Rechtsbesitzer und besaß dementsprechend Besitzschutz. Der Grundsatz *Kauf bricht nicht Miete* galt jedoch nur im Falle der Eintragung des Mietvertrags.

10. Auch hier ist die dogmatische Erklärung ohne Berücksichtigung gesellschaftlicher Entwicklungen im 19. Jahrhundert unvollständig. Denn die fehlende Bereitschaft der ersten Kommission, die dogmatischen Grundsätze zugunsten sozialpolitischer Herausforderungen zu hinterfragen, ist ebenfalls auf die zu Beginn der Industrialisierung noch schwache Stellung der Mieter und die weiterhin geringe Bedeutung der Wohnung für den Einzelnen zurückzuführen. Der gesellschaftliche Umwälzungsprozess zur Zeit der Industrialisierung steckte noch in seinen Kinderschuhen, die sozialpolitischen Strömungen begannen erst.

11. Im zweiten Entwurf zum Bürgerlichen Gesetzbuch entschied sich die Kommission schließlich für den auch heute noch geltenden Grundsatz *Kauf bricht nicht Miete*, durch den die rechtliche Stellung des Mieters gestärkt, und diejenige des Erwerbers als Eigentümer geschwächt wird. Die Diskussion in der zweiten Kommission betraf vor allem sozialpolitische Aspekte; die Bereitschaft, die Kritik am ersten Entwurf zu berücksichtigen, war im Ergebnis auf die Veränderung des gesellschaftlichen und politischen Klimas im Laufe der Industrialisierung zurückzuführen.

12. Zu diesen Veränderungen gehörten die Stabilisierung des Arbeitsmarkts, das Wachstum materieller Sicherheit und die Veränderung des sozialen Gefüges durch Aufstiegsmöglichkeiten durch Leistung.

13. Diese Entwicklungen führten gleichzeitig zu einer Diversifizierung des Mieterspektrums, wodurch die Gruppe der Mieter gesellschaftlich und politisch potentiell so einflussreich wurde, dass ihre Interessen nicht mehr ohne Weiteres ignoriert werden konnten. So auch die Forderung nach mehr Mieterschutz. Der Wunsch nach dauerhaften Mietverhältnissen war einerseits der Stabilisierung des Arbeitsmarkts als äußere, andererseits der Verbesserung der Wohnverhältnisse als innere Ursache geschuldet.

14. Politisch ist in der Auswechslung des Grundsatzes *Kauf bricht Miete* durch den Grundsatz *Kauf bricht nicht Miete* vor allem eine Grundsatzentscheidung für eine sozialere und mieterfreundlichere Ausrichtung zu sehen.

## II. § 566 BGB als ausgeglichene Regelung

Die rechtsvergleichende Analyse hat ergeben, dass § 566 BGB zu einer ausgeglichenen mietrechtlichen Regelungssystematik im Bürgerlichen Gesetzbuch beiträgt. Denn trotz der umfassenden Bindung des Erwerbers einer vermieteten Immobilie an bestehende Mietverträge werden die widerstreitenden Interessen – Eigentumsfreiheit als Interesse des Erwerbers sowie Bestandsschutz als Interesse des Mieters – einem gerechten Ausgleich zugeführt.

1. Nach § 566 Abs. 1 BGB entsteht mit der rechtsgeschäftlichen Eigentumsübertragung zwischen dem Erwerber und dem Mieter kraft Gesetzes ein neuer, aber gleichlautender Mietvertrag. Zwischen Erwerber und Mieter bestehen mithin die gleichen mietvertraglichen Rechte und Pflichten wie vorher zwischen dem Veräußerer und dem Mieter.

2. Lediglich die Wirksamkeit von (Voraus-) Verfügungen über den Mietzins wird durch die §§ 566b ff. BGB zum Schutz des Erwerbers zeitlich beschränkt, sodass sich der Mieter auf diesbezügliche mietforderungsbezogene Einwendungen nicht mehr berufen kann. Der Mieter trägt hierdurch aber lediglich das allgemeine Insolvenzrisiko seines ursprünglichen Vertragspartners. Dem Erwerber wird hingegen, ausgleichend für die vertragliche Bindung, gewährleistet, dass er die Mietsache nicht ohne Gegenleistung überlassen muss. Beides dient einem gerechten Ausgleich. Die hiervon abweichenden Regelungen des Schweizer und des spanischen Rechts – zeitlich unbefristete Wirksamkeit (in Spanien lediglich bei der Geschäftsraummiete) – verlagern das finanzielle Risiko zu stark auf den (unbeteiligten) Erwerber. Bei der Wohnraummiete sieht die spanische Regelung demgegenüber ein Verbot von Vorausverfügungen vor, wodurch der Mieter ohne nachvollziehbaren Grund bevormundet und die Parteiautonomie beschränkt wird.

3. Der Eingriff in die Eigentumsfreiheit wird darüber hinaus durch das Überlassungserfordernis abgefedert. § 566 Abs. 1 BGB ist nur anwendbar, wenn die Mietsache im Zeitpunkt der Eigentumsübertragung bereits an den Mieter überlassen ist. Der Besitz übernimmt bei Immobilien somit zum Schutz des Rechtsverkehrs ausnahmsweise die Publizitätsfunktion. Eine vorgelagerte Anwendbarkeit bereits bei Vertragsabschluss – wie sie das Schweizer Recht vorsieht – ist zum Schutz des Mieters nicht erforderlich. Denn dieser kann vor Überlassung lediglich Vermögensdispositionen getroffen haben. Ein Schadensersatzanspruch gegen den Veräußerer als Vertragspartner ist deshalb ausreichend. Einer Eintragung – wie sie das spanische Recht vorsieht – bedarf es für eine ausgeglichene Regelung ebenfalls nicht. Sie würde den Rechtsverkehr zwar zuverlässiger schützen. Allerdings wäre die Eintragung systemwidrig, weil die Rechtsnatur des Mietvertrags hierdurch nicht geändert würde und somit ein schuldrechtlicher Vertrag ausnahmsweise im Grundbuch eingetragen werden könnte. Das Überlassungserfordernis als Mittel der Publizität ist deshalb die vorzuziehende Lösung.

4. Schließlich relativieren die allgemeinen Kündigungsmöglichkeiten den Eingriff in die Eigentumsfreiheit. Bei der Wohnraummiete ist die Kündigungssystematik des Bürgerlichen Gesetzbuchs zwar im Vergleich zum Schweizer Recht – wo eine unbegründete Kündigung zunächst wirksam und lediglich

anfechtbar ist – mieterfreundlicher, auch die Anforderungen an den Kündigungsgrund sind im deutschen Recht etwas strikter. Dennoch kann sich der Erwerber bei der Wohnraummiete in allen persönlich und wirtschaftlich nachvollziehbaren Sachverhaltskonstellationen in zeitlich überschaubarem Rahmen vom Vertrag lösen. Bei der Geschäftsraummiete ist ein Grund nicht erforderlich.

5. Anderes gilt bei befristeten Mietverträgen, da diese nicht ordentlich gekündigt werden können. Der Eigentumseingriff ist hier besonders stark. Aufgrund der Notwendigkeit von Befristungsgründen bei der Wohnraummiete ist eine Befristung hier selten, und kann bei der Bewertung unberücksichtigt bleiben. Bei der Geschäftsraummiete ist sie hingegen nicht untypisch. Es bedarf im deutschen Mietrecht für eine ausgeglichene Regelung aber dennoch keiner außerordentlichen Kündigungsmöglichkeit, wie sie im Schweizer und im spanischen Recht vorgesehen ist. Denn vor allem bei der Geschäftsraummiete geht es dem Erwerber hauptsächlich um wirtschaftliche Interessen, die aufgrund der Gewährleistung des Mietzinsanspruchs für die Zukunft und des Einpreisens der bestehenden Vermietung in den Kaufpreis regelmäßig nicht tangiert sind.

## III.  Vereinheitlichungsprozess auf europäischer Ebene?

Der Rechtsvergleich zielte auf die Bewertung der deutschen Regelungssystematik ab. Gleichzeitig hat er verdeutlicht, dass die Regelungen auf europäischer Ebene sehr unterschiedlich ausgestaltet sind und dies in besonderem Maße auf gesellschaftliche Unterschiede zurückzuführen ist. Abschließend soll deshalb, unter Zugrundelegung der Ergebnisse der rechtsvergleichenden Analyse, ein Ausblick auf eine mögliche Vereinheitlichung des Mietrechts auf europäischer Ebene gegeben werden.

1. Im Rahmen der Europäisierung und Globalisierung kommt es zu einem immer intensiveren Austausch zwischen den Rechtssystemen.[1329] Auch die Wohnungs- und Immobilienmärkte werden durch die Globalisierung nachhaltig beeinflusst: Immobilien- und Kapitalmärkte wachsen immer weiter zusammen, eine wachsende Zahl an ausländischen Investoren agiert auf dem inländischen, inländische Investoren auf dem ausländischen Markt.[1330] Dies

---

1329  *Oberhammer/Kletecka/Wall*, Soziales Mietrecht in Europa, VI.
1330  BT-Drucks. 18/13120, S. 25 ff.; BT-Drucks. 16/13325, S. 14; *Hau*, JZ 2010, 553 (554).

gilt vor allem für Wirtschaftsimmobilien, also Immobilien mit gewerblicher Nutzung.[1331] Im Jahr 2015 wurden hier knapp mehr als die Hälfte der Investitionen von ausländischen Investoren getätigt.[1332]

2. Es ist deshalb nicht überraschend, wenn es immer häufiger zu grenzüberschreitenden Rechtsfragen rund um den Immobilienerwerb kommt – aufgrund eines in Europa insgesamt hohen Vermietungsstandes von 30% (2018)[1333] oft auch zu Fragen im Zusammenhang mit dem Mieterschutz beim Verkauf von vermieteten Immobilien.

3. Aufgrund der wachsenden Relevanz des Binnenmarktes gerade auch bei Immobiliensachverhalten erscheint eine Vereinheitlichung des Mietrechts rechtspolitisch erörterungswürdig.[1334] Zuletzt beschäftigte sich das Europäische Parlament im Rahmen der Studie „*Cross Border Acquisitions of Residential Property in the EU: Problems encountered by citizens*" mit den Problemen bei grenzüberschreitenden Immobilientransaktionen.[1335] Ein Teilaspekt war in diesem Zusammenhang auch der Mieterschutz beim Verkauf vermieteter Immobilien.[1336]

4. Allerdings zeigt die vorliegende Arbeit in ihrer Gesamtschau, dass eine Vereinheitlichung, jedenfalls im Bereich des Wohnraummietrechts, aufgrund der starken Wechselwirkung von rechtlicher Ausgestaltung und der von ihr geregelten Realität, wenig zweckmäßig und nicht erstrebenswert ist. Die

---

1331 BT-Drucks. 18/13120, S. 26.

1332 BT-Drucks. 18/13120, S. 26.

1333 Vgl. Wohnstatistiken eurostat, abrufbar unter: https://ec.europa.eu/eurostat/statistics-explained/index.php?title=Housing_statistics/de (Stand: 12.12.2020).

1334 So auch *Oberhammer/Kletecka/Wall*, Soziales Mietrecht in Europa, VI; vgl. auch *Hau*, JZ 2010, 553 (554 ff.).

1335 *European Parliament's Policy Department for Citizens' Rights and Constitutional Affairs*, Cross Border Acquisitions of Residential Property in the EU: Problems encountered by citizens, März 2016, abrufbar unter: http://www.europarl.europa.eu/RegData/etudes/STUD/2016/556936/IPOL_STU%282016%29556936_EN.pdf (Stand: 12.12.2020).

1336 Im März 2016 wurde eine Studie im Auftrag des EU-Parlaments mit dem Titel „*Cross Border Acquisitions of Residential Property in the EU: Problems encountered by citizens*" veröffentlicht, abrufbar unter: http://www.europarl.europa.eu/RegData/etudes/STUD/2016/556936/IPOL_STU%282016%29556936_EN.pdf (Stand: 12.12.2020). Die Studie soll als Grundlage für eine europäische Diskussion bezüglich der Probleme bei grenzüberschreitenden Immobilientransaktionen dienen. Siehe auch *Hau*, JZ 2010, 553 (560), der ebenfalls die wissenschaftliche und rechtspolitische Relevanz einer solchen Rechtsvergleichung sieht.

soziale und gesellschaftliche Wirklichkeit hat hier einen zu großen Einfluss auf die rechtlichen Mechanismen, sodass eine adäquate und funktionierende Lösung jeweils nur unter Berücksichtigung der nationalen Besonderheiten gefunden werden kann. Anders könnte die Bewertung im Bereich der Geschäftsraummiete ausfallen, da hier nationale Besonderheiten der sozialen und gesellschaftlichen Wirklichkeit nicht die gleiche Relevanz haben wie bei der Wohnraummiete. Dennoch sollte auch hier genau analysiert werden, ob der Mehrwert einer Vereinheitlichung und die Auswirkungen auf das nationale Rechtssystem in einem angemessenen Verhältnis stehen.

# Literaturverzeichnis

Apathy, Peter

200 Jahre ABGB – ein Rückblick, in: Fenyves, Ferdinand u.a. (Hrsg.), 200 Jahre ABGB – Evolution einer Kodifikation: Rückblick – Ausblick – Methode, Wien 2012 (zitiert: *Apathy*, 200 Jahre ABGB).

Bamberger, Heinz Georg/ Roth, Herbert/ Hau, Wolfgang/ Poseck, Roman (Hrsg.)

Beck'scher Online Kommentar, Bürgerliches Gesetzbuch, Band 2, Recht der Schuldverhältnisse, 48. Edition 01.11.2018, München 2018 (zitiert: BeckOK BGB/*Bearbeiter*).

Baron, Alfred

Der Haus- und Grundbesitzer in Preussens Städten einst und jetzt (unter Berücksichtigung von Steins Städteordnung), in: Conrad, Joh. (Hrsg.), Sammlung nationalökonomischer und statistischer Abhandlungen des staatswissenschaftlichen Seminars zu Halle a.d.S., 65. Band, Jena 1911 (zitiert: *Baron*, Haus- und Grundbesitzer).

Baur, Fritz/ Baur, Jürgen F./ Stürner, Rolf

Sachenrecht, 18. Auflage, München 2009 (zitiert: *Baur/Stürner*, Sachenrecht).

Behrends, Okko/ Knütel, Rolf/ Kupisch, Berthold/ Seiler, Hans Hermann

Corpus Iuris Civilis, Text und Übersetzung, Bd. III, Digesten 11–20, Heidelberg 1999 (zitiert: *Behrends/Knütel/Kupisch/Seiler*, Corpus Iuris Civilis).

Bercovitz Rodríguez-Cano, Rodrigo (Koord.)

Comentarios a la Ley de Arrendamientos Urbanos, 6. Auflage, Cizur Menor (Navarra) 2013 (zitiert: Comentarios LAU-*Bearbeiter*).

Bercovitz Rodríguez-Cano, Rodrigo (Dir.)

Comentarios al Código Civil, Tomo VIII (Art. 1485 – 1759), Valencia 2013 (zitiert: Comentarios CC-*Bearbeiter*).

Blank, Hubert/ Börstinghaus, Ulf P.

Miete, Das gesamte BGB- Mietrecht, Kommentar, 6. Auflage, München 2020 (zitiert: Blank/Börstinghaus/*Bearbeiter*).

Blas López, María Esther

Spain, Beitrag zum Research Project "Tenancy Law and Procedure in the EU" des European University Institute Florence, abrufbar unter: https://www.eui.eu/Documents/DepartmentsCentres/Law/ResearchTeaching/ResearchThemes/EuropeanPrivateLaw/TenancyLawProject/TenancyLawSpain.pdf (Stand: 12.12.2020) (zitiert: *Blas López*, Spain).

Börstinghaus, Ulf

Zum Grundsatz "Kauf bricht nicht Miete" bei fehlender Identität zwischen Verkäufer und Vermieter, juris PraxisReport BGH Zivilrecht 18/2017 Anm. 2 (zitiert: *Börstinghaus*, jurisPR-BGHZivilR 18/2017 Anm. 2).

Börstinghaus, Ulf/ Eisenschmid, Norbert

Arbeitskommentar Neues Mietrecht, Recklinghausen 2001 (zitiert: *Börstinghaus/Eisenschmid*, Arbeitskommentar Neues Mietrecht).

Brassloff, Stephan

Sozialpolitische Motive in der römischen Rechtsentwicklung, Wien 1933 (zitiert: *Brassloff*, Sozialpolitische Motive in der römischen Rechtsentwicklung).

Bub, Wolf-Rüdiger/ Bernhard, Nicola

BGH: Analoge Anwendung von § 566 Abs. 1 BGB bei fehlender Identität von Veräußerer und Vermieter, Fachdienst Miet- und Wohnungseigentumsrecht 2017, 394145 (zitiert: *Bub/Bernhard*, FD-MietR 2017, 394145).

Burbulla, Rainer

Grundstücksveräußerung: Übergang von Mietverträgen, Der Miet-Rechtsberater 2017, 285 f. (zitiert: *Burbulla*, MietRB 2017, 285).

Cabré Pla, Anna/Módenes Cabrerizo, Juan Antonio

Home ownership and social inequalities in Spain, abrufbar unter: https://www.researchgate.net/publication/265364696_HOMEOWNERSHIP_AND_SOCIAL_INEQUALITY_IN_SPAIN (Stand: 12.12.2020) (zitiert: *Cabré/Módenes*, Home Ownership and Social Inequalities).

Carrasco Perera, Ángel Francisco

Comentarios al Proyecto de Ley de reforma de los arrendamientos de viviendas, Revista CESCO de Derecho de Consumo 4/2012, S. 118 ff., abrufbar unter: https://www.revista.uclm.es/index.php/cesco/article/view/160 (Stand: 12.12.2020) (zitiert: *Carrasco Perera*, Revista CESCO de Derecho de Consumo 4/2012).

Centre de recherche de droit privé de la Faculté de droit de Nancy (Université de Nancy 2)

Le Code civil français – Évolution des textes depuis 1804, Paris 2000 (zitiert: Centre de recherche de droit privé de Nancy, Le Code civil).

Coing, Helmut

Die Rezeption des römischen Rechts in Frankfurt am Main – Ein Beitrag zur Rezeptionsgeschichte, Frankfurt am Main 1939 (zitiert: *Coing*, Rezeption des römischen Rechts).

Crome, Carl

Die juristische Natur der Miethe nach dem Deutschen Bürgerlichen Gesetzbuch, in: Jherings Jahrbücher für die Dogmatik des bürgerlichen Rechts, Bd. 37 (zitiert: *Crome,* Die juristische Natur der Miethe).

Degenkolb, Heinrich

Platzrecht und Miethe, Berlin 1867 (zitiert: *Degenkolb,* Platzrecht und Miethe).

Domínguez Luelmo, Andrés (Dir.)

Comentarios a la Ley Hipotecaria, 1. Auflage, Valladolid 2013 (zitiert: Comentarios Ley Hipotecaria-*Bearbeiter*).

Dötsch, Wolfgang

Der "Baukostenzuschuss" und sonstige Mietvorauszahlungen in Veräußerungskonstellationen, Neue Zeitschrift für Miet- und Wohnungsrecht 2012, 296 ff. (zitiert: *Dötsch,* NZM 2012, 296).

Egner, Björn/ Georgakis, Nikolaos u.a.

Wohnungspolitik in Deutschland. Positionen-Akteure-Instrumente, 1. Auflage, Darmstadt 2004 (zitiert: *Egner/Georgakis u.a.,* Wohnungspolitik in Deutschland. Positionen. Akteure. Instrumente).

Eisenhardt, Ulrich

Deutsche Rechtsgeschichte, München 1984 (zitiert: *Eisenhardt,* Rechtsgeschichte).

Emmerich, Volker

Dissonante Begleitmusik zum In-Kraft-Treten des „neuen Mietrechts", Neue Zeitschrift für Miet- und Wohnungsrecht 2001, 777 ff. (zitiert: *Emmerich,* NZM 2001, 777).

Emmerich, Volker

Forum – Mietrechtsreform 2000, Juristische Schulung 2000, 1051 ff. (zitiert: *Emmerich,* JuS 2000, 1051).

Emmerich, Volker

Schuldrecht: Änderung der Rechtsprechung zur analogen Anwendung des § 566 Abs. 1 BGB, Juristische Schulung 2017, 1213 ff. (zitiert: *Emmerich,* JuS 2017, 1213).

Fischer, Otto

Soll Kauf Pacht und Miethe brechen? Ein Gutachten, dem Deutschen Juristentag erstattet; zugleich ein Beitrag zur Geschichte und Dogmatik von Pacht und Miethe, Berlin u.a. 1888 (zitiert: *Fischer,* Gutachten 19. DJT).

Fuentes-Lojo Lastres, Alejandro

Ley de Arrendamientos Urbanos, 1. Auflage, Madrid 2013 (zitiert: *Fuentes-Lojo Lastres,* Ley de Arrendamientos Urbanos).

Geller, Leo

Die Miethe. Eine civilistische Studie, in: Zeitschrift für das Privat- und öffentliche Recht der Gegenwart, hrsg. von Grünhut 5/313 ff. (zitiert: *Geller*, in: GrünhutsZ 5, 313).

Genius, Klaus

Der Bestandsschutz des Mietverhältnisses in seiner historischen Entwicklung bis zu den Naturrechtskodifikationen, Stuttgart 1972 (zitiert: *Genius*, Der Bestandsschutz des Mietverhältnisses).

Gierke, Otto

Der Entwurf eines bürgerlichen Gesetzbuchs und das deutsche Recht, Leipzig 1889 (zitiert: *Gierke*, Entwurf eines deutschen Gesetzbuches).

Gierke, Otto

Die soziale Aufgabe des Privatrechts, Vortrag gehalten am 5. April 1889 in der juristischen Gesellschaft zu Wien, Berlin/ Heidelberg 1889 (zitiert: *Gierke*, Soziale Aufgabe).

Giger, Hans

Berner Kommentar – Kommentar zum schweizerischen Privatrecht: Schweizerisches Zivilgesetzbuch, Das Obligationenrecht, Die Miete, Art. 253–273c OR, Band I, Grundsatzanalyse, Vorbemerkungen und Art. 253–255 OR, 1. Auflage, Bern 2013 (zitiert: BK-*Giger*).

González Carrasco, Carmen

El nuevo régimen de los arrendamientos de vivienda tras la Ley de medidas de flexibilización y fomento del mercado de alquiler, Revista CESCO de Derecho de Consumo 6/2013, S. 170 ff., abrufbar unter: https://www.revista.uclm.es/index.php/cesco/article/view/315 (Stand: 12.12.2020) (zitiert: *González Carrasco*, Revista CESCO de Derecho de Consumo 6/2013).

Haack, Thomas

Otto von Gierkes Kritik am ersten Entwurf des Bürgerlichen Gesetzbuches, Frankfurt am Main u.a. 1997, zugl. Göttingen, Univ., Diss., 1996 (zitiert: *Haack*, Otto von Gierkes Kritik am ersten Entwurf des BGB).

Hartmann, Peter Claus/ Bruckmüller, Ernst (Hrsg.)

Putzger – Historischer Weltatlas, 103. Auflage, Berlin 2001 (zitiert: *Putzger* – Historischer Weltatlas).

Hattenhauer, Hans

Bricht Miete Kauf?, Neue Zeitschrift für Miet- und Wohnungsrecht 2003, 666 ff. (zitiert: *Hattenhauer*, NZM 2003, 666).

Hattenhauer, Hans

Die geistesgeschichtlichen Grundlagen des deutschen Rechts: zwischen Hierarchie und Demokratie, 3. Auflage, Heidelberg 1983 (zitiert: *Hattenhauer,* Die geistesgeschichtlichen Grundlagen des deutschen Rechts).

Hau, Wolfgang

Vollharmonisierung und Gebrauchsüberlassungsverträge, JuristenZeitung 2010, 553 ff. (zitiert: *Hau,* JZ 2010, 553).

Häublein, Martin/ Lehmann-Richter, Arnold

Mieterschutz in der Bundesrepublik Deutschland, Wohnrechtliche Blätter 12/ 2009, 361 ff. (zitiert: *Häublein/Lehmann-Richter,* wobl 12/2009, 361).

Heger, Martin

Recht im "Alten Reich" – Der Usus modernus, Zeitschrift für das Juristische Studium 2010, 29 ff. (zitiert: *Heger,* ZJS 2010, 29).

Henning, Friedrich-Wilhelm

Die Industrialisierung in Deutschland 1800 bis 1914, 7. Auflage, Paderborn 1989 (zitiert: *Henning,* Industrialisierung in Deutschland 1800 bis 1914).

Herrlein, Jürgen

100 Jahre "Mietpreisbremse" – Entwicklungslinien in Politik und Recht 1916 bis 2016, Neue Zeitschrift für Miet- und Wohnungsrecht 2016, 1 ff. (zitiert: *Herrlein,* NZM 2016, 1).

Higi, Peter

Zürcher Kommentar zum schweizerischen Zivilgesetzbuch, Obligationenrecht, Vorbemerkungen zum 8. Titel (Art. 253–273c OR), Art. 253–265 OR. Die Miete, 5. Auflage, Zürich 2019 (zitiert: ZK-*Higi*).

Hintze, F.

Der Satz "Kauf bricht Miethe" im römischen Recht, Diss. Rostock, 1888 (zitiert: *Hintze,* Kauf bricht Miethe).

Honsell, Heinrich/ Vogt, Nedim Peter/ Wiegand, Wolfgang (Hrsg.)

Basler Kommentar, Obligationenrecht I, Art. 1–529 OR, 7. Auflage, Basel 2020 (zitiert: BSK OR I-*Bearbeiter*).

Honsell, Heinrich/ Mayer-Maly, Theo/ Selb, Walter

Römisches Recht, 4. Auflage, Berlin u.a. 1987 (zitiert: *Honsell/Mayer-Maly/Selb,* Römisches Recht).

Hornung, Katrin

Die öffentlich-rechtliche Durchdringung des Wohnraummietrechts – Entwicklung des sozialen Mietrechts am Ende des Kaiserreichs und in der Weimarer Republik, Diss. Hamburg 2011 (zitiert: *Hornung,* Die öffentlich-rechtliche Durchdringung des Wohnraummietrechts).

Huber, Eugen

System und Geschichte des schweizerischen Privatrechts, 4. Band, 1. Auflage, Basel 1893 (zitiert: *Huber,* System und Geschichte des schweizerischen Privatrechts).

Hürlimann-Kaup, Bettina

Grundfragen des Zusammenwirkens von Miete und Sachenrecht, Habilitationsschrift Univ. Luzern, Zürich 2008 (zitiert: *Hürlimann-Kaup,* Grundfragen des Zusammenwirkens von Miete und Sachenrecht).

juris PraxisKommentar

Beckmann, Roland Michael (Hrsg.), BGB, Bd. 2.2, Schuldrecht (Teil 2: §§ 433 bis 630h), 7. Auflage, Saarbrücken 2015 (zitiert: jurisPK-BGB/*Bearbeiter*).

Jüttner, Bernhard

Zur Geschichte des Grundsatzes „Kauf bricht nicht Miete", Diss. Münster 1960 (zitiert: *Jüttner,* Zur Geschichte des Grundsatzes).

Kaser, Max

Das römische Privatrecht I, in: Bengston, Hermann (Hrsg.), Handbuch der Altertumswissenschaft, Abt.10, Rechtsgeschichte des Altertums, 3. Teil, 3. Band, 1. Abschnitt, 2. Auflage, München 1971 (zitiert: *Kaser,* Das römische Privatrecht I).

Kaser, Max

Das römische Privatrecht II, in: Bengston, Hermann (Hrsg.), Handbuch der Altertumswissenschaft, Abt.10, Rechtsgeschichte des Altertums, 3. Teil, 3. Band, 2. Abschnitt, 2. Auflage, München 1975 (zitiert: *Kaser,* Das römische Privatrecht II).

Kaser, Max/ Knütel, Rolf

Römisches Privatrecht, Ein Studienbuch, 19. Auflage, München 2008 (zitiert: *Kaser/Knütel,* Römisches Privatrecht).

Kaufmann, Horst

Die altrömische Miete – Ihre Zusammenhänge mit Gesellschaft, Wirtschaft und staatlicher Vermögensverwaltung, Köln/Graz 1964 (zitiert: *Kaufmann,* Die altrömische Miete).

Kiefner, H.

Kiefner, in: Erler, Adalbert/ Kauffmann, Ekkehard (Hrsg.), Handwörterbuch zur deutschen Rechtsgeschichte, Bd. 4, Berlin 1990 (zitiert: *Kiefner*, in: Handwörterbuch deutsche Rechtsgeschichte).

Kletecka, Andreas/ Oberhammer, Paul/ Wall, Andrea (Hrsg.)

Soziales Mietrecht in Europa, Wien 2011 (zitiert: *Kletecka/Oberhammer/Wall*, Soziales Mietrecht in Europa).

Kocka, Jürgen

Das lange 19. Jahrhundert – Arbeit, Nation und bürgerliche Gesellschaft, in: Gebhardt Handbuch der deutschen Geschichte, Bd. 13, 10. Auflage, Stuttgart 2004 (zitiert: *Kocka,* 19. Jahrhundert).

Koschaker, Paul

Europa und das Römische Recht, 4. Auflage, München und Berlin 1966 (zitiert: *Koschaker,* Europa und das Römische Recht).

Krause, Peter

Das gemeine Recht und seine Kodifikation durch das Allgemeine Landrecht, in: Jörg Wolff (Hrsg.), Das Preußische Allgemeine Landrecht. Politische, rechtliche und soziale Wechsel- und Fortwirkungen, Heidelberg 1995 (zitiert: *Krause,* Das gemeine Recht und seine Kodifikation durch das Allgemeine Landrecht).

Kroeschell, Karl

Deutsche Rechtsgeschichte, Bd. 3: Seit 1650, 5. Auflage, Köln/ Weimar/ Wien 2008 (zitiert: *Kroeschell,* Deutsche Rechtsgeschichte Bd. 3).

Kuntze, Johannes Emil

Theorie und Casuistik des gemeinen Civilrechts. Ein Handbuch für Praktiker verfasst von Rudolph Freiherr von Holzschuher, 3. Bd. (Obligationenrecht), 3. Auflage (nach dem Tode des Verfassers besorgt von Johannes Emil Kuntzke), Leipzig 1864 (zitiert: *Kuntzke,* Theorie und Casuistik).

Lachat David et al./ Mieterinnen- und Mieterverband Deutschschweiz (Hrsg.)

Das Mietrecht für die Praxis, 9. Auflage, Zürich 2016 (zitiert: Lachat/*Bearbeiter*, Mietrecht für die Praxis).

Lammel, Siegbert

Vom BGB zum BGB – Das soziale Mietrecht im Wandel der Zeiten, in: Börstinghaus, Ulf P./ Eisenschmid, Norbert (Hrsg.), Theorie und Praxis des Miet- und Wohnungseigentumsrechts, Festschrift für Hubert Blank zum 65. Geburtstag, München 2006 (zitiert: *Lammel,* in: FS für Blank zum 65. Geburtstag).

Lammel, Siegbert

Gewerberaummiete: Fehlende Identität zwischen Vermieter und Veräußerer bei Grundstücksveräußerung, juris PraxisReport Mietrecht 20/2017 Anm. 3 (zitiert: *Lammel*, jurisPR-MietR 20/2017 Anm. 3).

Lang, Thomas/Hauff, Claudia

Anmerkung zu einer Entscheidung des BGH, Urteil vom 12.07.2017 (XII ZR 26/16) – Zum Eintritt des Grundstückserwerbers in den Mietvertrag, wenn Veräußerer und Vermieter personenverschieden sind, Zeitschrift für Immobilienrecht 2017, 733 f. (zitiert: *Lang/Hauff*, ZfIR 2017, 733).

Langewiesche, Dieter

Wanderungsbewegungen in der Hochindustrialisierungsperiode. Regionale, interstädtische und innerstädtische Mobilität in Deutschland 1880–1914, in: Brunner, Otto u.a. (Hrsg.), Vierteljahrschrift für Sozial- und Wirtschaftsgeschichte Bd. 6, Stuttgart 1977 (zitiert: *Langewiesche,* in: Vierteljahrschrift für Sozial- und Wirtschaftsgeschichte 64 (1977)).

Lévy, Jean-Philippe/ Castaldo, André

Histoire du droit civil, 2. Auflage, Paris 2010 (zitiert: *Lévy/Castaldo,* Histoire du droit civil).

Lindner-Figura, Jan/Reuter, Ulla

Die Entwicklung des Gewerberaummietrechts 2017, Neue Juristische Wochenschrift 2018, 1060 ff. (zitiert: *Lindner-Figura/Reuter,* NJW 2017, 1060).

Matzerath, Horst

Urbanisierung in Preußen 1815–1914, Stuttgart 1985 (zitiert: *Matzerath,* Urbanisierung in Preußen 1815–1914).

Molina Roig, Elga

National Report for Spain, Beitrag zum Research Project "TENLAW: Tenancy Law and Housing Policy in Multi-level Europe" der Universität Bremen, 2012–2015, abrufbar unter: https://www.uni-bremen.de/jura/tenlaw-tenancy-law-and-housing-policy-in-multi-level-europe/reports/reports (Stand: 12.12.2020) (zitiert: *Molina Roig,* National Report for Spain).

Moser-Lange, Laura Victoria

Analoge Anwendung des § 566 Abs. 1 BGB bei fehlender Identität zwischen Vermieter und Veräußerer, Juristische Ausbildung 2018, 384 ff. (zitiert: *Moser-Lange,* JURA 2018, 384).

Mugdan, Benno

Die gesammten Materialien zum Bürgerlichen Gesetzbuch für das Deutsche Reich, II. Band Recht der Schuldverhältnisse, Berlin 1899 (zitiert: *Mugdan,* Die gesammten Materialien zum BGB).

Müller-Chen, Markus/ Huguenin, Claire (Hrsg.)

Handkommentar zum Schweizer Privatrecht, Vertragsverhältnisse Teil 1: Innominatkontrakte, Kauf, Tausch, Schenkung, Miete, Leihe, 3. Auflage, Zürich 2016 (zitiert: CHK-*Bearbeiter*).

Münchener Kommentar

Säcker, Franz Jürgen/ Rixecker, Roland/ Oetker, Hartmut/ Limperg, Bettina (Hrsg.), Kommentar zum Bürgerlichen Gesetzbuch, Mehrere Bände, Band 3 (§§ 311–432), 8. Auflage, München 2019; Band 4 (§§ 535–630), 7. Auflage, München 2016 (zitiert: MüKoBGB/*Bearbeiter*).

Nipperdey, Thomas

Deutsche Geschichte 1800–1866: Bürgerwelt und starker Staat, München 1983 (zitiert: *Nipperdey*, Deutsche Geschichte 1800–1866).

Ortega Sánchez, D. Felipe

Los derechos de los arrendatarios de fincas urbanas en la gestión del planeamiento urbanístico, Rede anlässlich der Verleihung der Mitgliedschaft in der Real Academia de Legislación y Jurisprudencia de Murcia, Murcia 1995, abrufbar unter: http://www.ralyjmurcia.es/sites/default/files/N%C3%BAmero%20 19.1995.Don%20Felipe%20Ortega%20Sanchez.pdf (Stand: 12.12.2020) (zitiert: *Ortega Sánchez*, Los derechos de los arrendatarios de fincas urbanas).

Oser, Hugo

Zürcher Kommentar zum schweizerischen Zivilgesetzbuch, Das Obligationenrecht, Art. 1–529 OR, 1. Auflage, Zürich 1915 (zitiert: ZK-*Oser*).

Osterhammel, Jürgen

Das 19. Jahrhundert, in: Information zur politischen Bildung Nr. 315/2012 (zitiert: *Osterhammel*, Das 19. Jahrhundert).

Otto, Carl/ Schilling, Bruno/ Sintenis, Carl Friedrich Ferdinand

Das Corpus Juris Civilis ins Deutsche übersetzt, Bd. V, Leipzig, 1832 (zitiert: *Otto/Schilling/Sintenis*, Corpus Juris Civilis).

Palandt, Otto (Bgr.)

Kommentar zum Bürgerlichen Gesetzbuch mit Nebengesetzen, 79. Auflage, München 2020 (zitiert: Palandt/*Bearbeiter*).

Pérez Conesa, Carmen

Arrendamientos de Viviendas y Desahucios: Su Reforma – estudio de las modificaciones introducidas por la Ley 4/2013 de 4 de junio, Pamplona 2013 (zitiert: *Pérez Conesa*, Arrendamientos de Viviendas y Desahucios).

Perez-Pujazón, Encarnación/ Trigo Sierra, Eduardo

Novedades introducidas por la Ley 4/2013, de 4 de junio, de medidas de flexibilización y fomento del mercado del alquiler de viviendas en la legislación arrendaticia, Actualidad Jurídica Uría Menéndez 36/2014, S. 80 ff., abrufbar unter: http://www.uria.com/es/publicaciones/listado-revistas/42/numero36. html (Stand: 12.12.2020) (zitiert: *Perez-Pujazón/Trigo Sierra*, Actualidad Jurídica Uría Menéndez 36/2014, 80).

Pieper, Helmut

Vertragsübernahme und Vertragsbeitritt: zugleich ein Beitrag zur Lehre vom Vertragsverhältnis, Köln, Berlin 1963 (zitiert: *Pieper*, Vertragsübernahme und Vertragsbeitritt).

Piotet, Denis

Le principe "la vente ne rompt pas le bail" et le système général des droits réels, Bern 1993 (zitiert: *Piotet*, Le principe).

Pöhlmann, Robert

Die Übervölkerung der antiken Grossstädte im Zusammenhang mit der Gesamtentwicklung städtische Civilisation dargestellt, Leipzig 1884 (zitiert: *Pöhlmann*, Die Übervölkerung der antiken Grossstädte).

Quaisser, Friederike

Mietrecht im 19. Jahrhundert: ein Vergleich der mietrechtlichen Konzeptionen im Allgemeinen Landrecht für die preußischen Staaten von 1794 und dem gemeinen Recht, Frankfurt am Main 2005 (zitiert: *Quaisser*, Mietrecht im 19. Jahrhundert).

Quicios Molina, María Susana

La reforma de los arrendamientos urbanos, según el Proyecto de Ley de medidas de flexibilización y fomento del mercado del alquiler de viviendas, de 31 de agosto de 2013, Aranzadi civil-mercantil. Revista doctrinal 8/2012, S. 31 ff. (zitiert: *Quicios Molina*, La reforma de los arrendamientos urbanos, Aranzadi civil-mercantil. Revista doctrinal 8/2012, 31).

Roncoroni, Giacomo

Die Auswirkungen des Eigentümerwechsels auf den Mietvertrag, mietrechtspraxis 4/05, S. 195 ff. (zitiert: *Roncoroni*, mp 4/05, 195).

Rückert, Joachim

Bernhard Windscheid und seine Jurisprudenz als solche im liberalen Rechtsstaat (1817–1892), Juristische Schulung 1992, 902 ff. (zitiert: *Rückert*, JuS 1992, 902).

Sánchez Jordán, Elena

Soziales Mietrecht in Spanien, Wohnrechtliche Blätter 2009, 65 ff. (Sánchez Jordán, wobl 2009, 65).

Savigny von, Friedrich Carl

Recht zum Besitz, Baden-Baden 2011 (Neudruck der 1. Auflage, Gießen 1803) (zitiert: *Savigny*, Recht zum Besitz).

Schmale, Wolfgang

Rechtsverhalten und Rechtsvereinheitlichung in Deutschland und Frankreich um 1800, in: Jörg Wolff (Hrsg.), Das Preußische Allgemeine Landrecht. Politische, rechtliche und soziale Wechsel- und Fortwirkungen, Heidelberg 1995 (zitiert: *Schmale*, in: Das ALR. Politische, rechtliche und soziale Wechsel- und Fortwirkungen).

Schmidt-Futterer, Wolfgang (Bgr.)

Mietrecht, Großkommentar des Wohn- und Gewerberaummietrechts, 13. Auflage 2017 (zitiert: Schmidt-Futterer/*Bearbeiter*).

Schubert, Werner

Materialien zur Entstehungsgeschichte des BGB: Einführung, Biographien, Materialien, in: Jakobs, Horst Heinrich/ Schubert, Werner (Hrsg.), Die Beratung des Bürgerlichen Gesetzbuches in systematischer Zusammenstellung der unveröffentlichten Quellen, Berlin, New York 1978 (zitiert: Jakobs/Schubert-*Schubert*, Die Beratung des BGB: Materialien zur Entstehungsgeschichte).

Schubert, Werner

Recht der Schuldverhältnisse II, §§ 433–651, in: Jakobs, Horst Heinrich/ Schubert, Werner (Hrsg.), Die Beratung des Bürgerlichen Gesetzbuches in systematischer Zusammenstellung der unveröffentlichten Quellen, Berlin, New York 1980 (zitiert: Jakobs/Schubert-*Schubert*, Die Beratung des BGB: Recht der Schuldverhältnisse II (§§ 433–651)).

Schweizerischer Verband der Immobilienwirtschaft SVIT (Hrsg.)

Schweizerisches Mietrecht, Kommentar, 4. Auflage, Zürich 2018 (zitiert: SVIT-Kommentar).

Sellert, Wolfgang

Zur Rezeption des römischen und kanonischen Rechts in Deutschland von den Anfängen bis zum Beginn der frühen Neuzeit: Überblick, Diskussionsstand und Ergebnisse, in: Boockmann, Hartmut u.a. (Hrsg.), Recht und Verfassung im Übergang vom Mittelalter zur Neuzeit, I. Teil, Bericht über Kolloquien der Kommission zur Erforschung der Kultur des Spätmittelalters 1994 bis 1994, Göttingen 1998 (zitiert: *Sellert*, in: Recht und Verfassung im Übergang vom Mittelalter zur Neuzeit, I. Teil).

Sohst, Wolfgang

Das spanische Bürgerliche Gesetzbuch, Código Civil Español und Spanisches Notargesetz, Text und Kommentar, 5. Auflage, Berlin 2013 (zitiert: *Sohst*, Das spanische BGB).

Spirig, Eugen

Zürcher Kommentar zum schweizerischen Zivilgesetzbuch, 5. Band – Das Obligationenrecht, Teilband V 1k, 1. Lieferung: Art. 164–174 OR. Die Abtretung von Forderungen und die Schuldübernahme, 3. Auflage, Zürich 1993 (zitiert: ZK-*Spirig*).

Staudinger, Julius von (Bgr.)

Kommentar zum Bürgerlichen Gesetzbuch mit Einführungsgesetz und Nebengesetzen, Mehrere Bände (zitiert: Staudinger/*Bearbeiter* mit Jahreszahl).

Stemmrich, Daniel

Die Siedlung als Programm. Untersuchungen zum Arbeiterwohnungsbau anhand Kruppscher Siedlungen zwischen 1861 und 1907, Hildesheim 1981 (zitiert: *Stemmrich*, Die Siedlung).

Streyl, Elmar

Kauf bricht nicht Miete – Grundlagen und Regelungszusammenhang der §§ 566 bis 566c BGB, Neue Zeitschrift für Miet- und Wohnungsrecht 2010, 34 ff. (zitiert: *Streyl*, NZM 2010, 343).

Teuteberg, Hans J./ Wischermann, Clemens

Wohnalltag in Deutschland 1850–1914, Bilder-Daten-Dokumente, in: Teuteberg Hans J./ Borscheid, Peter, Studien zur Geschichte des Alltags, Band 3, Münster 1985 (zitiert: *Teuteberg/Wischermann*, Wohnalltag in Deutschland 1850–1914).

Tugginer, Rudolf

Kauf bricht Miete, Diss. Bern, Solothurn 1892 (zitiert: *Tugginer*, Kauf bricht Miete).

Tuor, Peter

Das neue Recht – Eine Einführung in das Schweizerische Zivilgesetzbuch, Zürich 1912 (zitiert: *Tuor*, Das neue Recht).

Vogt, Heinrich

Das Erbbaurecht des klassischen römischen Rechts, Marburg/Lahn 1950 (zitiert: *Vogt*, Das Erbbaurecht).

Waldstein, Wolfgang/ Michael Rainer

Römische Rechtsgeschichte – Ein Studienbuch, 11. Auflage, München 2014 (zitiert: *Waldstein/Rainer*, Römische Rechtsgeschichte).

Weber, Roger

Mieterschutz in der Schweiz, Wohnrechtliche Blätter 2007/4, 93 ff. (zitiert: *Weber*, wobl 2007/4, 93).

Wehler, Hans-Ulrich

Deutsche Gesellschaftsgeschichte Bd. 2, Von der Reformära bis zur industriellen und politischen „Deutschen Doppelrevolution": 1815–1845/49, 3. Auflage, München 1996 (zitiert: *Wehler*, Deutsche Gesellschaftsgeschichte Bd. 2).

Wehler, Hans-Ulrich

Deutsche Gesellschaftsgeschichte Bd. 3, Von der „Deutschen Doppelrevolution" bis zum Beginn des Ersten Weltkrieges: 1849–1914, München 1995 (zitiert: *Wehler*, Deutsche Gesellschaftsgeschichte Bd. 3).

Weiß, Jeanette

Die Entwicklung des Mieterschutzes – Konsequenzen politischen und sozialen Wandels, Diss. Berlin 1993 (zitiert: *Weiß*, Die Entwicklung des Mieterschutzes).

Wendt, Otto

Das Faustrecht oder Besitzvertheidigung und Besitzverfolgung, in: Jahrbücher für die Dogmatik des heutigen römischen und deutschen Privatrechts, Bd. 21 (zitiert: *Wendt*, Faustrecht).

Wesenberg, Gerhard/ Wesener, Gunter

Neuere deutsche Privatrechtsgeschichte im Rahmen der europäischen Rechtsentwicklung, 4. Auflage, Wien/ Köln/ Graz 1985 (zitiert: *Wesenberg/Wesener*, Neuere deutsche Privatrechtsgeschichte).

Wieacker, Franz

Privatrechtsgeschichte der Neuzeit: unter besonderer Berücksichtigung der deutschen Entwicklung, 3. Auflage, 2016 (zitiert: *Wieacker*, Privatrechtsgeschichte der Neuzeit).

Wieacker, Franz

Römische Rechtsgeschichte – Quellenkunde, Rechtsbildung, Jurisprudenz und Rechtsliteratur, in: Bengston, Hermann (Hrsg.), Handbuch der Altertumswissenschaft, Abt.10, Rechtsgeschichte des Altertums, 3. Teil, 1. Band, 1. Abschnitt, München 1988 (zitiert: *Wieacker*, Römische Rechtsgeschichte).

Wietog, Jutta

Der Wohnungsstandard der Unterschichten in Berlin. Eine Betrachtung anhand des Mietsteuerkatasters 1848–1871 und der Wohnungsaufnahmen 1861–1871, in: Conze, Werner/ Engelhardt, Ulrich (Hrsg.), Arbeiterexistenz im 19. Jahrhundert – Lebensstandard und Lebensgestaltung deutscher Arbeiter und Handwerker, 1. Auflage, Stuttgart 1981 (zitiert: *Wietog*, in: Arbeiterexistenz im 19. Jahrhundert).

Windscheid, Bernhard

Lehrbuch des Pandektenrechts, Band 1, Nachdr. der 8. Aufl. (1990), Goldbach 1997 (zitiert: *Windscheid*, Pandektenrecht I).

Windscheid, Bernhard

Rede des antretenden Rectors Dr. Bernhard Windscheid, in: Rectoratswechsel an der Universität Leipzig am 31. Oktober 1884, Leipzig 1884 (zitiert: *Windscheid*, Rectoratswechsel).

Wolter, Udo

Mietrechtlicher Bestandsschutz – Historische Entwicklung seit 1800 und geltendes Wohnraum-Kündigungsschutzrecht, Frankfurt am Main 1984 (zitiert: *Wolter*, Mietrechtlicher Bestandsschutz).

Zimmermann, Clemens

Von der Wohnungsfrage zur Wohnungspolitik – Die Reformbewegung in Deutschland 1845–1914, Göttingen 1991 (zitiert: *Zimmermann*, Von der Wohnungsfrage zur Wohnungspolitik).

| Band | 18 | Bernadette Chaussade-Klein: Vorvertragliche "obligation de renseignements" im französischen Recht. 1992. |
|------|----|----|
| Band | 19 | Josef Sievers: Verbraucherschutz gegen unlautere Vertragsbedingungen im französischen Recht. Vom Code civil zum "Code de la consommation" – die Entstehung eines Sonderprivatrechts für Verbraucher. 1993. |
| Band | 20 | Achim Schäfer: Grenzüberschreitende Kreditsicherung an Grundstücken, unter besonderer Berücksichtigung des deutschen und italienischen Rechts. 1993. |
| Band | 21 | Eugenio Hernández-Breton: Internationale Gerichtsstandsklauseln in Allgemeinen Geschäftsbedingungen. Unter besonderer Berücksichtigung des deutsch-südamerikanischen Rechtsverkehrs (dargestellt am Beispiel Argentinien, Brasilien und Venezuela). 1993. |
| Band | 22 | Ingo Reng: Unterhaltsansprüche aufgrund nichtehelicher Lebensgemeinschaft – Internationales Privatrecht und ausländisches materielles Recht. 1994. |
| Band | 23 | Stefanie Roloff: Die Geltendmachung ausländischer öffentlicher Ansprüche im Inland. 1994. |
| Band | 24 | Katharina Ludwig: Der Vertragsschluß nach UN-Kaufrecht im Spannungsverhältnis von Common Law und Civil Law. Dargestellt auf der Grundlage der Rechtsordnungen Englands und Deutschlands. 1994. |
| Band | 25 | Malte Diesselhorst: Mehrparteienschiedsverfahren. Internationale Schiedsverfahren unter Beteiligung von mehr als zwei Parteien. 1994. |
| Band | 26 | Manfred Kost: Konsensprobleme im internationalen Schuldvertragsrecht. 1995. |
| Band | 27 | Wolff-Heinrich Fleischer: Das italienische Wettbewerbsrecht und die Probleme des selektiven Parfümvertriebs unter Berücksichtigung der Rechtslage in Frankreich und Deutschland. 1995. |
| Band | 28 | Angelika Fuchs: Lateinamerikanische Devisenkontrollen in der internationalen Schuldenkrise und Art. VIII Abschn. 2 b) IWF-Abkommen. 1995. |
| Band | 29 | Jacques Matthias Aull: Der Geltungsanspruch des EuGVÜ: "Binnensachverhalte" und Internationales Zivilverfahrensrecht in der Europäischen Union. Zur Auslegung von Art. 17 Abs. 1 S. 1 EuGVÜ. 1996. |
| Band | 30 | Hartmut Ost: EVÜ und fact doctrine. Konflikte zwischen europäischer IPR-Vereinheitlichung und der Stellung ausländischen Rechts im angelsächsischen Zivilprozeß. 1996. |
| Band | 31 | Stefan Wagner: Die Testierfähigkeit im Internationalen Privatrecht. 1996. |
| Band | 32 | Wolfgang Jakob Hau: Positive Kompetenzkonflikte im Internationalen Zivilprozeßrecht. Überlegungen zur Bewältigung von *multi-fora disputes*. 1996. |
| Band | 33 | Markus Schütz: UN-Kaufrecht und *Culpa in contrahendo*. 1996. |
| Band | 34 | Volker Geyrhalter: Das Lösungsrecht des gutgläubigen Erwerbers. Ein "vergessener" Kompromiß und die Auswirkungen auf das heutige deutsche Recht unter besonderer Berücksichtigung des internationalen Sachenrechts. 1996. |
| Band | 35 | Andreas Kramer: Abwicklungsstörungen bei Kaufverträgen. Die Lieferung vertragswidriger Sachen im deutschen und italienischen Recht. 1996. |
| Band | 36 | Petra Krings: Erfüllungsmodalitäten im internationalen Schuldvertragsrecht. 1997. |
| Band | 37 | Tonja Gaibler: Der rechtsgeschäftliche Irrtum im französischen Recht. 1997. |

Band 38 Dirk Otto: Rechtsspaltung im indischen Erbrecht. Bedeutung und Auswirkungen auf deutsch-indische Nachlaßfälle. 1997.

Band 39 Gregor W. Decku: Zwischen Vertrag und Delikt. Grenzfälle vertraglicher und deliktischer Haftung dargestellt am Beispiel der Berufs- und Expertenhaftung zum Schutze des Vermögens Dritter im deutschen und englischen Recht. 1997.

Band 40 Gregor W. Decku: Zwischen Vertrag und Delikt. Grenzfälle vertraglicher und deliktischer Haftung dargestellt am Beispiel der Berufs- und Expertenhaftung zum Schutze des Vermögens Dritter im deutschen und englischen Recht. 1997.

Band 41 Ulrike Höpping: Auswirkungen der Warenverkehrsfreiheit auf das IPR unter besonderer Berücksichtigung des Internationalen Produkthaftungsrechts und des Internationalen Vertragsrechts. 1997.

Band 42 Helene Boriths Müller: Die Umsetzung der europäischen Übereinkommen von Rom und Brüssel in das Recht der Mitgliedstaaten. Dargestellt am Beispiel Deutschlands und Dänemarks. 1997.

Band 43 Bernd von Hoffmann / Myong-Chang Hwang (eds.): The Public Concept of Land Ownership. Reports and Discussions of a German-Korean Symposium held in Seoul on October 7-9, 1996. 1997.

Band 44 Oliver Heeder: Fraus legis. Eine rechtsvergleichende Untersuchung über den Vorbehalt der Gesetzesumgehung in Deutschland, Österreich, der Schweiz, Frankreich und Belgien unter besonderer Berücksichtigung des Internationalen Privatrechts. 1998.

Band 45 Heinrich Schütt: Deliktstyp und Internationales Privatrecht. Dargestellt an grenzüberschreitenden Problemen der Arzthaftung. 1998.

Band 46 Axel Steiner: Die stillschweigende Rechtswahl im Prozeß im System der subjektiven Anknüpfungen im deutschen Internationalen Privatrecht. 1998.

Band 47 Martina Schulz: Der Eigentumsvorbehalt in europäischen Rechtsordnungen. Rechtsvergleichende Untersuchung des deutschen, englischen und französischen Rechts unter besonderer Berücksichtigung von Erweiterungen und Verlängerungen. 1998.

Band 48 Karin Dreher: Die Rechtswahl im internationalen Erbrecht. Unter besonderer Berücksichtigung des italienischen IPR-Reformgesetzes N. 218 vom 31. Mai 1995. 1999.

Band 49 Giuliano Gabrielli: Das Verhältnis zwischen der Anfechtung wegen Eigenschaftsirrtums und den Gewährleistungsansprüchen im deutschen, österreichischen und italienischen Recht. 1999.

Band 50 Bernd von Hoffmann / Myong-Chan Hwang (eds.): Developments in Land Law. Reports and Discussions of a German-Korean Symposium held in Berlin and Trier on July 21-24, 1997. 1999.

Band 51 Volker Heidbüchel: Das UNCITRAL-Übereinkommen über unabhängige Garantien und Standby Letters of Credit. Vergleiche mit den Richtlinien der Internationalen Handelskammer, dem deutschen, englischen und US-amerikanischen Recht. 1999.

Band 52 Jan Christoph Nordmeyer: Pflichtteilsansprüche und Wiedervereinigung. Eine systematische Analyse der Ausgleichsansprüche nach BGB-Pflichtteilsrecht unter besonderer Berücksichtigung der durch den Wiedervereinigungsprozeß eingetretenen Wertveränderungen. 1999.

Band 53 Bettina Linder: Vertragsabschluß beim grenzüberschreitenden Verbraucherleasing. 1999.

Band 54 Almontasser Fetih: Die zivilrechtliche Haftung bei Vertragsverhandlungen. Eine rechtsvergleichende Studie zum deutschen, französischen, ägyptischen und islamischen Recht. 2000.

Band 55 Sona Rajani: Die Geltung und Anwendung des Gemeinschaftsrechts im Vereinigten Königreich von Großbritannien und Nordirland. Der Grundsatz der Parlamentssouveränität im Wandel. 2000.

Band 56 Joachim Kayser: Gegenmaßnahmen im Außenwirtschaftsrecht und das System des europäischen Kollisionsrechts. Eine Analyse der EU-Abwehrverordnung gegen die Auswirkungen extraterritorialer Rechtserstreckung eines Drittlandes. 2001.

Band 57 Albrecht Conrad: Qualifikationsfragen des Trust im Europäischen Zivilprozeßrecht. 2001.

Band 58 Bernd Borgmann: Die Entsendung von Arbeitnehmern in der Europäischen Gemeinschaft. Wechselwirkungen zwischen Kollisionsrecht, Grundfreiheiten und Spezialgesetzen. 2001.

Band 59 Aleksandar Jaksic: Arbitration and Human Rights. 2002.

Band 60 Islamisches und arabisches Recht als Problem der Rechtsanwendung. Symposium zu Ehren von Professor Emeritus Dr. iur. Omaia Elwan. Veranstaltet vom Institut für ausländisches und internationales Privat- und Wirtschaftsrecht der Universität Heidelberg und der Gesellschaft für Arabisches und Islamisches Recht e.V. Herausgegeben von Herbert Kronke, Gert Reinhart und Nika Witteborg. 2001.

Band 61 Patrick Fiedler: Stabilisierungsklauseln und materielle Verweisung im internationalen Vertragsrecht. 2001.

Band 62 Werner Mangold: Die Abtretung im Europäischen Kollisionsrecht. Unter besonderer Berücksichtigung des spanischen Rechts. 2001.

Band 63 Eike Dirk Eschenfelder: Beweiserhebung im Ausland und ihre Verwertung im inländischen Zivilprozess. Zur Bedeutung des US-amerikanischen discovery-Verfahrens für das deutsche Erkenntnisverfahren. 2002.

Band 64 Bernd Ehle: Wege zu einer Kohärenz der Rechtsquellen im Europäischen Kollisionsrecht der Verbraucherverträge. 2002.

Band 65 Heiko Lehmkuhl: Das Nacherfüllungsrecht des Verkäufers im UN-Kaufrecht. 2002.

Band 66 Jochen Nikolaus Schlotter: Erbrechtliche Probleme in der Société Privée Européenne. IPR-Harmonisierung im einheitlichen Europäischen Rechtsraum. 2002.

Band 67 Konrad Ost: Doppelrelevante Tatsachen im Internationalen Zivilverfahrensrecht. Zur Prüfung der internationalen Zuständigkeit bei den Gerichtsständen des Erfüllungsortes und der unerlaubten Handlung. 2002.

Band 68 Tobias Bosch: Die Durchbrechungen des Gesamtstatuts im internationalen Ehegüterrecht. Unter besonderer Berücksichtigung deutsch-französischer Rechtsfälle. 2002.

Band 69 Ursula Philipp: Form im amerikanischen Erbrecht. Zwischen Formalismus und harmless error. 2002.

Band 70 Christian Stefan Wolf: Der Begriff der wesentlich engeren Verbindung im Internationalen Sachenrecht. 2002.

Band 71 André Fomferek: Der Schutz des Vermögens Minderjähriger. Ein Vergleich des deutschen und des englischen Rechts unter Berücksichtigung des schottischen und irischen Rechts. 2002.

Band 72 nicht erschienen

Band 73    Markus Dreißigacker: Sprachenfreiheit im Verbrauchervertragsrecht. Der Verbraucher im Spannungsfeld zwischen kultureller Identität und Privatautonomie. 2002.

Band 74    Vassiliki Myller-Igknay: Auskunftsansprüche im griechischen Zivilrecht. Auswirkungen im deutsch-griechischen Rechtsverkehr sowie im deutschen internationalen Privat- und Verfahrensrecht. 2003.

Band 75    Stefan Bruinier: Der Einfluss der Grundfreiheiten auf das Internationale Privatrecht. 2003.

Band 76    Nika Witteborg: Das gemeinsame Sorgerecht nichtverheirateter Eltern. Eine Untersuchung im soziologischen, rechtsgeschichtlichen, verfassungsrechtlichen, rechtsvergleichenden und internationalen Kontext. 2003.

Band 77    Peter Stankewitsch: Entscheidungsnormen im IPR als Wirksamkeitsvoraussetzungen der Rechtswahl. 2003.

Band 78    Jan Wilhelm Ritter: Euro-Einführung und IPR unter besonderer Berücksichtigung nachehelicher Unterhaltsverträge. Eine Untersuchung mit Blick auf das deutsche, französische und schweizerische Recht. 2003.

Band 79    Wolf Richard Herkner: Die Grenzen der Rechtswahl im internationalen Deliktsrecht. 2003.

Band 80    Ira Ditandy: Internationale Zuständigkeit. Neuregelung durch die LOPJ 1985. Vergleich mit dem europäischen Vorbild und Auswirkungen auf das spanische internationale Zivilverfahrensrecht. 2003.

Band 81    Andrea Verena Schefold: Werbung im Internet und das deutsche Internationale Privatrecht. 2004.

Band 82    Klaus Herkenrath: Die Umsetzung der Richtlinie 93/13/EWG über missbräuchliche Klauseln in Verbraucherverträgen in Deutschland, dem Vereinigten Königreich, Frankreich und Italien. Auswirkungen nationaler Umsetzungstechniken auf dem Harmonisierungserfolg. 2003.

Band 83    Alexander Thünken: Das kollisionsrechtliche Herkunftslandprinzip. 2003.

Band 84    Barbara v. Daumiller: Die Rechtswahl im italienischen internationalen Erbrecht: und ihre Auswirkungen im deutsch-italienischen Rechtsverkehr. 2003.

Band 85    Robert Mödl: Macht, Verantwortlichkeit und Zurechnung im Konzern. Eine rechtsvergleichende Untersuchung auf der Grundlage des deutschen, spanischen und US-amerikanischen Rechts. 2003.

Band 86    Ursula Kerpen: Das Internationale Privatrecht der Persönlichkeitsrechtsverletzungen. Eine Untersuchung auf rechtsvergleichender Grundlage. 2003.

Band 87    Barbara Ploeckl: Umgangsrechtsstreitigkeiten im deutsch-französischen Rechtsverkehr. Bestehende internationale und nationale Regelungen und der geplante europäische Besuchstitel. 2003.

Band 88    Katrin Wannemacher: Die Außenkompetenzen der EG im Bereich des Internationalen Zivilverfahrensrechts. Der räumliche Anwendungsbereich des Art. 65 EGV am Beispiel der EuGVO und der EheVO. 2003.

Band 89    Maren B. Eilinghoff: Das Kollisionsrecht der ungerechtfertigten Bereicherung nach dem IPR-Reformgesetz von 1999. 2004.

Band 90    Patrick Niehr: Die zivilprozessuale Dokumentenvorlegung im deutsch-englischen Rechtshilfeverkehr nach der deutschen und der englischen Prozessrechtsreform. 2004.

Band 125 Christian Bank: Präventivmaßnahmen börsennotierter Gesellschaften zur Abwehr feindlicher Übernahmeversuche in Deutschland und Großbritannien. Eine rechtsvergleichende Untersuchung des deutschen und britischen Rechts unter Berücksichtigung der Europäischen Übernahmerichtlinie. 2006.

Band 126 Christian Weis: Kaufrechtliche Gewährleistung und Garantievergabe in Deutschland und Spanien. Unter besonderer Berücksichtigung des Unternehmenskaufs. 2006.

Band 127 Emilio Maus Ratz: Der Nacherfüllungsanspruch nach UN-Kaufrecht. Im Lichte der deutschen, spanisch-mexikanischen und US-amerikanischen Rechtswissenschaft. 2006.

Band 128 Constanze Jacobs: Die Sachmängelgewähr im deutschen und belgischen Kaufrecht nach Umsetzung der Verbrauchsgüterkauf-Richtlinie. 2006.

Band 129 Ulrike Teichert: Lückenfüllung im CISG mittels UNIDROIT-Prinzipien – Zugleich ein Beitrag zur Wählbarkeit nichtstaatlichen Rechts. 2007.

Band 130 Sascha Reichardt: Internationale Zuständigkeit im Gerichtsstand der unerlaubten Handlung bei Verletzung europäischer Patente. 2006.

Band 131 Bilgehan Cetiner: Die Sachmängelhaftung des Verkäufers im UN-Kaufrecht und im neuen deutschen Schuldrecht. Eine rechtsvergleichende Studie. 2006.

Band 132 Jan Streer: Die Umsetzung der Verbrauchsgüterkaufrichtlinie im englischen Recht durch die Sale and Supply of Goods to Consumer Regulations 2002. 2007.

Band 133 Kathrin Wannenmacher: Einstweilige Maßnahmen im Anwendungsbereich von Art. 31 EuGVVO in Frankreich und Deutschland: Eine Betrachtung ausgesuchter Verfahren des einstweiligen Rechtsschutzes im internationalen Zivilverfahrensrecht – gerichtliche Zuständigkeit, Anerkennung und Vollstreckung. 2007.

Band 134 Wim Kreytenberg: Die individuelle Schwerpunktbestimmung internationaler Schuldverträge nach der Ausweichklausel des Artikel 4 Absatz 5 Satz 2 EVÜ. Ein Beitrag zur Förderung von Rechtssicherheit und Einzelfallgerechtigkeit im europäischen Kollisionsrecht der Schuldverträge. 2007.

Band 135 Nikolaus Geiben: Der Vorvertrag im Internationalen Privatrecht. Unter besonderer Berücksichtigung des Immobilienerwerbs im portugiesischen und brasilianischen Recht. 2007.

Band 136 Predrag Maksimovic: Der Kapitalschutz im europäischen, serbischen und deutschen Recht der Gesellschaft mit beschränkter Haftung. 2007.

Band 137 Alexander Rathenau: Die Anwendung des EuGVÜ durch portugiesische Gerichte unter Berücksichtigung des autonomen internationalen Zivilverfahrensrechts. 2007.

Band 138 Matthias Creydt: Die Besicherung von Weltraumvermögenswerten. Ein neues einheitliches internationales Sicherungsrecht und dessen Vergleich zum US-amerikanischen Mobiliarsicherungsrecht. 2007.

Band 139 Oliver Borkhardt: Registerpublizität und Kollisionsrecht besitzloser Mobiliarsicherheiten nach dem neuen Art. 9 UCC. 2007.

Band 140 Jens Engelmann-Pilger: Deliktische Haftung für das Fehlverhalten Dritter im Common Law. 2007.

Band 141 Bastian Rotmann: Der Schutz des Dritten in der europäischen Mobiliarzwangsvollstreckung. Eine rechtsvergleichende Untersuchung vor dem Hintergrund der Verordnung (EG) Nr. 805/2004 zur Einführung eines Europäischen Vollstreckungstitels für unbestrittene Forderungen. 2007.

Band 158 Julia-Marie Oppermann: Internationale Handelsschiedsgerichtsbarkeit und Verjährung. 2009.

Band 159 Stephan Boese: Strukturprinzipien im Gläubigerschutz. Eine rechtsvergleichende Untersuchung zur GmbH und zur englischen Limited Company. 2009.

Band 160 Thomas Rosa: Das Kaufrecht nach dem Zivilgesetzbuch der Tschechischen und Slowakischen Republik. Eine rechtsvergleichende Darstellung im Lichte des deutschen Bürgerlichen Gesetzbuches. 2009.

Band 161 Roland Weis: Rechnungslegungspflichten von EU-Scheinauslandsgesellschaften im Land ihrer tatsächlichen wirtschaftlichen Betätigung. Insbesondere im Hinblick auf in Deutschland tätige englische Limiteds. 2009.

Band 162 Henning Frase: "Leoninische Vereinbarungen" und Ergebnisbeteiligungspflicht im deutschen und italienischen Gesellschaftsrecht. Zum *patto leonino* des italienischen Rechts und möglichen Entsprechungen im deutschen Recht. 2010.

Band 163 Christiane Tödter: Europäisches Kindschaftsrecht. Nach der Verordnung (EG) Nr. 2201/ 2003. 2010.

Band 164 Edda Gampp: *Perpetuatio fori internationalis* im Zivilprozeß und im Verfahren der freiwilligen Gerichtsbarkeit. 2010.

Band 165 Mei Wu: Die Reform des chinesischen Beweisrechts vor dem Hintergrund deutscher und US-amerikanischer Regelungsmodelle. 2010.

Band 166 Corina Leimert: Stand und Entwicklung des italienischen Rechts der Unternehmenszusammenschlüsse (gruppi di società / gruppi di imprese). 2010.

Band 167 Kasim Özen: Die Scheidungsgründe im türkischen Zivilgesetzbuch. 2010.

Band 168 Helena Isabel Maier: Marktortanknüpfung im internationalen Kartelldeliktsrecht. Eine internationalzuständigkeits- und kollisionsrechtliche Untersuchung unter Einbeziehung rechts-vergleichender Überlegungen zum englischen Recht. 2011.

Band 169 Thomas Spernat: Die gleichgeschlechtliche Ehe im Internationalen Privatrecht. Unter besonderer Berücksichtigung des Einflusses des EG-Vertrags. 2011.

Band 170 Max Johann Lipsky: Statutenwechsel im italienischen Sachenrecht – Auswirkungen auf den Im- und Export von Mobiliarsicherheiten. Eine Untersuchung der rechtlichen Beständigkeit dinglicher Kreditsicherheiten im deutsch-italienischen Rechtsverkehr. 2011.

Band 171 Silvia Karolina Seilstorfer: Die Umsetzung der Verbrauchsgüterkaufrichtlinie in Portugal mit rechtsvergleichenden Hinweisen zum deutschen Recht. 2011.

Band 172 Stephan Georg Knöchel: Anerkennung französischer Urteile mit Drittbeteiligung. Eine Untersuchung der Anerkennung von Drittbindungswirkungen nach der EuGVVO und autonomem deutschem Recht. 2011.

Band 173 Kristina Menzel: Vollstreckungsschutz zugunsten privater Altersvorsorge. Eine rechtsvergleichende Untersuchung zum deutschen und schweizerischen Recht. 2011.

Band 174 Manuela Krach: Scheidung auf Mexikanisch. Das materielle Recht der Scheidung im Mehrrechtsstaat Mexiko unter Berücksichtigung von Eheschließung und Ehewirkungen. 2011.

Band 175 Vanessa Sofia Wagner: Verkehrsschutz beim redlichen Erwerb von GmbH-Geschäftsanteilen. Ein Vergleich des Rechts für Gesellschaften mit beschränkter Haftung in Deutschland, England und Italien. 2011.

Band 195   Matthias A. Sauter: Mitveräußerungspflichten im deutschen und italienischen Recht. 2018.

Band 196   Daniel Brauner: Die Anwendungsbereiche von CISG und PR CESL im Vergleich. 2018.

Band 197   Christina Bohländer. MAC-Klauseln in Unternehmenskaufverträgen nach US-amerikanischem und deutschem Recht. 2018.

Band 198   Steven Leunert. Die Verteidigungsmechanismen des Haftenden im Internationalen Produkthaftungsrecht der Rom II-Verordnung. 2018.

Band 199   Niki Nozari: Applicable Law in International Arbitration – The Experience of ICSID and Iran-United States Claims Tribunal. 2019.

Band 200   Bahar Tuna Kurtoglu: Die unbezifferte Forderungsklage. Analyse, Problemstellungen und Lösungsansätze, bezogen auf das türkische, schweizerische und deutsche Recht. 2019.

Band 201   Valesca Tabea Profehsner: Disposition im Internationalen Erbrecht. Rechtswahl und parteiautonome Zuständigkeitsbestimmung nach der Europäischen Erbrechtsverordnung unter besonderer Berücksichtigung der beteiligten Interessen. 2019.

Band 202   Panagiotis Kabolis: Das griechische Immobilienrecht. Eine rechtsvergleichende Darstellung in Bezug auf das deutsche Recht. 2019.

Band 203   Natalia Chor: Deliktische Gehilfenhaftung und Haftung wegen Organisationsverschuldens nach russischem und deutschem Recht im Rechtsvergleich. 2019.

Band 204   Samy Sakka: Der Konzern im Kompetenzrecht der EuGVVO. Unternehmensgruppe und internationale Zuständigkeit. 2019.

Band 205   Florian Alexander Sippel: Die Anerkennungsfähigkeit von US-amerikanischen punitive damages awards vor dem Hintergrund der Wirkung des Verhältnismäßigkeitsprinzips im Schadensrecht. 2020.

Band 206   Henning Grosser: Das internationale Nachlassinsolvenzverfahren. 2020.

Band 207   Jana Braksiek: Urteilswirkungen gegenüber Dritten im US-amerikanischen Recht und deren Anerkennung in Deutschland. 2020.

Band 208   Bashkim Preteni: Contractual Transfer of Ownership in Immovable Property. A Kosovo Law Perspective on Contract and Property Law Rules and Legal Interaction with other Fields of Civil Law. 2020.

Band 209   Hanswerner Odendahl: Die Auseinandersetzung der Errungenschaftsbeteiligung in der Rechtsprechung des türkischen Kassationshofs. 2020.

Band 210   Maximilian Strutz: Der niederländische Ehevertrag unter richterlicher Aufsicht. Eine Untersuchung im Spiegel des deutschen Rechts. 2021.

Band 211   Laura Victoria Moser-Lange: Mieterschutz beim Verkauf einer vermieteten Immobilie in Deutschland, der Schweiz und Spanien. Rechtsvergleichende Darstellung und Analyse des § 566 BGB. 2021.

www.peterlang.com

Printed by
CPI books GmbH, Leck